# 500 ZUGREISEN

Für Rod und Marcus, alte Freunde

Titel der Originalausgabe: *A History of the World in 500 Railway Journeys*
Erschienen bei Quintet Publishing, einem Imprint der Quarto Group, Brighton, 2017


Programmleitung und Lektorat: Mark Searle, Emma Bastow, Caroline Elliker, Sonya Patel Ellis
Layout: Tony Seddon, Tania Gomes
Illustration: Lynn Hatzius
Bildrecherche: Emma Brown

Deutsche Erstausgabe

Ein Unternehmen der Média Participations

3. Auflage 2020

Projektleitung: Marc Schmid, Knesebeck Verlag
Lektorat: Karin Weidlich, München
Umschlagadaption: Leonore Höfer, Knesebeck Verlag
Herstellung und Satz: Arnold & Domnick, Leipzig
Druck: GPS, Ljubljana
Printed in Slovenia

ISBN 978-3-95728-225-5



www.knesebeck-verlag.de

FSC
www.fsc.org
MIX
Papier aus verantwortungsvollen Quellen
FSC® C110418

**Christian Wolmar** ist ein preisgekrönter Buch-, Zeitungs-, Radio- und Fernsehautor, der sich schwerpunktmäßig mit Verkehrsthemen beschäftigt. Wolmar hat eine Reihe von Büchern zur Eisenbahngeschichte verfasst, darunter zuletzt *Railways and the Raj: The Story of Indian Railways.*

**Bildnachweis**

**Alamy:** Bhaswaran Bhattacharya, 94, 297; Design Pics Inc 8–9, 210; mauritius images GmbH 14–15, 118; Bluegreen Pictures 17; Tengku Mohd Yusof 19; Xinhua 21, 110, 388; Mark Green 25; Javier Etcheverry 27; Lee Snider 33; robertharding 38, 307; Andreas Werth 41; Feargus Cooney 44; ZUMA Press Inc 46–47; Arco Images GmbH 51, 119; Aurora Photos 52–53; imageBROKER 59, 63; gkphotography 60–61; age footstock 64–65, 87, 294; Granger Historical Picture Archive 68–69; INTERFOTO 71; JTB MEDIA CREATION, Inc. 77, 114–115, 156; Juergen Ritterbach 79; Ronald de Heer 84; Hercules Milas 85; Nathaniel Noir 88–89; REUTERS 96; All Canada Photos 126, 232; Iconotec 133; Jose Vilchez 146–147; dbimages 196; Danita Delimont 201; Hemis 227; Blaine Harrington III 228–229, 300; mediacolor's 244; Andrew McConnell 254; lorenzo bovi 256–257; Phil Wills 268; Melinda Nagy 289; Alexander Walker 302–303; Cumbriastockphoto 312; Randy Duchaine 327; Kevin Howchin 334; Tom van der Laan 335; dpa picture alliance 336; neil setchfield - travel 338; simon evans 356; Leonid Andronov 357; Peter Lane 368.

**Getty Images:** Mardis Coers 56; Phil Schermeister 123; Domingo Leiva Nicolas 134–135; Emily Riddell 152–153; Walter Bibikow 166; Carl & Ann Purcell 278; Bloomberg 282–283; Peter Charlesworth 286–287 oben; ISHARA S.KODIKARA / Stringer 351.

**Getty Images Plus:** iStock Editorial 82.

**iStock:** mammoth 6–7; batuhanozdel 10–11; JohanSjolander 23; CVANT 24; BeyondImages 28–29; Leieng 35 b; Skouatroulio 37; nedomacki 43; MHGALLERY 45; Ron_Thomas 49; Yamtono_Sardi 53 b; leskas 57; fotoVoyager 90–91, 230–231; Christian Mueller 92–93; efesenko 97; gbarm 101; mrtom-uk 102; xbrchx 105; vjaksic 106; nightman1965 108–109; NI QIN 112–113; holgs 117, 157; tonda 120–121, 189; peterspiro 125; alaxum 131, 139; primeimages 138; PhotoBylove 141; SeanPavonePhoto 142; superjoseph 143; Leonid Andronov 149, 358–359; olli0815 155; stock_colors 160–161; balipadma 165; tirc83 168–169; Zheka-Boss 170–171; mmeee 172; Alija 175, 193; SteveAllenPhoto 176; pnwall71 177; prmustafa 179; benkrut 181; PatrikStedrak 182–183; chameleonseye 185; DistortionFree 187; saiko3p 203; Joesboy 204; GroblerduPreez 205; Alexcpt 206–207; Patrick_Gijsbers 212–213; DenisTangneyJr 214–215; miroslav_1 4–5, 217; lucentius 218; narvikk 220, 245; Marcelo Horn 223; graphicjackson 234–235; rippinlines 239; bluejayphoto 240–241; patm83 243; CaraMaria 249; PaulCowan 251; Dmitry Chulov 252–253; uschools 259; Lovely_Images 261; simonbradfield 266–267; connect11 269; rodrigobellizzi 271; 3dan3 274–275; HAYKIRDI 281; Petegar 284; Jordanlye 286–287 unten; Buddhika_Jayawardana 290–291; g-romano 295; ajlber 296; urbanglimpses 298; Andy_Hu 304–305; brytta 308; RichLegg 309; yongyuan 310; leungchopan 311; Gannet77 313; Totajla 316; xavierarnau 318; Anton_Petrus 319; FotoGrafas 320–321; Radiokukka 322–323; Mordolff 330; Arthitpix 332–333; ewg3D 337; FabVietnam_Photography 340–341; Donyanedomam 344; jcarillet 347; wuttichok 348–349; BackyardProduction 354; Madzia71 361; RuslanKaln 363; f9photos 366; ElenaMirage 367; AlasdairJames 370–371, surfman902 372; buzbuzzer 373; shaunl 374–375; EddieHernandezPhotography 378; CaronB 380; venemama 381; Albachiaraa 382–383; vichie81 385; Jchambers 386; 2630ben 386–387; dibrova 389; tunart 391.

**National Geographic Creative:** KENT KOBERSTEEN 55.

**Rostislav Ageev:** 98–99.

**Shutterstock:** Alessandro Colle 12–13; millicookbook 12–13; David Ionut 66; Studio concept 74–75; Daniel Fleck 74–75; Awais khan 81; beibaoke 136–137; MarinaDa 145; Ksenia Ragozina 158; Felix Lipov 190; Byelikova Oksana 198–199; Boris Stroujko 263–264; muzato 328–329.

**Wikimedia Commons:** Denali Star two SD70MAC locomotives.jpg, Len Turner from Lufkin, TX, USA, https://commons.wikimedia.org/wiki/File:Denali_Star_two_SD70MAC_locomotives.jpg 35 t; Eritrean_Railway_-_2008-11-04-edit1.jpg, © Optimist on the run, 2008 / CC-BY-SA-3.0 & GFDL-1.2, edited by Citypeek, edited by Jjron, https://en.wikipedia.org/wiki/File:Eritrean_Railway_-_2008-11-04-edit1.jpg 279.

*Die Nachweis der Urheberrechte wurde nach bestem Wissen und Gewissen erstellt. Sollte sich trotz intensiver Bemühungen Fehler eingeschlichen haben, sind wir für Hinweise dankbar.*

# 500 ZUGREISEN

## LEGENDÄRE EISENBAHNFAHRTEN WELTWEIT

SARAH BAXTER

Mit einem Vorwort von
Christian Wolmar

Aus dem Englischen übersetzt von Klaus Benz

KNESEBECK

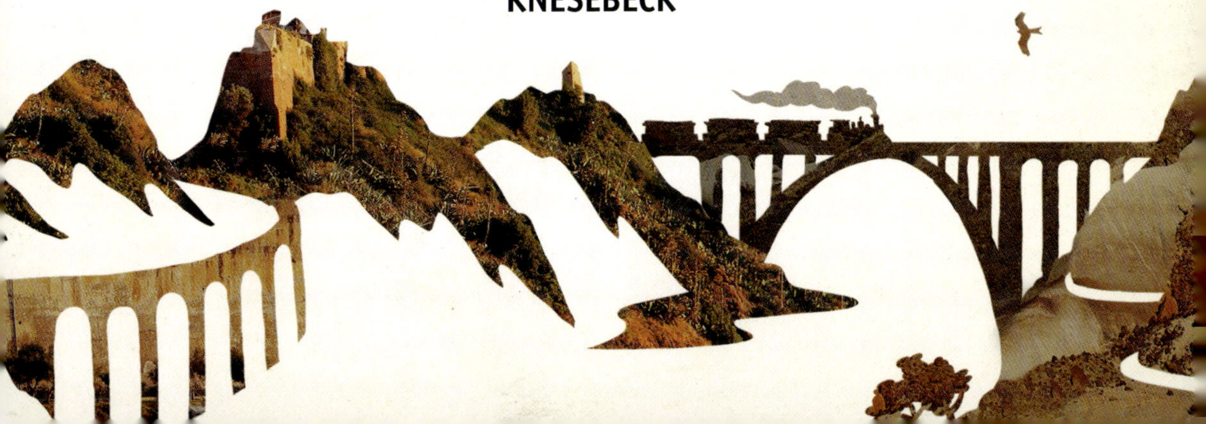

Ein Dampfzug überquert das prachtvolle Glenfinnan-Viadukt auf der West Highland Line im schottischen Inverness-shire (S. 217–219).

# INHALT

# VORWORT

Die Eisenbahn – eine Erfindung des 19. Jahrhunderts – hat nicht nur das 20. Jahrhundert überdauert, sondern erlebt heute eine neue Blüte. Danach sah es lange nicht aus. Als nach dem Zweiten Weltkrieg die Autozahlen in die Höhe schnellten und Düsenflugzeuge das Fliegen sicherer und günstiger machten, schien die Zukunft der Schiene ungewiss. Immer wieder wurde ihr Ende heraufbeschworen, so wie vielerorts die Trambahnen und Oberleitungsbusse verschwanden. Strecken wurden stillgelegt, Dampfloks ausgemustert, und Lkw transportierten nun die meisten Güter. Doch nun ist eine Trendwende erfolgt und das Bahnreisen feiert eine erstaunliche Renaissance: Es entstehen Hochgeschwindigkeitsstrecken, S-Bahnen befördern Massen von Pendlern, und neue Linien werden eröffnet, oftmals auf zuvor stillgelegten Strecken.

So wie das Kino die Fernsehära überlebt hat und das gedruckte Buch die Erfindung des E-Books, darf die Schiene trotz der Beliebtheit des Autos auf eine lange, gesunde Zukunft hoffen. Das liegt vor allem daran, dass die Menschen Züge mögen. Mit der Bahn zu reisen ist für sich genommen schon ein wunderbares Erlebnis. Es geht nicht allein darum, irgendwohin zu gelangen. Fliegen ist sicher attraktiv, aber bereits nach wenigen Malen verliert der Anblick der Wolken und entfernten Landstriche seinen Reiz. Genauso entspricht Autofahren oft nicht den verlockenden Bildern der Werbung, wo neue Fahrzeugmodelle durch unberührte Traumlandschaften sausen – viel eher erlebt man öde Fahrten auf der Autobahn oder zähen Stop-and-go-Verkehr in verstopften Städten. Aus diesem Grund wird es vielleicht auch nie ein Buch mit dem Titel *500 Autoreisen, legendäre Straßen weltweit* geben.

Bei einer Zugfahrt hingegen kann man aus dem Fenster gucken oder sich ungestört in ein Buch vertiefen. Die Gleistrassen fügen sich häufig harmonischer in die Umgebung ein; Züge fahren in einem gleichmäßigeren Tempo. Selbst eine Geschäftsreise oder eine Alltagsfahrt kann zur Quelle unerwarteter Freude werden, wenn sich entlang der

Strecke grandiose Landschaften oder Blicke in Gärten und Hinterhöfe bieten.

Kein Wunder also, dass das Bahnreisen Literatur, Fotografie und Film so stark beflügelt hat.

Dieser Art des Reisens haftet eine Romantik an, die wir im modernen Leben oft vermissen. In einem Zug dem Ziel entgegenzugleiten ist allein schon schön. Wie die vielen Beispiele im Buch zeigen, kann man beinahe überall auf der Welt großartige Bahnreisen unternehmen. Dabei erwarten einen die unterschiedlichsten Eindrücke. Zu meinen Favoriten gehören mehrere Routen in Indien. Am bemerkenswertesten ist hier gar nicht die Landschaft, sondern das intensive Reiseerlebnis in einem der faszinierendsten Länder der Erde mit seinem bunten Chaos und seinen unterschiedlichen Menschen. Ganz anders ein weiterer Lieblingszug von mir: der Glacier Express (S. 36–38). Wie die Autorin Sarah Baxter bemerkt, ist dies der langsamste und gleichzeitig malerischste Expresszug der Welt. Die längste Fahrt – mit sechseinhalb Tagen Reisezeit, während der man einen halben Kontinent durchquert – erwartet einen in der Transmongolischen Eisenbahn (S. 254).

Vielleicht haben Sie ja Gelegenheit, einige dieser wunderbaren Reisen selbst zu unternehmen. Bis dahin wünsche ich Ihnen viel Spaß bei der Lektüre!

**Christian Wolmar**

**LINKS:** Der Dampfzug ist ein prägendes Bild der Eisenbahngeschichte und gleichzeitig Symbol einer vergangenen Epoche.

# EINFÜHRUNG

Ein wenig gleicht die Eisenbahn einer Zeitmaschine. Auf eigentümliche Weise vermag sie uns in vergangene Zeiten zu entführen, als Reisen neu, aufregend und romantisch war und voller Möglichkeiten steckte. Zugegeben, morgens um acht Uhr in einem vollen Pendlerzug nach London Waterloo überkommt einen dieses Gefühl weniger leicht als an Bord des holzgetäfelten Venice Simplon-Orient-Express, aber es *ist* irgendwo präsent. Züge besitzen einen Reiz, mit dem es Busse, Flugzeuge und Autos einfach nicht aufnehmen können.

In einem Zug kann man sich leicht in die Zeit zurückversetzen, als das neue Verkehrsmittel die Welt zu verändern begann. Ab dem frühen 19. Jahrhundert ebnete die Eisenbahn Wege in ferne Gefilde, verband einst abgelegene Ortschaften miteinander und machte den Globus kleiner und leichter erkundbar. Zuvor war der Mensch bei Überlandreisen immer nur so schnell, wie ihn sein Pferd oder die eigenen Füße trugen. Nun auf einmal waren ferne Städte, Länder und sogar Kontinente zum Greifen nah.

Dabei befördert uns die Eisenbahn nicht nur in die letzten zwei Jahrhunderte zurück. Auch wenn ihre eigene Geschichte nur rund 200 Jahre zurückreicht, reisen wir mit ihr viel weiter in die Vergangenheit – einfach, weil es durch ein Zugfenster so viel zu sehen gibt. Bahnfahren ist deshalb so schön, weil man als Reisender ganz entspannt die Umgebung betrachten kann. Das Flugzeug bringt uns schnell ans Ziel, entfernt uns aber von der Landschaft. Mit dem Auto ist man flexibel, muss seine Aufmerksamkeit jedoch auf das Fahren richten. Im Bus kann es ähnlich anstrengend sein. Wandern und Radfahren schließlich erfordern mehr Fitness und Zeit, als viele von uns mitbringen. Beim Bahnreisen hingegen entfalten sich direkt vor unseren Augen Landschaftspanoramen.

Da man zur Fortbewegung selbst nichts tun muss, kann man sich entspannt zurücklehnen und das stetig vorbeiziehende Landschaftskino genießen.

**RECHTS:** Der Tren Crucero in Ecuador (S. 210–213) ist ein großartiges Beispiel für die Wiederbelebung alter Bahnstrecken.

*500 Zugreisen, legendäre Eisenbahnfahrten weltweit* versteht sich als Ratgeberlektüre für diese filmischen Zeitreisen. In sechs Kapiteln erzählt das Buch die Geschichte unserer Erde anhand von erstaunlichen, wegweisenden, luxuriösen, wenig bekannten, superschnellen, extrem langsamen, dampfbetriebenen, langen, gefährdeten oder bereits stillgelegten Eisenbahnstrecken. Jede von ihnen teilt uns etwas über unsere Erde mit: über die Entstehung von Canyons und Bergen, über unsere Zivilisationen und Religionen, Kriege und Kulturen. So fahren manche Züge an Stätten mit urzeitlichen Felszeichnungen vorbei oder durchschneiden Gletscherschluchten; andere befahren Strecken, die einst zur Sicherung von Imperien, zum Truppentransport oder zur Erschließung neuer Gebiete gebaut wurden.

Die Erzählung beginnt dabei viele Jahrmillionen vor unserer Zeit. Kapitel 1 behandelt die Urgeschichte, noch ehe es schriftliche Aufzeichnungen gab, von der Eisenbahn ganz zu schweigen. Heute führen uns faszinierende Bahnstrecken in lang zurückliegende geologische Zeitalter und zu den Spuren der frühen Menschen. Die folgenden Kapitel reichen vom Altertum bis in die Jahrhunderte nach Christi Geburt. Dabei besuchen wir Pharaonen, Römer, Indianerstämme der First Nations, Berber, Buddhisten und biblische Länder. Auch der erste »Schienenweg« der Welt (erbaut von den alten Griechen) wird erwähnt.

Im Anschluss präsentieren wir Bahnstrecken, die alten Handelsrouten, mittelalterlichen Pilgerwegen, Feldzug- und Migrationsrouten und Pionierpfaden folgen. Im fünften Kapitel feiern wir das Aufkommen der Eisenbahn und stellen Zugstrecken vor, die richtungsweisend waren, »unwegsames« Terrain meisterten und die Grenzen menschlicher Technik sprengten. Dabei sehen wir, wie die Schiene Nationen prägte, die Wirtschaft ankurbelte, Kriegen und Genoziden ermöglichte und Urlaubsreisen für die breite Masse ermöglichte. Am Ende sind wir in der Moderne angelangt, wo die Züge immer schneller werden – während gleichzeitig eine Rückbesinnung auf die langsamere Epoche der Dampfeisenbahn stattfindet.

Natürlich kann dieses Buch nur einen Ausschnitt bieten und nicht alle Bahnstrecken berücksichtigen. Auch finden manche Weltgegenden kaum Erwähnung, einfach weil es dort keine oder nur wenige Bahnstrecken gibt. Ich habe versucht, solche auszuwählen – von legendären Fernzügen bis zu kurzen, aber wichtigen Routen –, die gleichermaßen historisch interessant sind und Zugfans ansprechen.

Die Bahngeschichte der Welt umfasst neben klassischen Zügen auch Straßenbahnen und Standseilbahnen. Die berühmten Cable Cars in San Francisco werden von Pendlern wie Touristen genutzt.

Manche Strecken führen an bedeutenden Stätten vorbei, andere passieren schwindelerregende Viadukte. Manche werden ausführlicher behandelt, andere nur kurz angerissen, um die Neugierde der Leser zu wecken. Ergänzt werden die 500 Einzelbeiträge durch anregende Karten und Bilder, die demjenigen, der lieber mit dem Finger auf der Landkarte reist genauso viel Freude machen dürften wie demjenigen, der schon drauf und dran ist, sein Ticket zu kaufen.

Für welche Züge ich sofort ein Ticket lösen würde? Als Erstes würde ich wohl die Weiten Kanadas mit dem Canadian (S. 46–50) bereisen – eine knapp 4.800 Kilometer lange Geografie- und Geologielehrstunde auf Schienen mit reichlich Wildwestflair der Pionierzeit. Danach würde ich per Bahn dem Nil folgen (S. 76–78) und die Uferlandschaften bewundern, die sich seit der Zeit der alten Ägypter kaum verändert haben. Dann würde ich mit dem Zug das Heilige Tal in Peru erkunden (S. 152–156) und darüber staunen, wie die Inkas Machu Picchu in die Anden gebaut haben. Vielleicht würde ich auf einer erlebnisreichen Wikingerroute durch Dänemark (S. 164–166) den Spuren der berüchtigtsten Seefahrer der Welt folgen.

Und weiter? Ich würde im mexikanischen Copper Canyon am Rand des Abgrunds spanischen Konquistadoren folgen (S. 226–229) und wie einst die Zuckerrohrhändler auf St. Kitts eine der wenigen erhaltenen Bahnlinien der Karibik (S. 248–250) bereisen. Ich würde an Bord des California Zephyr (S. 300–303) über die Kontinentalwasserscheide in den amerikanischen Westen reisen, um zu begreifen, wie die Bahn eine Nation einte. Und ich würde mit dem P'tit train de la Haute Somme fahren (S. 334–335), um mir den Wahnsinn des Ersten Weltkriegs zu vergegenwärtigen zu versuchen. Zum Schluss würde ich mit dem Zug Zürich–Mailand (S. 357–358) durch den neuen Gotthard-Basistunnel zischen, eines der kühnsten Bahnprojekte des 21. Jahrhunderts.

Soweit, so gut; denn die Eisenbahn ist im wahrsten Sinne des Wortes ständig in Bewegung. Neue Linien werden eröffnet, alte Strecken stillgelegt, vergessene Routen wiederbelebt, Dampf- durch Dieselloks und Räderbahnen durch Magnetbahnen ersetzt und Dampfloks reaktiviert. Die Welt ist vernetzt und findet stets neue Anbindungen, wie es Politik und Bürger bestimmen. Die Eisenbahn bietet dabei zu jeder Zeit ein Fenster zum Heute und Gestern.

**Sarah Baxter**

Kapitel 1

# URGESCHICHTE

Vorbei an zeitlosen Canyons, mächtigen Gebirgen und den ältesten Zeugnissen der Menschheit: Auf Schienen lässt sich unsere Erde perfekt erkunden.

1

# WÜSTEN-EXPRESS

*Zentralnamibia*

Für die Fahrt durch die vorzeitliche Wüste zwischen Namibias Hauptstadt und dem Atlantik sollte man Zeit mitbringen.

**Wissenswerte Details**

- *Zeit: vor 55–80 Millionen Jahren (Alter der Namib-Wüste)*
- *Streckenlänge: 380 Kilometer*
- *Mindestfahrtdauer: 19 Stunden*
- *Wichtige Haltepunkte: Windhoek, Okahandja, Swakopmund*
- *Durchfahrene Länder: Namibia*

Beim Blick aus dem Fenster des Wüsten-Express fragt man sich manchmal nicht nur, wo man sich befindet, sondern auch in welcher Zeit. Weite Teile Namibias sind extrem dünn besiedelt und scheinen völlig zeitlos. Die Landschaft wirkt leer, grenzenlos und unfassbar alt.

Erstaunlich ist das nicht: Eine große Fläche Namibias ist von der ältesten Wüste unseres Planeten bedeckt. 55 Millionen Jahre oder länger schon herrscht in der Namib (das Nama-Wort für »weiter Platz«) Wassernot. Im Durchschnitt fallen in der Region nur wenige Zentimeter Regen pro Jahr – unglaublich trockene Gefilde.

Ein Teil dieser erhabenen Naturlandschaft lässt sich mit dem Wüsten-Express »erfahren«. Von der Hauptstadt Windhoek im Zentralplateau verläuft die Bahnlinie zunächst in nördlicher Richtung durch das Hochland. Bei der »Gartenstadt« Okahandja macht sie eine scharfe Biegung nach Westen und durchquert die Schotterebenen und apricotfarbenen Sandflächen der Namib. Ziel ist Swakopmund mit seiner wilhelminischen Architektur am tosenden Atlantik.

Das Eisenbahnnetz in Namibia stammt aus der Zeit des Deutschen Kaiserreichs, als das Gebiet die Kolonie Deutsch-Südwestafrika bildete. 1897 begann man mit dem Bau der ersten Schmalspurlinie; die Staatsbahn Swakopmund–Windhoek sollte Windhoek mit dem wichtigsten Landeshafen verbinden. Davor wurden Güter mithilfe von Ochsenwagen transportiert. Eine Rinderpestepidemie, der im südlichen Afrika über fünf Millionen Tiere zum Opfer fielen, machte die Erschließung neuer Transportmittel erforderlich. 1902 wurde die Linie fertiggestellt.

Windhoeks elegante Bahnstation, 1912 von den Deutschen erbaut, dominiert nach wie vor die Bahnhof Street. Neben ihrer eigentlichen Funktion beherbergt sie heute das TransNamib Railway Museum. Zu sehen sind dort historische Eisenbahngegenstände, Landkarten und Dokumente – aber auch Geschirr aus alten Speisewagen. Draußen steht auf einem Sockel die eine Hälfte einer Zwilling-Doppel-Dampflok Baujahr 1900, die rund 597.000 Wüstenkilometer auf dem Buckel hatte, als sie 1939 ausgemustert wurde.

Anfang des 20. Jahrhunderts dauerte die 380 Kilometer lange Bahnreise vom Landesinnern an die Südatlantikküste drei Tage. Mittlerweile ist man etwas schneller, doch selbst heute geht es beim Wüsten-Express, der die Strecke in ca. 19 Stunden zurücklegt, eher gemächlich zu. Schließlich handelt es sich um eine Touristenbahn, die ihre Fahrt für eine Wildsafari unterbricht und abends auf einem Nebengleis haltmacht, um eine ruckelfreie Nachtruhe im Schlafwagen zu gewährleisten.

**UNTEN:** Der Wüsten-Express zuckelt durch die urtümliche Landschaft der Namib-Sandwüste.

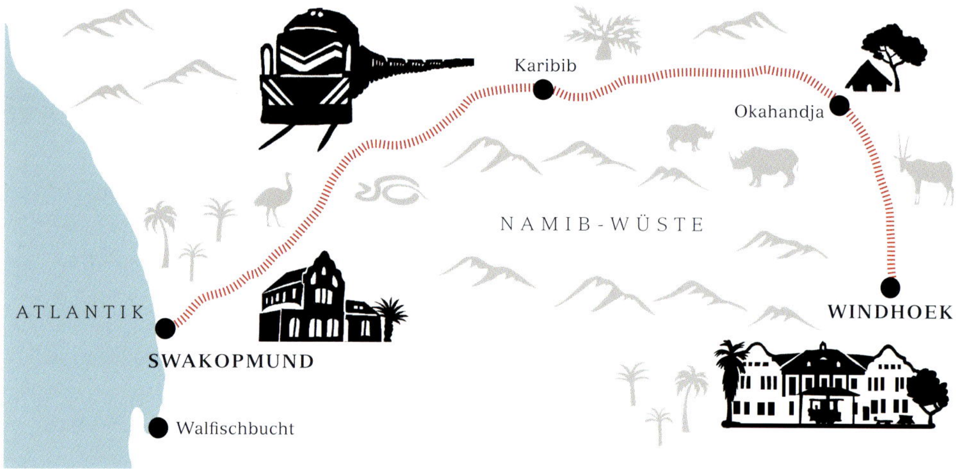


Wer Zeit und Geld sparen möchte, kann auch mit einem der Starline-Züge reisen, die für dieselbe Strecke gut zehn Stunden benötigen. Da die Linienzüge jeweils wochentags um 19:15 in Windhuk abgehen, fällt die Fahrt jedoch komplett in die Dunkelheit.

Der Wüsten-Express hingegen verlässt die Hauptstadt (wenn er denn fährt, was nicht immer sicher ist) gegen Mittag, sodass sich die Landschaft bei Tageslicht durch die extragroßen Fenster der bequemen Salon- und Bistrowagen präsentiert. Außerdem möglich: eine Safari, bei der man vielleicht Nashörner, Oryxantilopen und Strauße zu sehen bekommt.

Die Route führt über Okahandja, das 1800 von eingeborenen Herero und Nama gegründet wurde. 1850 kämpften die beiden Stämme hier um den Gebietsanspruch. 1904 bis 1907 fielen Tausende von ihnen dem Völkermord durch die deutschen Kolonialtruppen zum Opfer. Auslöser war ein Aufstand der Herero 1903, die darüber aufgebracht waren, dass eine Eisenbahnlinie ihr Gebiet durchtrennen sollte.

Genau zur richtigen Zeit erreicht der Wüsten-Express den perfekten Aussichtspunkt für den überwältigenden Sonnenuntergang über der weiten, rötlich-pink-goldenen Namib. Und auch die Sterne hier sind überirdisch schön. Am nächsten Morgen bleibt Zeit, den Sonnenaufgang zu bewundern und auf eine Sanddüne zu wandern, bevor der Zug dem Atlantik entgegen nach Swakopmund rollt.

## WEITERE WÜSTENFAHRTEN

**2. Lézard Rouge**
*Tunesien*

Die 43 Kilometer lange Fahrt zwischen Métlaoui und Redeyef führt durch die Selja-Schlucht mit ihren grandiosen Felsformationen (unweit von hier wurden Teile von *Star Wars* gedreht).

**3. Jaipur–Jaisalmer**
*Rajasthan, Indien*

Der Zug verbindet zwei der herrlichsten Städte Rajasthans. Dabei durchquert er die urzeitliche Wüste Thar mit ihren Wanderdünen und legt 612 Kilometer zurück.

**RECHTS:** In die wildesten Gegenden an Namibias Atlantikküste schafft es die Eisenbahn nicht.

4

## PILBARA-EISENBAHN

*Western Australia*

Die Granit-Grünstein-Kruste im Pilbara-Kraton in Nordwestaustralien birgt 3,5 Milliarden Jahre altes Gesteinsmaterial. Die oberen Schichten bestehen aus eisenerzhaltigem Sedimentgestein. Mit Beginn des Bergbaus in den 1960er-Jahren legte man in der Region Gleise an, um das in den Gruben geförderte Erz an die Küste zu schaffen. Das Schienennetz umfasst 300 bis 400 Kilometer, wobei die Länge der Züge noch bemerkenswerter ist. Mit bis zu 330 Waggons handelt es sich weltweit um die längsten Linienzüge. Den Rekord stellte 2001 der Güterzug Mt Goldsworthy auf: In 682 Waggons, die aneinandergehängt 7,3 Kilometer lang waren, beförderte er 99.732 Tonnen Ladung.

5

# NORTHERN EXPLORER

*Nordinsel, Neuseeland*

Mit der alten Main Trunk Railway von Auckland nach Wellington vorbei an schlummernden Vulkanen.

**Wissenswerte Details**

- *Zeit: vor 15 Millionen Jahren (Periode tektonischer Aktivitäten)*
- *Streckenlänge: 681 Kilometer*
- *Mindestfahrtdauer: 11 Stunden*
- *Wichtige Haltepunkte: Auckland, Hamilton, Otorohanga, National Park, Ohakune, Palmerston North, Wellington*
- *Durchfahrene Länder: Neuseeland*

**UND WIE WÄR'S DAMIT?**

**6. Taieri Gorge Railway**
*Südinsel, Neuseeland*
Die 154 Kilometer lange Bahn von Dunedin nach Middlemarch überwindet mithilfe zahlloser Tunnel, Brücken und Viadukte die Taieri-Schlucht, die der Taieri River in Jahrmillionen gegraben hat.

**RECHTS:** Hügel, Vulkane, Ackerland und Wälder säumen die Route des Northern Explorer.

Neuseeland ist geologisch ungezähmt. Hier, wo zwei tektonische Platten aufeinandertreffen, ist die Erde ständig in Aktion – sie zischt, dampft, spuckt und speit oder wellt sich einfach nur wirbelartig. Vor etwa 15 Millionen Jahren herrschte eine Phase besonders heftiger tektonisch-vulkanischer Aktivitäten, während der sich die heutige Landschaft herausbildete.

Eine gute Möglichkeit, einen Einblick in die fantastische Topografie der Nordinsel zu gewinnen, bietet der Northern Explorer. Er verkehrt auf der Strecke der North Island Main Trunk Railway, die zwischen 1885 und 1908 erbaut wurde, um Neuseelands größte Stadt Auckland mit der Hauptstadt Wellington zu verbinden – vom Terrain her eine immense technische Herausforderung.

Bereits 1880 wurde der Südabschnitt von Auckland bis Te Awamutu fertiggestellt, 1886 dann der nördliche Streckenteil Wellington–Longburn. Kniffliger gestaltete sich der Lückenschluss in der Mitte. Hier galt es das zentrale Vulkanplateau zu überwinden, eine schluchtenreiche Region, die von den Vulkanen des Tongariro-Nationalparks beherrscht wird. Neun Viadukte mussten errichtet werden, außerdem die einspurige Raurimu-Spirale (bei National Park) mit zwei Tunneln und drei Haarnadelkurven, wo der Zug auf knapp sechs Kilometern 139 Höhenmeter bewältigt. Zudem waren Territorialfragen zu klären. Teile der geplanten Route verliefen durch Maori-Land, und solange man mit den lokalen Stämmen verhandelte, ruhten die Bautätigkeiten.

Für die Wirtschaft spielt die Bahn heute keine große Rolle mehr. Touristen genießen eine beschauliche Spritztour quer durch die grüne Hügellandschaft à la Mittelerde, an gewelltem Ackerland, dichten Wäldern, winzigen Ortschaften, Lavaströmen, aktiven Vulkanen und Felsküsten vorbei. Dabei fährt die Bahn bei Turangarere eine weite Kehre und quert den 79 Meter hohen Makatote Viaduct unterhalb des aktiven Schichtvulkans Mount Ruapehu. Dank der Panoramafenster kann einem nichts entgehen.

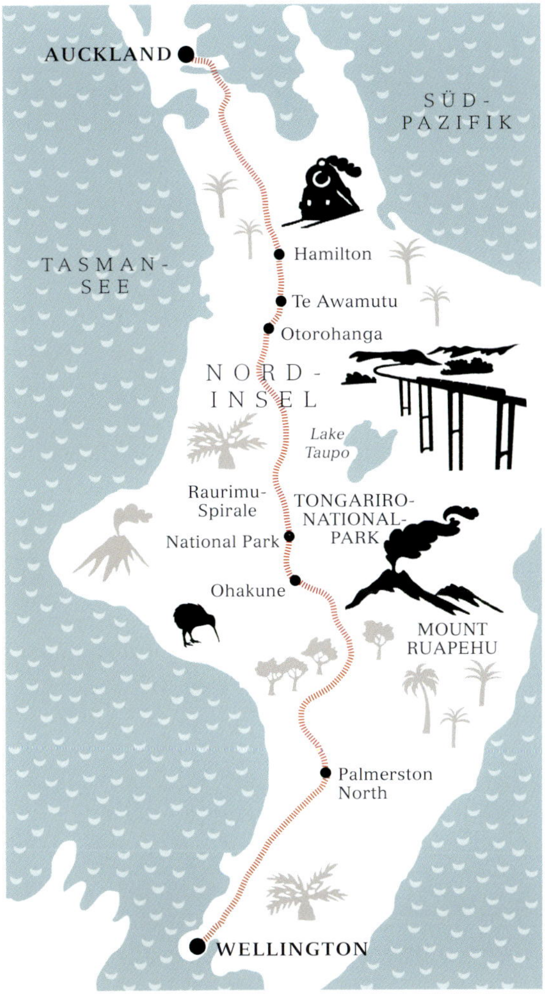


7

# TRANZALPINE

*Südinsel, Neuseeland*

Die grandiosen Landschaften von Neuseelands Südinsel lassen sich gut bei einer Zugfahrt quer durchs Land erkunden. Die 224 Kilometer lange TranzAlpine führt von Christchurch an der Ostküste nach Greymouth im Westen und passiert dabei die Südalpen. Sie streift zunächst die Canterbury-Ebene, die sich in den letzten drei Millionen Jahren aus Gletschermoränen herausgebildet hat. Dann steigt die Strecke mit dem verzweigten Waimakariri River an, um auf 740 Metern bei Arthur's Pass ihren höchsten Punkt zu erreichen. Die Ortschaft liegt unterhalb des 920 Meter hohen Passes, den die Maori schon früh bei ihren Wanderungen nutzten. Die Bahn quert den Pass durch den Otira-Tunnel und erreicht nach ihrer Fahrt vorbei an Buchenwäldern und alten Bergbausiedlungen das Meer.

8

# QINGHAI-TIBET-BAHN

*Westchina*

Unvergleichliche Ausblicke auf die Tibetische Hochebene an Bord der welthöchsten Eisenbahn.

**Wissenswerte Details**

- *Zeit: vor 50 Millionen Jahren (Entstehungszeit der Tibetischen Hochebene)*
- *Streckenlänge: 1.956 Kilometer*
- *Mindestfahrtdauer: 22 Stunden*
- *Wichtige Haltepunkte: Xining, Golmud, Tanggula, Lhasa*
- *Durchfahrene Länder: China*

Atemberaubend! Nichts beschreibt die Qinghai-Tibet-Bahn besser. Das Wunderwerk der Technik kämpft sich durch großartige Berglandschaften und dringt in Höhen vor, in denen die Luft zunehmend dünner wird. Der höchste Punkt der Bahnlinie ist mit 5.072 Metern der Tanggula-Pass. Keine andere Eisenbahn der Welt schafft es weiter hinauf.

Einen Großteil der 1.956 Kilometer langen Strecke der Qinghai-Tibet-Bahn bildet die erhabene Tibetische Hochebene, das »Dach der Welt«. Auch wenn sie mitunter rau und öde wirkt, ist sie ein wichtiger Lebensspender: Das Schmelzwasser von zehntausenden Gletschern speist Flüsse wie den Indus und Jangtse und liefert Wasser für halb Asien. Bis all die Gipfel und Eiskappen entstanden sind, hat es eine Zeit gedauert.

Die Tibetische Hochebene und die sie säumende Himalaya-Kette begannen sich vor 50 Millionen Jahren zu bilden, als die Indische und die Eurasische Platte aufeinanderprallten. Die beiden mächtigen Landmassen wurden zusammengeschoben und türmten sich zu dem höchsten Gebirge der Erde auf. Gleichzeitig entstand das höchste Plateau, auf dem die Erdkruste doppelt so dick ist wie normal, wo das Klima extreme Wetterverläufe zeitigt, bei denen ein sommerlicher Sandsturm in einen Schneesturm umschlägt, und wo die Voraussetzungen für den Bau einer Eisenbahn gelinde gesagt schwierig sind.

Die Fertigstellung der Bahnlinie dauerte denn auch ihre Zeit. Xining in der Provinz Qinghai konnte man ab 1959 mit dem Zug erreichen. Die Strecke von Xining bis Golmud wurde 1984 vollendet. Doch erst 2006 erfolgte der südliche Streckenausbau bis Lhasa. Auf diesem Abschnitt galt es das Kunlun- und das Tanggula-Gebirge und Permafrostzonen zu überwinden.

Permafrost (eine fast durchgehende Eisschicht im Untergrund) ist instabil und reagiert auf Temperaturschwankungen. Deswegen legten die Ingenieure die Gleise auf tief

**HOCH OBEN**

**9. Petit train d'Artouste**
*Pyrénées-Atlantiques, Frankreich*
Mit der 1920 eröffneten zehn Kilometer langen Schmalspurbahn besichtigen heute Touristen die Gletscherberge und -täler der Pyrenäen nahe der spanischen Grenze.

hinabreichende Betonpfeiler und installierten unterirdische Rohrleitungen mit Flüssigstickstoff, die ein Auftauen des Bodens verhindern.

Ob all das angesichts möglicher Klimaveränderungen reicht, muss sich noch erweisen. Fürs Erste jedenfalls hat die Qinghai-Tibet-Bahn Mutter Natur in den Griff bekommen.

Von Xining verläuft die Bahn in Richtung Westen, am Nordufer des riesigen Qinghai-Sees entlang, Chinas größtem Salzsee, der gern von Zugvögeln und Pilgern aus Tibet aufgesucht wird. Weitere Seen finden sich rund um die Industriestadt Golmud. Dahinter muss die Bahn den 4.772 Meter hohen Kunlun-Pass bezwingen und sich durch das Gebirge arbeiten, um die hügeligen Weiten der Hochebene zu erreichen.

Dort saust sie auf 4.905 Metern durch den Fenghuoshan-Tunnel, den höchsten Eisenbahntunnel der Welt, und überquert den Tuotuo-Fluss, der den Jangtse speist. Dabei durchfährt sie auch die Graslandschaften von Hoh Xil, wo von

**NOCH MEHR BERGE**

**10. Arlbergbahn**
*Österreich*
Die imposante, aber mühevoll erbaute 137 Kilometer lange Bahnlinie Innsbruck–Bludenz mit dem zehn Kilometer langen Arlbergtunnel , die Vorarlberg mit dem Rest von Österreich verbindet, wurde 1884 eröffnet.

**UNTEN:** Die Qinghai-Tibet-Bahn passiert die Tibetische Hochebene. 2006 ging sie in Betrieb.

Wildyaks bis Tibetantilopen über 200 Tierarten umherstreifen. Außer vereinzelten Reitern oder buddhistischen Gebetsfahnen gibt es nur wenige Anzeichen menschlichen Lebens.

In Tanggula (5.068 Meter) kommen die Zugreisenden in den Genuss einer weiteren Neuerung: Zur Vorbeugung gegen die Höhenkrankheit wird den Abteilen extra Sauerstoff zugeführt. Dabei gibt es an jedem Sitzplatz entsprechende Düsen. Trotzdem muss jeder Fahrgast vorab schriftlich versichern, dass er gesund ist.

Bei Tanggula beginnt der lange Abstieg nach Lhasa. Nach den Steppen von Amdo und dem gletscherreichen Nyenchen Thanglha wird das Bild allmählich grüner. Dörfer mit den charakteristischen tibetischen Häusern tauchen auf. Gut 22 Stunden und 675 Brücken später fährt der Zug in den riesigen Endbahnhof von Lhasa ein. Seit über tausend Jahren ist die Stadt das Zentrum der tibetisch-buddhistischen Welt. Neuerdings wird auch sie moderner, nicht zuletzt durch den Zustrom von Han-Chinesen. Doch mit seinen Mönchen, schmalen Gassen und dem alles überragenden Potala-Palast wirkt Lhasa immer noch wie vom Rest der Welt isoliert.

**UND WIE WÄR'S DAMIT?**

**11. Zahnradbahn Montenvers**
*Haute-Savoie, Frankreich*

Die 1909 erbaute 5,1 Kilometer lange Zahnradbahn führt vom Wintersportort Chamonix auf den Montenvers, wo man Frankreichs größten Gletscher, das Mer de Glace, betritt.

**RECHTS:** Der Potala-Palast in Lhasa war früher die Hauptresidenz des Dalai Lama.

## 12
## POSTOJNA-HÖHLENBAHN

*Südwestslowenien*

Die Bahn bietet eine historische Besichtigungstour durch ein fantastisches Karstlabyrinth. Das unterirdische Höhlensystem in Slowenien entstand vor vier Millionen Jahren durch die Erosionswirkung des Flusses Pivka. Rund 24 Kilometer Höhlengänge sind bislang erforscht, von denen 5,1 Kilometer besichtigt werden können – hauptsächlich mit dem Zug. 1872 kutschierte erstmals eine Bahn Touristen durch die Höhlen von Postojna. Damals wurden die Wagen noch von Hand geschoben. Heute befahren elektrische Züge die Tunnel, durch die »Konzerthalle« mit ihrer grandiosen Akustik (wo tatsächlich Musik aufgeführt wird) und vorbei an strahlend weißen Stalagmiten und Stalaktiten, die in hundert Jahren einen Zentimeter wachsen.

## 13
## FLUGLEST

*Südwestisland*

Bisher hatte Island keine Eisenbahn. Doch wenn der geplante Fluglest (»Flugzug«) kommt, wird er nicht nur Ausblicke auf die Natur der subarktischen Insel bieten, sondern auch durch natürliche Energie angetrieben werden. Island, das besonders starke tektonische Aktivitäten aufweist, erzeugt seinen Strom zu 100 Prozent aus erneuerbaren Quellen wie Flüssen, Gletschern und Geothermie. Damit würde auch der Fluglest gespeist werden, der den Flughafen Keflavík in 15 Minuten mit der Hauptstadt Reykjavík (50 Kilometer) verbinden soll und dabei die Lavafelder und Thermalquellen der Halbinsel Reykjanes passiert. Wenn überhaupt, wird es die Linie erst 2025 geben.

14

# FERROCARRIL CENTRAL ANDINO

*Zentrales Hochland, Peru*

Ins Land der Lamas auf der imposanten Eisenbahnstrecke durch die mächtigen Anden.

**Wissenswerte Details**

- *Zeit: vor 25 Millionen Jahren (Hebung der Anden)*
- *Streckenlänge: 535 Kilometer*
- *Mindestfahrtdauer: 14 Stunden*
- *Wichtige Haltepunkte: Lima, San Bartolomé, Matucana, Galera, La Oroya, Concepción, Huancayo*
- *Durchfahrene Länder: Peru*

Die Peruaner muss es gewurmt haben, als 2006 in China die Qinghai-Tibet-Bahn (S. 20–22) eröffnet wurde. Bis dahin hatte sich die höchste Eisenbahn der Welt in Peru befunden – und zwar seit 1893. Mehr als hundert Jahre, bevor die chinesischen Ingenieure die Tibetische Hochebene erschlossen, befuhr die Ferrocarril Central Andino bereits die Anden, diese gewaltige Gebirgskette, die sich in über 25 Millionen Jahren aufgetürmt hat. Ins Rollen gebracht hatte das Projekt der Amerikaner Henry Meiggs, der sich brüstete, er würde »Schienen bis dorthin verlegen, wohin die Lamas kommen«.

Der erste Streckenabschnitt vom Pazifikhafen Callao zur Hauptstadt Lima wurde 1851 eröffnet. 1873 hatte man dann den Ticlio-Pass in 4.818 Metern Höhe (heute verläuft die

Strecke etwas niedriger durch einen Tunnel) und Galera auf 4.782 Metern erreicht.

1908 führte die Bahnlinie bis nach Huancayo im Hochland. Auf der Strecke lagen 58 Brücken, 6 Spitzkehren und 69 Tunnel, die man aus den Andenfelsen herausgehauen hatte.

Heute existiert auf dieser Strecke kein Linienverkehr. Er wurde 1992 nach Bombenattentaten der militanten Kommunistengruppe Leuchtender Pfad eingestellt. Seit 2003 gibt es jedoch unregelmäßig Touristenzüge (inklusive extra Sauerstoff zur Vorbeugung gegen die Höhenkrankheit).

Der Zug startet in Limas Bahnhof Desamparados mit seiner Beaux-Arts-Architektur und fährt durch das üppige Rimac-Tal, vorbei an Wildblumenwiesen, Dörfern und Hängen mit steilen Inka-Terrassen. Beim Anstieg auf den Altiplano – das Hochland im mittleren Südamerika – wird die Landschaft einsamer und die Luft dünner. Umso beeindruckender sind hier die Streckenbauten, nicht zuletzt die 175 Meter lange Verrugas-Brücke, die eine tiefe Schlucht überspannt.

Hinter Galera, dem zweithöchsten Bahnhof der Welt, auf der Ostseite des zweithöchsten Tunnels der Welt, passiert der Zug schneebedeckte Gipfel, Gletscherseen und Lamaherden. Auf Industriegegenden folgt das grüne Mantaro-Tal und anschließend die von dem spanischen Konquistador Fran cisco Pizarro gegründete Stadt Jauja. Nach 14 Stunden Fahrt erreicht der Zug die wuselige Hochlandmetropole Huancayo.

### WEITERE ANDEN-ABENTEUER

**15. Tren Macho**
*Peru*

Im Hochland von Peru ist auch der Tren Macho unterwegs. Von Huancayo aus gondelt er 128 Kilometer durch Täler mit grasenden Lamas nach Huancavelica mit seinen Thermalquellen.

**GANZ LINKS:** 1873 erreichte die Eisenbahn den Ticlio-Pass in der Cordillera Central von Peru.

**LINKS:** Die Ferrocarril Central Andino, die zweithöchste Eisenbahn der Welt, durchschneidet die imposanten Anden.

16

# WOLKENZUG

*Nordargentinien*

Eine hochdramatische Route durch das Hochgebirge der Anden – hoffentlich mit Zukunft!

**Wissenswerte Details**

- *Zeit: vor 25 Millionen Jahren (Hebung der Anden)*
- *Streckenlänge: 434 Kilometer*
- *Mindestfahrtdauer: 15 Stunden (hin und zurück)*
- *Wichtige Haltepunkte: Salta, Campo Quijano, Alfarcito, San Antonio de los Cobres, Viaducto La Polvorilla*
- *Durchfahrene Länder: Argentinien*

**BERGBAHN-ALTERNATIVE**

**17. Zugspitzbahn**
*Bayern, Deutschland*

Eine Route auf Deutschlands höchsten Gipfel führt über Europas dritthöchste Bahnstrecke. Die Züge verkehren von Garmisch-Partenkirchen zum Eibsee und durch den Zugspitz- und Rosi-Tunnel bis auf das Zugspitzplatt unterhalb des 2.962 Meter hohen Berggipfels.

Eine Bahnlinie quer durch die Anden von Nordargentinien bis nach Nordchile zu bauen und zu unterhalten war von Anfang an kein leichtes Unterfangen. Mit bis zu 6.000 Metern Höhe sind die Anden die höchste Bergkette außerhalb Asiens. Entstanden sind sie durch eine Erdhebung, die vor etwa 25 Millionen Jahren einsetzte und eine Landschaft mit atemberaubend hohen Plateaus und noch höheren Berggipfeln schuf.

Nicht der ideale Ort zum Bau einer Eisenbahn also. Doch für die Minen in der Region brauchte man Transportwege, und so eröffnete man 1948 eine Schmalspurbahn vom argentinischen Salta bis nach Antofagasta an der chilenischen Pazifikküste. Die Trasse quert das Viadukt La Polvorilla, eine 64 Meter hohe Trestlebrücke auf 4.220 Metern Meereshöhe, und ist damit die fünfthöchste Bahnlinie der Welt.

Heute nutzen vor allem Güterzüge die Gesamtstrecke. Der 434 Kilometer lange Abschnitt von Salta nach La Polvorilla wird aber auch von dem Touristenzug Tren a las Nubes (»Zug in die Wolken«) befahren. Auf der 15-stündigen Hin- und Rückfahrt präsentiert sich die Landschaft erstaunlich vielfältig, vom üppigen Lerma-Tal bis zu den Schluchten der Quebrada del Toro mit ihrem Farbenspiel und der endlosen Puna (Hochebene mit Grasvegetation). Dabei überwindet der Zug 29 Tunnel, 13 Viadukte, zwei Spiralen und zwei Spitzkehren.

Normalerweise. Zuletzt waren Teile der Bahnlinie durch Überschwemmungen beschädigt und das Reiseerlebnis stark eingeschränkt. Statt in Salta den Zug zu besteigen, folgt man der Bahnlinie mit dem Bus. Dabei lässt sich der kurvenreiche Verlauf der Strecke bis zum Bergarbeiterdorf San Antonio de los Cobres zumindest nachempfinden. Hier endlich erfolgt der Umstieg in den Zug für die einstündige Fahrt nach La Polvorilla, das dem rauen Andenwetter bislang getrotzt hat. Es ist zu hoffen, dass die Strecke bald komplett wiederhergestellt wird.

## 18
## TREN PATAGÓNICO

*Río Negro, Argentinien*

Patagonien, eine der zauberhaftesten Naturlandschaften unseres Planeten, erkundet man wohl am besten an Bord des Tren Patagónico. Die Fahrt beginnt in Viedma, einer argentinischen Stadt nahe der Atlantikküste. Das Speisewagenangebot lockt mit exzellentem argentinischem Steak und Wein. Im eigenen Schlafabteil gibt man sich den Träumen hin, während der Zug durch die Provinz Rio Negro rauscht. Morgens erwacht man nach einer Fahrt von 820 Kilometern in Nordpatagonien. Endstation ist San Carlos de Bariloche, eine malerische, schweizerisch anmutende Stadt am Ufer des Sees Nahuel Huapi. Hier beginnt die großartige Grenzlandschaft, wo Andenwald und patagonische Steppe ineinander übergehen.

**UNTEN:** Der Wolkenzug quert das Viadukt La Polvorilla.

19

# THE GHAN

*Australien*

Auf einem modernen Traumpfad quer durch Australien und das Outback entlang einer historischen Cross-Country-Route.

**Wissenswerte Details**

- *Zeit: vor 50.000 Jahren (erste Menschen in Australien)*
- *Streckenlänge: 2.979 Kilometer*
- *Mindestfahrtdauer: 54 Stunden*
- *Wichtige Haltepunkte: Darwin, Katherine, Alice Springs, Adelaide*
- *Durchfahrene Länder: Australien*

Australien ist riesig. Von Darwin an der Nordküste bis Adelaide an der Südküste sind es knapp 3.000 Kilometer. Heute gibt es hier einen bequemen Zug, der die beiden Städte in beinahe gerader Linie verbindet. Doch schon Jahrtausende vorher legten die Menschen – ohne die Annehmlichkeiten von Klimaanlagen und Speisewagen – riesige Distanzen durch das Red Centre zurück.

Die ersten modernen Menschen kamen vermutlich vor rund 50.000 Jahren an die Nordküste Australiens. Von hier breiteten sie sich über das ganze Land aus und schufen dabei ihre eigenen Schöpfungsmythen. Viele Traumzeit-Geschichten besagen, dass am Anfang der Welt Ahnenwesen das Land durchstreift und Berge, Seen, Felsen und Höhlen geschaffen haben. Die Wege zwischen diesen Orten heißen Traumpfade, und noch heute werden sie von den indigenen Völkern Australiens beschritten.

**UND WIE WÄR'S DAMIT?**

**20. Gippsland Line**
*Victoria, Australien*

Die 277 Kilometer lange Bahnlinie Melbourne–Bairnsdale führt durch das Kernland der Kurnai. Im Krowathunkooloong Keeping Place in Bairnsdale erfährt man, wie Körbe und Speere hergestellt werden.

**RECHTS:** The Ghan auf seiner Fahrt von Darwin nach Adelaide, hier in einer Kurve hinter Alice Springs.

The Ghan ist sozusagen ein Traumpfad für Eisenbahnfans. Die faszinierende Route durch das Herz Australiens führt vom tropischen Top End mit seinen Krokodilen und Felsmalereien bis zum tosenden Südlichen Ozean. Auf der Fahrstrecke liegen zahlreiche Outback-Wunder, die angeblich von den besagten Ahnengeistern geschaffen wurden. Doch statt Aborigine-Gesängen und Didgeridoos bildet das metallische Klappern der Eisenbahnräder die Begleitmusik.

1862 durchquerte der gebürtige Schotte John McDouall Stuart als erster Weißer Australien von Süden nach Norden durch das Red Centre. Er kartierte die Strecke für eine Telegrafenleitung. Als Jahrzehnte später eine Eisenbahn gebaut werden sollte, hielt man sich an Stuarts Route. 1929 fuhr der Afghan Express zwischen Adelaide und Alice Springs, gezogen von einer Dampflok. Der Name ging auf die afghanischen Kameltreiber zurück, die Ende des 19. Jahrhunderts den Outback miterschlossen hatten.

Die ursprüngliche Trasse erwies sich jedoch als ungeeignet. Sie verlief durch von Sturzfluten, Bränden und Termitenbefall bedrohte Gebiete. Immer wieder gab es große Verspätungen. In den 1980er-Jahren wurden deshalb weiter westlich neue, termitensichere Normalspurgleise verlegt. 2004 schließlich wurde die Strecke bis nach Darwin ausgebaut. Nun konnte man das Land komplett mit der Bahn durchqueren.

## WEITERE AUSTRALIEN-ABENTEUER

**21. Transwa Australind**
*Western Australia*

Auf der 167 Kilometer langen Strecke Perth–Bunbury bereist man das Stammland der Noongar. Der Zug hält auch in Pinjarra, wo 1834 britische Soldaten ein Massaker an den Ureinwohnern anrichteten.

**22. The Inlander**
*Queensland, Australien*

Die 977 Kilometer lange Fahrt von Townsville am Pazifik zieht sich durch den zeitlosen Outback bis nach Mount Isa, einer Bergbaustadt und Stammland der Kalkadoon.

Reisende haben verschiedene Komfortklassen zur Auswahl. In der günstigeren Red Class fährt man im Sitzabteil und teilt sich die Toilette. Die Gold Class bietet Doppelkabinen. Am luxuriösesten ist die Platinumklasse mit geräumigen Doppelbettabteilen und feinem Essen.

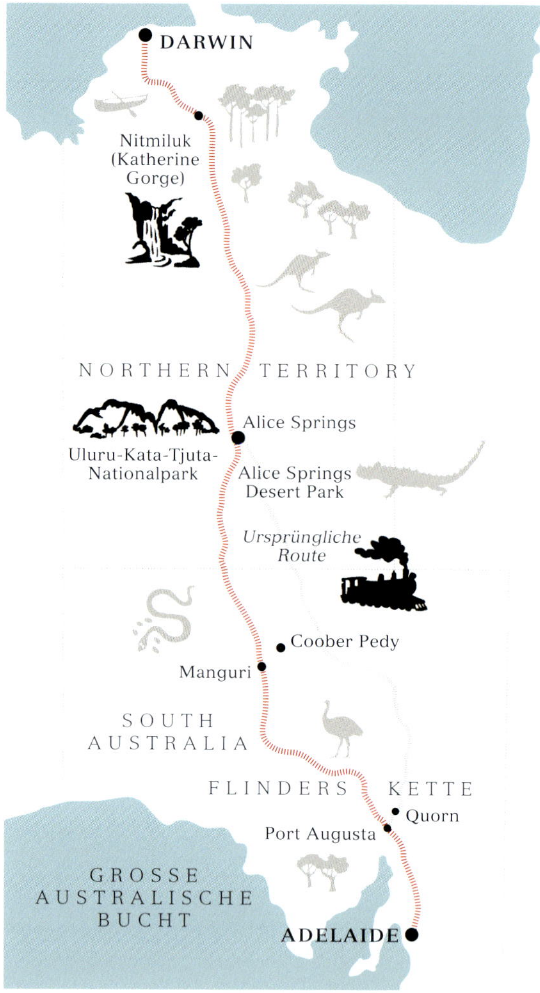


Als Außenposten wurde Darwin im Zweiten Weltkrieg durch japanische Luftangriffe stark zerstört; heute ist es eine blühende multikulturelle Stadt. Von hier fährt der Zug südwärts durch üppige tropische Landschaften nach Nitmiluk (Katherine Gorge), wo genügend Zeit für eine Boots- oder Kajakfahrt ist. Danach rumpelt er weiter durch nicht enden wollendes Buschland, ein riesiges Gebiet mit nichts als nackter Erde, orangenen Felsen und hüpfenden Kängurus. Mit der untergehenden Sonne macht die rosa-violette Dämmerung schon bald dem prachtvollen Sternenhimmel Platz.

Nach dem Sonnenaufgang im Outback erreicht man Alice Springs. Auch hier hält der Zug etwas länger und erlaubt einen kurzen Ausflug, etwa zur alten Telegrafenstation oder in den Alice Springs Desert Park, wo es Dornteufel zu sehen gibt. Es lohnt sich, einen mehrtägigen Zwischenstopp im Uluru-Kata Tjuta National Park einzulegen, der Nummer eins unter Australiens heiligen Stätten. Uluru (früher Ayers Rock) darf nicht mehr bestiegen werden, aber die Anangu, denen der Ort gehört, führen Besucher um den heiligen Berg, dem viele Traumgeschichten entstammen.

Gegen Mittag setzt der Ghan seine Reise nach Süden bis Manguri fort, um am nächsten Morgen die grün bewaldete Flinderskette zu durchschneiden. Kurz vor Adelaide kann man dann mit einem Glas Wein aus dem Barossa Valley auf die Reise anstoßen.

**UND WIE WÄR'S DAMIT?**

**23. Hotham Valley Tourist Railway**
*Western Australia*
Die Dampfeisenbahn befährt eine 14 Kilometer lange alte Holztransportstrecke, die von Dwellingup (»Ort mit nahem Wasser«) durch urwüchsigen Eukalyptuswald führt.

## 24
## PICHI RICHI RAILWAY

*South Australia*

Die frühen Eisenbahningenieure brauchten viele Jahre für die Erschließung des urzeitlichen, unwirtlichen Outback. Der 39 Kilometer lange Abschnitt vom Naturhafen Port Augusta über den Pichi-Richi-Pass nach Quorn in der Flinderskette wurde 1879 eröffnet. Er war Teil der Ghan-Fernverbindung, die Adelaide mit Alice Springs (1929) und Darwin (2004) verband. 1957 wurde der Pichi-Richi-Abschnitt für den normalen Verkehr geschlossen, nachdem für den Ghan weiter westlich eine neue Standardspurtrasse entstanden war. Heute existiert hier eine Museumsbahn. Hin und wieder ziehen historische Dampf- und Dieselloks alte Holzwaggons durch die Bluebush-Steppe und ockerfarbene Aufschlüsse in die uralte, ausgedörrte Landschaft der Flinderskette.

## 25
## SOUTH EAST LIGHT RAIL

*New South Wales, Australien*

Als die Verkehrsbehörde von New South Wales eine neue Stadtbahn für Sydney plante, rechnete niemand mit dem, was passieren würde. Im Oktober 2015 begannen die Arbeiten an der zwölf Kilometer langen Strecke, die den Hafen Circular Quay mit den Vororten im Südosten verbinden soll. Bei Aushubarbeiten für den Abstellbahnhof in Randwick stieß man auf einen enormen Archäologieschatz mit über 22.500 Gegenständen der Ureinwohner. Die vielen Speerspitzen und Messerklingen führten zu der Vermutung, dass es sich um ein Schlachtfeld handelte. Datieren ließ sich der Fund bisher nicht, aber indigene Völker bewohnen das Land seit mindestens 50.000 Jahren. Die Entnahme der Fundgegenstände ohne genauere archäologische Untersuchungen blieb nicht ohne Kontroversen, aber der Bahnbau ging weiter. 2019 soll die Strecke eröffnet werden.

26

# EMPIRE LINE

*New York, USA*

Von einer Insel, einen Fluss entlang und vorbei an vielen Seen zu einem mächtigen Wasserfall.

**Wissenswerte Details**

- *Zeit: vor 10.000 Jahren (Niagarafälle entstehen durch Vergletscherung)*
- *Streckenlänge: 740 Kilometer*
- *Mindestfahrtdauer: 7 Stunden, 20 Minuten*
- *Wichtige Haltepunkte: New York, Albany, Syracuse, Rochester, Buffalo, Niagara Falls*
- *Durchfahrene Länder: USA*

Die Empire Line bietet eine malerische Fahrt durch den »Empire State« New York. Dass es dabei nicht zu trocken zugeht, dafür sorgen die Ausblicke entlang der Route. Der Zug fährt von der New Yorker Penn Station im Schatten des Empire State Building ab und muss zunächst von der Insel Manhattan in die Bronx übersetzen. Hierfür quert er den Harlem River auf der 1900 erbauten Spuyten Duyvil Bridge, einer Stahldrehbrücke, die etwa tausendmal pro Jahr zur Seite schwingt, um Schiffe durchzulassen.

Danach orientiert sich die Empire Line nordwärts und folgt der alten Hudson River Railroad (1851 eröffnet) am Ostufer des Flusses. Sie passiert die steilen Klippen der New Jersey Palisades, den im Beaux-Arts-Stil gehaltenen Bahnhof Yonkers sowie die imposante Bear Mountain Bridge und hält sich weiter am Wasser bis Albany, der Hauptstadt des Bundesstaats New York.

Hier biegt die Strecke scharf links ab und nimmt uns mit in die Geschichte. 1826 wurde die Mohawk and Hudson Railroad gegründet, die Albany mit Schenectady verband. Sie war die erste Bahnlinie im Staat New York und die erste Strecke in den USA, auf der anstelle von Pferden eine Lokomotive den Zug bewegte.

Nach Schenectady fährt die Bahn weiter Richtung Westen und rollt durch die Finger-Lakes-Region. Die elf tiefen Gewässerstreifen rühren von Gletscheraktivitäten her – oder gemäß der Überlieferung der Indianer von Fingerabdrücken des Großen Geistes.

Das spektakulärste Wasserschauspiel erwartet einen am Endpunkt der Empire Line. Die riesigen Niagarafälle entstanden, als am Ende der Wisconsin-Kaltzeit das Eis zurückwich und Wasser aus den noch jungen Großen Seen die Niagara-Schichtstufe einschnitt. Die Wasserfälle sind zwar kurz, dafür aber extrem breit, unheimlich wuchtig und ungeheuer beliebt – nicht zuletzt, weil Touristen sie seit 1845 mit dem Zug erreichen können.

## WASSERFALL-ROUTEN

**27. Madgaon–Belgaum**
*Goa und Karnataka, Indien*

Die 126 Kilometer lange Bahnstrecke kreuzt auch die 310 Meter hohen Dudhsagar Falls, die zu den höchsten Wasserfällen Indiens zählen.

**28. Giessbachbahn**
*Berner Oberland, Schweiz*

Die erste Touristenstandseilbahn der Schweiz wurde 1879 eröffnet. Vom Ufer des Brienzersees erklimmt sie die 363 Meter zum Grandhotel Giessbach mit herrlichen Ausblicken auf die Giessbachfälle.

**LINKS:** Die Bear-Mountain-Hängebrücke erstreckt sich über den Hudson River.

29

# DENALI STAR

*Alaska, USA*

Im Schleichtempo durch die herrlichen, von Gletschern geformten Landschaften Alaskas.

**Wissenswerte Details**

- *Zeit: vor 2,5 Millionen Jahren (beginnende Vergletscherung in der Nordhemisphäre)*
- *Streckenlänge: 573 Kilometer*
- *Mindestfahrtdauer: 12 Stunden*
- *Wichtige Haltepunkte: Anchorage, Wasilla, Talkeetna, Denali, Fairbanks*
- *Durchfahrene Länder: USA*

So träge wie die unzähligen Eiszungen schleppt sich die Alaska Railroad durch Alaskas Natur. Bei maximal 95 Stundenkilometern (wobei oft nur die Hälfte erreicht wird) ist eine Zugfahrt die angemessene Art, die »Last Frontier« zu erkunden. Alaskas mehr als 100.000 Gletscher bedecken knapp fünf Prozent seiner Fläche. 2,5 Millionen bis 9.000 Jahre vor unserer Zeit füllten Gletscher aber ein noch viel größeres Areal aus und formten die atemberaubende Landschaft.

Das Aushängeschild von Alaska Railroad, der Denali Star, bietet tolle Ausblicke auf diese urzeitlichen Landschaftsformen. Von Mitte Mai bis Mitte September verkehrt er täglich zwischen Anchorage im Cook Inlet und Fairbanks im subarktischen Landesinnern. Je nach Jahreszeit zeigen sich dabei prächtige Wildblumen oder Herbstfarben. Unberührte Flüsse, mächtige Berge, historische Städte und viel ungezähmtes Hinterland säumen die Strecke. Selbst Anchorage gibt sich wild: 60 Gletscher finden sich in einem Umkreis von 80 Kilometern um Alaskas bevölkerungsreichste Stadt.

Die Bahn verlässt Anchorage und schlängelt sich durch Birkenwälder und Flusstäler, wo Elche und Bären umherstreifen. Sie durchfährt die landwirtschaftliche Kernregion um Wasilla und bietet kurz vor dem historischen Talkeetna erste Ausblicke auf den Denali (Mount McKinley), mit 5.500 Metern Nordamerikas höchster Gipfel. Von hier bis zum Denali National Park folgt die Bahnstrecke dem kurvenreichen Susitna River. Dieser Abschnitt ist eine der letzten Bedarfshaltstrecken der USA – Wildnisabenteurer können hier an jedem beliebigen Punkt zu- oder aussteigen.

Nach der Hurricane Gulch Bridge, der längsten und höchsten Brücke auf der Route, erreicht die Bahnlinie beim Broad Pass auf 720 Metern ihren Gipfelpunkt. Anschließend verläuft sie zwischen den schneebedeckten Gipfeln des Denali National Park, der Hauptattraktion der Fahrt. Viele Reisende steigen im Denali Depot aus, um Grizzlys und Karibus

### ALTERNATIVEN IN ALASKA

**30. Glacier Discovery**
*Alaska, USA*

Auf der Alaska Railroad von Anchorage nach Grandview (110 Kilometer) gibt es einige der ältesten und eindrucksvollsten Eiszungen Alaskas zu bewundern.

**OBEN LINKS:** Der Denali Star verkehrt von Mai bis September.

**LINKS:** Jahrmillionen von Erdgeschichte verkörpern die Berggipfel, Seen und Gletscher Alaskas.

zu sehen oder um in der unberührten Wildnis des 2,5 Millionen Hektar großen Parks zu wandern.

Mit den restlichen Passagieren kämpft sich der Zug durch den Healy Canyon und weiter durch immer einsamere Landschaften. Bei Nenana (ehemaliges Bahnarbeitercamp) quert die Linie die 210 Meter lange Mears Memorial Bridge. Hier erfolgte der letzte Lückenschluss für die 1923 fertiggestellte Hauptstrecke der Alaska Railroad. Nun ist es nur noch ein kurzes Stück durch Taigawälder bis zur früheren Goldgräberstadt Fairbanks.

31

# GLACIER EXPRESS

*Südschweiz*

An Bord eines Meisterwerks Schweizer Ingenieurskunst zu den großartigen Schöpfungen von Mutter Natur.

**Wissenswerte Details**

- *Zeit: vor 2,58 Millionen Jahren (Beginn der Vergletscherung im Quartär)*
- *Streckenlänge: 290 Kilometer*
- *Mindestfahrtdauer: 8 Stunden*
- *Wichtige Haltepunkte: Zermatt, Brig, Andermatt, Disentis, Chur, St. Moritz*
- *Durchfahrene Länder: Schweiz*

**UND WIE WÄR'S DAMIT?**

**32. Schynige Platte-Bahn**
*Berner Oberland, Schweiz*
Die 1893 eröffnete, 7,25 Kilometer lange Zahnradbahn führt durch majestätische Landschaften und zum Botanischen Alpengarten Schynige Platte mit all den herrlichen Bergblumen und -pflanzen.

Willkommen an Bord des laut Betreiber langsamsten – vermutlich aber romantischsten – Schnellzugs der Welt. Der Glacier Express zuckelt in acht Stunden vom Bergdorf Zermatt ins mondäne St. Moritz. Vorsichtig tastet er sich voran, da er auf der Fahrt viele Hindernisse zu überwinden hat – und damit die Passagiere den Ausblick genießen können.

Die Schweiz bieten jede Menge großartiger Bahnerlebnisse. Die Kombination von alpiner Landschaft und Präzisionstechnik (gepaart mit der sprichwörtlichen Pünktlichkeit) lässt die Herzen aller Eisenbahnfans schneller schlagen. Dennoch verdient der Glacier Express hervorgehoben zu werden. Auf einer Strecke von 290 Kilometern überwindet die Schmalspurbahn 291 Brücken und passiert 91 Tunnel entlang einiger der imposantesten Berge der Welt.

Erschaffen hat diese herrliche Bergwelt die quartäre Vergletscherung, bei der sich im Laufe von 2,5 Millionen Jahren Phasen der Gletscherausdehnung mit wärmeren zwischeneiszeitlichen Perioden (wie wir gegenwärtig eine erleben) abwechselten. Riesige Eiszungen wälzten sich durch die Täler und gruben dabei Schluchten und Kare, streuten Felsblöcke und formten Berghänge und Seen.

Leider sieht man vom Glacier Express aus kaum richtige Gletscher. Die Eiszungen liegen weiter oben in den Bergen und ziehen sich immer weiter zurück. Auch vom Rhonegletscher (Rhône Glacier), nach dem der Zug benannt ist, bekommt man nichts zu sehen. Als die Linie 1930 eingeweiht wurde, querte sie den 2.429 Meter hohen Furkapass noch über den Gletscher, aus dem sich die Rhone speist. Aufgrund starker Schneefälle war der Pass im Winter oft nicht befahrbar. Man baute deshalb den 15,4 Kilometer langen Furka-Basistunnel, der den Passanstieg ablöste und ab 1982 einen ganzjährigen Betrieb des Glacier Express ermöglichte. Im Sommer können Besucher aber noch die ursprüngliche Glacier-Express-

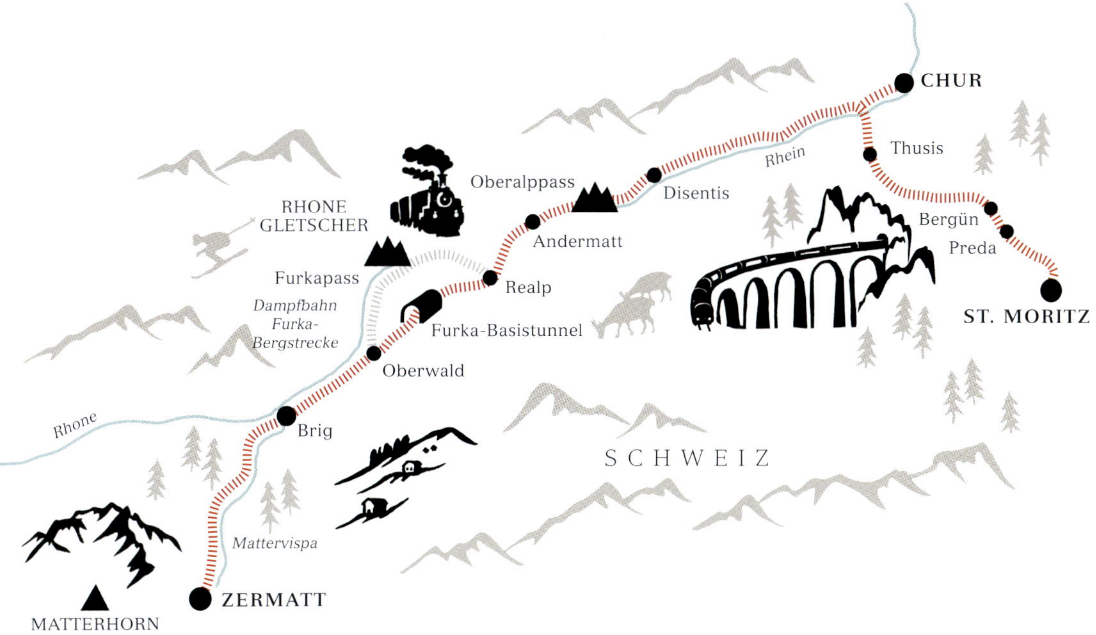


Route befahren, wenn die Dampfbahn Furka-Bergstrecke auf dem 17,8 Kilometer langen Abschnitt zwischen Oberwald und Realp pendelt.

Die Tunnelumleitung nimmt der Fahrt mit dem Glacier Express kaum etwas von ihrem Glanz. Als Ausgangspunkt bietet sich Zermatt an. Der malerische autofreie Ort, der von dem spitzen Kegel des 4.477 Meter hohen Matterhorns dominiert wird, lässt sich nur mit dem Zug erreichen. Von hier schlängelt sich der Glacier Express ostwärts an der Mattervispa entlang, die sich zwischen hoch aufragenden Felswänden unterhalb der höchsten Gipfel der Schweiz

**UNTEN:** Startpunkt des Glacier Express ist Zermatt im Schatten des mächtigen Matterhorns.

**OBEN:** Der Glacier Express rollt über das elegant geschwungene Landwasser-viadukt.

hindurchzwängt. Die tausend Meter lange Talfahrt nach Brig bewältigt die Bahn mithilfe eines Zahnradsystems.

Im Furka-Basistunnel kann der Zug ein wenig verschnaufen, bevor er sich hinter Andermatt wieder richtig ins Zeug legt. Von dort geht es heftig bergan auf den 2.034 Meter hohen Oberalppass, den höchsten Punkt der Strecke, nahe der Rheinquelle. Danach fährt man wieder bergab durchs Rheintal – den Schweizer Grand Canyon – zum niedrigsten Punkt der Bahnlinie in Chur.

In Chur wendet der Zug und schwenkt dann ab nach Süden auf die Albulalinie (die das 697 Meter hohe Thusis mit dem auf 1.774 Meter gelegenen St. Moritz verbindet), ein Eisenbahn-Bravourstück, das auf ca. 62 Kilometern Länge über tausend Höhenmeter erklimmt. Kurz hinter Thusis durchsticht der Zug neun Tunnel auf sechs Kilometern. Und dann gibt es noch zahlreiche Viadukte, allen voran das 65 Meter hohe Landwasserviadukt, wo sich die Bahn zunächst an einer Felskante entlanghangelt, bevor sie die geschwungene, auf sechs Bögen ruhende Brücke überquert und an deren Ende direkt in eine Tunnelmündung einfährt.

Die größte Herausforderung für die Ingenieure stellte jedoch die Talstrecke zwischen Bergün und Preda dar, wo das Gelände auf fünf Kilometern rund 400 Meter ansteigt. Mithilfe von zwei Wende- und drei Spiraltunneln sowie mehreren Brücken schraubt sich der Zug immer höher. Schließlich fährt der Glacier Express in das noble St. Moritz ein – glanzvoller Schlusspunkt einer spektakulären Alpenbahnfahrt.

## 33
# JUNGFRAUBAHN

*Berner Oberland, Schweiz*

Schwer zu sagen, worüber man mehr staunen soll: über die majestätische Jungfrau – mit 4.158 Metern Höhe einer der eindrucksvollsten Berge Europas – oder darüber, dass man den alpinen Giganten, der vor 23 bis 34 Millionen Jahren entstand, seit gut hundert Jahren mit der Bahn erreichen kann. Die neun Kilometer lange Jungfraubahn wurde 1912 eröffnet und verläuft von der Kleinen Scheidegg, einem Bergpass auf 2.061 Metern, zum 3.454 Meter hoch gelegenen Jungfraujoch, der höchsten Bahnstation Europas. Den größten Teil der Strecke legt die Zahnradbahn in einem Tunnel durch die Nachbarberge Eiger und Mönch zurück, um in einer prachtvollen hochalpinen Landschaft wieder aufzutauchen – mit Ausblicken auf den Aletschfirn (den höchsten Alpengletscher), imposante Gipfel und unberührten Schnee.

## 34
# TRANSALPINA

*Slowenien*

Sloweniens alpine Geologie lässt sich hervorragend mit einer Eisenbahn aus der k. u. k. Zeit erkunden. Auf der 1906 fertiggestellten Transalpina-Linie gelangten Züge vom Hafen von Triest bis nach Wien und weiter. Heute kann man den 129 Kilometer langen Abschnitt zwischen dem modernen Nova Gorica (an der Grenze zu Italien) und Jesenice (an der österreichischen Grenze) befahren und die malerischen Landschaften genießen. Die Strecke steigt entlang der grünblauen Soča an, führt vorbei an Gruppen von Bergdörfern, streift den kristallklaren Bohinjsee und macht halt am malerischen Bleder See mit der mittelalterlichen Burg und einer Insel mit Kirche. Regionalzüge verkehren ganzjährig auf der Strecke, im Sommer sorgt eine Dampfeisenbahn für historisches Kolorit.

## 35
## ERZ- UND OFOTENBAHN

*Schweden und Norwegen*

Am nördlichen Polarkreis fühlt man sich mitunter in die letzte Eiszeit zurückversetzt. Oberhalb von 66° N ist die Landschaft ursprünglich, wild und nur dünn besiedelt – wobei die Samen seit mindestens sechstausend Jahren hier leben. Die 169 Kilometer lange Bahnstrecke von Kiruna (im hohen Norden Schwedens) nach Narvik in Norwegen wurde 1902 gebaut, um Eisenerz aus den schwedischen Minen ans Meer schaffen zu können. Dem Reisenden bietet sich dabei ein malerisches Stück urzeitliche Arktis. Der Zug verlässt Kiruna und seine von Erzminen durchlöcherten Berge in Richtung Nordwesten, streift den Gletscherwassersee Torneträsk und den Nationalpark Abisko im schwedischen Lappland (ideal zum Beobachten der Nordlichter), überquert beim Skiort Riksgränsen die Grenze und sieht dabei auf Täler und Fjorde hinunter. Schließlich geht es hinab nach Narvik, wo sich die markanten Industrieanlagen des Hafens deutlich von den Inseln, Fjorden und Bergen ringsum abheben.

## 36
## SNOWDON MOUNTAIN RAILWAY

*Wales, Großbritannien*

Der Snowdon, ein Überbleibsel eines 458 Millionen Jahre alten Vulkankraters, ist mit 1.085 Metern die höchste Erhebung von Wales. Zudem ist er einer der beliebtesten Berge, nachdem seit 1896 eine Zahnradbahn Besucher hinaufbefördert. Die Bahn führt 7,6 Kilometer von der Ortschaft Llanberis auf den Yr Wyddfa (wie der Snowdon auf Walisisch heißt) und bietet perfekte Ausblicke auf die Flüsse, Wasserfälle, eiszeitlichen *cwms* (Kare, Eintiefungen am Bergkamm) und schmalen Grate im Snowdonia-Nationalpark. Neben einem Besucherzentrum befindet sich auf dem Gipfel der Legende nach auch das Grab des Riesen Rhitta Gawr, der von König Artus getötet wurde, nachdem er dessen Bart gefordert hatte.

**RECHTS:** Finse ist der höchstgelegene Haltepunkt auf der Strecke Bergen–Oslo.

37

# BERGENBAHN

*Südnorwegen*

Quer durch eine der rauesten Landschaften Europas mit einer der grandiosesten Eisenbahnen Norwegens.

**Wissenswerte Details**

- *Zeit: vor 1,5 Milliarden Jahren (älteste Felsen in der Hardangervidda)*
- *Streckenlänge: 496 Kilometer*
- *Mindestfahrtdauer: 6 Stunden, 30 Minuten*
- *Wichtige Haltepunkte: Oslo, Hønefoss, Finse, Myrdal, Voss, Bergen*
- *Durchfahrene Länder: Norwegen*

Der Bau der Bergenbahn war möglicherweise der härteste Kampf zwischen Mensch und Natur, der jemals in der Geschichte der Eisenbahn ausgetragen wurde. Die Strecke zwischen Norwegens Hauptstadt und der zweitgrößten Stadt (an der Westküste) verläuft durch die Hardangervidda, die größte Hochebene Europas.

Die Hardangervidda ist eine kahle, baumlose, mit Seen und Flüssen durchsetzte Heidelandschaft. Die ältesten Steine sind 1,5 Milliarden Jahre alt, und Fossilien belegen, dass das Gebiet vor 550 Millionen Jahren noch unter dem Meer lag. Bei der Kollision tektonischer Platten vor 419 Millionen Jahren wurde die Hardangervidda 3.000 Meter angehoben. In Jahrmillionen hat die Erosion die heutige Hochebene herausgearbeitet, die im Schnitt 1.100 Meter hoch liegt.

Aufgrund der Höhe, Abgeschiedenheit und Kälte gestaltete sich der Eisenbahnbau in der Hardangervidda sehr schwierig. Es wurden mehrere Routen geprüft, aber immer musste man

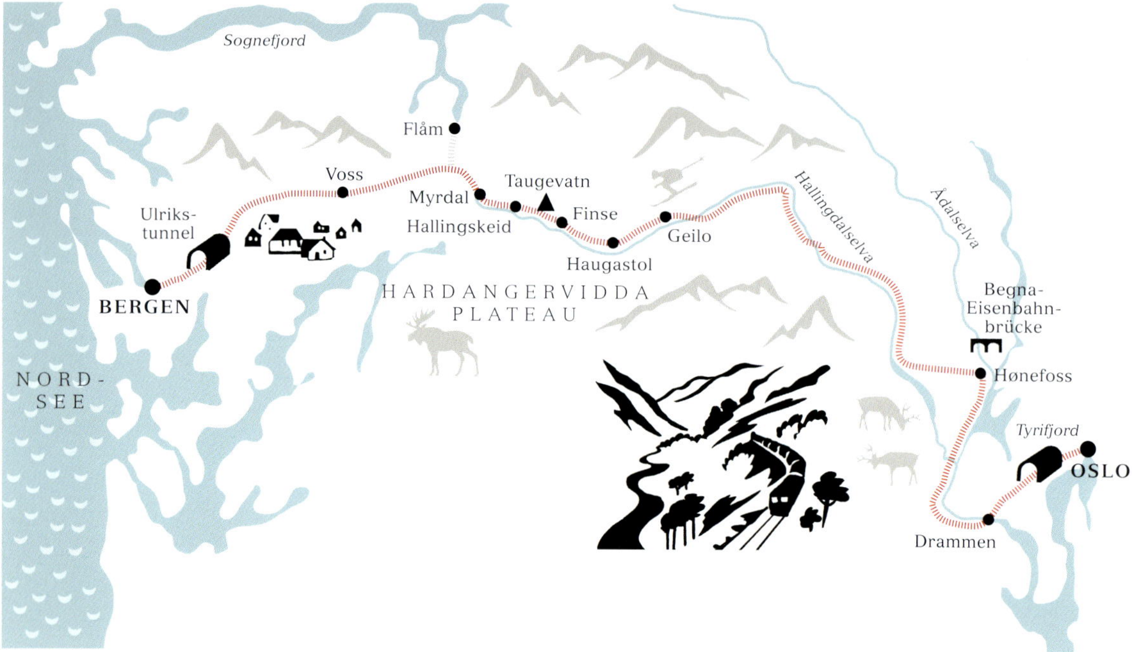


Tunnel in unnachgiebigen Gneis (metamorphes Gestein) bohren – und das bei Minustemperaturen und am Ende der Welt.

Die Strecke wurde in mehreren Phasen gebaut, wobei der Abschnitt Bergen–Voss 1876 begonnen wurde (zunächst als Schmalspurlinie). Erst ab 1909 gab es eine durchgehende Normalspurverbindung Oslo–Bergen.

Die Bahn startet vom Osloer Hauptbahnhof, der auf dem Areal des alten Ostbahnhofs aus den 1880er-Jahren erbaut wurde (das Gebäude beherbergt heute ein Einkaufszentrum). Sie durchfährt zunächst den lang gezogenen Oslotunnel – Norwegens meistbefahrenen Bahnabschnitt – und kommt rechtzeitig ans Tageslicht, um den Blick über den inselreichen Fjord freizugeben. Nach einem Schwenk Richtung Norden streift die Bahn den Tyrifjord (Tyrisee) und erreicht Hønefoss, wo es auf der 216 Meter langen Begna-Brücke oberhalb des Hønefoss-Wasserfalls über die Ådalselva geht. Die Brücke wurde 1898 gebaut, als die Bahn noch hier beginnen sollte.

Nach Hønefoss wird die anfangs bäuerliche Landschaft zunehmend wilder, während die Strecke westwärts verläuft. Ein Tunnel bugsiert die Bahn auf eine Felsplatte oberhalb des Sees Krøderen; danach geht es ein Stück entlang der Hallingdalselva und hinauf ins Hallingdal, das Händler lange als Durchgangsroute nach Westen nutzten. Die Umgebung wird immer bergiger, während es auf Geilo zugeht, einen der wichtigsten Skiorte Norwegens, dessen Erschließung die Bergenbahn möglich machte.

**KLASSE NEBENSTRECKE**

**38. Flåmsbahn**
*Norwegen*
Durch Berge und Fjorde sticht eine der steilsten Bahnlinien der Welt: 80 Prozent der 20 Kilometer langen Strecke weisen eine Steigung von 2,8 Prozent oder mehr auf.

Nachdem die Baumgrenze überschritten ist, steigt die Strecke weiter an und passiert den häufig zugefrorenen See Ustevatn. Hier ist es die meiste Zeit des Jahres unwirtlich kalt.

Teilweise schirmen Schneegalerien die Strecke ab, dennoch ist der Betrieb im Winter sehr aufwendig. In den 1990er-Jahren wurde das höchste Teilstück Haugastol–Hallingskeid modernisiert, und es wurden neue Tunnel gebaut. Selbst bei unsicherem Wetter ist der alte Bahnhof Haugastol ein beliebter Haltepunkt: Radtouristen beginnen hier ihre Tour auf dem Rallarvegen, der während des Bahnbaus als Transportweg diente. Mit 1.222 Metern ist Finse der höchstgelegene Bahnhof. Der häufig vom Schnee verhüllte Ort nahe dem Hardangerjøkul-Gletscher erinnert an die Antarktis.

Kurz darauf erreicht die Bahn ihren höchsten Punkt bei Taugevatn (1.301 Meter). Danach geht die Strecke bergab und bietet schwindelerregende Ausblicke in das Flåm-Tal und zum Sognefjord, dem längsten und tiefsten Fjord Norwegens. Viele Fahrgäste steigen am Bahnhof Myrdal aus, um die landschaftlich reizvolle Nebenstrecke ins malerische Flåm zu befahren.

Ansonsten geht es am Fluss Raundal entlang nach Voss mit seinen Fjorden. Die 107 Kilometer von Voss nach Bergen wurden 1883 als erster Bahnabschnitt eröffnet. Die Strecke streifte den Fluss und verlief vorbei an Landspitzen, Birkenwäldchen und Bootshäusern, bevor sie die letzten Berghindernisse umfuhr. 1964 wurde mit dem Ulrikstunnel eine schnellere Route durch den Berg gesprengt. Bei Ankunft in Bergen hat sie dann einige der rauesten Landstriche Europas bezwungen.

**UNTEN:** Den ursprünglichen Hardangervidda-Nationalpark erreicht man am besten mit der Bahn.

# MUKUBA EXPRESS / KILIMANJARO

*Tansania und Sambia*

Eine Hommage an die Evolution des Menschen mittels einer Fahrt durch die Wildnis Ostafrikas.

**Wissenswerte Details**
- *Zeit: vor 1,9 Millionen Jahren (Besiedlung Ostafrikas durch Homo habilis)*
- *Streckenlänge: 1.860 Kilometer*
- *Mindestfahrtdauer: 46 Stunden*
- *Wichtige Haltepunkte: Daressalaam, Mbeya, Tunduma, Nakondé, Kapiri Mposhi*
- *Durchfahrene Länder: Tansania, Sambia*

Wenn der Ostafrikanische Graben die »Wiege der Menschheit« ist, so ist er letzten Endes auch die Geburtsstätte der Eisenbahn. Vor rund 1,9 Millionen Jahren entwickelte sich hier *Homo habilis*, der manchen als der erste Mensch gilt. *H. habilis* verfügte über ein um 50 Prozent größeres Gehirn als die älteren Australopithecina – eine Eigenschaft, die ihn von den Menschenaffen abhob und es seinen Nachkommen Millionen Jahre später ermöglichen sollte, so großartige Dinge wie die Eisenbahn zu bauen.

Das mag weit hergeholt erscheinen, doch eine Fahrt mit der Kilimandscharo-Bahn oder dem schnelleren Mukuba

### UND WIE WÄR'S DAMIT?

**40. Daressalaam–Mwanza**
*Tansania*

Wenn sie wieder in Betrieb ist, verbindet die 1.229 Kilometer lange Bahnlinie die Stadt Daressalaam mit der Wiege der Menschheit: Nahe Mwanza am Victoriasee wurden Fossilien von *Homo habilis* gefunden.

**OBEN RECHTS:** Beim Blick durch das Zugfenster kann man Giraffen und andere Wildtiere sehen.

**RECHTS:** Stärkungen für unterwegs erhalten Reisende von den Verkäufern an Bahnhöfen.

Express von der Metropole Daressalaam am Indischen Ozean durch Tansanias Südwesten nach Sambia fühlt sich wie eine Reise in die Urgeschichte an.

Die Zugpassagiere durchfahren Gegenden, die sich in zwei Millionen Jahren scheinbar kaum verändert haben.

An der Bahn zeigt sich, wofür unser großes Gehirn gut ist: Die Bahnlinie, die von den Chinesen erbaut und 1975 eröffnet wurde, stellte eine immense Herausforderung für die Ingenieure dar. So galt es, 330.000 Tonnen Stahlschienen zu transportieren und 93 Bahnhöfe, 320 Brücken und 22 Tunnel zu bauen. Zudem waren Herausforderungen wie die große Hitze, heftige Regengüsse, ausgedehnte Sümpfe, tiefe Schluchten, steile Anstiege und Wildtiere zu bewältigen.

Von Daressalaam führt der Zug durch trockenes Buschland und erreicht schließlich das Wildreservat Selous, mit 54.000 Quadratkilometern das größte Wildschutzgebiet Afrikas. Durch das Zugfenster kann man häufig Giraffen, Elefanten, Paviane, Zebras und andere Tiere sehen, die sich von dem vorbeirumpelnden Zug überhaupt nicht stören lassen. Danach wird die Landschaft allmählich immer bergiger und die Strecke wird durch zahlreiche Tunnel und Brücken gegliedert – allen voran die 50 Meter hohe Brücke über den Mpanga.

In den Southern Highlands, wo es vorbei an Tee- und Kaffeeplantagen geht, erreicht die Bahn bei Uyole auf 1.789 Metern ihren höchsten Punkt. Nach dem Grenzübergang Tunduma-Nakonde verläuft die Strecke weiter südwärts durch Sambia. Es wird ebener und der Zug legt an Tempo zu bei seiner Fahrt über den Chambeshi, entlang der Ausläufer des Muchinga-Gebirges und zum Endhalt Kapiri Mposhi. Die Stadt ist Ausgangspunkt für Ziele in Sambia. Die Hauptstadt Lusaka ist nur eine kurze Busfahrt entfernt.

## AUF DEN SPUREN DER ERSTEN MENSCHEN

**41. Dire Dawa–Dschibuti**
*Äthiopien und Dschibuti*

In der Region Afar in Äthiopien fand man 3,2 Millionen Jahre alte Hominidenfossilien. Die neue elektrifizierte 756 Kilometer lange Strecke zwischen dem äthiopischen Dire Dawa und Dschibuti am Roten Meer quert das urzeitliche Land.

**42. Zambezi Train**
*Sambia*

Die 851 Kilometer lange Strecke Kitwe–Livingstone führt vorbei an Kabwe, wo man 1921 einen 125.000 bis 300.000 Jahre alten Schädel *(Homo rhodesiensis)* entdeckte, und endet bei den Victoriafällen.

**43. Amtrak Cascades**
*Kanada und USA*

Auf seiner 718 Kilometer langen Fahrt hält der Zug unter anderem in Portland und Seattle. Daneben streift er die Küste und Berge, wohin die ersten Völker weiterzogen, die vor rund 20.000 Jahren über die Beringbrücke nach Nordamerika kamen.

**44. Rutland Railway**
*Vermont, USA*

Bei Aushubarbeiten für die Rutland Railway zwischen Burlington und Charlotte entdeckten Arbeiter ein 11.500 Jahre altes Belugawalskelett. Besichtigen kann man den Wal Charlotte im Perkins Geology Museum in Burlington.

Der Bau einer Transkanadalinie (nächste Seite) wurde nicht zuletzt durch den Kanadischen Schild erschwert, ein riesiges aufgeschlossenes Stück Erdkruste, das die ältesten bekannten Gesteine enthält.

45

# THE CANADIAN

*Kanada*

Eine transkontinentale Bahnreise durch den Kanadischen Schild und die Rocky Mountains mit Pioniercharakter.

**Wissenswerte Details**

- *Zeit: vor 4 Milliarden Jahren (Alter der ältesten Gesteine in Kanada)*
- *Streckenlänge: 4.466 Kilometer*
- *Mindestfahrtdauer: 5 Tage*
- *Wichtige Haltepunkte: Toronto, Winnipeg, Saskatoon, Edmonton, Jasper, Vancouver*
- *Durchfahrene Länder: Kanada*

Der Bahnbetreiber VIA Rail bewirbt seinen Transkontinentalzug The Canadian mit dem Slogan »Your Window to Canada«, was keine Übertreibung ist. Die Fahrtroute umfasst einen beträchtlichen Teil des zweitgrößten Landes unseres Planeten und zeigt die ganze Größe und Pracht seiner Landschaften, die wirklich uralt sind.

Der Kanadische Schild, ein riesiges aufgeschlossenes Stück Erdkruste, enthält die ältesten bekannten Gesteine der Erde: Den Acasta-Gneis in den Northwest Territories und den Nuvvuagittuq-Grünsteingürtel in der Provinz Québec gibt es seit rund vier Milliarden Jahren.

Als die Bahnarbeiter Ende des 19. Jahrhunderts in den wilden Westen Kanadas vordrangen, um die Canadian Pacific Railway (CPR) zu bauen, musste die Trasse durch diesen geologischen Schutzschild gesprengt werden – ein kühnes Unterfangen. Der kanadische Dichter E.J. Pratt beschrieb den Bahnbau 1952 in dem Gedicht *Towards the Last Spike*. Darin wird der Kanadische Schild mit einem Drachen verglichen und die Eisenbahn mit dem Ritter, der ihn bezwingt. Nachdem dieser Feind besiegt worden war, musste die Bahn allerdings noch die kanadischen Rocky Mountains überwinden. Dass die Transkontinentalbahn jemals vollendet wurde, ist ein Wunder, doch der Wille, das Land zu einen, war stark. 1885 wurde die Strecke fertiggestellt, und 1886 unternahm die CPR ihre erste Fahrt von Osten nach Westen.

Die ursprüngliche Bahnroute arbeitete sich westwärts durch die wichtigsten Provinzen und Städte Kanadas. Von Montreal und Toronto führte sie nach Winnipeg, Regina, Moose Jaw, Calgary und Banff, über die Rockies am Kicking Horse Pass, durch British Columbia und über Kamloops nach Vancouver. Heute verkehrt der Canadian weiter nördlich auf einer Strecke, die für die Canadian National Railway (CNR) erschlossen wurde. Diese schwenkt hinter Winnipeg ab, verläuft via Edmonton und über den Yellowhead Pass in den kanadischen Rockies, bevor sie Kamloops erreicht. Die

**OBEN:** Die Rocky Mountains sind für die Eisenbahn in Kanada ein beträchtliches Hindernis.

CPR-Stecke von 1885 wird heute nur noch von dem Touristenzug Rocky Mountaineer befahren.

Doch auch so ist die Bahnreise mit dem Canadian atemberaubend: Vier Nächte braucht man quer durchs Land. Dreimal die Woche (im Winter zweimal) um 22 Uhr fährt der Zug mit den Edelstahlwaggons im 1950er-Stil von Torontos Beaux-Arts-Bahnhof ab. Gleich zu Anfang passiert er das Denkmal für die 17.000 chinesischen Arbeiter, die Ende des 19. Jahrhunderts beim Bau der CPR halfen und von denen rund 4.000 dabei starben. Bald schon verblassen die hellen Lichter der Metropole; die Route trifft auf den Kanadischen Schild und führt vorbei an scheinbar endlosen Taigawäldern, nackten Felsen, Seen und Flüssen. Während man so dahinrollt, kann man durchs Fenster Elche und sogar Bären erspähen.

Schließlich weicht der ausgedehnte Fichtenwald den Ebenen der Provinz Manitoba, und eineinhalb Tage nach dem Start in Toronto erscheinen die Wolkenkratzer von Winnipeg, einst ein kleiner Handelsposten. Hier hat man Gelegenheit,

sich die Beine zu vertreten – der Zug trifft um acht Uhr ein, fährt aber erst um 11:45 weiter, um in einem Stück durch die Prärien in die Provinz Saskatchewan und dann nach Alberta zu fahren.

Am vierten Tag erreicht der Canadian gegen 6:30 Edmonton und legt vor der Weiterfahrt in die Rockies eine kurze Verschnaufpause ein. Kurz vor Jasper – dem Hauptort im Jasper-Nationalpark – tauchen in der Ferne bereits die verschneiten Kuppen der Miette Range auf. Während sich der Zug langsam vorantastet, kann man durch die Panoramafenster der Vistadome-Waggons die hoch aufragenden Berge, glitzernde Seen und verschneite Gipfel ringsum bewundern.

Am Yellowhead Pass erreicht der Zug British Columbia. Als man erstmals eine Bahnlinie über die kontinentale Wasserscheide ins Auge fasste, schlug der Ingenieur Sir Sandford Fleming diese relativ einfache Route vor. Man entschied sich jedoch für den direkteren Weg über den Kicking Horse Pass, der technisch viel anspruchsvoller war, da man hierfür die steilste Fernbahnstrecke Nordamerikas bauen musste.

In British Columbia fällt die Strecke nach Kamloops hin ab, bevor der Canadian mithilfe mehrerer Brücken und Tunnel den engen, wildwestartigen Fraser Canyon überwindet. Die CPR und CNR haben ihre Gleise hier auf gegenüberliegenden Uferseiten; bei Siska, wo zwei Fachwerkbrücken die Schlucht des Fraser River überspannen, tauschen sie die Seiten. Nach dieser rauen Wildnis erreicht man das freundlichere Fraser Valley, wo Wiesen mit grasenden Kühen die Strecke säumen. Am fünften Tag gegen 9:40 endet die transkontinentale Erlebnisreise mit Ankunft in Vancouver.

**UND WIE WÄR'S DAMIT?**

**46. Rocky Mountaineer: vom Regenwald zum Goldrausch**
*British Columbia, Kanada*
Pioniergeschichte und geologische Wunder – Fraser Canyon, Cariboo Plateau, die Rocky Mountains – kombiniert diese luxuriöse dreitägige Bahnreise von Vancouver über Quesnel (British Columbia) nach Jasper (Alberta).

**RECHTS:** Eine Bahnfahrt durch Java bietet Ausblicke über Reisterrassen auf Vulkane.

47
# SUMATRA–JAVA–BALI

*Indonesien*

Eine Erkundungstour per Bahn und Fähren durch die riesigen Inselwelten Indonesiens und ihre alte Kultur.

**Wissenswerte Details**

- *Zeit: vor 110.000 bis 12.000 Jahren (letzte Eiszeit)*
- *Streckenlänge: rund 1.700 Kilometer*
- *Mindestfahrtdauer: 40 Stunden*
- *Wichtige Haltepunkte: Palembang, Bandar Lampung, Bakauheni, Merak, Jakarta, Surabaya, Banyuwangi, Gilimanuk*
- *Durchfahrene Länder: Indonesien*

Rein technisch ist es gar nicht möglich, mit einem Zug von Sumatra über Java nach Bali zu reisen, denn heute sind die drei indonesischen Inseln durch die Bali- und Sundastraße getrennt. Das war jedoch nicht immer so. In der letzten Eiszeit, bis vor etwa 12.000 Jahren, waren die Inseln noch miteinander verbunden und lagen am Rand der biogeografischen Region Sunda. Östlich davon befand sich eine Landmasse, die zu Australasien wurde und deren Natur sich ganz anders entwickelte als in der Nachbarregion. Dieses Phänomen erkannte 1859 der britische Naturforscher Alfred Russel Wallace, der die Hypothese einer biogeografischen Grenze zwischen den beiden Ökozonen aufstellte.

Wer heute Sunda bereisen möchte, kann hierfür neben den Überbleibseln der alten indonesischen Eisenbahn (die in der holländischen Kolonialzeit gebaut wurde) diverse Fährverbindungen zwischen den Inseln nutzen.

### WEITERE NATURGESCHICHTLICHE TOUREN

**48. Seongjusa–Jinhae**
*Changwon, Südkorea*
Die Bahn hält nicht mehr in Gyeonghwa zwischen Seongjusa und Jinhae, aber im Frühling bewundern hier Ausflügler die blühenden Kirschbäume entlang der Strecke.

**49. Hakone-Tozan-Linie**
*Honshu, Japan*
Bei einer Länge von 15 Kilometern präsentiert Japans älteste Bergbahn alle Facetten der Natur: Frühlingsblüte, Hortensien im Sommer, buntes Herbstlaub und Schnee im Winter.

**50. Wide View Hida Express**
*Honshu, Japan*
Die 165 Kilometer lange Bahnlinie Takayama–Nagoya, deren Name auf die Panoramafenster verweist, bietet herrliche Ausblicke auf Wälder, Flüsse und Berge.

Los geht es in Palembang auf Sumatra, der früheren Hauptstadt des buddhistischen Reiches Srivijaya, das von 650 bis 1377 die Region beherrschte. Von hier quert die Bahn langsam den Süden Sumatras durch die Pasemah-Hochebene, wo es von Megalithen wimmelt. Nach etwa elf Stunden erreicht sie die hügelige Küstenstadt Bandar Lampung, Ausstiegspunkt zur Weiterfahrt nach Bakauheni, wo die großen Fähren nach Java ablegen.

Die zweistündige Fahrt über die Sundastraße endet im Hafen von Merak auf Westjava, von wo aus man mit dem Zug bis ans östliche Ende der Insel gelangt. Es stehen mehrere Routen zur Auswahl – Java hat ein relativ umfangreiches Eisenbahnnetz. Die nördlichste Variante beansprucht rund 24 Stunden und führt über die wuselige Hauptstadt Jakarta, die Hafenstadt Semarang (mit dem herrlichen Lawang Sewu, von 1907 bis 1942 Hauptsitz der Niederländisch-Indischen Eisenbahngesellschaft) und das wenig reizvolle Surabaya, einstmals die größte Stadt in Niederländisch-Indien.

Daneben geht es durch viel prächtiges Grün, von Flusstälern bis zu Berghängen mit üppigen Reisterrassen. Vulkane brodeln in der Ferne. Vorletzter Halt ist der Endbahnhof in Banyuwangi ganz im Osten von Java. Von dort gelangt man mit der Fähre in 30 Minuten nach Gilimanuk auf Bali – den östlichsten Teil von Sunda. Hier erwarten den Touristen Surfstrände, Reisfelder, friedliche Tempel und ein freundlich-entspanntes Lebensgefühl.

51

# BERING STRAIT RAILROAD

*Russland und USA*

Vor etwa 11.000 Jahren existierte noch eine Landbrücke über die Beringstraße, die kurzzeitig Wanderungen von Russland nach Alaska ermöglichte. Die geplante Bering Strait Railroad würde wieder eine solche Brücke schaffen. Erste Überlegungen zu einer Eisenbahnlinie über die 82 Kilometer breite Meerenge stellte man in den 1890er-Jahren an. Schätzungen zufolge würde der Bau dieser »Interkontinentalen Friedensbrücke« mehr als 100 Milliarden US-Dollar kosten. Die Chinesen schreckt das nicht ab. 2014 wurde gemeldet, dass man in China über eine 13.000 Kilometer lange Hochgeschwindigkeitsstrecke durch China–Russland–Kanada–USA nachdenkt, die durch den Beringstraßentunnel verläuft und Reisende in zwei Tagen von Peking nach Nordamerika flitzen lässt.

**OBEN:** Bedrohlich ragt der Vulkan Ijen nahe der Hafenstadt Banyuwangi in Ostjava auf.

**LINKS:** Bei Zwischenstopps kann man in Indonesiens farbenfrohe Kunst und Kultur eintauchen.

52

# GRAND CANYON RAILWAY

*Arizona, USA*

In restaurierten Waggons auf einer historischen Bahnlinie zum grandiosesten Canyon der Erde.

**Wissenswerte Details**

- *Zeit: vor 17 Millionen Jahren (Entstehung des Grand Canyon)*
- *Streckenlänge: 105 Kilometer*
- *Mindestfahrtdauer: 2 Stunden, 15 Minuten*
- *Wichtige Haltepunkte: Williams, South Rim*
- *Durchfahrene Länder: USA*

1901 tuckerten die ersten Dampfloks der Grand Canyon Railway (GCR) von Williams zum Canyonsüdrand. Damit erschloss die Eisenbahn einen der faszinierendsten Orte der USA und ermöglichte es einfachen Leuten, jenes Naturwunder zu besuchen, das – so Teddy Roosevelt – »jeder Amerikaner gesehen haben sollte«. Zuvor war der gewaltige, eineinhalb Kilometer tiefe Graben mit den blutroten Felswänden nur für kühne Pioniere erreichbar. Nach 1901 konnte jedermann für 3,95 Dollar die kurze Zugfahrt zum Canyon unternehmen und dort tief in das herrliche Innere von Nordarizona blicken.

Bis dahin hatte die Natur schon eine ganze Weile am Grand Canyon gearbeitet. Der gewaltige Einschnitt im Coloradoplateau, der 446 Kilometer lang und bis zu 29 Kilometer breit ist, entstand über Millionen von Jahren. Das älteste Gestein am Canyongrund, der Vishnu-Schiefer, reicht 1,75 Milliarden Jahre zurück. Darüber angeordnet finden sich – wie bei einer mehrstöckigen Torte – farbige Schichten von Tapeats Sandstone, Muav Limestone, Bright Angel Shale, die tiefroten Felsen der Supai Group und der glitzernde quarzithaltige Coconino Sandstone. Selbst die jüngste Formation, der Kaibab Limestone am oberen Rand, ist 270 Millionen Jahre alt und geht weit vor die Dinosaurierzeit zurück. Geschaffen hat all dies der Colorado River, der vor 17 Millionen Jahren begann, mit seinem Wasser den Canyon auszuhöhlen. Er hat ganze Arbeit geleistet.

Hinab in den Canyon fährt der Zug nicht. Wer dorthin vordringen möchte, braucht gutes Schuhwerk oder einen Maulesel. Die Bahn bleibt oben auf dem Plateau. Ausgangspunkt der Fahrt ist Williams Depot, 48 Kilometer westlich von Flagstaff auf 2.130 Metern über dem Meer gelegen. Der Gussbetonbau des Bahnhofs aus dem Jahr 1908 steht mittlerweile auf der Liste der Kulturdenkmäler der USA. Einst wurde er stark frequentiert von Reisenden, die auf der Fahrt zwischen Los Angeles und Chicago hier halt machten, um im

### FELSEN-ZÜGE

**53. Kurobe Gorge Railway**
*Honshu, Japan*

Mithilfe von 21 Brücken und 41 Tunneln bewältigt diese Bahn die 20-Kilometer-Strecke in den Japanischen Alpen, wo es am schönsten ist, wenn das bunte Herbstlaub voll aufleuchtet.

**54. Al-Huta-Höhlenbahn**
*Oman*

Eine kurze Fahrt mit der elektrischen Bahn bringt Besucher durch die Berglandschaft direkt in die zwei Millionen Jahre alte Höhle im westlichen Hadschar-Gebirge.

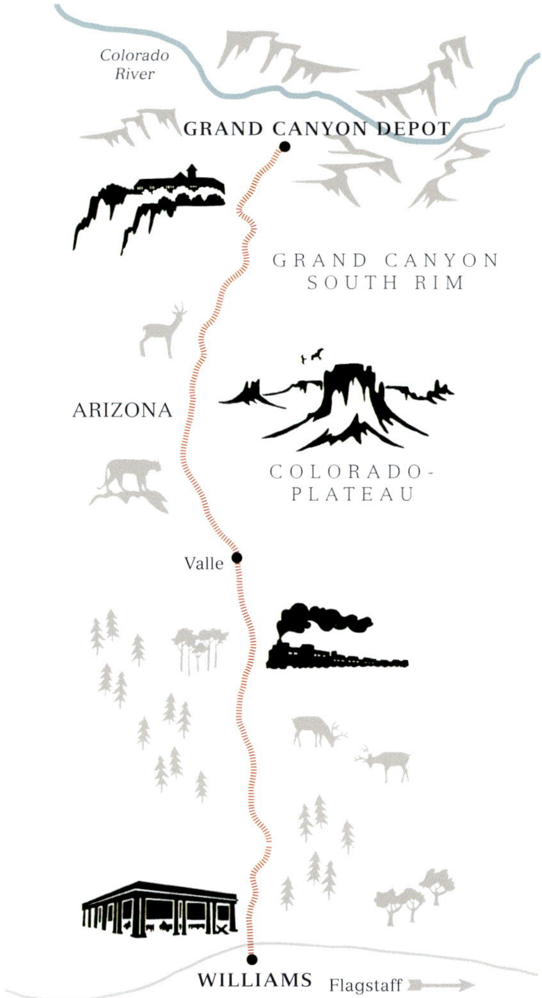


Fray Marcos Hotel zu nächtigen oder sich zu stärken. Heute bietet das Grand Canyon Railway Hotel gleich nebenan einen Aufenthalt mit nostalgischem Flair.

Die Bahn betreibt zahlreiche historische Waggons mit sechs verschiedenen Wagenklassen. Luxury Parlor, die edelste Kategorie, bietet Salonabteile und offene Heckplattformen, wo man sich den Fahrtwind durchs Haar streichen lassen kann. Die ältesten Stücke sind restaurierte Pullmanwagen aus den 1920er-Jahren, die bis 1984 auf einer Pendellinie zwischen San José und San Francisco im Einsatz waren.

Die meisten Züge werden von einer der zahlreichen historischen Dieselloks angetrieben. Daneben hat die CGR

**LINKS:** Eine Baldwin-Dampflokomotive von 1923 fährt in Grand Canyon Village ein.

**UND WIE WÄR'S DAMIT?**

**55. Royal Gorge Railroad**
*Colorado, USA*
Die Bahn folgt auf einer Strecke von 39 Kilometern der alten Denver and Rio Grande Western Railroad von Cañon City durch die Royal Gorge, den »Grand Canyon des Arkansas River«.

noch zwei Dampfloks von 1906 bzw. 1923, die auf Feuerung mit recyceltem Pflanzenöl umgerüstet wurden. Etwa einmal im Monat schnauft eine von ihnen über das Plateau und sorgt für einen Extrahauch Nostalgie.

Die Landschaft ist jedoch unabhängig von der Wagenklasse immer gleich beeindruckend. Nach der Abfahrt von Williams durchschneidet die Bahn Wälder mit Ponderosa-Kiefern, Douglasien, Espen und Fichten und rollt mit 48 bis 64 Stundenkilometern dahin. Danach geht es hinab in eine weitläufige, mit Wüstenbeifuß und Ebereschen durchzogene Prärie, bevor es steil zum Canyonrand hinaufgeht. Die Gegend besitzt eine reiche Tierwelt, von Gabelantilopen und Wapitis bis hin zu Weißkopfseeadlern, Maultierhirschen und sogar Pumas. Auch der Mensch hat hier viele Spuren hinterlassen. Die Navajo-, Havasupai- und Hopi-Indianer sind eng mit der Region verbunden; daneben gibt es vielerlei Bezüge zur Pionierzeit. Leicht möglich auch, dass ein haltender Zug von Wildwestbanditen (Fake!) überfallen wird, während unterwegs singende Cowboys ein Abendständchen geben.

Schließlich hält der Zug im Grand-Canyon-Depot, der Endstation am Canyonsüdrand – ebenfalls ein historisches Nationalmonument. Der Bahnhof wurde 1910 als Holzbau errichtet und ist als Einziger seiner Art noch in Betrieb. In der Nähe liegt das 1905 aus Stein und dunklem Holz erbaute El Tovar Hotel, direkt am Abgrund über dem Grand Canyon.

**RECHTS:** Die Kylling Bridge ist eine von 32 Steinbrücken auf der Raumabane-Strecke.

**UNTEN:** Die Bahnhöfe und Züge der Grand Canyon Railway verleihen der Fahrt nostalgisches Flair.

56

## RAUMABANEN

*Westnorwegen*

Wer Geologie hautnah erleben möchte, ist mit der Raumabane gut bedient. Die 114 Kilometer lange Strecke, die von Åndalsnes am Ufer des Romesdalsfjords ins kleine, aber verkehrstechnisch wichtige Dombås führt, müht sich vorbei an den uralten Gneisfelsen der Trollwand. Mit 1.100 Metern von der Sohle bis zum Gipfel ist dies die höchste Steilwand Europas. Die Raumabane wurde 1924 eingeweiht und brachte Post und Personen in die Orte entlang der Strecke. Auf dem Weg liegen 32 Brücken (etwa die grandiose Kylling bru über dem tosenden Wildfluss) und sechs Tunnel (darunter der Stavem-Kehrtunnel). Die Fahrt dauert eine Stunde und 40 Minuten, wobei im Gespräch ist, eine Hochgeschwindigkeitsstrecke zu bauen.

57

## ALGOMA CENTRAL RAILWAY

*Ontario, Kanada*

Vor rund 1,2 Milliarden Jahren rissen Verwerfungen das uralte Gestein des Kanadischen Schilds auf. Mehrere Eiszeiten formten aus dem Spalt den breiten, malerischen Agawa Canyon. 1899 begann man mit dem Bau der Algoma Central Railway, die anfangs für den Güterverkehr gedacht war und 476 Kilometer zwischen Sault Ste. Marie an der kanadisch-amerikanischen Grenze und der Holzindustriestadt Hearst verläuft. Heute bringt sie Naturfreunde in die dazwischen liegenden Taigawälder, die man nur zu Fuß oder mit dem Zug erreicht. Am aufregendsten ist die Talfahrt von der Canyonwand zum Grund mit einem Höhenunterschied von rund 150 Metern.

## 58
## CUMBRES AND TOLTEC SCENIC RAILROAD

*New Mexico und Colorado, USA*

Bei einer Fahrt auf der 103 Kilometer langen Museumsstrecke zwischen Chama, New Mexico und Antonito, Colorado, kann man einiges über alte Gesteine erfahren. Die Bahn wurde in den Jahren 1880 bis 1881 für den Silberbergbau errichtet. Heute ziehen Originaldampfloks Touristenzüge über den 3.053 Meter hohen Cumbres-Pass und durch die Toltec-Schlucht. Dabei erfährt man Wissenswertes rund um die Geologie der vielfältigsten Gegenden der USA. Vom Zugfenster aus blickt man nacheinander auf den Rio-Grande-Graben, das San-Juan-Vulkanfeld, den präkambrischen Kern der Tusas Mountains und metamorphes Gestein, das so alt ist wie das Gestein im Talboden des Grand Canyon.

## 59
## CHENGDU-KUNMING-BAHN

*Südwestchina*

Die Bahnverbindung zwischen den beiden Metropolen Chengdu (Provinz Sichuan) und Kunming (Yunnan) wird auch als Chinas »Geologiemuseumsroute« bezeichnet. Die 1.096 Kilometer lange Strecke führt durch eine Vielzahl verschiedener Naturlandschaften. Was für die Bahnarbeiter in den 1970er-Jahren eine echte Herausforderung darstellte, beschert dem Reisenden heute eine äußerst malerische Fahrt. Der Zug überwindet dabei nicht nur bis zu 2.000 Meter hohe Berge, sondern auch steil abfallende Klippen, Canyons und ein Netz aus breiten Flüssen. Daneben finden sich geologische Kuriositäten wie der Steinwald in Yunnan, eine Ansammlung spitzer Karstfelsen, die 270 Millionen Jahre alt sein sollen.

**RECHTS:** Die Kuranda Scenic Railway durchquert einige der ältesten und bedeutendsten Wälder unserer Erde.

60
# KURANDA SCENIC RAILWAY

*Queensland, Australien*

Eine Bummelfahrt durch den Gondwana-Regenwald hinein in das Pflanzenreich früherer Erdzeitalter.

**Wissenswerte Details**
- *Zeit: vor 570–510 Millionen Jahren (Superkontinent Gondwana bricht auseinander)*
- *Streckenlänge: 37 Kilometer*
- *Mindestfahrtdauer: 1 Stunde, 45 Minuten*
- *Wichtige Haltepunkte: Cairns, Freshwater, Kuranda*
- *Durchfahrene Länder: Australien*

Die als UNESCO-Weltnaturerbe gelisteten Gondwana-Regenwälder Australiens enthalten eines der bedeutendsten naturkundlichen Zeugnisse der Erde. Die hier vertretenen Arten haben bereits vor über 570 Millionen existiert, bevor der Superkontinent Gondwana (der den größten Teil der südlichen Hemisphäre sowie Arabien und Indien umfasste) auseinanderbrach. Danach waren noch 40 Millionen Jahre lang weite Teile Australiens von Regenwäldern bedeckt, doch Klimaveränderungen und zuletzt menschliche Eingriffe haben diese auf einen kleinen Rest schrumpfen lassen. Hier findet man einige der ältesten Pflanzen, darunter urzeitliche Farne und bis ins Jura zurückreichende Arauka-

rien, die primitivsten Nadelholzgewächse. Die 37 Kilometer lange Kuranda Scenic Railway durchmisst einen Abschnitt dieses naturgeschichtlichen Freilufttheaters in den Atherton Tablelands in Nordqueensland – einer fruchtbaren Hochebene und Teil der Great Dividing Range. 1887 begonnen und 1891 eröffnet, wurde die Bahnstrecke zur Versorgung der Zinngrubenarbeiter erbaut und führte vom Pazifik ins Landesinnere.

Besonders schwierig gestaltete sich der Bau des Abschnitts vom idyllisch gelegenen Redlynch durch die Barron Gorge – Grund hierfür waren dichter Busch, schwindelerregendes Steilgefälle, unzählige Wasserfälle und die ablehnende Haltung der Uhreinwohner. 15 Brücken, 93 Kurven und zahlreiche Brücken, die alle von Hand gebaut wurden, waren nötig, um einen Höhenunterschied von 320 Metern zu bewältigen. Für den zunächst vorgesehenen Ausbau bis zum Pionierdorf Herberton fehlte dann am Ende das Geld.

Heute ist die Kuranda Scenic Railway keine Lebensader mehr, sondern eine Touristenbahnstrecke durch Millionen Jahre Botanik. Die Züge mit ihren 90 Jahre alten Holzwaggons fahren in Cairns am Great Barrier Reef ab und rollen vorbei an Schluchten, Wasserfällen und prächtiger Flora in Richtung Barron-Gorge-Nationalpark. Im Interimsbahnhof von Freshwater erinnert ein Museum an die Eisenbahnpioniere. In Kuranda steht heute noch der Endbahnhof im Schweizerhausstil von 1913.

**UND WIE WÄR'S DAMIT?**

**61. Katoomba Scenic Railway**
*New South Wales, Australien*

In den Blue Mountains kann man auf der steilsten Standseilbahn der Welt (bis zu 128 Prozent Steigung bei 310 Metern Länge) eine schwindelerregende Fahrt durch jurassischen Regenwald erleben.

**RECHTS:** Die Kuranda Scenic Railway passiert zahlreiche Tunnel und Brücken.

62

# PUFFING BILLY

*Victoria, Australien*

Der Vulkan, der die Dandenongs im Bundesstaat Victoria formte, war zuletzt vor 200 Millionen Jahren aktiv. Trotzdem raucht es immer wieder gewaltig in den Hügeln ringsum. Die Puffing Billy Railway wurde 1900 eröffnet, damit die Siedler in den Bergen die Gebietshauptstadt Melbourne erreichen konnten. Heute befördert eine Touristenbahn in den halb offenen Waggons Personen statt Güter. Gezogen werden sie von historischen Dampfloks, von denen die älteste aus dem Jahr 1901 stammt. Für die 24 Kilometer lange Strecke zwischen Belgrave und seinem Heimatbahnhof Gembrook braucht der Puffing Billy 90 Minuten. Dabei rauscht er durch Eukalyptuswälder, überquert Holz- und Trestlebrücken, passiert Haltepunkte aus der Siedlerzeit und ein Dampfmaschinenmuseum und bietet weite Ausblicke auf den Südlichen Ozean.

63

# SERRA VERDE EXPRESS

*Paraná, Brasilien*

Auf schwindelerregenden Bergstrecken durch einen der ältesten und bedeutendsten Wälder der Erde.

**Wissenswerte Details**

- *Zeit: vor 65 Millionen Jahren (Alter des Atlantischen Regenwalds)*
- *Streckenlänge: 110 Kilometer*
- *Mindestfahrtdauer: 3 Stunden*
- *Wichtige Haltepunkte: Curitiba, Marumbi, Morretes, Paranaguá*
- *Durchfahrene Länder: Brasilien*

Neben einem grandiosen Bahnerlebnis bietet der Serra Verde Express eine aufschlussreiche Biologielehrstunde, durchquert er doch eines der wichtigsten Biome der Erde – den Atlantischen Regenwald (Mata Atlântica) Brasiliens. Obwohl meistens der Amazonas erwähnt wird, wenn es um Biodiversität in Brasilien geht, ist der Mata Atlântica vermutlich noch vielfältiger. Manche Gebiete weisen 450 unterschiedliche Baumarten pro Hektar auf, und es sind rund 20.000 Pflanzenarten dokumentiert. Daneben gibt es etwa 2.200 Vogel-, Säugetier-, Reptilien- und Amphibienarten, darunter Jaguare, Ozelote, Goldene Löwenäffchen und Kragenfaultiere.

Es grenzt an ein Wunder, dass all dieses Leben noch existiert. Der Wald stammt aus der Zeit von vor etwa 65 Millionen Jahren, als Südamerika von Afrika abgetrennt wurde, und bedeckte einst eine Fläche von ca. 1,5 Millionen Quadratkilometern. Seit der Entdeckung Brasiliens durch die Portugiesen, die 1500 in Porto Seguro im Regenwald an Land gingen, wurde der Wald hemmungslos abgeholzt. Heute sind nur noch rund acht Prozent der ursprünglichen Fläche erhalten.

Der Serra Verde Express beginnt in Curitiba, der Hauptstadt des Bundesstaats Paraná, auf einer Hochebene im Landesinnern. Die Stadt wurde 1693 gegründet und entwickelte sich über die Jahrhunderte zu einem Hauptumschlagplatz für Holz, Getreide, Mate und Kaffee. In den 1860er-Jahren erwog man den Bau einer Eisenbahn zur Hafenstadt Paranaguá, um die Güter ans Meer zu schaffen. Das Ganze schien unmöglich, aber 1880 begannen die Arbeiten und in nur fünf Jahren bezwang man mit einem Heer von 9.000 Arbeitern und dem Bau von 14 Tunneln und zahlreichen Brücken die schwierige Berglandschaft der Serra do Mar. Die Bahn war fertiggestellt.

Curitiba ist ein guter Startpunkt für einen Zug, der das Wort *verde* (grün) im Namen führt. Die Stadt ist sehr

## BAHNFAHRTEN INS REICH DER BÄUME

**64. Waldbahn Bieszczady**
*Südostpolen*

In der k.u.k. Zeit diente die zwölf Kilometer lange Schmalspurstrecke ab Majdan dem Holztransport. Heute bietet die teils von Dampfloks gezogene Bahn herrliche Ausblicke auf die üppig grüne Bergwelt.

**65. Klewan–Orschiw**
*Westukraine*

Werkszüge haben auf der Waldstrecke nahe der Siedlung Klewan auf drei Kilometern eine romantische Schneise durch die Bäume gepflügt, die auch Liebestunnel genannt wird.

**LINKS:** Der Atlantische Regenwald Brasiliens ist einer der Lebensräume mit der größten Biodiversität der Erde.

aktiv im Umweltschutz und besitzt ein hocheffizientes Verkehrssystem. Von Curitiba arbeitet sich der Zug voran nach Piraquara, einer Stadt im Regenwald mit natürlichen Quellen.

Anschließend durchfährt er den Tunnel Roça Nova, mit 429 Metern der längste auf der Strecke. Mit 955 Metern ist dies auch der höchste Punkt der Fahrt.

Der Zug poltert weiter durch die Berge mit ihrem üppigen Bewuchs an Palmen und Feigenbäumen, vorbei an dem Wasserfall Véu da Noiva (Brautschleier), der 70 Meter tief ins grüne Tal stürzt. In der Ferne glitzert der Atlantik. Danach arbeitet sich die Bahn über das Viaduto São João, eine 55 Meter hohe Stahlbrücke, die sich als einer der schwierigsten Bauabschnitte erwies und als Letztes fertiggestellt wurde. Das Stahlfachwerk wurde in Belgien gefertigt, nach Paranaguá verschifft und mit dem Zug an seinen Zielort gebracht. Während der Föderalistischen Revolution (1893–95) hätte die Brücke gesprengt werden sollen, um die Rebellen zu stoppen; glücklicherweise wurde der Plan verworfen.

Kurz hinter der Brücke zuckelt der Serra Verde Express über das Viaduto Carvalho, wo die Gleise eine 45-Grad-Kurve um die Marumbi-Berge machen und über dem Wald zu schweben scheinen. In Porto de Cima erreicht die Bahn dann das steilste Gefälle ihrer Fahrtstrecke und verliert dabei knapp vier Meter Höhe pro 100 Meter.

Wer will, steigt in Marumbi kurz aus. Auch kann man hier die Reise für eine Wanderung in den Marumbi-Bergen unterbrechen. Nach Marumbi setzt der Zug die Talfahrt nach Morretes fort, das nach den *morros* (Hügeln) der Umgebung benannt ist. Die herrlich grüne Stadt am Fluss ist für ihre Restaurants bekannt – genau der richtige Ort, den traditionellen Eintopf *barreado* zu probieren.

Nach etwa drei Stunden erreicht der Zug Paranaguá, die älteste Stadt in Paraná. Archäologische Funde deuten darauf hin, dass Ureinwohner schon viele tausend Jahre hier lebten, als Mitte des 16. Jahrhunderts die Portugiesen auftauchten. Die große, lebhafte tropische Hafenstadt ist immer noch ein wichtiger Warenumschlagplatz, auch wenn die Bahn ihre Bedeutung für die Wirtschaft verloren hat und heute nur noch Touristen ablädt.

**UND WIE WÄR'S DAMIT?**

**66. Redwood Forest Steam Train**
*Kalifornien, USA*

Mit einer Schmalspur-Holztransportbahn aus den 1880er-Jahren und Dampfloks aus dem 19 Jahrhundert geht es 5,2 Kilometer vorbei an den uralten Mammutbaumbeständen von Roaring Camp.

**RECHTS:** Die Bahnfahrt von Curitiba nach Paranaguá gleicht einer Lehrstunde in Naturgeschichte.

## 67
# ALISHAN-WALDBAHN

*Alishan, Taiwan*

Das 86 Kilometer lange Waldbahnstreckennetz in der taiwanesischen Region Alishan wurde für den Transport gefällter Bäume gebaut, doch heute ist sie die beste Möglichkeit, den noch bestehenden uralten Wald zu besichtigen. Die Japaner, die Taiwan damals beherrschten, begannen 1906 mit dem Bau von Schmalspureisenbahnen. Zur Überwindung der Berge waren vielerlei technische Lösungen gefragt, von Spitzkehren bis hin zu 77 Holzbrücken. Wer an der Station Shenmu aussteigt, kann an den heiligen Bäumen entlangwandern, die teilweise bis zu 3.000 Jahre alt sind. Oder man nimmt in den frühen Morgenstunden die Zhushan-Linie (Zhaoping–Zhushan), um bei Sonnenaufgang am höchsten Punkt der Bahn (2.451 Meter) anzulangen.

## 68
# HISATSU-LINIE

*Kyushu, Japan*

Als man die Eisenbahn zwischen Yatsushiro und Hayato errichtete, wäre es einfacher gewesen, entlang der Küste des Ostchinesischen Meeres zu bauen. Doch Anfang des 20. Jahrhunderts fühlte sich Japan – das eben noch gegen China und Russland Krieg geführt hatte – bedroht. Also zog man eine Strecke durchs Landesinnere. Für heutige Bahnreisende ist das ein Segen, denn die 124 Kilometer lange Hisatsu-Linie lässt einen auf beschauliche Art die herrliche Natur entdecken, wenn sie am Fluss Kuma entlangrollt und mithilfe von Spitzkehren die Kirishima-Berge erklimmt. Der Abschnitt bei Yoshimatsu gilt als eine der drei schönsten Panoramastrecken Japans.

Eine Touristendampfeisenbahn der Wassertalbahn in den rumänischen Karpaten nimmt unterwegs Wasser zum Kühlen ihrer Maschine auf.

## 69
# WASSER-TALBAHN

*Nordrumänien*

In den rumänischen Karpaten sind einige der letzten Primärwälder Europas beheimatet. Einst wimmelte es hier auch von Schmalspurwaldbahnen, die das Holz aus den schwer zugänglichen Tälern abtransportierten. Heute ist nur noch eine Linie in Betrieb, die 22 Kilometer lange Wassertalbahn, die man hier Mocănița nennt. Die 1932 gebaute Strecke führt von Vișeu de Sus zu den Sägewerken in Paltin nahe der ukrainischen Grenze. Sie wird immer noch von Waldarbeitern genutzt und von Frühjahr bis Herbst auch von einer Touristen-Dampfeisenbahn. Unterwegs nehmen die Züge Wasser zum Kühlen ihrer Maschinen auf, während Holzabfälle aus den Fabriken als Brennstoff dienen.

## 70
# WEST COAST WILDERNESS RAILWAY

*Tasmanien, Australien*

An der Westküste von Tasmanien gibt es wenig Ansiedlungen oder Straßen, dafür aber eine Menge schroffe Berge und Primärregenwald – die hier heimischen Huon Pines können bis zu 2.000 Jahre alt werden. 1897 setzte man ein kühnes Eisenbahnprojekt in die wilde Landschaft und verband die Kupferminen bei Queenstown mit der Hafenstadt Strahan. Mithilfe mehrerer Brücken und einem Abt-Zahnstangensystem (entwickelt von dem Schweizer Ingenieur Roman Abt) bewältigte man die starken Steigungen etwa im King River Valley. Heute wird die 34,5 Kilometer lange Route wieder von Dampfloks aus dem 19. Jahrhundert befahren.

## 71
# VOGELFLUGLINIE

*Deutschland und Dänemark*

Die Züge der Vogelfluglinie folgen derselben Wanderroute, die bestimmte Vögel seit ewigen Zeiten für ihre Wanderungen zwischen Mitteleuropa und dem arktischen Skandinavien nutzen, unabhängig von der Topografie. Um die Hafenmetropole Hamburg mit der dänischen Hauptstadt Kopenhagen zu verbinden (eine ca. fünfstündige Fahrt), muss die Bahn den Fehmarnbelt in der Ostsee überqueren. In Ermangelung eines Tunnels oder einer Brücke fährt der Zug direkt auf die Fähre. Während der 18 Kilometer langen Überfahrt von Puttgarden auf Fehmarn nach Rødby auf der dänischen Insel Lolland müssen die Fahrgäste den Zug verlassen. Eine der wenigen Eisenbahnfährverbindungen in Europa hat womöglich bald ausgedient: 2021 soll hier ein Tunnel (feste Fehmarnbeltquerung) eröffnet werden.

72

# ELEKTROBAHN IN DER HÖHLE VON ROUFFIGNAC

*Dordogne, Frankreich*

Mit einem Stollenzug durch eine urzeitliche Kunstgalerie unter der Erde.

**Wissenswerte Details**

- *Zeit: vor 13.000 Jahren (Alter der Felsbilder in der Höhle von Rouffignac)*
- *Streckenlänge: 1 Kilometer*
- *Mindestfahrtdauer: 1 Stunde*
- *Wichtige Haltepunkte: Höhle von Rouffignac*
- *Durchfahrene Länder: Frankreich*

Die Höhle von Rouffignac kann mit einem halben Zoo aufwarten: 158 Mammute, 29 Wisente, 16 Pferde, zwölf Steinböcke, elf Wollnashörner, sechs Schlangen und ein Bär – sie alle halten sich seit etwa 13.000 Jahren in der Höhle versteckt.

Die Grotte gehört zu einem acht Kilometer langen Höhlensystem, das die Natur vor zwei bis drei Millionen Jahren in den kreidezeitlichen Kalk in Südwestfrankreich gegraben hat. Die Höhlenzeichnungen wurden von Magdalénien-Menschen geschaffen, die während des Jungpaläolithikums gegen Ende der letzten Eiszeit in Europa verbreitet waren. Mithilfe von Feuersteinen und Knochen sowie holzkohleartigem Mangandioxid verzierten diese überaus produktiven Künstler die

Höhlenwände. Diese Menschen waren auch ausgewiesene Mammutjäger. Ob Zufall oder nicht, das Mammut – das in ihren Malereien so häufig vorkommt – starb in ihrer Zeit aus.

Die Zeichnungen in der Höhle von Rouffignac kannte man spätestens im 16. Jahrhundert, doch erst in den 1950er-Jahren stellten Archäologen fest, wie alt sie sind. Seit 1959 dürfen Besucher die Höhlen an Bord einer elektrischen Bahn betreten. Durch die begrenzte Kapazität der Bahn wird auch der Ansturm auf die empfindliche Umgebung eingeschränkt. Führungen finden von Mitte März bis November statt (da es hier immer kalt ist, empfiehlt sich warme Kleidung).

Der heutige Höhleneingang liegt nahe der Ortschaft Rouffignac und wurde wohl schon von den Magdaléniern genutzt. Die Zeichnungen sind über das gesamte Höhlenlabyrinth verteilt. Die einstündige Bahnfahrt umfasst nur etwa einen Kilometer und konzentriert sich auf die Bereiche mit der höchsten Bilderdichte. Ab und an bleibt die Bahn stehen, damit die Besucher die Zeichnungen ausführlich betrachten können. Neben der Höhlenkunst finden sich Kratzspuren an den Wänden und Vertiefungen im Boden, die darauf hindeuten, dass hier einst Bären gelebt und überwintert haben.

## FAHRTEN ZU UNSEREN VORFAHREN

**73. S-Bahn Rhein-Ruhr (S. 28)**
*Deutschland*

Die Regiobahn Mettmann–Düsseldorf bringt uns zu unseren Ahnen. Sie führt über das Neandertal, wo man Fossilien des Urmenschen fand, die heute im Neanderthal-Museum in Mettmann ausgestellt sind.

**74. Train des Merveilles**
*Alpes-Maritimes, Frankreich*

Von Nizza fährt man etwa 100 Kilometer durch das Royatal nach Tende, wo es Tausende von Felsritzungen aus der Jungsteinzeit und Bronzezeit zu sehen gibt.

**75. Channel Tunnel Rail Link**
*Kent, England*

Bei Aushubarbeiten für die High-Speed-1-Linie entdeckte man in Ebbsfleet ein 400.000 Jahre altes Elefantenskelett und etliche Feuersteine, die Aufschlüsse über die Altsteinzeit geben.

**GANZ LINKS:** Besucher gelangen mit einer Elektrobahn in die Höhle von Rouffignac.

**LINKS:** Die Höhlenzeichnungen von Rouffignac entstanden vor rund 13.000 Jahren.

76

# DONAUTALBAHN

*Baden-Württemberg und Bayern, Deutschland*

Pittoreskes Bahnerlebnis entlang eines Abschnitts von Europas zweitlängstem Fluss.

**Wissenswerte Details**

- *Zeit: vor 11–15 Millionen Jahren (Entstehung der Donau)*
- *Streckenlänge: 335 Kilometer*
- *Mindestfahrtdauer: 5 Stunden, 30 Minuten*
- *Wichtige Haltepunkte: Regensburg, Ingolstadt, Donauwörth, Ulm, Immendingen, Donaueschingen*
- *Durchfahrene Länder: Deutschland*

Die Donau, Europas zweitlängster Fluss, entspringt im Schwarzwald und mündet nach 2.860 Kilometern ins Schwarze Meer. Entstanden ist sie vor rund 15 Millionen Jahren. Mit der Anhebung der Alpen änderte sich das Abflussverhalten, und die werdende Wasserstraße wandte sich gen Osten. Dabei ist die Donau nicht nur hydrologisch interessant; lange Zeit bildete sie eine wichtige Ressource, Grenze und Verkehrsader – und das bis zum heutigen Tag.

Heute kann man dem Donaulauf in Deutschland größtenteils mit dem Zug folgen. Mitte des 19. Jahrhunderts erörterte man erstmals Pläne zum Bau einer Bahn parallel zum Fluss, hauptsächlich zu militärischen Zwecken. Im Zweiten Weltkrieg war die Strecke ein Angriffsziel, und bei ihrem Rückzug zerstörten die Deutschen 1945 zahlreiche Brücken. Doch bald schon sollte die Donautalbahn wieder fahren.

Der erste Abschnitt der Donautalbahn stromaufwärts durch Bayern verbindet das mittelalterliche Regensburg mit Ulm. Fünfmal quert die Bahn dabei den Strom. Auf diesem Streckenteil liegen der Donaudurchbruch, wo sich der Fluss durch die Jurakalkfelsen windet, und Ingolstadt, das Mary Shelley zum Schauplatz ihres Romans *Frankenstein* machte.

Wenig später erreicht der Zug Donauwörth und arbeitet sich durch bewaldete Hügel nach Ulm, der Geburtsstadt Albert Einsteins, wo der Turm des Münsters (mit 161,5 Metern der höchste Kirchturm der Welt) in den Himmel ragt.

Der Baden-Württemberger Teil der Donautalbahn ist am malerischsten, insbesondere der Abschnitt durch die Jurakalkfelsen im Naturpark Obere Donau. Zwischen Immendingen und Tuttlingen liegt die Donauversinkung, wo das Wasser der Donau unterirdisch abfließt und das Flussbett an bis zu 200 Tagen im Jahr teilweise trockenfällt.

Endstation ist Donaueschingen, wo die Donau entspringt. Eine Karstquelle im Fürstenbergischen Schloss, eingefasst in ein kunstvoll gestaltetes Becken, gilt als Ursprung des mächtigen Stroms.

**UND WIE WÄR'S DAMIT?**

**77. Murgtalbahn**
*Baden-Württemberg, Deutschland*

Durch eine Talschlucht im Schwarzwald zuckelt diese Bahn. Die 58 Kilometer lange Strecke zwischen Rastatt und Freudenstadt hat zehn Tunnel, acht Brücken und grandiose Ausblicke zu bieten.

**RECHTS:** Die Bahn durchquert die Jurakalklandschaften des Oberen Donautals.

## 78
## DON DET–DON KHON

*Südlaos*

Das Transportwesen hat es im landumschlossenen, gebirgigen Laos schwer. Auch der ehrwürdige Mekong – entstanden vor acht Millionen Jahren – ist aufgrund der jahreszeitlichen Wasserpegelschwankungen nur bedingt nutzbar. Ansätze einer Eisenbahn gab es, als die Franzosen 1893 im Archipel Si Phan Don (Viertausend Inseln) eine Bahnlinie einrichteten. Die Schmalspurlinie Don Det–Don Khon war nur sieben Kilometer lang und erstreckte sich über die beiden tropischen palmenbewachsenen Mekong-Inseln. 1950 war sie bereits komplett aufgegeben, aber man kann die Strecke noch ablaufen, von den alten Betonpiers durch Reisfelder und über das 170 Meter lange Viadukt, hinter dem eine ausgestellte Lokomotive in der feuchten Luft vor sich hin rostet.

## 79
## BRIENZ-ROTHORN-BAHN

*Berner Oberland, Schweiz*

Der nach der letzten Eiszeit entstandene Brienzersee hat ein faszinierendes Blau – und lässt sich am besten von der Brienz-Rothorn-Bahn aus bewundern. Die 7,6 Kilometer lange Strecke wurde 1891 eröffnet und ist die einzige Schweizer Bahn mit täglichem Dampfbetrieb; im Sommer fährt immer mittwochs der »Dampfwürstlibummler« mit Würstchen, die der Fahrer im Dampfkessel der Maschine heiß macht. Alle Fahrten beginnen im Bergdorf Brienz; die hinten angehängte Lok schiebt dabei die Waggons langsam vorbei an Almhütten, Kiefernwäldern und Wildblumenwiesen bergan. Am Gipfel des 2.350 Meter hohen Rothorns treffen drei Kantone (Bern, Obwalden und Luzern) aufeinander. Von hier hat man einen perfekten Panoramablick zum Brienzersee und auf ein Meer von Alpengipfeln.

## 80
## ORURO–UYUNI

*Südwestbolivien*

Von der bolivianischen Stadt Oruro sind es mit dem Zug 315 Kilometer nach Uyuni, einem Außenposten im Altiplano. Sieht man sich in der Umgebung von Uyuni um, sind die Aussichten auf eine Anschlussverbindung ziemlich düster. Hier liegt der Cementerio de Trenes, ein bizarrer Zugfriedhof mit rostenden Schienen und graffitiverzierten Lokomotiven, die ausgemustert wurden, als in den 1940er-Jahren der Bergbau zum Erliegen kam. Hoffnung auf eine Wiederbelebung besteht keine. Auf dem Friedhof am Rande der weiß glänzenden Salzwüste Salar de Uyuni (die vor etwa 10.000 bis 13.000 Jahren entstand) rosten die alten Loks langsam vor sich hin. In gewisser Weise vermitteln diese gespenstischen Überreste die Geschichte der Eisenbahn hier viel besser, als das ein Museum je könnte.

## 81
## TRAIN DE CHARLEVOIX

*Québec, Kanada*

Der Sankt-Lorenz-Strom, der durch eine uralte Senke von den Großen Seen bis zum Atlantik fließt, ist eine der Hauptverkehrsrouten Nordamerikas. Von den Ureinwohnern bis zu den Pelzhändlern sind Menschen über Jahrhunderte seinem Lauf gefolgt. Heute tut das auch eine Touristenbahn, die auf der 125 Kilometer langen Strecke zwischen Quebec City und La Malbaie verkehrt. Der Train de Charlevoix folgt einer alten Holzfällerbahn, hält in Küstendörfern, serviert feine Speisen und verläuft dabei so nah um Ufer der mächtigen Wasserstraße, dass man sich wie auf einer Schiffsreise vorkommt. Unterwegs gibt es Seevögel und Wale zu sehen.

KAPITEL 2

# ALTERTUM

Eine Entdeckungsreise vom Anbeginn der Zivilisation bis ins Jahr 600 zu untergegangenen Reichen, den Wurzeln der Religionen, Archäologieschätzen und antiken Kulturen.

# KAIRO–ASSUAN

*Niltal, Ägypten*

Entlang eines der längsten Flüsse der Welt zurück in die Zeit der Pharaonen.

**Wissenswertes**

- *Zeit: 3100 v. Chr. (Beginn der Frühdynastischen Periode)*
- *Streckenlänge: 879 Kilometer*
- *Mindestfahrtdauer: 10 Stunden*
- *Wichtige Haltepunkte: Kairo, Gizeh, Asyut, Qina, Luxor, Esna, Edfu, Kom Ombo, Assuan*
- *Durchfahrene Länder: Ägypten*

**MEHR ÄGYPTISCHE ANTIKE**

**83. Kairo–Alexandria**
*Nordägypten*
Per Bahn durchs Nildelta: Die zweieinhalbstündige Fahrt führt von der Hauptstadt Kairo (mit dem Ägyptischen Museum) zum Mittelmeerhafen Alexandria, das Alexander der Große um 331 v. Chr. gründete.

Zugwaggon oder Zeitmaschine? – Bei einer Bahnfahrt am Nil kommt es einem vor, als ob man in die Zeit der Pharaonenherrschaft zurückreiste. Afrikas längster Fluss scheint von der Moderne unberührt. Beim Blick auf Palmen, Ochsenkarren, Feluken mit Lateinersegeln und Kamele könnte man meinen, hier wäre fünf Jahrtausende nichts passiert.

Der Nil ist die Lebensader Ägyptens. Ohne sein Wasser und die fruchtbare Überschwemmungsebene hätte die Wüstennation nie so gedeihen können. Sie tut dies schon sehr lange. Bereits gegen 6000 v. Chr. entstanden die ersten festen Siedlungen am Fluss. Um 3100 v. Chr. herum waren Ober- und Unterägypten vereinigt, womit wohl der erste Nationalstaat und die Kultur geschaffen war, die den Mittelmeerraum bis zur Ankunft von Alexander dem Großen dominierte. Für die alten Ägypter stellte der Nil einen Lebensquell dar und er war fest mit ihrem Glauben verknüpft. Der Fluss trennte das Reich der Lebenden (im Osten) von dem der Toten (im Westen), für die man an seinen Ufern kolossale Denkmäler errichtete.

Lange Zeit später erwies sich der Nil auch als Magnet für Eisenbahnbauer. 1851 beauftragten Ägyptens Herrscher den britischen Ingenieur Robert Stephenson mit dem Bau einer Bahnlinie durch das Nildelta von Alexandria nach Kairo. Die zwischen 1854 und 1856 in Abschnitten eröffnete Strecke war die erste Eisenbahn Afrikas. Ursprünglich überquerte sie den Nil bei Kafr el-Zayyat auf einer Fähre.

Nachdem 1858 der Thronerbe mit seinem Waggon in den Fluss stürzte und ertrank, baute Stephenson eine Schwenkbrücke als Ersatz für die Fähre. Der Streckenbau südlich von Kairo dauerte länger. Doch 1898 war es endlich möglich, mit dem Zug flussaufwärts von Kairo bis zur Grenzstadt Assuan (879 Kilometer) zu reisen. Heute lassen sich die Ausgrabungsstätten im Süden Ägyptens bequem mit dem Zug erreichen. Die meisten Touristen fahren über Nacht an Bord der Deluxe-Schlafwagen. Wer in nord-südlicher

Richtung reist, entschlummert in der Metropole und erwacht in einer anderen Welt, wo die Morgendämmerung rosafarben über Lehmziegelhäusern, Fischern beim Auswerfen ihrer Netze und endloser Wüste anbricht.
Bei der Nachtfahrt entgehen einem natürlich viele schöne Ausblicke. Der ägyptische Staat versucht zu verhindern, dass Touristen den günstigeren Tageszug Kairo–Luxor–Assuan nehmen. In der Praxis lässt sich das umgehen, indem man die Fahrkarten online oder im Zug kauft.
Nach der Abfahrt von Kairos prächtigem Ramses-Bahnhof muss die Bahn als Erstes über die Imbaba-Brücke auf das westliche Nilufer gelangen. Die ursprüngliche, von Gustave Eiffel entworfene Brücke wurde 1892 eröffnet; der heutige

**UNTEN:** Bei der Fahrt am Nil entlang hat man den Eindruck, dass die Zeit hier seit Jahrtausenden stillsteht.

Bau stammt aus den 1920er-Jahren. Drüben angelangt, steuert die Bahn Gizeh an, wo am wüstenhaften Stadtrand die Pyramiden stehen.

Die drei riesigen Grabmonumente entstanden ab 2580 v. Chr. und sind als Einzige der Sieben Weltwunder der Antike noch erhalten.

Draußen spielt das Leben, während die Bahn am Nilwestufer weiter südwärts nach Nag Hammadi rollt und eine Schwenkbrücke passiert. Die nächste Station ist Qina an einer weiten Nilbiegung; hier gibt es den griechisch-römischen Tempel von Dendara zu besichtigen. Der beste Ort zur Erkundung des antiken Ägypten ist jedoch Luxor. 85 Prozent der Ausgrabungsstätten dieser Kultur befinden sich in der Gegend, darunter der Luxor-Tempel am Nil, der riesige Komplex von Säulen und Obelisken in Karnak, die Nekropole von Theben und das Tal der Könige.

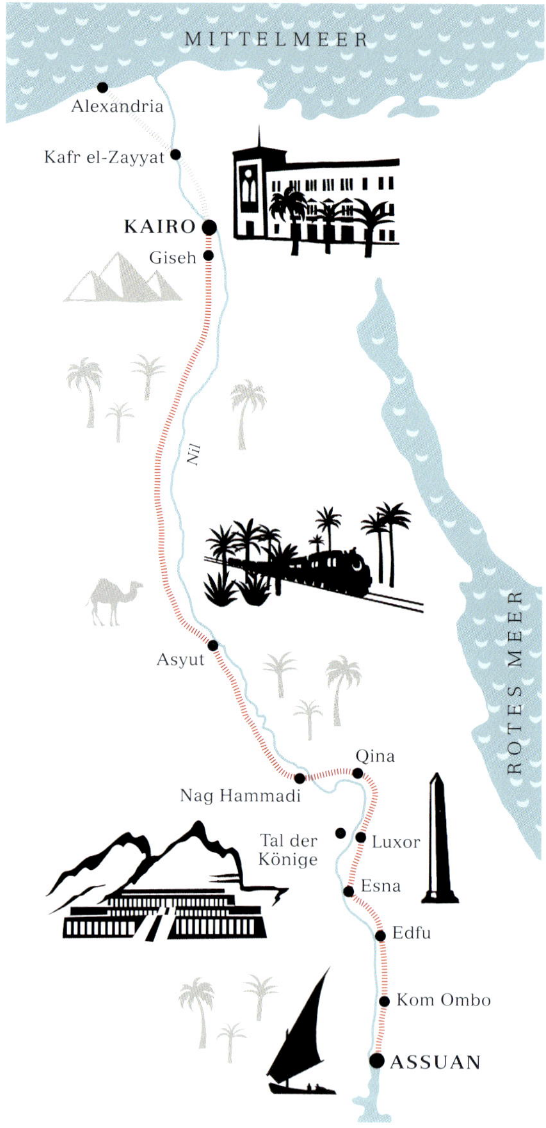


Der Abschnitt Luxor–Assuan war ursprünglich eine Schmalspurstrecke. 1896 bereitete das ägyptische Militär einen Feldzug im Sudan vor und brauchte ganz schnell eine Versorgungsbahn. In den 1920er-Jahren wurde die Strecke auf Normalspur umgerüstet. Heute fährt man vier Stunden von Luxor nach Assuan, vorbei an antiken Überresten in Esna, Edfu und Kom Ombo.

Am ersten Nilkatarakt zwischen Sandhügeln Assuan in der brütenden Sonne, seit der Antike das Tor zum südlichen Ägypten. Mit all den Palmen, zerfallenden Ruinen und dahinschippernden Feluken fühlt man sich hier wie in einer Zeitschleife. Im Old Cataract Hotel (1899 von dem britischen Tourismuspionier Thomas Cook erbaut) überblickt man vom Balkon den zeitlosen Fluss und kann mit einem Drink auf die Reise anstoßen.

**RECHTS:** Die Bahn am Nil verbindet Kairo mit den Ausgrabungsstätten im Süden, wie etwa der Großen Säulenhalle von Karnak.

84

# OSTEXPRESS

*Türkei*

Der 1.944 Kilometer lange Ostexpress (Doğu Ekspresi) verbindet – nicht gerade im Expresstempo – die Metropole Istanbul mit dem wilden fernen Osten der Türkei. Etwa 40 Stunden dauert die Fahrt zum Zielort Kars in Ostanatolien nahe der armenischen Grenze. Um die Gebirgsregion kämpften während der klassischen Antike und darüber hinaus viele Großreiche. Nach einer Strecke am Euphrat hält der Zug beispielsweise in Erzurum, das wohl um 5000–4000 v. Chr. gegründet wurde und von den Persern, Byzantinern, Sassaniden, Mongolen und anderen Kulturen beherrscht wurde. Das Archäologische Museum und Bauwerke aus der seldschukischen Zeit in Erzurum spiegeln Teile dieser Geschichte wider.

## 85
# KHYBER MAIL

*Industal, Pakistan*

Eine gemächliche Entdeckungstour auf der einstmals so bedeutenden Bahnlinie durch das Kernland einer der weltältesten Kulturen.

**Wissenswertes**
- *Zeit: 3300–1300 v. Chr. (Zeit der Induskultur)*
- *Streckenlänge: 1.721 Kilometer*
- *Mindestfahrtdauer: 32 Stunden, 30 Minuten*
- *Wichtige Haltepunkte: Karatschi, Hyderabad, Rohri, Multan, Lahore, Rawalpindi, Peshawar*
- *Durchfahrene Länder: Pakistan*

Im Industal existierte eine der ersten Hochkulturen der Welt. Archäologische Funde aus den fruchtbaren Schwemmebenen des Indus lassen sich bis mindestens 3300 v. Chr. zurückdatieren. Maßgeblich für den Erfolg dieser Kultur war der Handel, ergänzt durch wichtige technische Fortschritte, darunter möglicherweise die ersten Radfahrzeuge.

Im 19. Jahrhundert eroberte wieder ein neues Transportmittel das Industal. 1851 begannen die Briten mit dem Bau einer Bahnlinie nördlich von Karatschi am Arabischen Meer. Als die Kolonialherren 1947 gingen, verfügte das eben unabhängig gewordene Pakistan über 8.000 Kilometer Schienenstrecke. Die bedeutendste Verbindung war der Khyber Mail, der zum einigenden Hauptverkehrsstrang der jungen Nation wurde.

70 Jahre später ist er nur noch ein Schatten seiner selbst. Pakistan steckt in wirtschaftlichen und politischen Schwierigkeiten. Doch noch tut der Zug – wenn auch selten pünktlich – seinen Dienst.

Das Auswärtige Amt riet zuletzt wegen des hohen Anschlagsrisikos von Reisen in weite Teile Pakistans ab – ein Jammer, denn die Bahnroute ist wirklich ein Klassiker. Von Karatschi schlängelt sie sich das Tal hinauf durch die Provinz Sindh und überquert den Indus über die Brücke bei Kotri. Anschließend rollt der Zug durch die Baumwollfelder und Orangenhaine des pakistanischen Punjab. Kurz darauf passiert er Harappa, einen bedeutenden Ausgrabungsort der Induskultur; leider litten die antiken Aufschüttungen erheblich, als man in den 1850er-Jahren Tausende Ziegel für den Eisenbahnbau von hier holte.

Nach dem kulturell interessanten Lahore schwenkt die Bahn Richtung Nordwesten ab, pflügt durch Rawalpindi und quert den Indus über die Attock-Brücke. Sie endet in Peshawar, wo wenige Kilometer weiter westlich die Grenze zu Afghanistan liegt.

# 86
# KHYBER PASS RAILWAY

*Nordwestpakistan*

Der Pass im Safed-Koh-Gebirge war strategisch immer schon von großer Bedeutung. Darius I., Alexander der Große und Dschingis Khan marschierten über den Einschnitt zwischen Afghanistan und Pakistan. Kurzzeitig versuchte dies auch eine Eisenbahn. 1925 stellten die Briten eine 52 Kilometer lange Strecke von der Grenzstadt Peshawar nach Landi Kotal auf 1.065 Metern ganz oben am Pass fertig. Die Linie wurde immer weniger genutzt, aber ab den 1990er-Jahren nahmen historische Dampfeisenbahnen wieder Touristen mit auf eine abenteuerliche Fahrt, die 92 Brücken umfasst und mithilfe von vier Spitzkehren Höhe gewinnt. 2006 brachten Flutschäden den Betrieb zum Erliegen.

**LINKS:** Der Khyber Mail und die Khyber Pass Railway hielten beide in Peshawar.

87

# PILIONBAHN

*Thessalien, Griechenland*

Mit einer Schmalspurbahn durch die Olivenhaine der Halbinsel Pilion hinauf zur Sommerfrische der griechischen Götter.

**Wissenswertes**

- *Zeit: 510–323 v. Chr. (klassische Zeit in Griechenland)*
- *Streckenlänge: 28 Kilometer*
- *Mindestfahrtdauer: 1 Stunde, 30 Minuten*
- *Wichtige Haltepunkte: Ano Lechonia, Ano Gatzea, Milies*
- *Durchfahrene Länder: Griechenland*

Der Pilion ist Gegenstand vieler Sagen. Den alten Griechen zufolge pflanzten zwei Riesen den 1.651 Meter hohen Gipfel auf den Berg Ossa, um über diese Steighilfe zum Olymp zu gelangen. Daneben galt er als Geburtsort der Kentauren, der mythischen Mischwesen aus Mensch und Pferd. Seine Hänge lieferten angeblich das Holz für den Bau des Schiffes, mit dem die Argonauten ausfuhren, um das Goldene Vlies zu suchen. Hier vermutete man zudem die Sommerfrische der zwölf Götter und Göttinnen des Olymp. Kurzum: Pilion spielt eine überaus wichtige Rolle in der Mythologie dieser geistig so herausragenden Kultur.

Heute lässt sich der Berg leichter bezwingen. Zwischen 1894 und 1903 wurde hier eine 600-Millimeter-Schmalspurstrecke – eine der schmalsten der Welt – angelegt.

**UNTEN:** Die Evaristo-de-Chirico-Brücke verläuft geradlinig, aber die Gleise machen eine Kurve.

Die 60 Kilometer lange Bahn führte von der Hafenstadt Volos am Pagasitischen Golf nach Milies, das auf 400 Metern an den Flanken des Pilion liegt. Entworfen hat sie der italienische Ingenieur Evaristo de Chirico, der Vater des in Volos geborenen Surrealisten Giorgio de Chirico. Giorgio sah seinem Vater bei der Arbeit zu und war bald von dem wundersamen neuen Verkehrsmittel fasziniert; häufig sind in seinen Bildern kleine Eisenbahnen versteckt.

Für die Entwicklung der hügeligen Halbinsel war die Bahn sehr wichtig: Die Leute waren mobil, die Geschäfte profitierten, und die Kultur wurde verbreitet. 1971 kam das Aus, weil das Auto sie verdrängt hatte. Mittlerweile hat sie als Museumslinie wieder aufgemacht und verkehrt zwischen Ostern und Oktober am Wochenende (im Juli und August täglich). Die Pilionbahn fährt heute nicht mehr die komplette Route, sondern startet in Ano Lechonia, eine kurze Busfahrt von Volos entfernt, und folgt den letzten 28 Kilometern hinauf nach Milies.

Aufgrund des schwarzen Rauchs, den die Dampfloks ausstießen, trug der Zug einmal den Spitznamen Moutzouris (Schmutzfink). Seither wurde die Bahn auf Dieselbetrieb umgestellt und zieht nur noch drei Passagierwaggons, nicht mehr wie früher 25 oder mehr, die mit Menschen und Waren vollgepfropft waren. Trotz des mangelnden Sitzkomforts (harte Holzbänke!) lässt die Fahrt – entgegen dem Insel- und Strandklischee Griechenlands – herrlich grüne Bergtäler entdecken.

### ABSTECHER IN DIE GRIECHISCHE ANTIKE

**88. Katakolo**
*Peloponnes, Griechenland*

Etwas für Sportfreunde: die 13 Kilometer lange Bahnfahrt vom Hafenort Katakolo zu den Ruinen des antiken Olympia, wo 776 v. Chr. die ersten Olympischen Spiele stattfanden.

**89. Athen–Thessaloniki**
*Griechenland*

Eine neue 500 Kilometer lange Hochgeschwindigkeitsstrecke zwischen Athen (3000 v. Chr. gegründet) und Thessaloniki (315 v. Chr.) wird die Reisezeit zwischen den beiden Städten bald stark verkürzen.

## UND WIE WÄR'S DAMIT?

**90. Lykabettus-Standseilbahn**
*Athen, Griechenland*
Vom Lykabettus, dem höchsten Punkt Athens, lassen sich die antiken Stätten wie die Akropolis überblicken. Eine 210 Meter lange Standseilbahn fährt hinauf.

**91. Odontotos-Zahnradbahn**
*Peloponnes, Griechenland*
Die 1896 eröffnete, 22 Kilometer lange Schmalspurbahn zwischen Diakopto und Kalavryta durchquert die Vouraikos-Schlucht, die der Sage zufolge von Herakles geschaffen wurde.

Hügelig und grün, mit dichten Wäldern, Olivenhainen, Kräutern und Obstbäumen bedeckt, ist sie wie ein frischer, duftender Lufthauch an einem stickigen Sommertag.

Für Evaristo und seine Leute bedeuteten diese Hügel eine technische Herausforderung. Um die 2,8 Prozent Steigung und die tiefen Schluchten zwischen Ano Lechonia und Milies zu bewältigen, baute man eine Reihe von Brücken, Stützpfeilern und hübschen mehrbogigen Viadukten aus Marmor und grauem Kalkstein; besonders beeindruckend ist das Kalorema-Viadukt. Man bemühte sich offensichtlich, schonend zu bauen – die Strecke fügt sich gut in die Naturlandschaft ein. Auch die Ausblicke, die über Hänge mit Quellen zum glitzernden Pagasitischen Golf reichen, sind herrlich.

Während sich die Bahn Milies nähert, wird das Gelände immer spektakulärer. Einige hundert Meter vor dem Endhalt erreicht der Zug eine Eisen-Trestle-Brücke, die über einer tiefen Schlucht das Flüsschen Taxiarchis überspannt und Chirico-Brücke genannt wird. Ungewöhnlich ist, dass die Brücke selbst geradlinig verläuft, die Gleise aber eine Kurve machen.

In Milies, benannt nach den dort wachsenden Apfelbäumen, verweilt der Zug ein paar Stunden. Die Fahrgäste haben Zeit für einen Bummel um den Dorfplatz und an den Geschäften vorbei und für eine Besichtigung der Kirche aus dem 18. Jahrhundert, bevor es an die Rückfahrt geht. Wanderlustige können über die Evaris-to-de-Chirico-Brücke etwa fünfeinhalb Stunden nach Ano Lechonia zurückwandern.

**RECHTS:** Die Pilionbahn hat eine der kleinsten Spurweiten überhaupt.

**GANZ RECHTS:** Die Brücken auf der Pilionbahn fügen sich baulich gut in die Naturlandschaft ein.

92

# GREAT ORME TRAMWAY

*Nordwales, Großbritannien*

Mit einer nostalgischen Standseilbahn zu einem Kap hinauf, wo schon in der Bronzezeit Bergbau betrieben wurde.

**Wissenswertes**

- *Zeit: vor 4.000 Jahren (Kupferabbau am Great Orme)*
- *Streckenlänge: 1,5 Kilometer*
- *Mindestfahrtdauer: 20 Minuten*
- *Wichtige Haltepunkte: Victoria Station, Halfway Station, Great Orme Summit*
- *Durchfahrene Länder: Großbritannien*

**RECHTS:** Seit 1902 zuckeln Trambahnen die Landspitze Great Orme hinauf.

**NOCH EINE TRAMBAHN**

**93. Straßenbahn T1**
*Istanbul, Türkei*

Auf der Linie T1 Kabataş–Bağcılar liegen viele bedeutende Stätten des antiken Konstantinopel, darunter die herrliche Hagia Sophia, 532–537 als Kirche erbaut, später eine Moschee und heute ein Museum.

Die Kupferminenarbeiter der Bronzezeit hätten sich über die kleine Bahn in Nordwales sehr gefreut. Vor rund 4.000 Jahren schürften die prähistorischen Menschen erstmals von Hand Edelmetalle aus dem Great Orme, einer Kalksteinhalbinsel nahe der Küstenstadt Llandudno. Doch erst 1901, als der Bergbau schon lange ruhte, begann man mit dem Bau der eingleisigen Schmalspurtram, die Menschen und Lasten auf den 207 Meter hohen Hügel befördern sollte.

Die Great Orme Tramway wurde 1902 eröffnet. Heute ist sie die einzige Seilzugstraßenbahn Großbritanniens und eine der letzten drei weltweit. Sie wurde in zwei Abschnitten erstellt, die getrennt voneinander in Betrieb sind, wobei auf jedem zwei Trams gleichzeitig fahren. Die Seilbahn nutzt das Gleichgewichtsprinzip; die abwärtsfahrende Tram liefert quasi einen Teil der Energie zum Hinaufziehen der Gegentram. Noch heute sind die Originalwagen aus der viktorianischen Zeit im Einsatz.

Ausgangspunkt des unteren Trambahnabschnitts ist die Victoria Station (1904 erbaut). Die Bahn verläuft steil ansteigend auf der Straße und lässt die ausladende Bucht von Llandudno hinter sich. End- bzw. Zwischenhalt ist die kürzlich renovierte Halfway Station, wo es eine Ausstellung zur Bahn gibt und zwei Techniker die Windenmotoren bedienen. Ein kurzer Fußweg führt zu den Great Orme Mines; dort können die Kupferstollen aus der Bronzezeit besichtigt werden. Ebenfalls in der Nähe liegt die Kirche St. Tudno aus dem 6. Jahrhundert – die Tram beförderte auch Särge zum Friedhof (wobei für die Verstorbenen der volle Fahrpreis anfiel!).

Im oberen Abschnitt ist die Bahn weniger steil. Sie arbeitet sich die Hangwiesen hinauf, vorbei an weidenden Schafen und Kaschmirziegen (seit Mitte des 19. Jahrhunderts ziehen die Herden hier umher). Die Aussicht vom Gipfel ist atemberaubend und reicht an klaren Tagen bis zum Lake District und zur Isle of Man.

## 94
## TREN TURÍSTICO DE LA SABANA

*Zentralkolumbien*

Die staatliche Eisenbahn von Kolumbien stellte in den 1990er-Jahren den Dienst ein. Doch die 53 Kilometer lange »Savannenbahn«, die seit 1898 die Hauptstadt Bogotá mit der Kolonialstadt Zipaquirá verbindet, lebt fort – mit Stil. Die schmucken Dampf- und Dieselloks des Tren Turístico de la Sabana fahren von Bogotás neoklassizistischem Bahnhof Sabana nordwärts in die grünen Andenhügel. Musikgruppen und Verkäufer, die ihre Empanadas anpreisen, streifen durch die Waggons. In Zipaquirá kann man den Stadtplatz und die als UNESCO-Welterbe gelisteten Salzminen (mitsamt der katholischen Salzkathedrale) besichtigen. Bereits im 5. Jahrhundert v. Chr. bauten die Menschen der präkolumbischen Muisca-Kultur hier Salz ab.

## 95
## METRO ISTANBUL

*Istanbul, Türkei*

Der Bau der Metro in Istanbul will nicht vorankommen. In dieser historisch so bedeutsamen Stadt, lange schon ein Schnittpunkt der Kulturen, fördert jeder Spatenstich ein weiteres faszinierendes Stück Vergangenheit zutage. Istanbuls erste Untergrundbahn Tünel wurde 1875 eröffnet und ist damit die zweitälteste der Welt. Noch heute legt sie die kurze ansteigende Strecke zwischen den Stadtteilen Karaköy und Beyoğlu zurück. 1989 begann man mit einer modernen U-Bahn, an der immer noch gebaut wird. Während die Entdeckung einer römischen Zisterne oder eines byzantinischen Schiffswracks den Bau verzögert, sorgte die Freilegung einer jungsteinzeitlichen Siedlung im Hafengebiet von Yenikapı 2009 für eine historische Sensation, weil sich damit die Geschichte Istanbuls rund 6.000 Jahre weiter zurückverfolgen ließ.

## 96
## METRO ATHEN

*Athen, Griechenland*

Die Metro Athen gleicht eher einem unterirdischen Museum als einer U-Bahn. Als man in den 1990er-Jahren im Vorfeld der Olympischen Spiele 2004 mit ihrem Bau begann, brachten die Aushubarbeiten zahlreiche Schätze aus der Antike ans Tageslicht. Viele dieser Gegenstände sind in den Metrostationen in der Nähe ihrer Fundorte ausgestellt. An der Station Syntagma erblicken die Fahrgäste Amphoren in Glasvitrinen, prämykenische Grabstätten und römische Bäder. An der Haltestelle Monastiraki (direkt unter der Akropolis) gibt es die alten Steindämme des Eridanos zu sehen, der ab dem 2. Jahrhundert n. Chr. als Abwasserkanal diente.

**UNTEN:** Die Crossrail-Haltestelle Canary Wharf ist nur *ein* Teil dieses gigantischen Infrastrukturprojekts.

97

# CROSSRAIL

*Südostengland, Großbritannien*

Bald in Betrieb – die Crossrail ist ein gigantisches Verkehrsprojekt, das sensationelle Archäologiefunde erbracht hat.

**Wissenswertes**
- *Zeit: 43 n. Chr. (Eroberung Britanniens durch die Römer)*
- *Streckenlänge: 118 Kilometer*
- *Mindestfahrtdauer: 1 Stunde, 40 Minuten*
- *Wichtige Haltepunkte: Reading, Heathrow, Paddington, Tottenham Court Road, Liverpool Street, Canary Wharf, Romford, Shenfield, Abbey Wood*
- *Durchfahrene Länder: Großbritannien*

Die Römer sollen London gegründet haben, irgendwann nach der Eroberung Britanniens durch Kaiser Claudius im Jahr 43 n. Chr. Sie fanden Gefallen an dem scheinbar unvorteilhaften Stück Marschland nahe der Themsemündung, weil der Tidefluss schmal genug zum Überbrücken und gleichzeitig tief genug für Seeschiffe war – strategisch und handelstechnisch ein klarer Vorteil.

Das römische »Londinium« begann als kleine Siedlung am Themsenordufer. Innerhalb weniger Jahrzehnte wurde sie erst niedergerissen (von Boudicca, Königin der Icener) und danach größer und von Steinmauern eingefasst wieder aufgebaut. Über die Jahrhunderte wurde diese Zähigkeit zu einem Kennzeichen der Stadt: Nach jeder Invasion, Seuche oder Naturkatastrophe rappelt man sich wieder auf und macht weiter. Heute ist London eine der bevölkerungsreichsten und bedeutendsten Städte der Welt. Und die Crossrail gräbt sich derzeit durch zahlreiche Schichten seiner reichen und wechselhaften Vergangenheit.

Mit einem der größten Infrastrukturprojekte in Europa hofft man die Verkehrsprobleme der überquellenden Metropole zu entschärfen. 2009 begannen die Arbeiten, und 2019 soll die Linie komplett fertiggestellt sein, für die 118 Kilometer neuer Gleisstrecken gebaut werden müssen, die in westöstlicher Richtung von Reading in der Grafschaft Berkshire nach Shenfield in Essex verlaufen. Zweiglinien führen zum Flughafen Heathrow und nach Abbey Wood im Stadtbezirk Greenwich. En route werden die Crossrail-Züge auch die City of London durchfahren, jene Quadratmeile, wo von den Anfängen in der Römerzeit bis ins Mittelalter das Gros der Bevölkerung lebte.

Im Zuge dieser gigantischen Unternehmung entstehen zehn neue Bahnhöfe und 42 Kilometer Tunnelstrecke. Daneben handelt es sich um die größte archäologische Grabung in England, bei der eine Vielzahl alter Artefakte und sensationelle Relikte ans Tageslicht kommen.

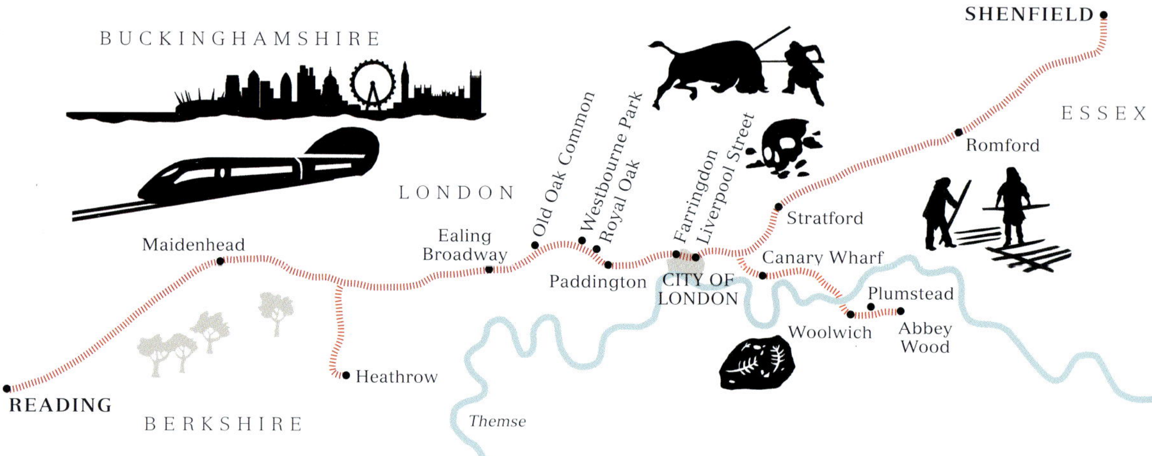


Der bislang älteste Ausgrabungsfund ist ein seltener Bernstein, den man tief im Erdreich im Londoner Finanzzentrum Canary Wharf entdeckte.

Der Klumpen aus versteinertem Harz ist rund 55 Millionen Jahre alt und könnte bei der Erforschung uralter Pflanzenarten und der Erderwärmung helfen. Indessen liefert ein 68.000 Jahre alter Wasserlauf, auf den man nahe dem River Westbourne bei Royal Oak stieß, Hinweise auf die urzeitliche Fauna. Hier fand man Knochen vom Wisent und dem ausgestorbenen Auerochsen, die vielleicht Spuren von Jägern aufweisen.

Tunnelarbeiten in North Woolwich nahe dem London City Airport förderten eine mutmaßliche Werkzeugmanufaktur

aus dem Mesolithikum zutage. Man fand rund 150 Feuersteinstücke, darunter einige Klingen, die nahelegen, dass vor rund 9.000 Jahren Menschen im Themsetal lebten. Bei Plumstead entdeckte man 3.500 Jahre alte Holzpfähle, die Jägern der Bronzezeit zum Bau von Holzstegen über die Moore der Gegend gedient haben könnten.

Besonders ergiebig war die Ausbeute in der Liverpool Street. Hier fanden Archäologen 20 abgetrennte Schädel aus der Römerzeit, die entlang einer Straße angeordnet waren. Daneben legten sie einen alten Friedhof frei und konnten dabei die DNA des Bakteriums identifizieren, das für die Große Pest von 1665 verantwortlich war. Ähnlich makaber war ein Fund in Farringdon: ein Notfriedhof mit Opfern des Schwarzen Todes, der Mitte des 14. Jahrhunderts schätzungsweise 200 Millionen Menschen in Europa dahinraffte.

Bei Westbourne Park im Stadtbezirk Kensington and Chelsea fanden die Crossrail-Arbeiter die Reste eines alten Lokschuppens aus der viktorianischen Zeit, die zu Isambard Kingdom Brunels visionärer Great Western Railway (GWR) gehörten. Sie gilt als die umfassendste frühe Fernbahn der Welt. Die wieder zum Vorschein gekommenen Fundamente bieten Einblicke in die Eisenbahngeschichte. Bei Old Oak Common nahegelegenen Hammersmith and Fulham wurde das GWR-Lokomotivendepot vor dem Abriss ausgegraben. Geschichtlich Interessantes kommt ins Museum, während hier der neue Crossrail-Betriebsbahnhof entstehen soll.

**UNTEN:** London gleicht einer historischen Schichttorte, wie die Crossrail-Erbauer derzeit feststellen.

## 98

# LINIE Q – BROADWAY EXPRESS

*New York City, USA*

Mit der Linie Q auf den Spuren der spanischen, griechischen, irischen, russischen und indianischen Kulturen im Big Apple.

**Wissenswertes**

- *Zeit: vor 12.000 Jahren (Lenape bewohnen das Gebiet von New York City)*
- *Streckenlänge: 29 Kilometer*
- *Mindestfahrtdauer: 1 Stunde, 5 Minuten*
- *Wichtige Haltepunkte: Astoria/96th Street, Times Square, Union Square, DeKalb Avenue, Brighton Beach, Coney Island*
- *Durchfahrene Länder: USA*

### NOCH MEHR UNTERGRÜNDIGES

**99. Metrolinie C**
*Rom, Italien*

Bei Aushubarbeiten für den Streckenausbau unter der Piazza Venezia legten die Ingenieure eine große zweistöckige Kulturstätte aus der Zeit Kaiser Hadrians (117–138 n. Chr.) frei.

**100. Marmaray-Tunnel**
*Istanbul, Türkei*

Istanbul (660 v. Chr. gegründet) war immer ein Schnittpunkt der Kontinente. Seit 2013 verbindet ein 13,6 Kilometer langer Bahntunnel unter dem Bosporus Europa und Asien.

Die 1904 eröffnete New Yorker Subway ist heute die größte U-Bahn der Welt. Das unterirdische Verkehrsnetz schlängelt sich über eine Strecke von 375 Kilometern mit 24 Linien und 469 Stationen, 24 Stunden täglich, 365 Tage im Jahr.

Das U-Bahn-Netz durchzieht die bevölkerungsreichste und kulturell vielfältigste Stadt der USA. Zahllose Einwanderer haben hier das Land betreten, und viele sind in der Stadt geblieben. Eine Fahrt mit dem Q Train oder Broadway Express ist eine Reise zu den Geschichten all dieser Einwanderer – und sie erinnert an die Lenape, die ältesten Bewohner New Yorks.

Die Lenape bewohnten das Land um den Hudson erstmals vor etwa 12.000 Jahren, als es eine bewaldete sumpfige Wildnis war. Manche der von den Ureinwohnern angelegten Wege werden heute noch benutzt. Ihre wichtigste Handelsroute bildete der Wickquasgeck Trail, ein 24 Kilometer langer, in Nord-Süd-Richtung verlaufender Pfad durch Manhattan. Heute heißt er Broadway.

Bis 2016 begann der Broadway Express im griechisch geprägten Astoria in Queens. Seit 2017 ist sein Startpunkt die 96th Street in Manhattans Spanish Harlem. Nach wie vor pflügt die Bahn unter dem historischen Broadway dahin und hält am Central Park, dem früheren irisch-amerikanischen Viertel Hell's Kitchen, dem glamourösen Times Square, Koreatown, Herald Square (Ausstieg zum Empire State Building), Union Square und Canal Street, dem Herzen Chinatowns.

Hier kann man in die Linie R umsteigen, dem Broadway bis zur Südspitze Manhattans folgen und das National Museum of the American Indian (Ausstieg Whitehall Street) besuchen, wo man mehr über die Lenape erfährt. Oder man fährt weiter mit der multikulturellen Linie Q, die unter dem East River nach Brooklyn hinübertaucht. Dabei durchfährt sie den Prospect Park, die jüdischen Enklaven Midwood und Flatbush sowie das russische Viertel Brighton Beach (auch Moskau am Hudson genannt). Endhalt ist Coney Island, berühmt für seinen Vergnügungspark und das Hotdog-Restaurant Nathan's, das 1916 von einem polnischen Einwanderer gegründet wurde.

**UNTEN:** Coney Island präsentiert sich heute etwas anders als zu der Zeit, als die Lenape die Gegend durchstreiften.

## 101
# SETHU EXPRESS

*Tamil Nadu, Indien*

Eine moderne Pilgerfahrt zu einem Hindu-Heiligtum über die lange Pamban-Meeresbrücke.

**Wissenswertes**
- *Zeit: 500–300 v. Chr. (Abfassung des indischen Volksepos Ramayana)*
- *Streckenlänge: 603 Kilometer*
- *Mindestfahrtdauer: 11,5 Stunden*
- *Wichtige Haltepunkte: Chennai, Viluppuram, Tiruchirappalli, Manamadurai, Ramanathapuram, Rameswaram*
- *Durchfahrene Länder: Indien*

Die Stadt Rameswaram auf der Insel Pambam gehört zu den wichtigsten Pilgerstätten Indiens. Und die Pamban-Brücke, die das Festland Tamil Nadu mit der Insel verbindet, gehört zu den beeindruckendsten Eisenbahnbauten des Landes.

Die Bedeutung Rameswarams reicht bis 500–300 v. Chr. zurück, als das *Ramayana* verfasst wurde. Das antike Epos behandelt das Leben des sagenumwobenen Prinzen Rama; unter anderem wird geschildert, wie der Prinz seine Affenarmee anwies, eine Brücke von Rameswaram zur Insel Lanka (dem heutigen Sri Lanka) zu bauen, um seine Frau Sita aus der Gewalt des Dämonenkönigs Ravana zu befreien. Die im Golf von Mannar verstreuten Felsen sind angeblich die

**UND WIE WÄR'S DAMIT?**

**102. Haridwar–Allahabad**
*Nordindien*
724 Kilometer liegen zwischen den beiden heiligen Städten am Fluss Ganges, wo der Hindu-Mythologie zufolge Vishnu Tropfen des Lebenstranks *Amrita* verschüttet haben soll.

**RECHTS:** Eine lange Brücke verbindet die Insel Pambam mit dem indischen Festland.

Überreste dieser Brücke. Im *Ramayana* wird auch berichtet, dass Rama als Buße für die Tötung des Brahmanen (Priesters) Ravana ein Sand-*Lingam* (Symbol der Hindu-Gottheit Shiva) anbetete. In dem heutigen Ramanathaswami-Tempel in Rameswaram, der auf das 16. und 18. Jahrhundert zurückgeht, soll sich eben jener Sand befinden.

Einen Fahrdamm von Indien nach Sri Lanka müssen die Ingenieure erst noch schaffen. Die Insel Pamban konnten sie indes mithilfe einer Überführung an das übrige Tamil Nadu anbinden. Der Bau der 2.065 Meter langen Auslegerbrücke begann 1902. Man holte hierfür Arbeiter, die bereits beim Eisenbahnbau im Himalaya mitgewirkt hatten. Aus Großbritannien kamen vorgefertigte Teile, die auf 143 Betonpfeiler gesetzt wurden. Auf halbem Weg wurde eine Scherzer-Rollklappbrücke mit zwei Wipparmen eingefügt, die sich anheben lassen, sodass Schiffe die Stelle passieren können.

1914 wurde die Pamban-Brücke schließlich eröffnet. In gut 100 Jahren hat sie wütenden Wirbelstürmen und der zersetzenden Salzatmosphäre getrotzt. Und noch heute fahren über sie Massen von Hindu-Pilgern, die aus dem ganzen Land hierherströmen. Der Sethu Express schafft eine direkte Verbindung von Chennai, der Hauptstadt von Tamil Nadu, zu den heiligen Stätten von Rameswaram, wobei zum Höhepunkt der Pilgersaison zusätzliche Züge eingesetzt werden.

**WEITERE INDIEN-ABENTEUER**

**103. Bharat Darshan**
*Indien*

Im Charter-Schlafwagen auf mehrtägige Pilgerreise. Die Stationen variieren je nach Abfahrtsort, umfassen aber heilige Stätten wie Tirupati (wo einst der Gott Rama lebte).

**104. Kalkutta–Puri**
*Ostindien*

Die 499 Kilometer lange Strecke verbindet die Metropole Kalkutta (Westbengalen) mit Puri (Odisha), wo mit dem Jagannath-Tempel eine wichtige Hindu-Pilgerstätte steht.

## 105 JANAKPUR RAILWAY

*Indien und Nepal*

Nepals einzige Personenzuglinie, die 64 Kilometer lange Schmalspurbahn zwischen Jainagar City (Indien) und Bijalpura, stellte 2014 den Betrieb ein. Nun rosten die alten Lokomotiven an der Strecke vor sich hin. Früher war die Bahn rappelvoll mit Pilgern, die auf halber Strecke in der heiligen Stadt Janakpur ausstiegen. Hier lebten angeblich einmal Buddha und der Begründer des Jainismus Mahavira; auch das indische Epos *Ramayana* erwähnt den Ort. Hauptanziehungspunkt ist der Hindu-Tempel Janaki Mandir im Rajput-Stil. Die gute Nachricht: Die Strecke wird saniert, und Indien sowie China möchten beim Aufbau des nepalesischen Bahnnetzes mithelfen. Man darf gespannt sein!

106

# TEL AVIV–JERUSALEM

*Israel*

Auf verschlungenen Wegen durch das biblische Bergland von Judäa zum Grab Jesu.

**Wissenswertes**

- *Zeit: 30–33 n. Chr. (Tod Jesu)*
- *Streckenlänge: 82 Kilometer*
- *Mindestfahrtdauer: 1 Stunde, 40 Minuten*
- *Wichtige Haltepunkte: Tel Aviv, Lod, Jerusalem*
- *Durchfahrene Länder: Israel*

Wer diese Reise in die Geschichte langsam begehen möchte, muss sich sputen. 2018 soll zwischen Israels zweitgrößter Stadt Tel Aviv und der Hauptstadt Jerusalem eine Hochgeschwindigkeitsstrecke eröffnet werden, mit der sich die Fahrzeit auf 28 Minuten reduziert. Bis dahin handelt es sich noch um eine beschauliche und doch spannende 100-minütige Ausflugsfahrt.

Das am Mittelmeer gelegene Tel Aviv ist seit der Bronzezeit bewohnt. Heute gibt sich die Stadt kosmopolitisch und modern; sie hat ein jugendliches Gepräge und im Zentrum jede Menge coole Cafés und Bauhausgebäude. Wer Altertümliches sucht, nimmt am besten einen Zug ostwärts.

Zunächst saust der Zug durch Farmland nach Lod mit seinem Bahnhof aus dem 19. Jahrhundert. Das in der Bibel erwähnte Lod war der Geburtsort des heiligen Georg, des berühmten Drachentöters. Weil er dem Christentum nicht abschwören wollte, wurde er 303 n. Chr. hingerichtet. Seine

**UNTERWEGS ZU DEN TOTEN**

**107. Ferrocarril Tacna–Arica**
*Peru und Chile*

Die Chinchorros sind vor allem für ihre Mumien bekannt. Bereits 5000 v. Chr. beherrschten sie diese Praxis. Der Schienenbus der 63 Kilometer langen Linie Tacna–Arica durchquert das Kernland der Chinchorros; in einem Museum sind Mumien ausgestellt.

**RECHTS OBEN:** Tel Avivs altes Hafenviertel Jaffa kann mit zahlreichen Künstlercafés aufwarten.

**RECHTS:** Durch biblische Landschaften zuckelt die Bahn der Heiligen Stadt Jerusalem entgegen.

sterblichen Überreste kamen hierher zurück, wo sie in einer schönen Kirche aufbewahrt sind.

Nach Lod wird das Gelände schwieriger, und die Bahn muss auf ihrem verschlungenen Weg durch die von Schluchten durchzogenen Judäischen Hügel langsamer fahren. Die wasserarme, wilde Bergkette lässt vielfach an die Bibel denken. So führt die Strecke etwa ins Rephaim-Tal, eine uralte Route durch die Berge, wo König David angeblich mit den Philistern aneinandergeriet. Und sie streift den Bach Sorek, wo Delila Samson überredet haben soll, das Geheimnis seiner Kraft preiszugeben.

In Jerusalem hält der Zug am Biblischen Zoo, dessen eigene Kleinbahn die Gehege der in der Bibel erwähnten Tiere abfährt. Endhalt der Linie ist der Bahnhof Jerusalem-Malcha. Jerusalem ist eine der geschichtsträchtigsten Städte der Welt und gilt Christen, Muslimen und Juden als heilig. Hier soll Jesus um 30–33 n. Chr. hingerichtet worden sein. Die Via Dolorosa in der Altstadt folgt angeblich seinem Kreuzweg und endet an der Grabeskirche.

## RELIGIÖSE STÄTTEN IN ALLER WELT

**108. Tiflis–Jerewan**
*Georgien und Armenien*

In Armenien übernahm man als Erstes im Jahr 301 das Christentum. Wer im Schlafwagen zehneinhalb Stunden von West nach Ost reist, kann die Bibelbezüge gar nicht ausblenden: Reisende erleben den Sonnenaufgang über dem Berg Ararat, wo manche die Reste der Arche Noah vermuten.

**109. Downpatrick and County Down Railway**
*Nordirland, Großbritannien*

Von der Bahn besteht nur noch ein 6,4 Kilometer langer Abschnitt zwischen Downpatrick (wo das Grab des 461 gestorbenen irischen Nationalheiligen St. Patrick liegt) und Inch Abbey.

**110. Pilatusbahn**
*Vierwaldstättersee, Schweiz*

Die steilste Zahnradbahn der Welt erklimmt den Pilatus, auf dem – einer verworrenen Sage zufolge – der Geist Pontius Pilatus' wohnen soll.

**111. Caspian Odyssey**
*Europa und Asien*

Die Reise in einem der luxuriösen Golden-Eagle-Züge von Jerewan (Armenien) nach Almaty (Kasachstan) beinhaltet eine Eisenbahnfähre über das Kaspische Meer. Über die Größe dieses Meeres stritt man in der Antike heftig, auch Alexander der Große (356–323 v. Chr.).

Nach dem Start in Tel Aviv und der Fahrt durch biblisches Bergland erreicht die Bahn (siehe vorherige Doppelseite) Jerusalem, das Christen, Juden und Muslimen als heilige Stadt gilt.

112

# ROM–SYRAKUS

*Süditalien*

Mit Zug und Fähre von der Ewigen Stadt bis hinüber zum alten Sizilien.

**Wissenswertes**
- *Zeit: 214–212 v. Chr. (Belagerung von Syrakus)*
- *Streckenlänge: 832 Kilometer*
- *Mindestfahrtdauer: 12 Stunden*
- *Wichtige Haltepunkte: Rom, Formia, Neapel, Maratea, Villa San Giovanni, Messina, Syrakus*
- *Durchfahrene Länder: Italien*

Vieles macht diese direkte Zugverbindung zwischen der italienischen Hauptstadt und der Insel Sizilien so sympathisch. Die überaus malerische Strecke hält sich meist an der sonnigen Südwestküste, vorbei an Hängen mit verstreuten Dörfern, historischen Städten und Zitronenhainen. Dabei kombiniert sie ein romantisches Bahnerlebnis mit einer Minikreuzfahrt. Für die Querung der Straße von Messina, die Sizilien von der Spitze des italienischen Stiefels trennt, fahren die Waggons direkt auf die Fähre. Während der 30-minütigen Überfahrt kann man entweder an Deck die gute Seeluft genießen oder im Zug bleiben, der sich im Bauch der Fähre ausruht, und so gleichzeitig mit der Bahn und dem Schiff fahren.

Der Zug startet in Roma Termini, fährt südwärts durch die Landschaft von Latium und Kampanien und streift bei Formia, einem von Hügeln eingefassten Badeort, das Mittelmeer. Die Stadt wurde in der Antike von den Griechen gegründet und ist mit Überbleibseln aus der Römerzeit gespickt, darunter die Sommervillen der Herrschaftselite und der alte Hafen von Gianola. Von Formia geht die Reise weiter nach Neapel, der Hauptstadt des Südens. Authentisch, voller Atmosphäre, wenig touristisch und reich an Gaumenfreuden (wer Zeit hat, sollte für eine echte neapolitanische Pizza einmal aussteigen!) ist diese Stadt am gleichnamigen Golf, über dem sich bedrohlich der Vesuv erhebt.

## AUF DEN SPUREN DER RÖMER

**113. Rom–Ostia Antica**
*Latium, Italien*
Eine 30 Kilometer lange Fahrt verbindet Rom mit den gut erhaltenen Ruinen der antiken Hafenstadt Ostia Antica an der Tibermündung.

**114. Koblenz–Trier**
*Rheinland-Pfalz, Deutschland*
Die 113 Kilometer lange Bahnfahrt am Rhein führt vorbei an Weinbergen und durch den 4,2 Kilometer langen Kaiser-Wilhelm-Tunnel zur Römergründung Augusta Treverorum (heute Trier).

**115. Messina–Palermo**
*Sizilien, Italien*
Der Römerstraße Via Valeria folgend geht es mit der Bahn 225 Kilometer an Siziliens Nordküste entlang. Endstation ist Palermo, seit über 2.500 Jahren ein Schnittpunkt der Kulturen.

**116. Rom–Pisa**
*Westitalien*
Die zweidreiviertel Stunden lange Fahrt an der Küste entlang von Rom über die Hafenstadt Civitavecchia nach Pisa mit seinem Schiefen Turm folgt im Wesentlichen der Römerstraße Via Aurelia (241 v. Chr. erbaut).

**OBEN:** Die Bahn von Rom nach Syrakus nimmt eine Fähre über die Straße von Messina.

Die Bahn folgt noch ein wenig dem Golf, sticht dann aber ins Landesinnere, statt die Amalfiküste mit ihren steil abfallenden Felswänden zu nehmen. Bei Salerno trifft sie wieder aufs Meer und befährt Teile der Cilentoküste.

Das Cilento, heute ein Nationalpark, hat herrliche Buchten, Olivenhaine und alte Städte mit schmalen Gassen zu bieten.

Ab jetzt bleibt die Bahn fast immer am glitzernden Meer und rattert die Küste von Basilikata und Kalabrien entlang, zwei der am wenigsten entwickelten Regionen Italiens. Sie passiert die mit Grotten durchsetzten Klippen bei Maratea, den Zitronenanbauort Diamante und die Normannenfestung von Belvedere. Südlich des Savuto arbeitet sie sich durch den schmalsten Abschnitt der Halbinsel Kalabrien, der großteils im letzten Jahrhundert Malariasümpfen abgetrotzt wurde. Der Ausblick ist nach wie vor grandios: Die Äolischen Inseln und Sizilien sind in Sicht.

In Sicht, aber nicht in Reichweite ... Eine Brücke nach Sizilien wurde schon oft erwogen, von den Römern bis zu Expremier Berlusconi – bislang ohne Ergebnis. Fürs Erste ist man zur Überquerung der Straße von Messina noch auf das

Schiff angewiesen. Im Hafen von Villa San Giovanni werden die Gleise am Kai und im Schiffsbauch aneinander ausgerichtet, und schon fährt die Lok aufs Boot. Die Bahnfährverbindung zwischen dem Festland und Sizilien wurde 1899 eingeführt.

Im Ersten Weltkrieg fuhr eine Fähre auf eine Mine auf; 1943 versenkten die Deutschen ein Schiff, das jedoch wieder gehoben wurde und seit vielen Jahrzehnten seinen Dienst tut. Heute drohen Sparmaßnahmen die Fähre auf den Grund zu schicken, aber derzeit ist sie noch aktiv. Nach der Überfahrt legt sie im sizilianischen Hafen Messina an, richtet sich an den Gleisen aus und spuckt ein weiteres Mal ihre Bahnfracht aus.

Von Messina folgt die Bahn der Ostküste über die Urlaubsorte Taormina und Catania, wo im Hintergrund der Ätna vor sich hin köchelt. Schließlich hält sie in Syrakus, einem herrlichen Gewirr von Gassen mit goldgelb strahlenden Häusern, das sich über den natürlichen Hafen und die Insel Ortygia erstreckt. Syrakus wurde 733 v. Chr. von den Griechen besiedelt und entwickelte sich rasch zu einer der bedeutendsten Städte der westlichen Welt. Das Glück wendete sich 214 v. Chr., als die Römer einfielen. Nach einer zweijährigen Belagerung siegten die Angreifer schließlich und erlangten damit die Herrschaft über ganz Sizilien.

**LINKS:** Syrakus war im 3. Jahrhundert v. Chr. zwei Jahre lang unter Belagerung.

### UND WIE WÄR'S DAMIT?

**117. Standseilbahn Capri**
*Capri, Italien*

Kaiser Augustus (27 v. Chr.–14 n. Chr.) machte das zauberhafte Capri berühmt. Bei der 15-minütigen Standseilbahnfahrt von Marina Grande lässt sich die geliebte Ferieninsel des Cäsaren gut erkunden.

**118. Wagenspuren**
*Pompeji, Italien*

Als 79 n. Chr. der Vesuv ausbrach und die Stadt Pompeji verschüttete, konservierte die Asche auch die Wagenradspuren im Straßenpflaster – gewissermaßen ein Bahnprototyp …

**119. Palermo–Agrigent**
*Sizilien, Italien*

137 Kilometer stampft die Bahn von der Hauptstadt Palermo nach Agrigent mit dem beeindruckenden Tal der Tempel, das im 6. Jahrhundert v. Chr. als griechische Kolonie gegründet wurde.

**120. Funicolare Centrale**
*Neapel, Italien*

Die Hügel des alten Neapel (der Legende zufolge 680 v. Chr. gegründet) befährt diese Linie, die dabei 170 Höhenmeter bewältigt. Sie ist eine der meistgenutzten Standseilbahnen der Welt.

## 121
# EGNATIA RAILWAY

*Griechenland und Türkei*

Um 200 v. Chr. erbauten die Römer die Via Egnatia, die Byzanz (Istanbul) mit der Küste des heutigen Albanien verband. Für 2019 plant die Europäische Union eine »Egnatia-Bahn«, die ganz grob einen 565 Kilometer langen Abschnitt der antiken Landstraße durch Nordgriechenland wieder aufnimmt. Die neue Strecke soll Igoumenitsa an der Nordwestküste mit der Hafenstadt Alexandroupolis an der griechisch-türkischen Grenze verbinden. Sie verläuft über das Pindosgebirge und Thessaloniki (die zweitgrößte Stadt Griechenlands), nahe den Ausgrabungsstätten von Pella, dem Geburtsort Alexanders des Großen. Bedauerlicherweise fällt mit der neuen Egnatia-Schienenverbindung eine alte weg: Der »Freundschaftsexpress« von Thessaloniki nach Istanbul wurde 2011 eingestellt.

## 122
# HADRIAN'S WALL COUNTRY LINE

*Nordengland, Großbritannien*

Am Hadrianswall, den der gleichnamige Kaiser 122 n. Chr. erbauen ließ, führt keine Bahn entlang. Aber die 97 Kilometer lange Strecke Newcastle–Carlisle (»Hadrian's Wall Country Line«) bietet Zugang zu der steinernen Schutzmauer, die einst die nördliche Grenze des Römischen Reiches markierte. Gleichzeitig handelt es sich um eine der ersten Personenbahnen der Welt – im Bahnhof Brampton wurde 1836 das allererste Zugticket verkauft. Günstige Ausstiegspunkte sind das hübsche Haltwhistle, von wo ein kurzer Spazierweg entlang des Flüsschens Haltwhistle Burn zum Wall führt, oder Corbridge, wo man eine einstmals geschäftige römische Siedlung besichtigen kann.

## 123
## ROM–BRINDISI

*Süditalien*

Ihre erste Fernstraße, die Via Appia (Appische Straße), bauten die Römer 312 v. Chr. Zuletzt erstreckte sie sich von Rom bis Brindisi an der Adriaküste. Heute folgt die fünfstündige Direktverbindung zwischen den beiden Städten den Sandalenspuren der alten Legionäre. Dabei macht sie halt in Capua, wo die Hauptstraße (Corso Appio) entlang der Römerroute verläuft. Weiter ostwärts erreicht sie Benevento – schon in der Antike ein Knotenpunkt – mit seinem Trajansbogen und dem römischen Theater. In der historischen Hafenstadt Bari trifft sie auf einen Küstenableger der Via Appia. Endhalt ist Brindi-si, für die Römer das »Tor zum Osten«. Hier markieren zwei Marmorsäulen (eine davon weitgehend zerstört) das Ende der Via Appia.

## 124
## FERROVIA CIRCUMVESUVIANA

*Kampanien, Italien*

Als der Vesuv 79 n. Chr. hochging, begrub er Pompeji und Herculaneum (Ercolano) unter seinem tödlichen pyroklastischen Strom. Der Vulkan gibt keine Ruhe: Rund dreißigmal ist er seither ausgebrochen und wird dies wohl wieder tun. Eine Fahrt auf der 47 Kilometer langen Strecke Neapel–Sorrent der Ferrovia Circumvesuviana sollte man deswegen nicht aufschieben. Der Zug fährt in der quirligen Hafenstadt Neapel ab und hält in beiden Unglücksstädten, wo man zwischen den aus der Asche ausgegrabenen Villen, Badehäusern und Bordellen umhergehen kann. Die Strecke führt weiter am Golf von Neapel entlang zu dem auf Klippen gelegenen, von Zitronenduft umwehten Sorrent, wo im Hintergrund der Vesuv brütet.

**RECHTS:** Die Bahn hält in Split, wo Kaiser Diokletian seinen Alterspalast erbaute.

125
# ZAGREB–SPLIT

*Kroatien*

Eine Bahnfahrt durch Dalmatien auf den Spuren der Römer zu Diokletians imposantem Palast am Meer.

**Wissenswertes**
- *Zeit: 284–305 n. Chr. (Regierungszeit Kaiser Diokletians)*
- *Streckenlänge: 426 Kilometer*
- *Mindestfahrtdauer: 6 Stunden*
- *Wichtige Haltepunkte: Zagreb, Ogulin, Knin, Split*
- *Durchfahrene Länder: Kroatien*

Diokletian ist der Liebling Dalmatiens. 244 n. Chr. bei Spalatum (dem heutigen Split in der kroatischen Region Dalmatien) geboren, stieg er aus bescheidenen Verhältnissen zum 51. römischen Kaiser auf. Ihm gelang es, das Reich in einer Zeit der Unruhen und des drohenden Zerfalls zu stabilisieren. Die Aufgabe muss ihn sehr angestrengt haben, denn 305 n. Chr. dankte Diokletian als Kaiser ab. Als Alterssitz ließ er sich an der Adriaküste einen riesigen befestigten Palast aus weißem Stein, italienischem Marmor und ägyptischen Säulen bauen, heute ein Unesco-Welterbe im Zentrum von Split.

Nahe der pulsierenden kroatischen Hauptstadt Zagreb findet sich eine weitere alte Römerstätte: Andautonia, im 1. Jahrhundert n. Chr. am Ufer der Save gegründet, liegt nicht weit weg im Südwesten. Einst war dies das administrative und kulturelle Zentrum der Region, wie die Überreste zeigen: die von Säulen gesäumte Hauptstraße, umfangreiche Bäder und elegante Villen mit Fresken und Fußbodenheizung.

Die Bahn zwischen Zagreb und Split ist eine reizvolle Möglichkeit, die historischen Stätten mit einer Fahrt durch das Land zu verknüpfen. Im Sommer befährt ein Schlafwagenzug die Route – wobei einem hier viel entgeht. Interessanter ist der Tageszug, wo man üppige Felder, gepflegte Weinberge, glitzernde Seen, gewundene Flüsse, schroffe Kalksteinberge und – kurz vor Split – die herrliche Küste draußen vorbeiziehen sieht.

Häufig muss die Trasse Tunnel durchqueren und Berghänge umkurven, aber die raffinierten Neigezüge machen die Fahrt dennoch angenehm. Die Bahn hält unter anderem im geschichtsträchtigen Knin, das nacheinander Standort eines Römerlagers, Sitz des kroatischen Königs im Mittelalter und während des Balkankonflikts in den 1990er-Jahren eine serbische Bastion war.

**LINKS:** Die Pflasterstraßen von Zagreb, nur sechs Zugstunden von Split entfernt.

## WEITERE KULTURTRIPS

**126. Trenino Verde Macomer–Bosa**
*Sardinien, Italien*

Die 46 Kilometer lange Schmalspurbergbahn rattert vorbei an megalithischen Steintürmen, den *Nuragh*, die es nur auf Sardinien gibt und die ab ca. 1800 v. Chr. errichtet wurden.

**127. Trenino Verde Arbatax–Mandas**
*Sardinien, Italien*

Auf der 159 Kilometer langen Fahrt vom Hafen Arbatax an Sardiniens Ostküste ins Hochland gibt es neben weiteren *Nuraghi* felsige Gipfel, Mohnfelder und Weinberge zu sehen.

**128. Petit Train de la Rhune**
*Pyrénées-Atlantiques, Frankreich*

Die Meterspur-Zahnradbahn (1924 erbaut) fährt auf den Berg La Rhune im Herzen des französischen Baskenlands. Hier entwickelte sich vor 7.000 Jahren die baskische Kultur.

**129. Euskotren**
*Nordspanien*

7.000 Jahre baskischer Kultur kann man mit der »Maulwurfsbahn« entdecken, die diesen Namen den vielen Tunneln verdankt. Die 22 Kilometer lange Strecke San Sebastián–Irun berührt die Pyrenäenausläufer.

## 130
# RHODOPENBAHN

*Südwestbulgarien*

Die 125 Kilometer lange Schmalspurverbindung zwischen Bansko und Dobrinischte in Bulgarien ist eine der langsamsten und dabei malerischsten Strecken auf dem Balkan. Fünf Stunden dauert die Fahrt durch die Täler und Schluchten des Rila- und Rhodopengebirges, mit himmlischen Ausblicken auf die Berge. Kein Wunder: Angeblich entstanden die sagenumwobenen Rhodopen, als Zeus die Königin Rhodope von Thrakien zur Strafe für eine Beleidigung in ein Gebirge verwandelte. Auf ihrer Route fährt die Bahn durch die Welingrad-Schlucht, ins Heilbad Welingrad und in die thrakische Ebene. Zudem meistert sie den 1.267 Meter hohen Awramowo-Sattel mithilfe von 16 Tunneln, zwei Kreiskehrschleifen und einer 180-Grad-Kehre.

## 131
# LATORCA

*Ungarn und Ukraine*

Die Bahn folgt in entgegengesetzter Richtung der Route der Hunnen, jenes Kriegerstamms, der im 5. Jahrhundert von dem als »Geißel Gottes« berüchtigten Herrscher Attila angeführt wurde. Man nimmt an, dass die Hunnen aus den asiatischen Steppen über das Kaspische Meer, den Dnepr und die Karpaten nach Westen zogen und im heutigen Ungarn ihr Lager aufschlugen. Die Latorca-Bahn führt von Budapest nach Kiew, der ukrainischen Hauptstadt am Dnepr mit ihren breiten Prachtstraßen und Goldkuppeln. Auf der 24-stündigen Fahrt passiert der Zug erhabene Berge, durchfährt die ausgedehnte Pusztaebene und überquert die Theiß, in der Attila angeblich in einem Sarg aus Blei, Silber und Gold bestattet wurde.

132
# DANZIG–TRIEST

*Polen, Tschechien, Österreich und Italien*

Eine Bahnreise quer durch Europa, von der Ostseeküste bis zur Adria, entlang der alten Bernsteinstraße.

**Wissenswertes**
- *Zeit: 1600 v. Chr. (Blüte des Bernsteinhandels)*
- *Streckenlänge: 1.930 Kilometer*
- *Mindestfahrtdauer: 24 Stunden*
- *Wichtige Haltepunkte: Danzig, Kalisz, Wien, Triest*
- *Durchfahrene Länder: Polen, Tschechien, Österreich, Italien*

Bernstein war in der Antike ein Exportschlager. Das in der Ostseeregion reichlich vorkommende fossile Harz war in ganz Europa und darüber hinaus begehrt. Die Ägypter glaubten, ihre Mumien damit konservieren zu können. Die Römer und Griechen priesen seine heilende Wirkung und verwendeten es zu Schmuck verarbeitet, als Räucherwerk bei Grablegungen. So entwickelte sich spätestens 1600 v. Chr. eine »Bernsteinstraße«, auf der das wertvolle Gut von den Küsten Nordeuropas ans Mittelmeer gebracht wurde.

Die Bahnreise auf den Spuren der Bernsteinstraße beginnt in Danzig. Die polnische Hafenstadt war das Zentrum des europäischen Bernsteinhandels und hat immer noch ein florierendes Bernsteingewerbe mit einem Museum und etlichen Werkstätten. Im nahen Pruszcz Gdański gibt es eine Nachbildung eines 2.000 Jahre alten Handelspostens.

Von Danzig geht es mit der Bahn südwärts über Bydgoszcz nach Kalisz, angeblich die älteste Stadt Polens (im 2. Jahrhundert erwähnt sie der griechisch-ägyptische Geograf Ptolemäus). Auch wenn dies nicht gesichert ist, war Kalisz zweifellos viele Jahrhunderte ein wichtiger Handelsposten; im Regionalmuseum sind denn auch viele prähistorische Funde aus der Gegend beheimatet. Im Sommer lohnt ein Umweg über Wieluń, wo alljährlich ein Bernsteinfestival (mit römischen Wagenrennen) stattfindet.

Ansonsten fährt man weiter nach Katowice und durch Tschechien in die prachtvolle österreichische Hauptstadt Wien, wo das Kunsthistorische Museum schöne Bernsteinexponate zu bieten hat. Mit der S-Bahnlinie 7 kann man die römischen Ruinen von Carnuntum an der Donau besuchen. Hier tauschten Bernsteinhändler aus dem Norden ihre Ware gegen Wein und Schmuck aus dem Süden.

Von Wien geht es zum Endpunkt der Reise, der eleganten italienischen Stadt Triest, die an der Adriaküste nahe den Überresten von Aquileia liegt. In dem 181 v. Chr. gegründeten römischen Handwerkszentrum fertigte man aus Bernstein herrliche Preziosen, die teilweise im Museum vor Ort ausgestellt sind.

**UNTEN:** Das polnische Danzig war im Altertum das Zentrum des Bernsteinhandels.

# 133
# PEKING–BADALING

*Nordwestchina*

Mit Chinas allerersten Eisenbahn zur Chinesischen Mauer – vorerst zumindest noch!

**Wissenswertes**
- *Zeit: 221–206 v. Chr. (erste Abschnitte der Chinesischen Mauer)*
- *Streckenlänge: 61 Kilometer*
- *Mindestfahrtdauer: 1 Stunde, 20 Minuten*
- *Wichtige Haltepunkte: Peking Nord, Changping, Qinglongqiao, Badaling*
- *Durchfahrene Länder: China*

**UNTEN:** Auf dem Weg zur Chinesischen Mauer lässt die Bahn den Ballungsraum Peking schnell hinter sich.

Über 2.000 Jahre und zahlreiche Herrscherdynastien hinweg wurde die Chinesische Mauer gebaut und immer wieder ergänzt. Den ersten zusammenhängenden Grenzwall zum Schutz vor den Mongolen errichtete Kaiser Qin Shihuangdi ab ca. 221 v. Chr. Zum Ende seiner Regentschaft erstreckte er sich über 5.000 Kilometer. Bis zum Niedergang der Ming-Dynastie im 17. Jahrhundert wurde die Mauer laufend verbessert – der heutige riesige, scheinbar unbezwingbare, mit Wachtürmen gespickte Schutzwall geht vor allem auf sie zurück. An die Möglichkeiten der modernen Technik dachten die wahnhaften Bollwerkbauer nicht. Sie hielten nach Angreifern Ausschau, die über die Mauer zu gelangen versuchten, nicht unten hindurch.

Die erste Eisenbahn, die es mit der Mauer aufnahm, war gleichzeitig die erste Eisenbahn, die China selbst baute.

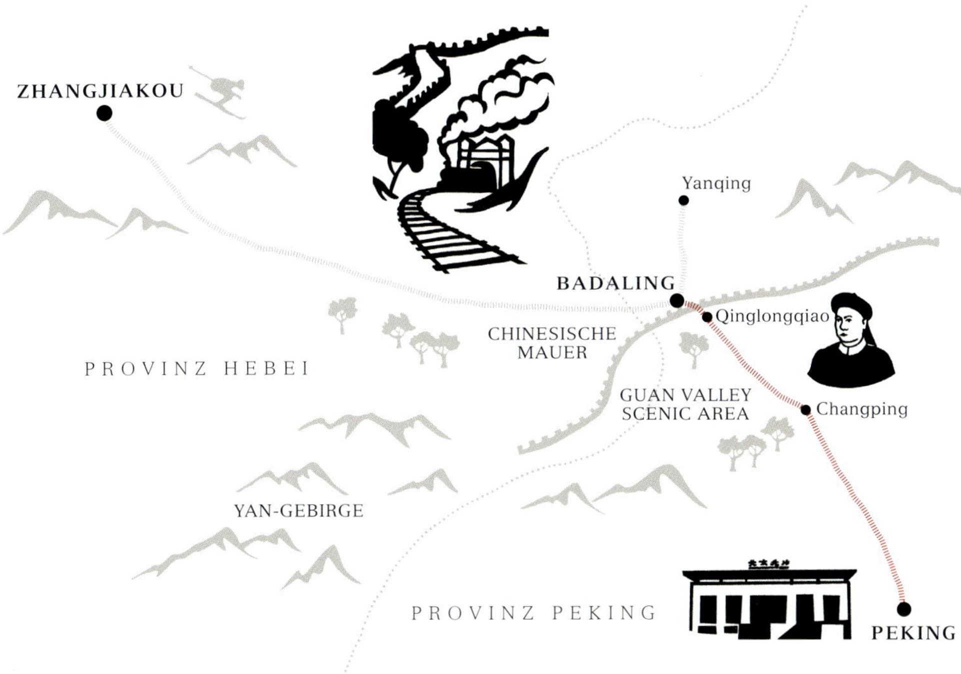


Der erste Abschnitt der Jingbao Railway wurde von 1905 bis 1909 erbaut und sollte die Hauptstadt Peking mit Zhangjiakou in der Provinz Hebei im Nordwesten verbinden. Sie war das Werk des wegweisenden Ingenieurs Zhan Tianyou, der dabei ganze Arbeit leisten musste. Zwischen den beiden Endpunkten liegt das Yan-Gebirge, an dem entlang die Chinesische Mauer verläuft.

Zur Überwindung des Mauerabschnitts Nankou–Badaling mit seinen heftigen Steigungen baute Zhan bei Qinglongqiao, 56 Kilometer nördlich von Peking, eine Spitzkehre. Dabei fuhren die von zwei Doppeltraktionsloks gezogenen Züge vorwärts in den Bahnhof ein und rückwärts wieder aus, um so auf kurzer Strecke Höhe zu gewinnen.

Zhan Tianyou legte außerdem vier Tunnel an, darunter den 1.092 Meter langen Badaling-Tunnel. Mangels Maschinen mussten sich die Arbeiter komplett von Hand durchgraben. Zhans Schachtbauverfahren, bei dem gleichzeitig von beiden Enden und von einem Schacht in der Mitte gegraben wurde, beschleunigte jedoch die Arbeit. So wurde das Projekt schneller und billiger als geplant fertiggestellt.

Zhan Tianyou avancierte zum Nationalhelden und gilt heute als »Vater der chinesischen Eisenbahn«. Sein Grab und eine Bronzestatue von ihm finden sich im Bahnhof von

**WEITERE BAHNROUTEN IN CHINA**

**134. Peking–Zhengzhou**
*China*
800 Kilometer zischt man hier von Peking durch das Tal des Gelben Flusses nach Zhengzhou, der Wiege der chinesischen Kampfkunst und einstmals (um 1000 v. Chr.) größten Stadt der Welt.

**135. Kunming–Guilin**
*Südwestchina*
Die alten Stammesgebiete Yunnan und Guangxi lassen sich viel besser erreichen, seitdem eine Hochgeschwindigkeitslinie die Fahrtzeit für die 890 Kilometer von 20 auf fünf Stunden reduziert.

Qinglongqiao aus dem Jahr 1908. In Badaling, am höchsten Punkt der Strecke, 61 Kilometer nordwestlich von Peking, zeigt das Zhan-Tianyou-Museum Kartierungsgeräte, Bücher und Handschriften des Bahnpioniers.

Gut 100 Jahre nach ihrer Fertigstellung wird die Jingbao Railway immer noch gern genommen, um den besterhaltenen Teil der Chinesischen Mauer bei Badaling zu besuchen. Der 1505 erbaute Abschnitt ist 7,6 Kilometer lang, bis zu 7,8 Meter hoch und 5,7 Meter breit, sodass zehn Soldaten nebeneinander marschieren konnten. Auch wenn bei der Restaurierung etwas übertrieben wurde und es an Wochenenden und Feiertagen vor Touristen nur so wimmelt, ist die Mauer absolut beeindruckend. Und wer statt im Reisebus mit dem Zug kommt, kann die Mauer auf eigene Faust erkunden.

Vom Bahnhof Peking Nord dauert die Fahrt nach Badaling rund 80 Minuten. Unterwegs hat man Ausblicke auf das malerische Guangou-Tal und nach einer Weile auf die Mauer selbst, wie sie sich auf den bewaldeten Bergrücken dahinschlängelt. Vom Bahnhof Badaling verkehren Pendelbusse zum Besuchersammelplatz am Fuß der Mauer, wo es ein Museum, Kino, Restaurants und eine Seilbahn gibt. Wer möchte, kann den steilen Fußweg nehmen.

Die Zeiten aber ändern sich. Eine neue Hochgeschwindigkeitslinie Peking–Zhangjiakou soll rechtzeitig zu den Olympischen Winterspielen 2022 fertig sein und die Wettkampfstätten in der Hauptstadt mit den Skigebieten in Hebei verbinden. Sie wird die bahnbrechende Route von Zhan Tianyou ersetzen und die Reisezeit drastisch verkürzen. Allerdings gilt es noch die Chinesische Mauer zu passieren. China will hierfür in Badaling, 102 Meter unter der Erde, den tiefsten und größten Expressbahnhof der Welt bauen. Dabei kommt Spitzentechnologie zum Einsatz: Der neue zwölf Kilometer lange Tunnel wird mithilfe eines elektronischen Detonators gesprengt, der nur geringste Erschütterungen verursacht, damit der als UNESCO-Welterbe gelistete Schutzwall darüber nicht leidet.

**UNTEN:** Die Chinesische Mauer hatte einst eine Länge von rund 5.000 Kilometern.

136
## SARONISCHER GOLF–GOLF VON KORINTH

*Peloponnes, Griechenland*

Willkommen in der »ersten Eisenbahn der Welt«! Der sechs Kilometer breite Isthmus von Korinth verbindet den Peloponnes mit dem griechischen Festland, trennt aber gleichzeitig den Saronischen vom Korinthischen Golf. Schiffe mussten einen großen Bogen um die Halbinsel machen. Die antiken Griechen ärgerte das, weswegen sie um 600 v. Chr. den Diolkos (»Treidelpfad«) erbauten, einen gepflasterten Weg mit parallelen Spurrinnen. Mithilfe von Winden, einem Radfahrzeug und viel Muskelkraft zog man Schiffe über Land. So schufen die Griechen eine schnelle Abkürzung – und einen Vorläufer unserer Eisenbahn. Die schlecht erhaltenen Überreste des Diolkos kann man heute noch besichtigen.

137
## IZMIR–SELÇUK

*Westtürkei*

Diese wundervolle Reise beginnt in Izmir, der Ägäis-Metropole am Fuße der Berge. Als Smyrna bestand der Ort von der Gründung durch Alexander den Großen bis zu dem verheerenden Brand im Griechisch-Türkischen Krieg (1919–22). Von Izmir gelangt man mit der Bahn in 75 Minuten zu einem der Sieben Weltwunder der Antike. Der griechische Dichter Antipatros von Sidon erwähnte um 140 v. Chr. als Erster eine solche Liste. Er nennt nur sechs Wunder, zählt aber den Artemistempel in Ephesos (nahe Selçuk) dazu. Leider sind von dem Tempel nur noch Bruchstücke übrig, aber als eine der am besten erhaltenen griechisch-römischen Ausgrabungsstätten ist Ephesos nach wie vor ein Wunder.

## 138
## TUNIS–GOULETTE–MARSA

*Nordtunesien*

Die 1872 eröffnete, 19 Kilometer lange Strecke Tunis–Goulette–Marsa war die erste Bahn Tunesiens. Sie befährt ein geschichtsträchtiges Terrain. In Tunis findet sich eine arabische Medina aus dem 8. Jahrhundert neben europäisch anmutenden Boulevards aus dem 19. Jahrhundert.

Wer den Zug in die nördlichen Vororte nimmt, entdeckt eine ganz andere Zeit. Um 813 v. Chr. gründeten die Phönizier das antike Karthago, das ab 600 v. Chr. den Mittelmeerhandel dominierte, 146 v. Chr. aber von den Römern zerstört wurde. Von der Haltestelle Carthage Hannibal aus kann man zum Byrsa-Hügel wandern und die Überreste Karthagos bewundern: Thermen, Basiliken und den weitläufigen alten Hafen. Achtung: Reisende sollten sich auf www.auswaertiges-amt.de über aktuelle Reise- und Sicherheitshinweise informieren.

## 139
## OSAKA–MOZU-FURUICHI

*Zentralhonshu, Japan*

Osaka ist eine moderne Megacity mit Wolkenkratzern und Leuchtreklamen. Doch schon eine kurze Bahnfahrt führt 1.500 Jahre zurück in die Vergangenheit. Südlich vom Zentrum befindet sich die antike Grabanlage Mozu-Furuichi Kofungun. Kofun sind Hügelgräber, die von 250 bis 650 n. Chr. für hochrangige Personen angelegt wurden. In Japan gibt es knapp 40 über 200 Meter lange Kofun, elf davon in Mozu-Furuichi. Eingebettet in die Stadtlandschaft, erscheinen die riesigen Felder besonders rätselhaft. Mit der Hanwa-Linie sind es 15 Minuten nach Mozu.

**UNTEN:** Der kastanienbraune Seven-Stars-Zug macht eine Rundfahrt über die japanische Insel Kyushu.

## 140
# KYUSHU SEVEN STARS

*Kyushu, Westjapan*

Eine luxuriöse Reise auf Japans westlichster Insel, dem historischen Tor zum Land Na.

**Wissenswertes**
- *Zeit: 660 v. Chr. (Gründung Japans durch Kaiser Jimmu)*
- *Streckenlänge: 1.200 Kilometer*
- *Mindestfahrtdauer: 4 Tage*
- *Wichtige Haltepunkte: Fukuoka, Yufuin, Miyazaki, Hayato, Sendai, Yatsushiro*
- *Durchfahrene Länder: Japan*

Kyushu, die drittgrößte Insel Japans, gilt als Geburtsstätte der Nation. Dem Nihonshoki (Chronik Japans) zufolge machte sich der legendäre Kaiser Jimmu 660 v. Chr. von Südkyushu aus an die Gründung Japans. Es existieren Hinweise, dass in der Region bereits vor dem 10. Jahrhundert v. Chr. Menschen siedelten. Auf Kyushu befindet sich mit Yoshinogari (400–300 v. Chr.) auch eine der bedeutendsten archäologischen Stätten des Landes.

Erstmals schriftlich erwähnt wurde Na (wie Japan damals hieß) im 1. Jahrhundert n. Chr. in dem chinesischen *Han Shu*. Zu dieser Zeit herrschte zwischen Na und China bereits ein reger Handelsverkehr, und Kyushu war vermutlich die erste Anlaufstation. Die Insel ist dem asiatischen Festland am nächsten – Südkorea liegt nur 128 Kilometer entfernt auf der anderen Seite der Koreastraße. Kyushu bildet daher schon lange das Tor für den kulturellen und wirtschaftlichen Austausch zwischen der Inselnation und dem restlichen Kontinent.

Es ist kein Wunder, dass Jahrhunderte später Kyushu als erste Region Japans die neuen Transporttechnologien aus dem Westen übernahm. 1868 machte man in Nagasaki erstmals Bekanntschaft mit der Eisenbahn. Der schottische Kaufmann Thomas Blake Glover demonstrierte auf einer selbst eingerichteten 13 Kilometer langen Teststrecke den »Iron Duke«, eine Dampflokomotive, die er aus Shanghai eingeführt hatte. Die Japaner waren beeindruckt, und schon bald startete die Eisenbahn durch.

Kyushu verfügt heute über ein Bahnnetz von rund 3.000 Kilometern. Der erste Shinkansen (Hochgeschwindigkeitszug) ging 2004 in Kyushu in Betrieb und verband Fukuoka und Kagoshima miteinander. Die meisten Strecken auf der Insel sind jedoch Schmalspurlinien, die sich gemächlich an grünen Hügeln, Heißquellen und Küstendörfern vorbeiwinden.

Kurzum: jede Menge Gleiskilometer und überwältigende Landschaften. 2013 feierte man in Kyushu eine weitere Eisenbahnpremiere: Japans ersten Luxusschlafwagenzug.

**MIT DEM ZUG IN DEN HAFEN**

**141. Eurostar London–Marseille**
*Großbritannien und Frankreich*

Mit dem Eurostar gelangt man in 6,5 Stunden von London direkt nach Marseille. In dem Mittelmeerhafen lohnt eine Erkundung des Panierviertels. Die Griechen, die die Stadt 600 v. Chr. gründeten, hatten hier ihren Marktplatz.

**142. Bukarest–Constanţa**
*Südostrumänien*

Von Rumäniens Hauptstadt nach Constanţa, dem größten Schwarzmeerhafen, sind es 225 Kilometer. Auf dem Ovidplatz steht eine Statue des römischen Dichters, der hier im Jahr 17 n. Chr. starb.

**143. Dhaka–Chittagong**
*Bangladesch*

Fünfeinhalb Stunden dauert die Bahnfahrt von Bangladeschs Hauptstadt Dhaka nach Chittagong, das laut Ptolemäus' Geographia (150 n. Chr.) einstmals der wichtigste Hafen des Ostens war.

Der Kyushu Seven Stars ist ein Traum in Kastanienbraun. Sieben Waggons (je ein Salon- und ein Speisewagen sowie fünf Schlafwagen) bieten Platz für insgesamt 28 Passagiere. Die geräumigen holzgetäfelten Abteile sind mit edlen Möbeln, individuellen Sitzbezügen und Designbädern ausgestattet. Die Blue Moon Bar lullt mit Pianoklängen ein, im Jupiter Restaurant wird saisonale Gourmetküche serviert, während die großen Fenster einen freien Blick garantieren. Kein Vergleich zum Iron Duke …

Angeboten werden Zwei- und Viertagestouren. Die Viertagesfahrt geht rund um die Insel und durch fünf der sieben Präfekturen von Kyushu. Startpunkt ist der Bahnhof Hakata in Fukuoka (Kyushus größte Stadt), wo auch die Shinkansen-Züge von der Nachbarinsel Honshu enden. Die Bahn gleitet ostwärts nach Yufuin, einem ländlichen Erholungsort am Fuße des Yufu, der wegen seiner Thermalquellen *(Onsen)* heiß begehrt ist – der ideale Ort für ein Entspannungsbad, einen Bummel entlang der Hauptstraße mit ihren Cafés oder einen Spaziergang um den Kinrinko-See.

Nach einer Nachtetappe rollt der Zug in südlicher Richtung an Kyushus Ostküste entlang und bietet Ausblicke auf

den Nordpazifik. Er hält in Miyazaki, dem angeblichen Geburtsort von Kaiser Jimmu, wo man über einen Damm zu den Schreinen der Insel Aoshima gelangt.

Obwohl es sich um einen Schlafwagenzug handelt, verbringt man die zweite Nacht in einem traditionellen Ryokan (traditionell eingerichtetes japanisches Hotel). Tags darauf geht es von Hayato weiter in Kyushus südlichste Stadt Kagoshima, über die der Sakurajima wacht, einer der aktivsten Vulkane Japans. Ab Sendai folgt der Seven Stars der gewundenen Strecke der Hisatsu Orange Railway an der Westküste nach Yatsushiro, vorbei an Zitrusplantagen, historischen Städten, Heißquellen, Zentempeln, vorgelagerten Inseln und dem glitzernden Ostchinesischen Meer. Auf halbem Weg wird gehalten, damit die Fahrgäste den Sonnenuntergang, das Abendessen und die Nachtruhe genießen können.

Am vierten Tag fährt der Zug weiter nach Yatsushiro. Hier wird eine Schiffsfahrt um die grünen Amakusa-(Himmelsgras)-Inseln angeboten. Wieder im Zug ist es nur noch ein kurzes Stück bis Fukuoka, wo die Umrundung endet.

**OBEN:** Der Shinkansen verbindet die pulsierenden Städte Fukuoka und Kagoshima.

### BERGARBEITERBAHN

**144. Bahn im Salzbergwerk Hallstatt**
*Salzkammergut, Österreich*

Seit etwa 5000 v. Chr. wird in der Region Salz gewonnen. Heute fährt eine Bahn Besucher durch das Salzbergwerk aus der Bronzezeit und auf den darüberliegenden Berg.

# 145
# HEDSCHASBAHN

*Saudi-Arabien, Jordanien und Syrien*

In memoriam aeternam – ein Schienenweg entlang einer alten Handelsroute, der von Lawrence von Arabien zerstört wurde.

**Wissenswertes**
- *Zeit: 300 v. Chr. bis 200 n. Chr. (Blütezeit derWeihrauchstraße)*
- *Streckenlänge: 1.320 Kilometer*
- *Mindestfahrtdauer: 4 Tage*
- *Wichtige Haltepunkte: Medina, Tabuk, Mudarrawra, Amman, Damaskus*
- *Durchfahrene Länder: Saudi-Arabien, Jordanien, Syrien*

**UNTEN:** Die Ruinen von Mada'in Salih stammen aus dem 1. Jahrhundert n. Chr.

Die Idee eines Verkehrskorridors durch die Arabische Halbinsel an die Levante ist schon steinalt. Vor über 2.000 Jahren war das Gebiet ein wichtiger Teil der Weihrauchstraße, über die Weihrauch und Myrrhe aus dem Jemen und Oman ans Mittelmeer transportiert wurden. Die Dufthandelsroute verlief durch die Region Hedschas mit Mekka, Medina und Mada'in Salih, anschließend weiter nach Petra und Amman in Jordanien und ins syrische Damaskus.

Als später auf einer ähnlichen Route eine Eisenbahn eröffnet wurde, diente diese nicht dem Transport von Räuchermitteln, sondern von Pilgern. Die Schmalspur-Hedschasbahn wurde von den Osmanen gebaut, um die Reisezeit zwischen Istanbul und Mekka zu verkürzen. Bis dahin kamen Haddsch-Pilger mit dem Zug nur bis Damas-

kus. Von dort war es ein mühsamer und gefährlicher zweimonatiger Kamelritt zur heiligen Stadt.

Für den Eisenbahnbau ist das keine freundliche Umgebung. Schroffe Felswände, der Sandboden, extreme Hitze und feindselige Stämme sorgten für Probleme. Zahlreiche Brücken waren nötig, und vielerorts mussten die Holzschlafwagen durch metallene ersetzt werden, weil das Holz als Brennmaterial entwendet wurde. Doch 1908 ging die Linie bis Medina in Betrieb.

Der Erste Weltkrieg vereitelte den geplanten Ausbau bis Mekka. Während der Arabischen Revolte gegen die Osmanen (1916–1918) griffen Guerillatruppen unter Lawrence von Arabien mehrmals die Eisenbahn an – mit bleibenden Folgen. Der südliche Abschnitt wurde knapp ein Jahrzehnt nach der Erstfahrt aufgegeben. Vereinzelt findet sich in der Wüste noch Eisenbahnschrott, und der alte Endbahnhof in Medina wurde zum Hejaz Railway Museum umgebaut.

Der Nordabschnitt hat ebenfalls gelitten. In Jordanien wird für den Phosphattransport noch eine Nebenlinie von Ma'an nach Akaba am Roten Meer genutzt, aber der Zugverkehr zwischen Amman und Damaskus wurde 2006 eingestellt. Der Bürgerkrieg in Syrien macht eine Wiederaufnahme der historischen Route sehr unwahrscheinlich.

**OBEN:** Eine alte Dampflok der Hedschasbahn macht Rast in Jordanien.

Der Southwest Chief (nächste Seite) durchquert einen ausgedehnten Streifen der Vereinigten Staaten zwischen Chicago und Los Angeles und passiert die grandiosen Rocky Mountains.

146

# SOUTHWEST CHIEF

*USA*

Ein Reiseklassiker zwischen Chicago und Los Angeles, der in die Welt der ersten Ureinwohner zurückversetzt.

**Wissenswertes**

- *Zeit: 500 n. Chr. (Indianer übernehmen neue Ackerbau- und Jagdmethoden)*
- *Streckenlänge: 3.645 Kilometer*
- *Mindestfahrtdauer: 42 Stunden*
- *Wichtige Haltepunkte: Chicago, Kansas City, Albuquerque, Flagstaff, Los Angeles*
- *Durchfahrene Länder: USA*

Der Southwest Chief reist mitten ins Herz der Vereinigten Staaten. Er startet in Chicago am Ufer des Michigansees, passiert die Great Plains, trifft auf die Rocky Mountains, durchquert die roten Felslandschaften und die Wüste des wilden Südwestens und erreicht in Los Angeles den Pazifik.

Die Route steckt voller historischer Reminiszenzen. Entlang der Gleise finden sich Flüsse, die an die Eroberer des 16. Jahrhunderts erinnern, spanische Stadtgründungen, Wildweststädte, Bürgerkriegsschauplätze, Filmdrehorte und das erste McDonald's (in San Bernardino). Es gibt weite, wilde Landstriche, die erahnen lassen, wie das Leben hier vor der Ankunft Kolumbus' gewesen sein mag. Die großen Fenster und das gemächliche Fahrttempo steigern noch den Eindruck von Größe und Vielfalt der Landschaft, und man fragt sich unwillkürlich, wie die alten Völker hier vor den Zeiten von Big Mac und Pommes gelebt haben.

Die ersten Menschen im amerikanischen Südwesten waren nomadische Jäger und Sammler, doch mit der Ankunft von Mais (um 2000 v. Chr.) wandte man sich dem Ackerbau zu. Bis etwa 500 n. Chr. hatte man durch Züchtung ertragreicheres Saatgut gewonnen; die Menschen wurden sesshaft und die Bevölkerung wuchs. Ebenfalls um 500 n. Chr. herum revolutionierte das Aufkommen von Pfeil und Bogen unter den Präriestämmen die Bisonjagd. Für die Indianer war vieles in Bewegung.

Mit dem Southwest Chief lässt sich die Geschichte der nordamerikanischen Indianer auf spannende Weise erkunden. Während der Zug durch die Gras- und Buschlandschaft des Mittleren Westens poltert, kommt es einem vor, als würde man in der Zeit zurückreisen. Doch es gibt noch direktere Verbindungen. Wenn der Zug etwa zwischen Gallup und Albuquerque (New Mexico) durch Navajo-Land fährt, steigt ein indianischer Guide zu und

erzählt von den Legenden und der Geschichte der Region. Die Bahn passiert auch Indianersiedlungen wie San Felipe Pueblo in New Mexico (gegründet 1706) und macht halt in La Junta, Colorado, wo das Koshare Indian Museum eine einzigartige Sammlung indianischer Objekte bietet.

Der Ursprung der Eisenbahn geht auf den Santa Fe Trail zurück, auf dem im 19. Jahrhundert Händler von Missouri nach dem Westen zogen. 1859 wurde die Atchison, Topeka

**UNTEN:** Von Albuquerque fährt der Southwest Chief Richtung Westen.

und Santa Fe Railway (AT&SF) gegründet, die entlang der alten Straße Gleise verlegte. 1872 reichte die AT&SF-Strecke bis Colorado; 1885 war auch Los Angeles angebunden.

Diente die Bahn anfangs dem Ausbau der Wirtschaft, umwehte sie in den 1930er-Jahren auch ein Hauch Glamour. Der Santa Fe Super Chief verkehrte 1936 erstmals auf der Strecke Chicago–LA und war der Superstar unten den Zügen. Mit seiner rot-gelben Lackierung (die an die bunten Federhauben der Indianerhäuptlinge erinnerte), den Pullman-Schlafwagen und der feinen Bordküche zog er viele prominente Passagiere an. Leider stellte der Super Chief 1971 den Betrieb ein. Der Southwest Chief, der größtenteils die alten AT&SF-Strecken befährt, ist sein Nachfolger. Zwar ist das Essen nicht mehr ganz so extravagant, aber die Ausblicke bleiben unverändert.

Was man sieht, hängt von der Reiserichtung ab. Bei der Ost-West-Variante verlässt der Zug am Nachmittag die Union Station in Chicago und trifft gegen 22 Uhr in Kansas City ein. Wenn es wieder hell wird, gleiten die Fahrgäste von Kansas nach Colorado mit seinen Rocky Mountains. In New Mexico winkt einer der Höhepunkte der Reise: der atemberaubende Raton Pass über die Sangre de Cristo Mountains. Mittags erreicht man Las Vegas, dann Lamy (Ausstieg für Santa Fe), Albuquerque und gegen 21 Uhr Flagstaff, Arizona, oberhalb des Grand Canyon. Über Nacht durchquert man die Mojave-Wüste, um zum Frühstück in Los Angeles anzukommen.

In östlicher Richtung startet der Zug kurz nach 18 Uhr in L.A. und erreicht früh am Morgen Flagstaff. Er passiert Winslow und Gallup (indianisch geprägte Städte), macht halt in Albuquerque und bleibt nachmittags noch in New Mexico, bevor er gegen Sonnenuntergang Colorado erreicht. Nachts ist die Prärie von Kansas dran; den Tagesanbruch erleben die Reisenden irgendwo bei Topeka, der Hauptstadt von Kansas, oder Kansas City. Weiter geht es durch das Flachland von Missouri und über den Mississippi. Nachmittags kommt der Zug in Chicago, der »Windy City« am Lake Michigan an.

## BESUCHE BEI DEN VORFAHREN

**147. Coral Coast Railway**
*Viti Levu, Fidschi*

Auf dem Pazifikarchipel Fidschi (um 1500 v. Chr. erstmals besiedelt) befährt die Coral Coast Railway mit restaurierten Lokomotiven die alten Schmalspurstrecken der Zuckerrohrplantagen.

**148. Suzuran**
*Hokkaido, Japan*

Die Geschichte der Ainu, der Ureinwohner von Hokkaido, reicht bis etwa 300 v. Chr. zurück. Mit der Suzuran-Linie fährt man eine Stunde von Sapporo nach Shirao, wo sich ein Nachbau eines Ainu-Dorfes befindet.

**149. Heartland Flyer**
*Mittlerer Westen, USA*

Auf der 332 Kilometer langen Fahrt zwischen Oklahoma und Texas treffen Cowboys auf Indianer. Das American Indian Center in Oklahoma City erzählt die Geschichte der Ureinwohner, die Jahrtausende vor der Ankunft der Europäer hier lebten.

**150. Antananarivo–Andasibe**
*Zentralmadagaskar*

Madagaskar wurde im 1. Jahrhundert von Seefahrern aus Indonesien besiedelt. Erkunden kann man es mit Michelines aus den 1930er-Jahren. Die Schienenbusse fahren gelegentlich die 145 Kilometer von Antananarivo zum Andasibe-Mantadia-Nationalpark.

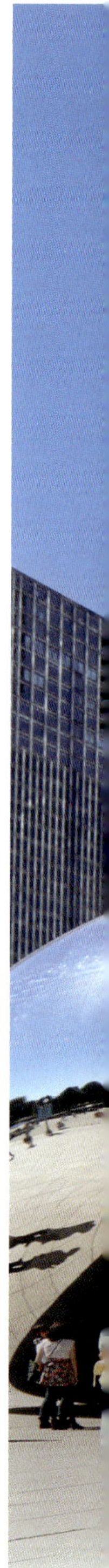

**RECHTS:** Cloud Gate nennt sich diese Skulptur des Künstlers Anish Kapoor in Chicago.

151

# TEHACHAPI PASS RAILROAD

*Kalifornien, USA*

Die indigenen Kitanemuk zogen bereits Jahrtausende vor Ankunft der Europäer über den kalifornischen Tehachapi-Pass. Im 19. Jahrhundert erkannte man seinen Nutzen auch bei der Southern Pacific Railroad. Die 1876 eröffnete 45 Kilometer lange Tehachapi Pass Railroad schloss die letzte Lücke der Bahnlinie zwischen San Francisco und Los Angeles. 3.000 chinesische Arbeiter hatten sie aus dem Granit gehauen. Das Highlight der Strecke ist der Tehachapi Loop, eine 1,17 Kilometer lange Kreiskehrschleife. Rund vierzig Güterzüge befahren sie jeden Tag; der Amtrak Coast Starlight ist der einzige Personenzug, der gelegentlich über diese Route umgeleitet wird, wenn seine reguläre Strecke gesperrt ist.

152

# JASPER–PRINCE RUPERT

*Westkanada*

Eine Reise durch die Wildnis von British Columbia, wo erhabene Berge und Wälder auf Pioniergeschichte der First Nations treffen.

**Wissenswertes**

- *Zeit: 3000 v. Chr. (Tsimshian in Prince Rupert)*
- *Streckenlänge: 1.160 Kilometer*
- *Mindestfahrtdauer: 2 Tage*
- *Wichtige Haltepunkte: Jasper, Prince George, Prince Rupert*
- *Durchfahrene Länder: Kanada*

Über Tausende von Jahren haben sich äußerst zähe Menschen in der Wildnis von British Columbia gehalten. Bei Prinz Rupert gruben Archäologen Überreste von Häusern aus, die vor 5.000 Jahren von Tsimshian gebaut wurden. Erst ab dem 18. Jahrhundert drangen europäische Pelzhändler und später Goldsucher in die Gegend vor. 1914 wurde die Grand Trunk Pacific Railway (GTP) eröffnet, die Winnipeg in Manitoba mit dem Pazifikhafen Prince Rupert verbindet und die wilde Grenzlandschaft durchschneidet.

Trotz der Bahn ist dieser Teil von British Columbia nur dünn besiedelt. Die meisten Orte, die der Zug auf der Strecke von Jasper (Alberta) nach Prince Rupert (British

Columbia) anfährt, zählen nur einige Dutzend Einwohner. Hier zeigt sich die Herrlichkeit der Natur und die Belastbarkeit der Menschen, die sie teilweise gezähmt haben.

Nach der Abfahrt im Naturerlebnisort Jasper gleitet die Bahn über den Yellowhead Pass durch die Rocky Mountains. Sie folgt dem lachsreichen Fraser River, schlägt eine Schneise durch den Wald und bietet Ausblicke auf den Mount Robson, den höchsten Gipfel der kanadischen Rockies. Außerdem geht es vorbei an Siedlungen wie Tête Jaune Cache, von wo aus einst Raddampfer den Fraser River befuhren. Kurz vor Kilometer 53 kommt eine besonders gute Stelle zum Fotografieren, wenn die Bahn die Raush River Bridge passiert.

In Prince George hält der Zug über Nacht. Man schläft im Hotel und verpasst somit keine Landschaft. Am nächsten Morgen breiten sich herrliche Landschaften vor einem aus. Der Zug dröhnt an dem früheren Pelzhandelsposten Fort Fraser vorbei, wo 1914 mit dem Einschlagen des letzten Schienenbolzens der Bau der GTP abgeschlossen wurde. Bald kommen der Kathlyn-Gletscher und mit ihm eine Reihe von First-Nations-Siedlungen in Sicht (besonders sehenswert ist der Totempfahl in Kitwanga!).

Der Zug folgt dem Skeena (»Wasser aus den Wolken«) und fährt über Kwinitsa mit seinem Eisenbahnmuseum. Endstation ist das hübsche Prince Rupert, wo Tsimshian-Kultur auf Whalewatching-Boote, Seafood-Buden und Grizzlybär-Touren trifft.

**LINKS:** Die Linie Jasper–Prince Rupert verbindet die Rocky Mountains mit dem Pazifik.

## 153
# SANTA CLAUS EXPRESS

*Finnland*

Bei dieser bequemen Schlafwagenfernverbindung schläft man in der weltoffenen finnischen Hauptstadt Helsinki ein und wacht am schneebedeckten Polarkreis wieder auf. Gegen 22 Uhr fährt der Zug ab. Nachdem er Finnland 893 Kilometer in nördlicher Richtung durchpflügt hat, erreicht der Santa Claus Express nach etwa zwölf Stunden sein Ziel. Das auf 66° N gelegene Rovaniemi ist die Hauptstadt des finnischen Lapplands und – laut Eigenwerbung – der Wohnort des Nikolaus, der im Santa Claus Village Besucher empfängt. Alternativ kann man in einer Rentierfarm ortsansässigen Samen (Lappen) begegnen, die diese eisige Region mindestens seit dem 1. Jahrhundert n. Chr. bewohnen.

## 154
# YUNNAN-BAHN

*China und Vietnam*

Von der Dong-Song-Kultur (1000 v. Chr.–100 n. Chr.) bis zu den heute ansässigen Völkern war das Grenzgebiet von Vietnam und China immer höchst faszinierend. 1910 bauten die Franzosen die Yunnan-Bahn, eine grenzüberschreitende Schmalspurstrecke zwischen Kunming und Haiphong. Mithilfe von 152 Tunneln und 178 Brücken – darunter die atemberaubende 102 Meter hohe Wujiazhai-Brücke über den Sicha He – passierte sie herrliche Berge und Städte der verschiedenen Volksgruppen. Anstelle der größtenteils stillgelegten Strecke durchquert heute die neue Hochgeschwindigkeitsbahn Kunming–Hekou die chinesische Provinz Yunnan. An der vietnamesischen Grenze können Reisende ein Taxi zum Bahnhof Lào Cai nehmen und von dort auf der alten Route nach Haiphong fahren, dem Ausgangspunkt für einen Abstecher in die Halong-Bucht mit ihrem smaragdgrünen Wasser, ihren Karstinseln und Dschunken.

## 155
# HEFEI–FUZHOU–LINE

*Ostchina*

Die 808 Kilometer lange Hochgeschwindigkeitsbahn Hefei–Fuzhou wurde 2015 eröffnet und verkürzt die Reisezeit von 14 auf vier Stunden – was eigentlich schade ist, handelt es sich doch um eine der malerischsten Strecken in China. Sie führt über den Jangtse, über 170 Brücken und vorbei an Teeplantagen im Wuyi-Gebirge. Des Weiteren durchquert sie die häufig wolkenverhangenen Gelben Berge (Huangshan) mit ihren uralten Kiefern. Die als UNESCO-Welterbe gelistete atemberaubende Gebirgslandschaft gilt als Geburtsort des Gelben Kaisers, welcher der Sage nach von 2698 bis 2598 v. Chr. geherrscht hat und die chinesische Kultur begründet haben soll.

## 156
# VELES–BITOLA

*Südmazedonien*

Wenn man heute durch Pelagonien zuckelt, kann man sich kaum vorstellen, dass dies das Kernland eines der mächtigsten Königreiche war. Unter Philipp II. (359–336 v. Chr.) beherrschte das antike Makedon die gesamte griechische Welt; Philipp gründete die Stadt Herakleia Lynkestis, das moderne Bitola. Heute durchquert die 129 Kilometer lange Strecke Veles–Bitola eine angenehm gestrig wirkende bäuerliche Landschaft mit vernachlässigten Bahnhöfen und verschlafenen Feldern. Von Veles, einer schon etwas hinfälligen Stadt am Fluss Vardar, fahren Züge südwestlich in die Berge nach Prilep, von wo aus man das Kloster Treskavec besuchen kann. Weiter geht es nach Bitola mit seinen osmanischen Stadthäusern, einem türkischen Basar und den antiken Ruinen.

157

# MAHAPARINIRVAN EXPRESS

*Bihar und Uttar Pradesh, Indien*

Auf einer buddhistischen Pilgerzugfahrt der Erleuchtung entgegen.

**Wissenswertes**
- *Zeit: 563 v. Chr. (mutmaßliches Geburtsjahr des Buddha)*
- *Streckenlänge: 2.285 Kilometer*
- *Mindestfahrtdauer: 8 Tage*
- *Wichtige Haltepunkte: Neu-Delhi, Gaya (Bodhgaya), Varanasi (Sarnath), Gorakhpur (Kushinagar), Lumbini, Gonda (Shravasti), Agra*
- *Durchfahrene Länder: Indien*

Eine Fahrt mit dem Mahaparinirvan Express ist ein besonderes spirituelles Erlebnis. Mit dem »buddhistischen Pilgerzug« begibt man sich auf eine mehrtägige Rundreise auf den Spuren von Siddhartha Gautama, dem Begründer des Buddhismus.

Der Überlieferung nach wurde Siddhartha im 6. Jahrhundert v. Chr. als Spross einer Königsfamilie in einem kleinen Reich an der Grenze von Indien und Nepal geboren. Er wuchs mit allen Privilegien auf, begann aber bald, den Sinn des Lebens zu hinterfragen. Irgendwann entsagte er dem Palastleben und ging im Norden Indiens auf Wanderschaft. Er führte ein asketisches Leben und meditierte auf der Suche nach der Wahrheit. Am Ende kam ihm, nachdem er 40 Tage unter einem Bodhi-Baum gesessen hatte, die Erleuchtung.

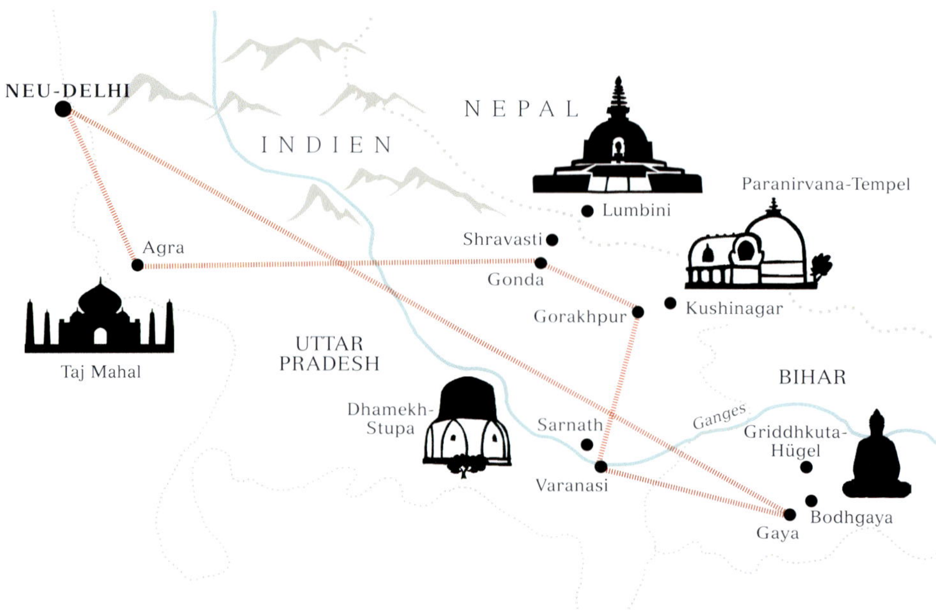

Der Mahaparinirvan Express ist nach dem *Mahaparinirvana Sutra* benannt, einer Schrift zu den späteren Lehren Buddhas. Ins Nirvana befördert der spirituell angehauchte Zug seine Passagiere allerdings nicht. Auf einer Zickzackroute, die in der Hauptstadt Neu-Delhi beginnt und endet, fährt er verschiedene Orte an, die mit Siddhartha verknüpft sind. Das Ganze ist eine achttägige Touristenreise mit mehreren Exkursionen. Individualreisenden steht es natürlich frei, die jeweiligen Orte auf einer eigenen Route zu besuchen und dabei das umfangreiche Netz der indischen Staatsbahn (sowie Busse und Taxis) zu nutzen.

Von Neu-Delhi aus fährt der Mahaparinirvan 1.000 Kilometer quer durch die Ebenen von Uttar Pradesh und erreicht schließlich Gaya. Die alte Stadt ist der nächstgelegene Endbahnhof zum Wallfahrtsort Bodhgaya, wo Siddhartha Erleuchtung fand.

**OBEN:** Varanasi ist eine der heiligsten Städte Indiens.

Das Wahrzeichen von Bodhgaya ist eine riesige Statue des Buddha im Lotussitz; in der Nähe liegt der Mahabodhi-Tempelkomplex mit dem berühmten Bodhi-Baum, unter dem er die Erleuchtung erlangte.

Einen Tag verbringt man mit Busfahrten an bedeutende Orte in Bihar, darunter der Griddhkuta-Hügel, wo Buddha viele Monate predigte. Die nächste Zugetappe geht von Gaya nach Varanasi am Ufer des Ganges. Varanasi ist für Hindus die heiligste Stadt und zugleich eine der ältesten existierenden Städte der Welt. Etwa zehn Kilometer nördlich liegt Sarnath, wo Buddha seine erste Predigt hielt und darin seine Lehre verkündete. Der Ort wird markiert durch den 34 Meter hohen Dhamekh-Stupa, dessen älteste Ziegel aus der Zeit um 200 v. Chr. stammen.

Als Nächstes poltert der Zug nach Gorakhpur, dem besten Ausgangspunkt für die Weiterfahrt nach Kushinagar, einem kleinen Dorf etwa 55 Kilometer östlich. Hier soll Buddha gestorben und aus dem ewigen Kreislauf von Leben und Wiedergeburt befreit worden sein. Inmitten von Grasgärten und alten Ruinen steht der Parinirvana-Tempel. Darin befindet sich eine goldene Statue des liegenden Buddha, die rund 1.500 Jahre alt sein soll.

Von Kushinagar kann man mit dem Bus über die Grenze nach Nepal fahren und das heilige Lumbini besuchen (Visum erforderlich!). Dies ist der Ort, an dem Siddhartha Gautama zur Welt kam, und somit die Wiege des Buddhismus. Hier gibt es einen Park mit zahlreichen Klöstern sowie einen mit Opfergaben übersäten Schrein am Geburtsort selbst.

Wieder in der Bahn folgt auf Gorakhpur die Station Gonda, von wo aus es nur eine kurze Autofahrt nach Shravasti ist. Buddha verbrachte den größten Teil seines Klosterlebens in der alten mauerbewehrten Stadt in der Ganges-Ebene. Er predigte im Kloster Jetavana, dessen Überreste noch besichtigt werden können. Vor der Stadt steht ein Stupa an der Stelle, wo Siddhartha das »Zwillingswunder« vollbracht hat: Tagelang soll sein Oberkörper in Flammen gestanden haben und Wasser aus der unteren Körperhälfte geströmt sein. Auch umgekehrt und von links nach rechts soll die Energie geflossen sein.

Der Mahaparinirvan Express legt auch einen Halt in Agra ein – die Stadt hat zwar keinen direkten Buddhismusbezug, aber der Taj Mahal ist einfach ein Muss. Von hier aus sind es nur wenige Stunden nach Neu-Delhi, dem Endpunkt der Pilgerfahrt.

# ORIENTAL DESERT EXPRESS

*Ostmarokko*

Auf längst vergessenen Schienen in die Sahara, wo man Berbern begegnen kann.

**Wissenswertes**

- *Zeit: 1300 v. Chr. (Berber werden in der Sahara heimisch)*
- *Streckenlänge: 304 Kilometer*
- *Mindestfahrtdauer: 12 Stunden*
- *Wichtige Haltepunkte: Oujda, Bouarfa*
- *Durchfahrene Länder: Marokko*

Die Eidgenossen sind offenbar so begnadete Eisenbahner, dass sie sie sogar in der Sahara wittern können: In den Nullerjahren entdeckte der in Marokko lebende Schweizer Edi Kunz im Osten des Landes eine aufgegebene eingleisige Bahntrasse, die von Norden nach Süden verläuft. Sie verbindet Oujda, einen alten Handelsposten nahe der algerischen Grenze mit lebhaften Basaren, mit der Siedlung Bouarfa am Rande der Wüste. Dazwischen verläuft die lange vergessen gewesene Strecke durch die wilde Region Oriental, die man eher mit Amazigh(Berber)-Nomaden als mit Lokomotiven assoziiert.

Marokko war von 1912 bis 1955 ein französisches Protektorat und die Eisenbahn wurde ursprünglich für das Militär gebaut. Später transportierte sie Kohle von Bouarfa an die Mittelmeerküste. Die Kolonialtruppen sind längst weg, und die Minen wurden geschlossen, aber die Bahn fährt wieder – gelegentlich. Ab und an befördern Güterzüge Industriemineralien. Ein paar Mal im Jahr wird die Strecke auch von abenteuerlustigen Eisenbahnliebhabern genutzt.

**UNTEN:** Passagiere des Oriental Desert Express in den 1960er-Jahren – als die Bahn noch nicht im Saharasand vergraben lag.

Bei den Charterfahrten des Oriental Desert Express reist man in klimatisierten Waggons, die von einer Diesellok gezogen werden. Das Ganze ähnelt ein bisschen einer Taxifahrt: Da die Trasse kaum befahren wird, kann die Bahn jederzeit und überall halten. Bei den Extrastopps können die Passagiere Schafherden betrachten, Dörfer auf der Strecke besuchen oder die verlassene katholische Kirche von Ain Beni Mathar besichtigen. Manchmal muss auch halt gemacht werden, um Sand von den Gleisen zu schaufeln. Und falls man unterwegs Nomaden begegnet, hält der Zug auf einen Minztee und einen Plausch mit ihnen. Die zähen Wüstenbewohner hängen noch immer einer sehr traditionellen Lebensweise an und gleichen noch stark den ersten Amazigh, die vor über 3.000 Jahren aus dem Niltal westwärts in diese Region wanderten.

**OBEN:** Der Hauptplatz des alten Handelspostens Oujda.

159

## MAURETANISCHE EISENBAHN

*Mauretanien*

Einige der längsten Züge der Welt zuckeln durch die leeren Wüsten von Mauretanien. Sie bringen Eisenerz aus den Minen um Zouérat am Rand der Sahara über eine Strecke von 704 Kilometern nach Nouadhibou am Atlantik. Es gibt nur eine Eisenbahn in Mauretanien und die bis zu 2.500 Meter langen Ungetüme wirken in der Sandwüste schon beeindruckend. Ansonsten sieht man hier bestenfalls kamelreitende Nomaden, entfernte Nachfahren der Mauren aus dem Berberkönigreich (300 v. Chr.–700 n. Chr.), denen das Land seinen Namen verdankt. Auf der Strecke verkehren ausschließlich Güterzüge, aber es kommt durchaus vor, dass blinde Passagiere auf einen Erzwaggon aufspringen.

KAPITEL 3

# MITTELALTER

Mit der Bahn zurück in die Zeit von 600 bis 1500, auf den Spuren von Pilgern, Händlern, Kreuzrittern und untergegangenen Kulturen.

# BANGKOK–CHIANG MAI (NORDBAHN)

*Thailand*

Auf einer Reise durch Thailands zentrale Ebenen zu alten und neuen Hauptstädten und Königreichen im entlegenen Hochland.

**Wissenswertes**

- *´Zeit: 1296 (Gründung des Königreichs Lan Na)*
- *Streckenlänge: 751 Kilometer*
- *Mindestfahrtdauer: 14 Stunden*
- *Wichtige Haltepunkte: Bangkok, Ayutthaya, Lopburi, Phitsanulok, Lamphun, Chiang Mai*
- *Durchfahrene Länder: Thailand*

Die 14-stündige Bahnreise von Bangkok nach Chiang Mai ist gewissermaßen ein Crashkurs in thailändischer Geschichte. Gleichzeitig gelangt man auf bequeme Art von der Hauptstadt des Landes in das grüne Hochland.

Die Linie Bangkok–Chiang Mai wurde in den 1890er-Jahren vermessen und 1922 eröffnet. Sie führt in nördlicher Richtung durch die breite Schwemmebene des Chao Phraya. Es war eine beachtliche Leistung, eine Bahn quer durch fruchtbares Grasland, beinahe undurchdringlichen Dschungel und hinauf in die Berge zu verlegen. Dabei wurden die Gleise, die sich durch den geschichtsträchtigen zentralen Landkorridor ziehen, zum einigenden Rückgrat Thailands.

Gegen Ende des 1. Jahrtausends wanderten die Tai-Völker von Südchina nach Südostasien. Zu jener Zeit herrschten in dem Gebiet die Khmer. Doch 1238 gründete ein Tai-Stammesführer in der Zentralebene des heutigen Thailand das unabhängige Königreich Sukhothai, dessen Bewohner sich Thai (»Freie«) nannten. Sukhothai ging es

**UNTEN:** Die Reise endet inmitten des üppigen Hochlands um Chiang Mai.

über ein Jahrhundert lang sehr gut, bis gegen 1350 der südlich gelegene Stadtstaat Ayutthaya so mächtig geworden war, dass selbst die Khmer sich ihm beugen mussten.

Weiter nördlich erlebte das Königreich Lan Na (bedeutet: Land der Millionen Reisfelder) seine Blüte. 1296 war es unabhängig geworden und hatte seine Hauptstadt Chiang Mai gegründet.

All diese Umwälzungen trugen sich im Mittelalter entlang der heutigen Nordbahn zu. Die 751 Kilometer lange Strecke hat ihren Ausgangspunkt in Bangkok, das nach Anfängen als kleiner Handelsposten 1782 zur Hauptstadt des Königreichs Ayutthaya wurde. Heute ist die Bedeutung Bangkoks unumstritten. Die Stadt ist ein berauschender Cocktail aus Glastürmen, überfüllten Straßen, Tempeln, Märkten, Malls, schicken Bars und brodelnden Clubs.

Vom 1916 eröffneten, im Neorenaissancestil erbauten Bahnhof Hua Lamphong in Bangkok fahren Tages- und Nachtzüge ab. Die Bahn rollt zunächst durch Stadtviertel, wo sich armselige Hütten den Gleisen zuneigen, bevor sie inmitten grüner Reisfelder wieder auftaucht. Nach etwa eineinhalb Stunden erreicht sie die frühere Hauptstadt Ayutthaya. Es

**OBEN:** Bangkok hat sich vom kleinen Handelsposten zur geschäftigen Hauptstadt entwickelt.

heißt, dass die Stadt zu ihrer Blütezeit so viele vergoldete Tempel hatte, dass man von Weitem geblendet wurde. Heute hat die alte Stadt den Charme des Verfalls (die Burmesen plünderten sie im 18. Jahrhundert); die Ziegelruinen lassen den früheren Glanz noch erahnen.

Für weitere Erkundungen kann man am Bahnhof ein Tuktuk oder Fahrrad mieten.

Von Ayutthaya aus fährt die Nordbahn weiter nach Lopburi, einer der ältesten Städte Thailands. Sie stieg im Ayutthaya-Königreich zur zweiten Hauptstadt auf, ist heute aber etwas heruntergekommen. Dafür gibt es hier einen 800 Jahre alten Khmer-Tempel, der vor allem für die Makakenaffen bekannt ist, die ihn in Horden bevölkern.

Weiter nördlich hält der Zug in Phitsanulok. Pilger besuchen hier den Tempel Wat Phra Si Rattana Mahathat, das wichtigste buddhistische Heiligtum der Stadt. Von hier aus gelangt man auch nach Sukhothai (58 Kilometer nordwestlich). Die teilweise restaurierten Ruinen des alten Königreichs Sukhothai sind über ein riesiges Areal verteilt, wobei einige davon – etwa die Überreste des Königspalastes und 26 Tempel – dicht beieinander innerhalb der alten rechteckigen Stadtmauern liegen.

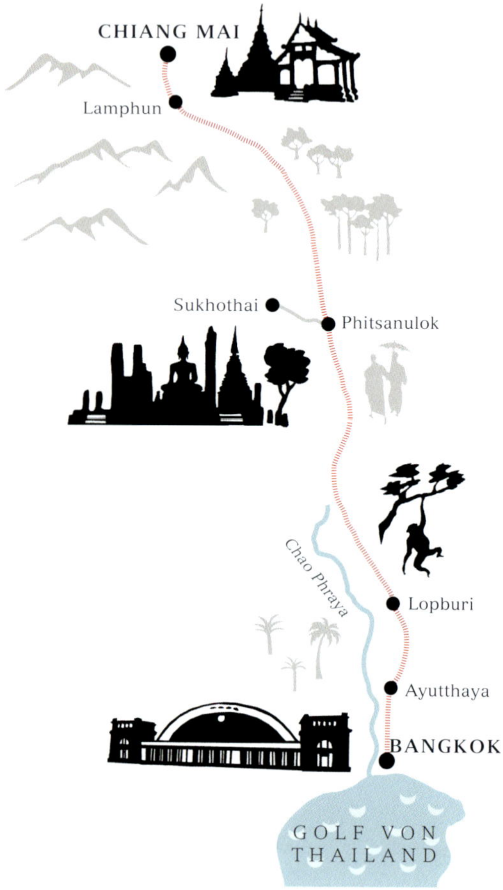


Während die Bahn durch die grünen Berge nach Chiang Mai rattert, wird das Terrain immer spektakulärer und die Luft zunehmend kühler. Vor der Fertigstellung der Eisenbahn war Lan Na ein abgeschiedenes Shangrila; erst 1932 wurde das Gebiet offiziell zur Provinz von Siam (wie Thailand damals genannt wurde). Noch immer wirkt es wie ein Land für sich, mit seiner dschungelhaften Üppigkeit, der burmesisch geprägten Küche und dem ausgeprägten Dialekt, seinem Kunsthandwerk und seinen Traditionen.

Chiang Mai hat sich einen Hauch des Alten bewahrt, vor allem in der von Wasser umgebenen Altstadt mit ihren Holzhäusern und heiteren Tempeln.

**RECHTS:** Wat Arun, der Tempel der Morgenröte, erhebt sich am Ufer des Chao Phraya in Bangkok.

## 161
# BANGKOK–UBON RATCHATHANI

*Ostthailand*

Die 575 Kilometer lange Bahnreise beginnt in der heutigen thailändischen Hauptstadt Bangkok. Über die frühere Hauptstadt Ayutthaya führt sie nach Osten ins Kernland der Khmer, die die Region zuvor beherrscht hatten. Das Endziel Ubon Ratchathani liegt ganz im Osten der Region Isan, wo sich viele Relikte der Khmer-Kultur finden. Unterwegs lohnt ein Zwischenstopp in Nakhon Ratchasima mit einem Besuch in Phimai, einer kunstvoll gestalteten Tempelanlage aus dem späten 11. Jahrhundert; hier endete die alte Khmer-Straße von Angkor in Kambodscha. Ebenfalls ein guter Ausstiegsort ist Si Sa Ket, wo es in der Nähe zahlreiche Ruinen gibt, darunter die Shiva gewidmeten Stupas von Prasat Wat Sa Kamphaeng Yai.

## 162
# BAMBUSBAHN BEI BATTAMBANG

*Nordwestkambodscha*

Rund um Battambang finden sich Relikte vergangener Zeiten – so der Khmer-Tempel Wat Ek Phnom –, die belegen, dass die Region seit dem 11. Jahrhundert bewohnt ist. Zu den kurioseren Relikten zählt die frühere Bahnlinie Battambang–Phnom Penh, auf der heute ein ganz spezielles Transportmittel verkehrt. Die Bambusbahn (ein Lattenrost auf einem Metallgestell mit einem kleinen Motor) bringt Waren und Personen in die Dörfer entlang der Strecke. Auf der 20-minütigen Fahrt rollt sie über mit Gestrüpp bewachsene Gleise und Brücken. Begegnen sich zwei Bahnen, wird die weniger stark beladene von den Schienen genommen, um die andere passieren zu lassen.

# 163
# NARA-LINIE

*Honshu, Japan*

Mit der Bahn von Kyoto nach Nara, zwei früheren kaiserlichen Hauptstädten inklusive Blick in die Geschichte Japans.

**Wissenswertes**
- *Zeit: 794 (Kyoto wird Hauptstadt Japans)*
- *Streckenlänge: 35 Kilometer*
- *Mindestfahrtdauer: 50 Minuten*
- *Wichtige Haltepunkte: Kyoto, Tofukuji, Inari, Uji, Nara*
- *Durchfahrene Länder: Japan*

In 50 Minuten reist man mit dem Zug durch eine der prägendsten Epochen der japanischen Geschichte. Der Buddhismus kam im 6. Jahrhundert über China nach Japan und bescherte dem Land einen tief greifenden Wandel. Als 710 Nara die erste permanente Hauptstadt wurde, wurde der Buddhismus die höfische Religion. 752 wurde der Todai-ji-Tempel erbaut; die Halle mit dem Großen Buddha ist der größte Holzbau der Welt.

Lange blieb Nara nicht die Hauptstadt. Der Kaiserhof zog 784 nach Nagaoka und 794 nach Kyoto; Kyoto blieb Kaiserresidenz bis 1868, als die Ehre an Tokio, damals Edo genannt, überging. Die Japan-Railway-Linie zwischen

Kyoto und Nara bietet Reisenden ein kompaktes Stück Geschichte.

Kyoto ist die berauschendste Stadt Japans. Man vergisst die Jahrhunderte inmitten der Teehäuser und engen Gassen, wo vielleicht eine Geisha vorbeihuscht. Der Startbahnhof der Nara-Linie ist jedoch sehr futuristisch. Erster Halt ist Tofuku-ji, ein 1236 errichteter Zen-Tempel mit eindrucksvollen Toren und Hallen. Am schönsten ist es hier im Herbst, wenn die Ahorne an der Tsutenkyo-Brücke leuchten. Als Nächstes folgt Inari mit dem Shinto-Schrein Fushimi Inari-Taisha aus dem 8. Jahrhundert, wo eine verschlungene Allee aus 5.000 roten Torii-Toren den Berg dahinter hinaufführt.

Auf halber Strecke nach Nara liegt Uji. Der Ujigami-Schrein aus dem Jahr 1060 gilt als der älteste erhaltene Schrein Japans. Uji war einer der ersten Orte in Japan, wo man grünen Tee anbaute, und ist für seine erstklassigen Tees und Grünteenudeln berühmt.

In knapp einer Stunde erreicht der Zug Nara. Neben dem Todai-ji-Tempel gibt es hier den Shinto-Schrein Kasuga-Taisha und ein Museum mit buddhistischer Kunst. Außerdem befindet sich hier der Heijo-Palast, Kaiserresidenz zu der Zeit, als Nara die Hauptstadt war. Zwar sind keine Bauten erhalten, aber das riesige Areal lässt den einstigen Glanz erahnen.

## ZURÜCK IN DIE GRÜNDERZEIT

**164. Eizan Kurama Line**
*Honshu, Japan*

Auf einer 30-minütigen Fahrt mit der elektrischen Bahn geht es von Kyoto zum Bergdorf Kurama mit einem buddhistischen Tempel aus dem 8. Jahrhundert.

**165. Yangon Circular Railway**
*Myanmar (Burma)*

Die Pendellinie bedient Myanmars größte Stadt, die im 11. Jahrhundert gegründet wurde. Sie befördert 150.000 Fahrgäste pro Tag und eignet sich perfekt zur Erkundung von Yangon.

**166. Levanto–La Spezia**
*Ligurien, Italien*

Die malerische 18 Kilometer lange Bahnstrecke verbindet die Küstenorte der Cinque Terre, deren ältester – Monterosso – 643 gegründet wurde.

**167. Florenz–Pisa**
*Toskana, Italien*

76 Kilometer sind es von Florenz, der »Wiege der Renaissance«, nach Pisa mit dem Schiefen Turm, der bei seiner Fertigstellung 1372 schon nicht mehr gerade stand.

**OBEN:** Im Schrein Fushimi Inari-Taisha führen mehr als 5.000 rote Torii den Berg hinauf.

**LINKS:** Der Ginkaku-ji-Tempel ist nur eine von zahlreichen heiligen Stätten in Kyoto.

## 168

# EISERNE SEIDENSTRASSE

*Zentralasien*

Die ursprüngliche Seidenstraße mit dem Zug bereisen – dank des Eisenbahnbooms in China und anderen Ländern.

**Wissenswertes**

- *Zeit: um 1450 (Niedergang der Seidenstraße)*
- *Streckenlänge: rund 6.400 Kilometer*
- *Mindestfahrtdauer: 4 Tage*
- *Wichtige Haltepunkte: Moskau, Astana, Almaty, Ürümqi, Turpan, Lanzhou, Xi'an*
- *Durchfahrene Länder: Russland, Kasachstan, China*

Um 200 v. Chr. knüpfte China erste Kontakte mit dem Westen; in den nächsten 1.500 Jahren entwickelte sich in Zentralasien die Seidenstraße. Die legendäre Handelsroute hatte zahlreiche Stränge, verband aber im Wesentlichen Chang'an (heute Xi'an) mit Konstantinopel (heute Istanbul). Kamelkarawanen mit Papier, Gewürzen, Schießpulver und der namensgebenden Seide zogen auf ihr gen Westen. Der Austausch von Kunst, Architektur, Philosophie, Technik und Religion erfolgte in beiden Richtungen.

Im 13. Jahrhundert ging es mit der Seidenstraße bergab. Das Mongolenreich brach zusammen und die wahnhafte Ming-Dynastie Chinas zog sich mit dem Mauerbau praktisch aus dem Handel zurück. 1453 fiel Byzanz an die Osmanen, die den Handelsverkehr durch ihr Gebiet einschränkten. Die Kaufleute wichen aufs Meer aus. Die Seidenstraße war tot.

Heute erlebt sie ihre Wiedergeburt. Die transasiatische Eisenbahn, auch Eiserne Seidenstraße genannt, verfolgt das Projekt eines Hochgeschwindigkeitsschienennetzes zwischen China und Europa.

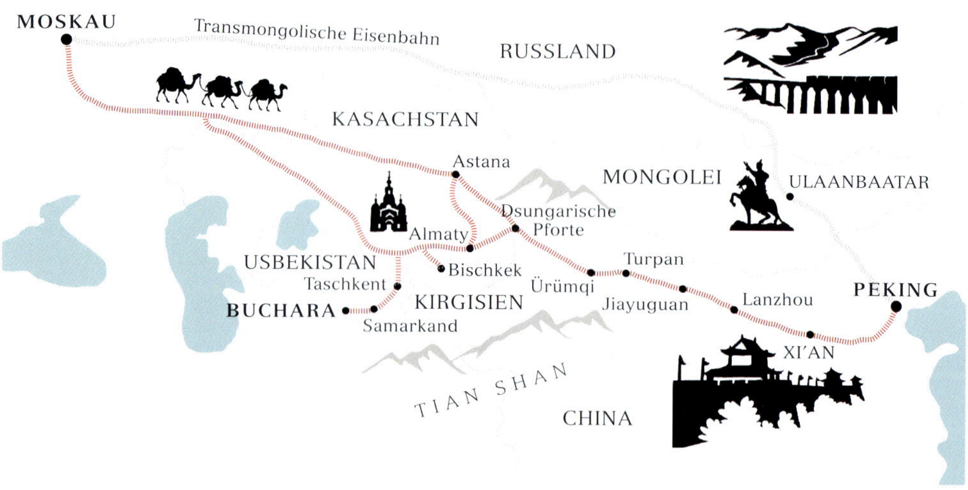

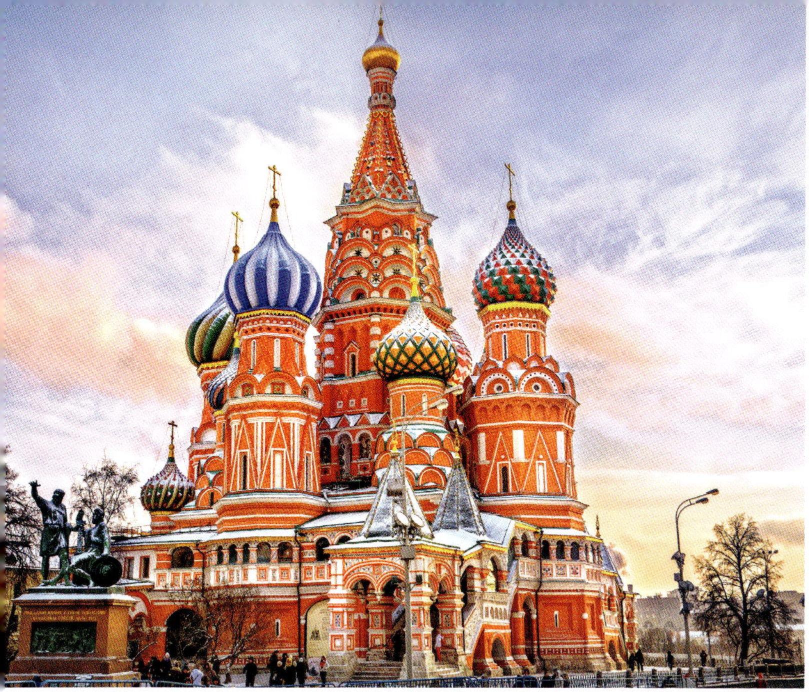

LINKS: Die Basilius-Kathedrale dominiert den Roten Platz in Moskau.

Chinas Ziel ist es, das Streckennetz bis 2020 auf vierzig Länder auszuweiten; die Überlandfahrt London–Peking soll dann statt bisher 15 nur noch zwei Tage dauern.

Noch ist die Eiserne Seidenstraße nicht fertig, aber Abschnitte davon sind bereits befahrbar. Seit den 1950er-Jahren verbindet die Transmongolische Eisenbahn über die mongolische Hauptstadt Ulaanbaatar Moskau und Peking miteinander. Mittlerweile kann man zwischen den beiden Hauptstädten auch über einen zentraleren Korridor reisen. Von Moskau aus fahren Züge durch Kasachstan und entlang der Route der alten Seidenstraße in China bis nach Xi'an oder Peking. Eine weniger direkte Alternative führt über Usbekistans Hauptstadt Taschkent, von wo aus Anschluss an bedeutende Seidenstraßenstädte wie Samarkand und Buchara besteht.

Derzeit braucht man zweieinhalb Tage von Moskau ins kasachische Astana, über zusammengestückelte Ortschaften, Holzhausdörfer und Bahnstationen, wo Babuschkas Essen verkaufen. Das Terrain wird dabei allmählich hügeliger und weitet sich dann zu einer endlosen Steppe. Das reiche Astana, seit 1997 kasachische Hauptstadt, ragt wie ein Fremdkörper aus der Ebene, dominiert von glänzenden futuristischen Wolkenkratzern. Mehr Charakter besitzt die weiter südlich gelegene Metropole Almaty mit ihren Baumalleen und Ausblicken auf den schneebedeckten Tian Shan.

Die Bahn fährt weiter durch die kasachische Steppe, bevor sie an der windgebeutelten Dsungarischen Pforte die

## WEITERE SEIDENSTRASSEN-STRECKEN

**169. Khunjerab Railway**
*Nordpakistan*

Bis 2030 könnte eine 682 Kilometer lange Bahnstrecke durch den Karakorum zum Khunjerab-Pass führen, einst ein wichtiger Durchgangsweg auf der Seidenstraße nach China.

**170. Golden Eagle Silk Road**
*Russland, Usbekistan, Turkmenistan, Kasachstan und China*

An Bord des Golden Eagle bereist man die Seidenstraße mit allem Luxus. Die 21-tägige Fahrt verbindet Moskau mit Peking über Städte wie Merw, Buchara, Turpan und Xi'an.

**171. Bilaspur–Manali–Leh**
*Ladakh, Indien*

Wird die Linie, die einer wichtigen Seidenstraßenroute folgt, wie geplant gebaut, hat sie mit 5.359 Metern Höhe am Taglang La im Himalaya den höchsten Bahnhof der Welt.

### WEITERE BERGETAPPEN

**172. Centovallibahn**
*Schweiz und Italien*

Die Bahn von Locarno (Schweiz) nach Domodossola (Italien) quert die Alpen über den Gotthardpass, der ab dem 13. Jahrhundert als Kurierroute diente (wobei der Zug den Tunnel nimmt).

**173. Gelmerbahn**
*Kanton Bern, Schweiz*

Europas steilste Standseilbahn zum Gelmersee startet in Handegg nahe dem Grimselpass, wo bereits 1142 eine Herberge Wanderer bei der Alpenüberquerung aufnahm.

Grenze passiert. Als einer der wenigen Wege über die fast 3.200 Kilometer lange Bergkette, die China vom Westen trennt, ist die Talebene seit Langem eine Pforte für Migranten, Händler, Heere – und jetzt auch Züge.

Von hier führt die Strecke über die Halbwüste nach Ürümqi, der Hauptstadt der Provinz Xinjiang und früher ein wichtiger Halt für Handelskarawanen; hier befindet sich heute ein Seidenstraßenmuseum. Interessanter ist Turpan, weiter östlich am Fuß der karminroten Flammenden Berge, wo häufig Steppennomaden Station machten. Ab dem 1. Jahrhundert war Turpan für die Chinesen eine wichtige Basis für die Expansion nach Westen. Spannend ist auch die nahe gelegene Ruine der Felsenfestung Jiaohe. 108 v. Chr. gegründet, entwickelte sie sich zu einem wichtigen Außenposten der Seidenstraße, bis sie im 13. Jahrhundert von Dschingis Khan zerstört wurde. Der Zug passiert auch Jiayuguan mit dem wilden, westlichsten Abschnitt der Chinesischen Mauer und Lanzhou, wo die Seidenstraße auf den Gelben Fluss trifft.

Xi'an war der Endpunkt bzw. Anfang der Seidenstraße und das Zentrum des antiken China. Von hier wurden vor über 2.000 Jahren die ersten Gesandtschaften nach Westen geschickt, was als Geburt der Seidenstraße gelten kann. Ihre Glanzzeit hatte die Stadt unter der Tang-Dynastie (618–907), als die Bevölkerung anstieg, riesige Mauern gebaut wurden und Waren aus dem Westen die Märkte füllten. Heute kann man die gewaltigen Stadtmauern von Xi'an begehen und das Mausoleum von Qin Shihuangdi mit der Terrakotta-Armee bestaunen, die der Kaiser vor über 2.000 Jahren mit sich begraben ließ. Und wenn man durch den Smog auf das Verkehrschaos blickt, kann man sich anstatt der Autos Kamele vorstellen.

**RECHTS:** Die Eiserne Seidenstraße folgt einer zentralen Route entlang der alten Handelsstraße.

174

## SÜD-XINJIANG-BAHN

*Westchina*

Kaxgar war einst der Handelsknotenpunkt des Ostens. Der venezianische Kaufmann Marco Polo vermerkte bei seinem Besuch der Stadt 1275: »Händler aus Cascar reisen durch die ganze Welt.« Die 1.446 Kilometer lange Süd-Xinjiang-Bahn folgt einem wichtigen Strang der Seidenstraße zwischen Kaxgar und Turpan entlang der Südflanke des Tian Shan. Das alte Kaxgar mit seiner uigurischen Kultur hat sich durch den Zustrom von Han-Chinesen verwaschen. Die Vergangenheit ist aber noch zu spüren, etwa in den Moscheen und Muezzin-Rufen, den wuseligen Basaren und dem riesigen Sonntagsmarkt, wo die Waren der Händler reißenden Absatz finden.

175

## ORIENT SILK ROAD EXPRESS

*Usbekistan*

Der Charterzug präsentiert die ganze Pracht der Seidenstraße und fährt in zehn Tagen viele alte Städte Usbekistans ab. Dabei hält er in Shahrisabz, dem Geburtsort des turkmongolischen Herrschers Timur (1336–1405), wo sich Ruinen seines Palastes befinden. Nach der Wüste Kyzsylkum erreicht man Buchara mit seinen glänzenden Kuppeln und aufwendig gefliesten Monumenten. Weiter geht es nach Xiva, einer Festungsstadt mit Moscheen und Mausoleen, die an *Tausendundeine Nacht* erinnert. Endpunkt ist Samarkand, das mit der Bibi-Chanum-Moschee aus dem 15. Jahrhundert und dem riesigen Registan-Platz aufwartet.

## 176

# HEART OF PERSIA (»DAS HERZ PERSIENS«)

*Iran*

An Bord eines glanzvollen Zuges zu den prächtigsten Städten des alten Persiens.

**Wissenswertes**

- *Zeit: 633–656 (Eroberung Persiens durch die Muslime)*
- *Streckenlänge: rund 4.000 Kilometer*
- *Mindestfahrtdauer: 14 Tage*
- *Wichtige Haltepunkte: Teheran, Maschhad, Yazd, Isfahan, Schiras, Kaschan, Schuschtar, Susa*
- *Durchfahrene Länder: Iran*

Der Iran ist reich an Geschichte. Er brachte eine der ältesten Zivilisationen der Welt hervor und war der Sitz mächtiger Reiche – etwa der Achämeniden, die 480 v. Chr. über einen größeren Teil der Weltbevölkerung herrschten als jedes andere Reich davor oder danach. Als im 7. Jahrhundert die Muslime die Sassaniden besiegten, vollzog sich ein kultureller Wandel. Die einsetzende Islamisierung bescherte der Wissenschaft, Literatur, Philosophie und Kunst ein goldenes Zeitalter.

Die Reise ins Herz von Persien mit dem Luxuszug Golden Eagle ist eine Fünf-Sterne-Rundreise durch das Land am Kreuzungspunkt der Kulturen. Adrette Zugbegleiter, seidene Polster, Holzvertäfelung und dezente Pianoklänge im Salonwagen erinnern an die romantischste Epoche des Bahnreisens. Derweil zieht an den Panoramafenstern das alte Persien vorbei.

**UND WIE WÄR'S DAMIT?**

**177. Prag–Karlsbad**
*Tschechien*

236 Kilometer sind es von der tschechischen Hauptstadt in den Kurort Karlsbad, benannt nach dem römisch-deutschen Kaiser Karl IV., der die Stadt 1370 gründete.

Drei- bis viermal pro Jahr bricht der Golden Eagle zu seiner zweiwöchigen Iran-Rundreise auf. Sie beginnt in der Hauptstadt Teheran, wo das Nationalmuseum eine kompakte Einführung mit Artefakten aus 35.000 Jahren bietet. Alsdann präsentieren sich bedeutende Stätten und Städte.

Die Bahn hält in Maschhad, wo in der flächenmäßig größten Moschee der Welt der achte Imam Ali Reza (765–818) begraben ist und wo der »Vater der persischen Literatur« Firdausi (940–1020) in einem Marmorgrab ruht. Weiter geht es in die Wüstenstadt Kerman, die bei Marco Polos Besuch 1271 ein wichtiges Handelszentrum war und noch einen alten Kern mit Lehmziegelhäusern und einem lebhaften Basar hat. Von Bergen eingerahmt ist Isfahan, die frühere Hauptstadt und noch immer Inbegriff persischer Eleganz mit ihren riesigen Plätzen, prächtigen Gärten, hübschen Brücken und gefliesten Moscheen. Und dann ist da noch Schiras, die »Stadt der Dichter«, seit über 2.000 Jahren ein kulturelles Zentrum und im Mittelalter eine der wichtigsten Städte der islamischen Welt.

## ZU ALTEN GRÜNDUNGEN

**178. Standseilbahn Kiew**
*Ukraine*

Die Standseilbahn auf den Wladimirberg verbindet die Oberstadt von Kiew mit dem Geschäftsviertel Podil, wo einige Gebäude auf die Gründung der Stadt im 9. Jahrhundert zurückgehen.

**179. Tel Aviv–Akkon**
*Israel*

Jaffa (das alte Tel Aviv) wurde 1099 im Ersten Kreuzzug erobert. Weiter nördlich an der Küste liegt Akkon, das 1104 fiel und wo heute noch die Kreuzfahrerfestung steht.

**180. Sofia–Mesdra**
*Bulgarien*

Die Strecke führt durch das Balkangebirge, das für das Bulgarische Reich (681 gegründet) eine natürliche Festung bildete.

**LINKS:** Wer den Luxuszug nach Isfahan nimmt, erlebt persische Eleganz in Vollendung.

## 181
# LINKE RHEINSTRECKE

*Rheintal, Deutschland*

Die Bahnlinie schlängelt sich zwischen Köln und Mainz 185 Kilometer den Strom entlang. Am malerischsten ist der Abschnitt Koblenz–Bingen durch das UNESCO-Welterbe Oberes Mittelrheintal. Hier säumen den Fluss romantische Dörfer, Weinberge und gut vierzig Burgen, die die strategische Bedeutung des Tals über die Jahrhunderte bezeugen. In Bacharach kann man die mittelalterliche Burg Stahleck besichtigen, die im 20. Jahrhundert als Jugendherberge wiederaufgebaut wurde. Bei St. Goar lockt mit der Ruine Rheinfels die größte Burg am Rhein (errichtet ab 1245). Oberwesel hat die Burg Schönburg zu bieten; die Anlage aus dem 11. Jahrhundert wurde zerstört, doch Teile davon feierten eine Wiederauferstehung als Luxushotel.

## 182
# STRASSENBAHNLINIE 28E

*Lissabon, Portugal*

Die klassischen gelben Straßenbahnen rattern durch die engen, steilen Straßen von Alfama, dem ältesten Viertel der portugiesischen Hauptstadt. In seiner Anlage geht es stark auf die Mauren zurück, die hier von 714 bis 1147 herrschten. Als 1755 ein Erdbeben Lissabon heimsuchte, blieb Alfama größtenteils verschont. Die Remodelado-Triebwagen aus den 1930er-Jahren brauchen etwa vierzig Minuten für die gesamte Strecke. Von der Praça do Martim Moniz geht es durch den Stadtteil Graça vorbei an der mächtigen maurischen Burg nach Alfama. Es folgen die eleganten Plätze der Baixa, das alte Künstlerviertel Chiado und das Bairro Alto mit seinen unzähligen Bars, bevor kurz hinter der Basílica da Estrela Endstation ist.

## 183
# VARANASI–KHAJURAHO EXPRESS

*Nordindien*

Gut, dass es die Eisenbahn nach Khajuraho noch nicht lange gibt. Nur dank ihrer Abgeschiedenheit, die sie vor dem Zugriff sittenstrenger Invasoren schützte, konnte die antike Stätte ihren erotischen Schatz bewahren. Die von der Chandella-Dynastie in den staubigen Ebenen von Madhya Pradesh 950 bis 1050 erbauten Tempel von Khajuraho sind ein in Stein gehauenes Kamasutra. Zu sehen sind kecke Nymphen, Unzucht treibende Paare, sexuelle Orgien und sodomitische Szenen. 2008 wurde eine Nebenlinie von der Stadt Jhansi nach Khajuraho eröffnet. Damit bestehen an bestimmten Wochentagen feste Zugverbindungen; die Fahrt von der heiligen Hindu-Stadt Varanasi zu den »Lusttempeln« dauert etwa elf Stunden.

## 184
# FERROVIE DEL SUD EST

*Apulien, Italien*

Mehrere kleine Linien der Ferrovie del Sud Est (Südostbahn) schlängeln sich um den Stiefelabsatz von Italien. Sie verbinden die Städte Apuliens auf wunderbare Weise, vorbei an endlosen Obstgärten und Olivenhainen. Die Region wurde zuerst von den mykenischen Griechen besiedelt, doch ihr Wahrzeichen sind die typischen Trockenmauer-Rundhäuser mit ihren kegelförmigen Dächern, die Trullli, aus jüngerer Zeit. Etliche von ihnen stehen in Alberobello, das älteste aus dem 14. Jahrhundert. Die Stadt liegt an der 113 Kilometer langen Linie Bari–Taranto, die auch Martina Franca bedient, eine malerische, mauerbewehrte Stadt auf dem Hügel. Von hier sind es 103 Kilometer mit der Bahn in die schöne Barockstadt Lecce.

Die Bahnlinie Cusco–Machu Picchu (nächste Seite) führt durch das Heilige Tal, wo hoch oben die lange verlassene peruanische Inkastadt liegt. An Bord des Belmond Hiram Bingham lebt der Glanz der 1920er-Jahre wieder auf.

185

# CUSCO–MACHU PICCHU

*Südperu*

Mit dem Zug von der wichtigsten Stadt des Inkareiches bis zu seiner mystischen Ruinenstätte.

**Wissenswertes**

- *Zeit: 1200–1572 (Herrschaft der Inkas)*
- *Streckenlänge: 86 Kilometer*
- *Mindestfahrtdauer: 3 Stunden*
- *Wichtige Haltepunkte: Poroy, Ollantaytambo, Aguas Calientes*
- *Durchfahrene Länder: Peru*

Die Linie Cusco–Machu Picchu startet nicht in Cusco und endet auch nicht in Machu Picchu. Doch letztendlich verbindet die Bahn durch das Heilige Tal die ehemalige Hauptstadt des Inkareiches mit der so spektakulär gelegenen Ruine.

Die Inkas tauchten um 1200 wie aus dem Nichts auf, nachdem ihr König Manco Cápac angeblich dem Titicacasee entsprungen war. In den folgenden mehr als 300 Jahren schwang sich die frühreife Zivilisation zu dem größten Reich auf, das Südamerika jemals gesehen hat. Zu seiner Hochblüte erstreckte sich das Inka-Territorium über etwa 5.500 Kilometer von Norden nach Süden. Doch Mitte des 16. Jahrhunderts waren die Inkas beinahe ausgelöscht, nachdem die spanischen Konquistadoren erschienen waren und ihre Macht demonstriert hatten. Machu Picchu haben die kriegerischen Konquistadoren jedoch nie gefunden. Die

verschwiegene Festung war in den nebligen Falten der Anden einfach zu gut versteckt.

Die Inkas selbst verließen die Stadt um 1540. Anschließend war Machu Picchu über 350 Jahre lang praktisch vergessen, bis es der amerikanische Forschungsreisende Hiram Bingham 1911 »wiederentdeckte« und der Welt bekannt machte.

In gewisser Weise tut Hiram Bingham das noch heute: Der luxuriöseste Zug auf der PeruRail-Strecke Cusco–Machu Picchu trägt den Namen des Entdeckers. Mit seinem schicken Anstrich, poliertem Messing und auf weißem Leinen servierter Gourmetküche bringt der Belmond Hiram Bingham den Glanz der 1920er-Jahre in das peruanische Hochland. Neben dieser Hochpreisvariante gibt es als Alternativen den mittelteuren Vistadome, der deutlich weniger vornehm ist, aber Panoramafenster und kostenloses Essen bietet, oder den preisgünstigen Expedition, bei dem die Fenster noch recht groß, die Snacks aber nicht gratis sind. Den Einheimischen steht auch ein Billigzug zur Verfügung.

Zwar unterscheiden sich die drei Optionen in Preis und Ausstattung, aber der Blick aus dem Fenster ist immer gleich schön – alle drei Züge fahren auf derselben Schmal-

### WEITERE INKA-BAHNEN

**186. Andean Explorer**
*Südperu*

Die 338 Kilometer lange Luxusreise verbindet die Inka-Hauptstadt Cusco mit Puno am Titicacasee, dem der Legende zufolge der erste, mythische Herrscher der Inkas, Manco Cápac, entstieg.

**OBEN:** Cusco war die Hauptstadt des Inkareichs.

**OBEN:** Die eleganten blau lackierten Züge fahren durch Perus Heiliges Tal.

spurtrasse durch das Heilige Tal. Die Fahrt beginnt dabei in Poroy, 13 Kilometer westlich von Cusco. Dies wurde 2009 nötig, weil Erdrutsche den dazwischenliegenden Spitzkehrenabschnitt beschädigt hatten. Im Geiste ist Cusco aber weiterhin der Endpunkt der Route. Die auf 3.400 Metern über dem Meeresspiegel gelegene Stadt war das Herz des Inkareiches. Heute gleicht sie einer prächtigen Schichttorte aus Inka- und Kolonialarchitektur.

Mit dem Bus oder Taxi fährt man nach Poroy (Kilometer 13 der Linie) und besteigt dort den Zug. Von hier windet sich die Bahn hinauf und erreicht ein Hochplateau mit Feldern und Dörfern, wo Frauen in ihren farbenfrohen Awayos Mais und Kinder tragen. Mithilfe mehrerer Spitzkehren geht es dann ins Urubamba-Tal hinunter, bis die Strecke in der Talsohle bei Ollantaytambo (KM67) auf den wilden Fluss trifft. Die alte Stadt mit ihren Pflasterstraßen wird von den Überresten einer riesigen Inka-Festung dominiert.

Bei KM82 begegnet man Trekkern, die hier ihre viertägige Wanderung auf dem Inka-Pfad nach Machu Picchu beginnen. Dann verengt sich das Tal zunehmend bis zu dem geschäftigen Ort Aguas Calientes (KM111), wo die fast Reise endet.

Nach Machu Picchu selbst sind es noch fünf Kilometer mit dem Bus. Bis heute weiß man nicht genau, welchem Zweck es diente. Koka-Anbau? Refugium für Jungfrauen? Kultstätte? Jedenfalls ist Machu Picchu ist eine der geheimnisvollsten Endstationen der Welt.

# TREN DE LA LIBERTAD

*Nördliche Anden, Ecuador*

Dank einer kürzlich wiederbelebten Eisenbahnlinie auf in eine Region, die einst von den Inkas beherrscht wurde.

**Wissenswertes**

- *Zeit: 1450–1500 (Eroberung Ecuadors durch die Inkas)*
- *Streckenlänge: 54 Kilometer*
- *Mindestfahrtdauer: 8 Stunden, 15 Minuten*
- *Wichtige Haltepunkte: Otavalo, San Roque, Andrade Marín, San Antonio, Ibarra, Hoja Blanca, Salinas*
- *Durchfahrene Länder: Ecuador*

UNTEN: Der Tren de la Libertad (Freiheitszug) hält in der Stadt Ibarra, die für ihr köstliches Fruchteis berühmt ist.

Vor dem 15. Jahrhundert bevölkerten konkurrierende Stämme das heutige Ecuador. Dann tauchten die Inkas auf und etablierten ihr Reich. 1495 wurden die lokalen Stämme von dem Inka-Herrscher Huayna Cápac in Otavalo besiegt. Es heißt, das Wasser der nahe gelegenen Laguna Yahuarcocha habe eine rote Färbung von den vielen Toten, die Cápac nach einem blutigen Massaker hier hineinwerfen ließ. Es folgten Jahrhunderte der Ausbeutung der Andenvölker Ecuadors, erst durch die Inkas, dann durch die Spanier. Wie zum Trotz nennt sich der Zug, der das Gebiet durchfährt, Tren de la Libertad – Freiheitszug.

Einst wurden auf der Bahnlinie durch Ecuadors nördliches Hochland Textilien aus der Region transportiert: Wolle, Baumwolle, Alpakadecken und farbenfrohe Wandteppiche. Als die Panamericana das Auto attraktiver machte, kam die Bahn langsam außer Gebrauch. In den letzten Jahren wurden 54 Kilometer der Linie zwischen der Marktstadt Otavalo und dem früheren Salzabbauzentrum Salinas wiedereröffnet.

Der riesige Markt von Otavalo, insbesondere die Plaza de Ponchos, bietet herrliche traditionelle Webereien und ist ein guter Ort, um eine neue Decke zu erstehen. Jeden Freitag, Samstag und Sonntag pflügt der Zug von diesem hoch gelegenen Knotenpunkt (2.535 Meter) nach Norden, überquert dabei Trestlebrücken, durchfährt in den Fels gehauene Tunnel und arbeitet sich durch atemberaubende Andenlandschaften. Hier gibt es hoch aufragende Berge, leuchtend grüne Hänge und Mais-, Agaven- und Zuckerrohrfelder. Die Holzschiebefenster der Waggons lassen sich öffnen, um näher dran zu sein.

Bei Zwischenhalten kann man das Textilmuseum im Hochlanddorf Andrade Marín und die Holzschnitzerläden in San Antonio besuchen. In Ibarra, der Hauptstadt der Provinz Imbabura, sollte man sich ein *Helado de Paila* gönnen, ein Fruchteis, das in großen Kupferpfannen angerührt wird. An der Endstation Salinas werden die Reisenden von einer Gruppe von *Bomba*-Tänzern empfangen, gefolgt von einem leckeren traditionellen Essen.

**UNTEN:** Die Bahn startet in Otavalo, wo sich einer der farbenfrohsten Märkte Ecuadors befindet.

## 188
## O- UND V-TRAIN

*Südkorea*

Die Baekdudaegan-Bergkette in Südkorea hat nicht nur atemberaubende Landschaften zu bieten. Sie symbolisiert auch die Einheit des Landes und – so sah es der Zenmeister Doseon Guksa (826–898) – spendet ihm sein *Qi* (Lebensenergie). Auf einer 257 Kilometer langen Rundstrecke befährt der O-Train die zentrale Region im Landesinnern. Er startet in der Hauptstadt Seoul und hält in Jecheon, einem Zentrum für traditionelle Medizin, in Taebaek, am Fuß des mit Azaleen bedeckten Taebaeksan, und in Yeongju mit seinen buddhistischen Tempeln. In Buncheon kann man vom O-Train in den V-Train umsteigen und in einer spektakulären einstündigen Talquerung durch das mystische, energiespendende Baekdudaegan-Gebirge nach Cheoram fahren.

## 189
## SACHKHAND EXPRESS

*Indien*

In der Sikh-Religion, die auf die Lehren von Guru Nanak (1469–1539) zurückgeht, gibt es fünf *Takhts* (Throne der Autorität). Der wichtigste davon befindet sich im Komplex des Goldenen Tempels in Amritsar (Bundesstaat Punjab). Der Akal Takht Sahib (Ewiger Thron) liegt dem Hari Mandir (Haus Gottes) gegenüber, einem vergoldeten Schrein, umgeben von einem Wasserbecken. Zwei weitere Takhts befinden sich in der Nähe von Amritsar. Einer ist in Patna, im Bundesstaat Bihar, und einer in der alten Stadt Nanded in Maharashtra, 2.082 Kilometer weiter südlich. Der Sachkhand Express bietet eine direkte, wenn auch langwierige Verbindung: Pilgernde Sikhs reisen mit ihm von Amritsar durch halb Indien nach Nanded, um dort dem Takht Hazur Sahib ihre Reverenz zu erweisen.

## 190
## KOYA LINE

*Honshu, Japan*

Der Koya-san ist einer der heiligsten Berge Japans. Über hundert Tempel sind auf den in Nebel gehüllten Hängen verstreut. Seit der buddhistische Mönch Kobo Daishi hier im frühen 9. Jahrhundert einen Schrein errichtete und die Shingon-Sekte gründete, ist dies ein spirituelles Zentrum. Für Pilger der einfachste Weg ist die 64 Kilometer lange Koya-Linie, die die laute Großstadt Osaka mit der Station Gokurakubashi (»Brücke ins Paradies«) am Fuße des Koyasan verbindet. Bei der Fahrt Richtung Süden quert die Bahn Flüsse, gleitet durch Tunnel, kämpft sich durch eine schmale Schlucht und bietet Ausblicke auf die heilige Kii-Halbinsel. Von Gokurakubashi aus führt eine Seilbahn auf den Berggipfel.

## 191
## BORDEAUX–SAINT-ÉMILION

*Südwestfrankreich*

Die 45 Kilometer lange Zugfahrt zwischen dem weinseligen Bordeaux und Saint-Émilion ist berauschend. Vorab kann man sich im Weinmuseum Cité du Vin in Bordeaux über Rebsorten schlaumachen. Dann geht es mit dem Zug in den Weinbauort Saint-Émilion, der Reste der mittelalterlichen Befestigungen aufweist. Sein Name geht auf den Mönch Aemilianus zurück, der hier im 8. Jahrhundert als Einsiedler lebte. Die wichtigste Bruderschaft am Ort ist jedoch die Jurade, die 1199 gegründet wurde und heute die Qualität der Weine bewertet. In der Maison du Vin kann man die guten Tropfen selbst verkosten.

# 192
# TRANSSILVANIEN-RUNDFAHRT

*Transsilvanien, Rumänien*

Eine Geisterbahnfahrt über mittelalterliche Dörfer und mächtige Berge zur Wirkungsstätte Draculas.

**Wissenswertes**

- *Zeit: 1431–1476 (Lebensdaten von Vlad III. Drăculea)*
- *Streckenlänge: rund 1.000 Kilometer*
- *Mindestfahrtdauer: 18 Stunden*
- *Wichtige Haltepunkte: Braşov, Sighişoara, Mediaş, Cluj-Napoca, Oradea, Arad, Sibiu*
- *Durchfahrene Länder: Rumänien*

UNTEN: Schloss Bran soll der Wohnsitz von Vlad III. (Graf Draculas Vorbild) gewesen sein.

Der Name Transsilvanien löst die lebhaftesten Bilder aus. Sofort denkt man dabei an dunkle, unheimliche Wälder, finstere Felsenburgen – und natürlich an Vampire. In Bram Stokers Schauerroman aus dem Jahr 1897 ist dies die Heimat von Graf Dracula. Und im 15. Jahrhundert wirkte hier die Person, die den Roman angeblich inspiriert hat: Fürst Vlad III. Drăculea, wegen seines grausamen Umgangs mit seinen Feinden »Vlad der Pfähler« genannt.

Mithilfe mehrerer Lokalbahnen kann man eine schaurig-schöne Rundreise durch Transsilvanien unternehmen und dabei mittelalterliche Städte und die Karpaten abfahren. Ausgangspunkt ist das von Hügeln umgebene Braşov mit seiner herrlichen gotischen und barocken Altstadt. Nur eine kurze Busfahrt entfernt ist Bran mit dem Draculaschloss. Tatsächlich hat das 1377 erbaute Schloss Bran nur vage Bezüge zu Vlad, aber die Türme und

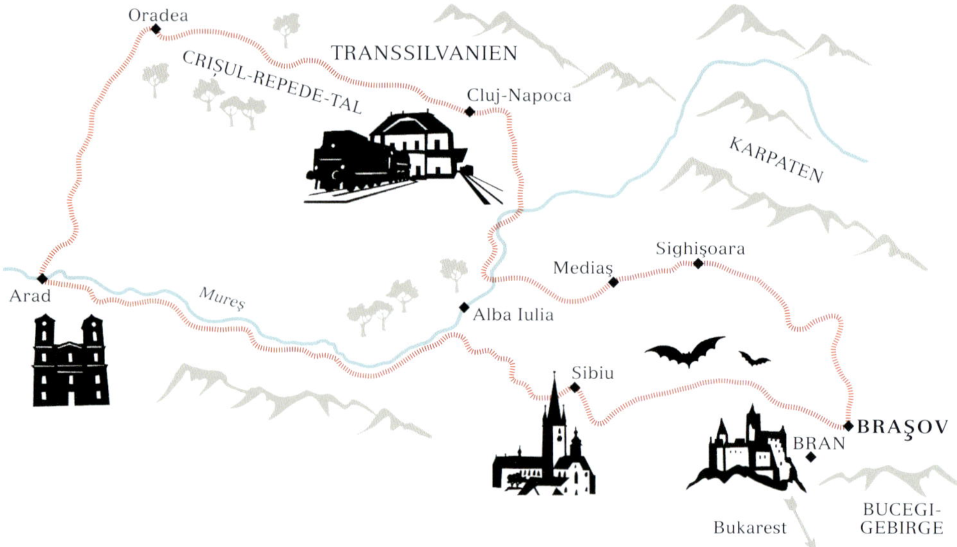


### UND WIE WÄR'S DAMIT?

**193. Petřín-Standseilbahn**
*Prag, Tschechien*
Fünf Minuten braucht die Standseilbahn von der malerischen Malá Strana (Kleinseite) auf den Hügel. Sie führt vorbei an der Brotmauer, die Karl IV. 1360 bis 1362 als Teil der Prager Wehrmauer erbauen ließ.

**194. Standseilbahn Gediminas-Berg**
*Vilnius, Litauen*
In 35 Sekunden fährt die kleine Standseilbahn den Hügel hinauf zum Schlosskomplex von Vilnius, der zwischen dem 10. und 18. Jahrhundert erbaut und erweitert wurde.

Wehrmauern im Bucegi-Gebirge passen durchaus zum Vampirklischee.

Von Braşov nimmt man den Zug in nordwestlicher Richtung nach Sighişoara. Hier, in dem Durcheinander aus alten Häusern und der sächsischen Burg, wurde Vlad 1431 geboren. Weiter nordwestlich liegt Cluj-Napoca, das zahlreiche Barockbauten und Künstlercafés vorzuweisen hat. In Stokers Roman kommt die Hauptfigur Jonathan Harker mit dem Zug nach Cluj-Napoca (Klausenburg) und übernachtet im Hotel Royale, das vom Hotel Transilvania inspiriert worden sein soll.

Westlich von Cluj-Napoca fährt die Bahn durch das hüglige grüne Crişul-Repede-Tal nach Oradea, einer Stadt mit schönen Sezessions- und Jugendstilbauten nahe der ungarischen Grenze. Dann schwenkt sie südwärts nach Arad ab, einem wichtigen Handelszentrum am Mureş. Hier lohnt ein Besuch der Vauban-Festung und der orthodoxen Kathedrale, bevor man nach Sibiu (Hermannstadt) weiterfährt. Die im 12. Jahrhundert von deutschen Aussiedlern gegründete Stadt ist eine reizvolle Ansammlung von Türmen, Plätzen und Pflasterstraßen. In der Krypta der evangelischen Kirche befindet sich das Grab von Vlads Sohn Mihnea dem Bösen, der 1510 hier erstochen wurde.

## 195
# JITONG-BAHN

*Innere Mongolei, China*

Die wilde Steppe der Inneren Mongolei scheint sich kaum verändert zu haben, seit im 13. Jahrhundert der Mongolenherrscher Dschingis Khan mit seinen Reitern hier durchgaloppierte. Allerdings »galoppieren« hier seit 1995 die Züge der Jitong Railway, die anfangs noch von Dampfloks gezogen wurden. Die Strecke, die sich über 945 Kilometer zwischen den Industriestädten Jining und Tongliao hinzieht, war weltweit die letzte Eisenbahnhauptstrecke mit Dampfbetrieb. Die Region ist reich an Kohle, daher bot es sich an, mehrere kohlebefeuerte QJ-2-10-2-Loks anzuschaffen und für die Eisenbahn die vorhandenen Ressourcen zu nutzen. Das blieb so bis 2005, als man komplett auf Diesel umstellte.

## 196
# DUBAI METRO

*Dubai, Vereinigte Arabische Emirate*

Erstmals schriftlich erwähnt wurde Dubai um 1095, als der sandige Ort am Persischen Golf noch ein kleines Fischerdorf war. Wer hätte gedacht, dass daraus eine supermoderne Metropole aus Stahl und Glas werden würde? Neben anderen Entwicklungen hat Dubai auch verkehrsmäßig große Sprünge gemacht. Die *Abras* werden immer weniger gebraucht – wobei man noch immer mit den traditionellen Holzbooten über den Dubai Creek fahren kann. Mit einem Streckennetz von 75 Kilometern hat die Stadt heute die längste vollautomatische fahrerlose U-Bahn der Welt. Mehrere Stationen sind nebenher Kunstausstellungsräume mit Lichtdisplays, Skulpturen und 3D-Shows. Und Waggons mit großflächigen Bildmotiven werden zu beweglichen Kunstobjekten.

# 197
# AALBORG–RIBE

*Jütland, Dänemark*

Eine Erkundungstour per Bahn zum Erbe der furchterregendsten Seefahrer der Geschichte.

**Wissenswertes**
- *Zeit: 793–1066 (Wikingerzeit)*
- *Streckenlänge: 338 Kilometer*
- *Mindestfahrtdauer: 4 Stunden, 30 Minuten*
- *Wichtige Haltepunkte: Aalborg (Lindholm), Hobro, Aarhus, Vejle (Jelling), Ribe*
- *Durchfahrene Länder: Dänemark*

**WEITERE WIKINGER-ABENTEUER**

**198. Kopenhagen–Roskilde**
*Dänemark*
35 Bahnminuten liegen zwischen den Wikingerexponaten im Dänischen Nationalmuseum Kopenhagen und den Booten aus dem 11. Jahrhundert im Wikingerschiffsmuseum in Roskilde.

Im späten 8. Jahrhundert begannen skandinavische Krieger Orte an fremden Küsten zu überfallen und auszuplündern. Die Nordmannen kamen überwiegend aus dem heutigen Dänemark, Norwegen und Schweden. Sie stellten kein einheitliches Volk dar, glichen sich aber in ihren Raubzügen, ihrer Rohheit und ihren heidnischen Kulten. Normalerweise waren sie Stammesmitglieder und Bauern. Doch steckte man sie in ein Langschiff mit der Aussicht auf Beute und Abenteuer, wurden sie zu Räubern, Vandalen und Mördern. Nach dem altnordischen Wort für Seeräuber nannte man sie *Vikingr*.

Die Wikingerzeit begann mit dem Überfall auf das englische Kloster Lindisfarne im Jahr 793 und endete 1066, als König Harold den letzten großen Wikingerkönig Harald Hardrada bei Stamford Bridge nahe York schlug, bevor er einige Wochen später in der Schlacht von Hastings selbst besiegt wurde. Auch wenn sich diese markanten Ereignisse auf britischem Boden zutrugen, war die geistige Heimat der Wikinger Dänemark.

Eine Zugfahrt durch Jütland macht die nordische Geschichte besonders greifbar. Startpunkt ist die lebhafte Universitätsstadt Aalborg am schmalsten Punkt des Limfjord, der die Halbinsel Jütland von Nordjütland trennt. Für die Wikinger kam der Limfjord einer Freibeuter-Expressroute gleich, die das Kattegat mit der Nordsee verband und eine schnelle Verbindung nach Westen bot. Ab etwa 700 gründeten die Wikinger hier Siedlungen, was etwa durch Lindholm Høje, das größte alte Gräberfeld Skandinaviens bei Aalborg, belegt ist. An die 700 Gräber und 150 bootumrissförmige Steinsetzungen über Brandgräbern aus der Eisen- und Wikingerzeit wurden hier entdeckt.

Von Aalborgs schmuckem Bahnhof aus dem Jahr 1902 geht es durch weite dänische Landschaften südwärts nach Hobro, einer Marktstadt am Ende des Mariagerfjord. Hier steigt aus, wer die Reste der Wikingerburg Fyrkat aus dem Jahr 980 sehen möchte.

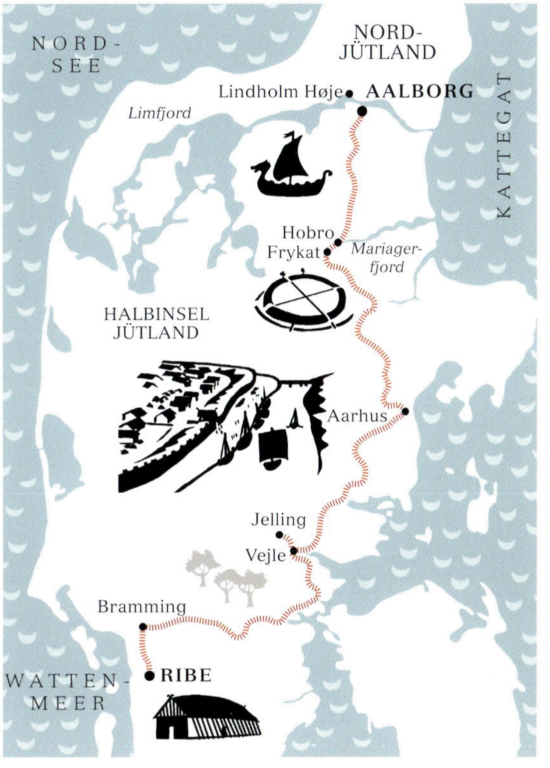


Zu besichtigen gibt es den Ringwall, Langhausfundamente und das Besucherzentrum, das einem Bauernhof aus der Wikingerzeit nachempfunden ist.

Fyrkat diente dem Zweck, die wichtigste Route zwischen Aalborg und Aarhus zu kontrollieren, der nächsten Station der Reise. Aarhus, Dänemarks zweitgrößte Stadt, nahm seinen Anfang im 8. Jahrhundert als befestigte Wikingersiedlung Aros. Heute liegt die alte Stadt unter der neuen, wie man im Wikingermuseum von Aarhus erleben kann. Die unterirdische Schatzkammer wurde am Ort einer Ausgrabung eingerichtet, auf gleichem Niveau mit dem alten Aros.

Von Aarhus fährt ein Direktzug südwärts nach Vejle, einer weiteren Fjordstadt an der Ostküste Jütlands inmitten von bewaldeten Hügeln. Im Mittelalter war sie eine wichtige Handelsstation, heute ist sie der Ausstiegsort für die UNESCO-Welterbestätte Jelling. Hier gibt es riesige Grabhügel und zwei faszinierende Runensteine. Einer wurde von König Gorm dem Alten errichtet, der andere (im Jahr 965) von seinem Sohn Harald Blauzahn. Er trägt die Inschrift: »Harald, der ganz Dänemark und Norwegen unterwarf und

**LINKS:** Aarhus ist zweifellos kultivierter als seine Wikinger-Vorgängerstadt Aros.

die Dänen zu Christen machte«. Die Wikinger waren gläubig geworden.

Hinter Vejle quert die Bahn Jütland in westlicher Richtung und endet in Ribe, Dänemarks ältester Stadt. Um 700 gründeten die Wikinger hier einen Markt, wo man Boote gegen Münzen tauschte (Ribe hatte eine Münzprägestätte). In der mittelalterlichen Altstadt von Ribe mit ihren schiefen Fachwerkhäusern fühlt sich der Besucher wie auf einer Zeitreise. Die Stadt besitzt einen schönen alten Dom und eine interessante Sammlung im Kunstmuseum. Im VikingeCenter werden Szenen aus dem 8. Jahrhundert nachgestellt.

**UNTEN:** Ribe, Dänemarks älteste Stadt, liegt am Wattenmeer – der perfekte Ausgangspunkt für Angriffe der Wikinger.

## 199
# SÜDLANDBAHN

*Südnorwegen*

Auf der 600 Kilometer langen *Sørlandsbane* zwischen Oslo und Stavanger kann man der Wikingervergangenheit Norwegens nachspüren. Ein Muss in Oslo ist das Wikingerschiffhaus, das zwei der besterhaltenen Holzschiffe aus dem 9. Jahrhundert zeigt. Für die achtstündige Zugfahrt nach Stavanger an der Nordsee sollte man einen Fensterplatz buchen und die Ausblicke auf alpine Berge, grüne Täler und herrliche Küstenlandschaften genießen. In Stavangar lohnt ein Besuch des Archäologischen Museums. Am Hafrsfjord gibt es die drei »Schwerter im Felsen« zu besichtigen. Das riesige Denkmal erinnert an eine Wikinger-Seeschlacht im Jahr 872, die den Weg zur Einigung Norwegens ebnete.

## 200
# FAR NORTH LINE

*Schottland, Vereinigtes Königreich*

Die nördlichste Eisenbahn Großbritanniens von Inverness nach Wick und Thurso (nahe John o' Groats an der Nordostspitze Schottlands) führt 257 Kilometer durch das Land der alten Pikten. Die Stammesvölker des Nordens widersetzten sich Römern und Wikingern und gingen schließlich 843 mit den Skoten zusammen. Das einzige schriftliche Vermächtnis der Pikten sind behauene Steine, von denen sich einige entlang der Far North Line befinden: der Eagle Stone (Ausstieg Dingwall Station), die Kreuzplatte von Nigg (Invergordon) und die 18 Stelen bei Dunrobin Castle. Geschichte erwartet einen auch an den beiden Endhalten: Auf dem Hügel Craig Phadrig in Inverness stand einst eine Königsfestung, in Thurso zeigt das Caithness Horizons Museum Exponate zur Geschichte der Pikten.

201

# HEART OF WALES LINE

*Wales und England, Vereinigtes Königreich*

Durch die Welsh Marches und über die englische Grenze – mitten durch den Wall, der einst Angreifer fernhalten sollte.

**Wissenswertes**

- *Zeit: 757–796 (Herrschaft König Offas von Mercia)*
- *Streckenlänge: 195 Kilometer*
- *Mindestfahrtdauer: 4 Stunden*
- *Wichtige Haltepunkte: Swansea, Llanelli, Carmarthen, Llandovery, Llandrindod Wells, Knighton, Craven Arms, Shrewsbury*
- *Durchfahrene Länder: Vereinigtes Königreich*

Im 8. Jahrhundert wurden Personen die Ohren abgeschnitten (oder Schlimmeres), wenn sie sich zwischen Mercia und Wales über die Grenze verirrt hatten. Das Verhältnis zwischen dem größten Königreich in England und den Walisern im Westen war so schlecht, dass König Offa von Mercia einen 240 Kilometer langen Schutzwall baute, um die Kelten fernzuhalten.

Heute ist der Grenzübertritt an dieser Stelle deutlich weniger gefährlich. Es gibt sogar eine nette kleine Eisenbahn, die durch das historische Grenzland der Welsh Marches gleitet – mit minimaler Aufregung, dafür aber mit maximalem Reisevergnügen.

Die Heart of Wales Line wurde 1868 fertiggestellt und verbindet mehrere abgeschiedene Talorte miteinander. Sie

gehört zum Streckennetz der britischen Eisenbahn, aber während der Zug zwischen Hügellandschaften und ländlichen Haltestellen dahinrattert (von denen die meisten ideale Ausgangsorte für Wanderungen sind), fühlt es sich abenteuerlicher an als eine gewöhnliche Zugfahrt.

Hinter Swansea, Wales' zweitgrößter Stadt, streift die Linie das sandige Loughor-Ästuar, schwenkt dann nach Nordosten ab und durchfährt unberührte Natur. Unterwegs gibt es saftig grüne Hänge mit weidenden Schafen und sehenswerte Bauten (etwa das elegante 18-bogige Cynghordy-Viadukt). Der Zug meistert steiles Gefälle, etwa zum Haltepunkt Sugar Loaf mit dem gleichnamigen Berg. Und er passiert viktorianische Kurorte, Naturschutzgebiete und die Black Mountains, die sich in der Ferne abzeichnen.

Beim Marktort Knighton – auf Walisisch Tref-y-Clawdd (Stadt am Wall) – quert die Bahn die englisch-walisische Grenze. In Knighton befindet sich das Offa's Dyke Centre; Reste des alten Erdwalls sind in der Nähe zu besichtigen.

Endstation ist Shrewsbury, die Kreisstadt von Shropshire. Zu Offas Zeiten könnte der strategisch günstig gelegene Ort am Severn eine befestigte Grenzsiedlung gewesen sein. Die Abtei, die Burg aus dem 11. Jahrhundert und mittelalterliches Fachwerk prägen noch heute das Bild.

## ANDERE BAHNEN AUF DER INSEL

**202. London–Canterbury**
*England, Vereinigtes Königreich*

Eine Bahnfahrt auf den Spuren der Pilger in Chaucers *Canterbury Tales* (1387–1400 verfasst), die von London aus zu Thomas Beckets Grab in Canterbury aufbrachen.

**203. Swanage Railway**
*Dorset, Vereinigtes Königreich*

Zehn Kilometer fährt die nostalgische Dampfeisenbahn vom Küstenort Swanage zur Ruine von Corfe Castle. Die Burg wurde im 11. Jahrhundert erbaut, aber im Englischen Bürgerkrieg teilweise zerstört.

**204. Bury St Edmunds–Lincoln**
*Ostengland, Vereinigtes Königreich*

Die Fahrt beginnt in Bury, wo 1214 die Magna Carta vorbereitet wurde, und endet in Lincoln, wo ein Exemplar dieser wegweisenden Freiheitsurkunde aus dem Jahr 1215 zu sehen ist.

**LINKS:** Die Heart of Wales Line quert abgelegene Landstriche wie die Täler um Llandovery.

## 205
## TRAIN DES PIGNES

*Provence, Frankreich*

Die 151 Kilometer lange Schmalspurstrecke wurde in den 1890er-Jahren eröffnet und hat ihren Namen von den *Pignes* (Pinienzapfen), die als Zunder für Dampfmaschinen dienten. Heute ziehen Dieselloks die Bahn durch die malerische Landschaft zwischen Nizza an der Côte d'Azur und Digne-les-Bains im Voralpenland. Dabei schlängelt sie sich durch das mit mittelalterlichen Dörfern übersäte Var-Tal. Das Schmuckstück ist Entrevaux mit der Zitadelle oberhalb des Var und der mauerbewehrten Altstadt, die über eine Zugbrücke betreten wurde. Das waren sinnvolle Maßnahmen gegen die Sarazenen, die zwischen dem 8. und 11. Jahrhundert die Basse-Provence heimsuchten.

## 206
## NORWICH–GREAT YARMOUTH

*Norfolk, Vereinigtes Königreich*

Die Station Berney Arms hat eine kuriose Geschichte. Einsam und verlassen liegt sie an der 32 Kilometer langen Bahnlinie Norwich–Reedham–Great Yarmouth inmitten der Norfolk Broads. Die Seen und Kanäle der Broads entstanden als Folge des Torfabbaus vom 12. bis zum 14. Jahrhundert. Und der Bahnhalt entstand in den 1840er-Jahren, weil sich ein Mann stur stellte: Thomas Berney wollte sein Land nur an die Eisenbahn abtreten, wenn dort auf Dauer eine Bahnstation eingerichtet würde. So geschah es, fernab der Zivilisation. Heute ist dies ein Bedarfshalt, der von Wanderern und Bierfreunden genutzt wird, die den langen Fußmarsch zu dem ebenso abgeschiedenen Berney Arms Pub auf sich nehmen.

**UNTEN:** Der Fall der Alhambra von Granada markierte 1492 das Ende der Mauren in Spanien.

# TREN AL ANDALUS

*Südspanien*

Luxuriöse Erkundungsfahrt zur maurischen Kultur im sonnigen Süden Spaniens.

**Wissenswertes**
- *Zeit: 711–1492 (Zeit der Mauren in Spanien)*
- *Streckenlänge: 965 Kilometer*
- *Mindestfahrtdauer: 7 Tage*
- *Wichtige Haltepunkte: Sevilla, Jerez, Ronda, Granada, Linares-Baeza, Córdoba*
- *Durchfahrene Länder: Spanien*

Al-Andalus war der Name des Reiches, das mit der Eroberung der Iberischen Halbinsel durch die Araber im 8. Jahrhundert entstand. Ebenso nennt sich ein Zug, der auf verschiedenen Fahrten das Erbe der Mauren erkundet.

Der Tren Al Andalus vermittelt den Glanz der Belle Époque. Die vier Salonwagen sind herrlich restaurierte Originale aus den 1920er- und 1930er-Jahren, und in einem der Schlafwagen reisten früher britische Royals zwischen Calais und Südfrankreich. Noch eindrucksvoller ist jedoch die Geschichte außerhalb der Zugfenster.

**OBEN:** Córdoba, einer der wichtigsten Haltepunkte der Bahn, war drei Jahrhunderte lang die Hauptstadt von al-Andalus.

Die Fahrt beginnt inmitten der Hitze und der Orangenbäume von Sevilla, einst die zweite Stadt von al-Andalus. Noch heute wird sie von der 104 Meter hohen Giralda dominiert, im 12. Jahrhundert als Minarett erbaut und später zum Glockenturm umfunktioniert. Auch der prächtige Alcázar-Palast der Mauren wurde über die Jahrhunderte erweitert, ist aber immer noch ein Glanzlicht der Mudéjar-Architektur.

Nach Sevilla winken weitere Attraktionen von Andalusien: die mit Sherryaroma geschwängerten Gassen von Jerez, die historische Hafenstadt Cádiz (1100 v. Chr. von den Phöniziern gegründet), die Ausläufer der Sierra Nevada, das auf einem Felsplateau erbaute Ronda sowie die Renaissancestädte Úbeda und Baeza. Die Meisterwerke der Mauren finden sich jedoch in Granada und Córdoba.

Das auf einem Hügel gelegene Granada war das letzte Bollwerk von al-Andalus. 1491 bis 1492 belagerten katholische Truppen die Alhambra-Festung; die Kapitulation von Sultan Boabdil markierte das Ende der maurischen Herrschaft. Der Alhambra-Komplex ist so beeindruckend wie ehedem mit seinen kunstvoll gestalteten Wohnhäusern, Bädern, Kasernen, Moscheen und Gärten.

Córdoba war drei Jahrhunderte lang die Hauptstadt von al-Andalus. Im Stadtzentrum befindet sich die Mezquita, die schönste Moschee der Mauren, mit der atemberaubenden Säulenhalle, die von 856 Säulen und rotweißen Hufeisenbögen getragen wird. Nach der Reconquista im 16. Jahrhundert wurde ein gotisches Kirchenschiff eingesetzt.

## 208
# EL TRANSCANTÁBRICO CLÁSICO

*Nordspanien*

Pilgertour an Bord der luxuriösesten Eisenbahn Spaniens entlang des mittelalterlichen Jakobswegs.

**Wissenswertes**
- *Zeit: 830 (erster Kirchenbau in Santiago de Compostela)*
- *Streckenlänge: 644 Kilometer*
- *Mindestfahrtdauer: 8 Tage*
- *Wichtige Haltepunkte: León, Villasana de Mena, Bilbao, Santander, Oviedo, Luarca, Ferrol, Santiago de Compostela*
- *Durchfahrene Länder: Spanien*

Die Pilger, die auf dem Camino de Santiago (Jakobsweg) durch Nordspanien wandern, verzichten bewusst auf Luxus. Wie damals im Mittelalter tragen sie selbst ihr Gepäck, essen billig in Gasthäusern und schlafen in einfachen *Albergues* (Pilgerherbergen). Bahnreisende, die diese Region mit dem Transcantábrico abfahren, müssen hingegen keine Entbehrungen auf sich nehmen.

Seit Jahrhunderten führt der Jakobsweg Bauern wie Könige ins galicische Santiago de Compostela. Es heißt, der Apostel Jakobus sei im 1. Jahrhundert n. Chr. nach Galicien gekommen, um die Botschaft Jesu zu verkünden. Er ging ins Heilige Land zurück, doch nach seinem Tod sollen die Gebeine des Heiligen und Märtyrers nach Nordostspanien gebracht worden sein. 829 errichtete man eine Kirche, um die Reliquien aufzunehmen. Innerhalb von 300 Jahren wurde Santiago zum wichtigsten Wallfahrtsort Europas im Mittelalter.

Es existieren zahlreiche Jakobswege. Am beliebtesten ist der Camino Francés (der in St-Jean-Pied-de-Port in Frank-

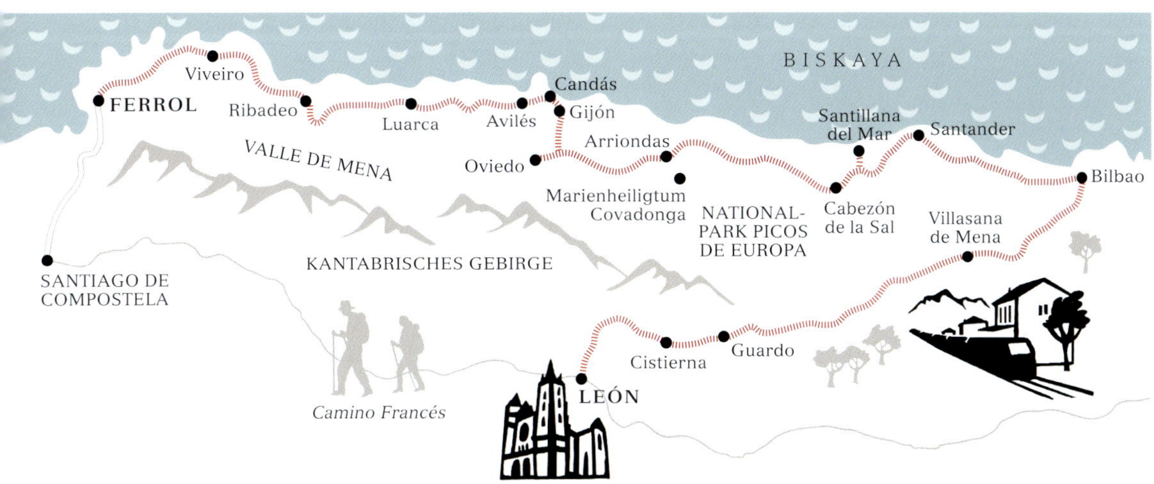

## PILGERBAHNEN

**209. Florenz–Rom**
*Italien*

Eine Pilgerfahrt mit dem Zug entlang eines Teils der Via Francigena: Über Assisi geht es auf den Spuren des heiligen Franziskus (1181–1226) nach Rom und in die Vatikanstadt.

**210. Mariazellerbahn**
*Österreich*

Die 91 Kilometer lange Schmalspurbahn in den Steirischen Alpen führt zum katholischen Wallfahrtsort Mariazell, wo seit 1157 eine vielbesuchte Gnadenstatue steht.

**211. Zahnradbahn Núria**
*Katalonien, Spanien*

Das Marienheiligtum von Núria aus dem 12. Jahrhundert liegt hoch in einem Pyrenäental und ist nur mit der 12,5 Kilometer langen Zahnradbahn von Ribes de Freser aus zu erreichen.

**212. Vitznau-Rigi-Bahn**
*Vierwaldstättersee, Schweiz*

Die erste Zahnradbahn Europas (eröffnet 1871) startet in Vitznau und endet auf dem Rigi-Gipfel, der dank einer Heilquelle seit etwa 1400 ein Wallfahrtsort ist.

reich beginnt), aber es gibt noch einige andere, darunter den Camino del Norte entlang der Nordküste Spaniens.

Der Transcantábrico Clásico folgt keiner dieser konkreten Routen, er vermittelt aber einen guten Eindruck von der historischen Bedeutung der Region. Der Zug befährt auch nicht die Standardgleise, sondern nutzt eine der letzten von dem Bahnunternehmen FEVE betriebenen Meterspurstrecken. Diese verlaufen unabhängig von den Normalspurbahnen und bilden das größte Schmalspurnetz Europas.

Die Reise beginnt in León, einer wichtigen Station auf dem Camino Francés. Sehenswert sind die Buntglasfenster in der gotischen Kathedrale und die Fresken in der Basilika San Isidoro. Das Hostal de San Marcos, ein ehemaliges Kloster aus dem 12. Jahrhundert, beherbergte einst Pilger und ist heute ein Luxushotel.

Auch der Zug bietet ein Fünf-Sterne-Erlebnis. Man reist in holzgetäfelten Suiten mit eigenem Schlafabteil, Bad und Salon. Für die Nachtruhe wechselt der Zug auf ein ruhiges Nebengleis. Das Mittag- und Abendessen wird meist außerhalb eingenommen, um die ausgezeichnete Küche der Region zu präsentieren, nur das Frühstück wird im Speisewagen serviert. Vier der Gemeinschaftswagen, darunter der Tea Room und die Bar, sind restaurierte Pullman-Waggons aus den 1920er-Jahren. Daneben hat der Zug eine Bibliothek und sogar einen Nightclubwagen.

Von León fährt der Zug ostwärts über das Hochplateau von Kastilien und León ins Baskenland. Dann macht er eine Kehrtwende und hangelt sich entlang der Nordküste (wie der Camino del Norte) nach Westen ins galicische Ferrol. Leider führt die Schmalspurbahn nicht weiter nach Santiago, weswegen man die letzte Etappe mit dem Bus absolviert.

En route gibt es zahlreiche Highlights. Die Bahn durchquert das Kantabrische Gebirge über das üppige Valla de Mena. Sie besucht spannende Städte wie Bilbao (mit dem von Frank Gehry entworfenen Guggenheim Museum) und Santander. Und sie hält in Cabezón de la Sal, dem Tor zu der prächtigen Mittelalterstadt Santillana del Mar.

Nach einem Ausflug in den Nationalpark Picos de Europa und zum Marienheiligtum von Covadonga hält der Zug in Oviedo, wo drei Kirchen aus dem 9. Jahrhundert auf die Zeit verweisen, als dies die einzige christliche Enklave Spaniens war. Dann sind da noch das alte Avilés, Gijón mit seinem langen Strand, Luarca mit seinen weißen Häusern und die malerische Strecke nach Ferrol.

Zu guter Letzt kommt die UNESCO-Welterbestätte Santiago, ein Labyrinth von Gassen mit einer überladenen barocken Kathedrale. Im Inneren befindet sich das angebliche Grab des heiligen Jakobus, umlagert von immer neuen Menschen, die auf den unterschiedlichsten Wegen hierhergepilgert sind.

**OBEN:** Die Clásico-Reise endet in Santiago de Compostela. In der barocken Kathedrale befindet sich das Grab des heiligen Jakobus.

## 213
## PORTO–LISSABON

*Westportugal*

Die 335 Kilometer lange Bahnfahrt Porto–Coimbra–Lissabon präsentiert drei besondere Schätze. Porto war im 11. Jahrhundert Hauptstadt der Grafschaft Portucale. Heute wird die hügelige Stadt an der Mündung des Douro von den vielen Portweinkellereien geprägt. Eine Zugstunde weiter südlich liegt Coimbra, das 1131 die erste Hauptstadt Portugals wurde. Als Sitz der ältesten Universität des Landes hat die Stadt viele Studenten und bietet neben barocken Palästen pulsierende Cafés. Lissabon, zwei Stunden weiter südlich, übernahm 1255 den Hauptstadttitel. Die bezaubernde Stadt kann mit unverwechselbaren Vierteln und Portugals besten *Pastéis de Nata* (Puddingtörtchen) aufwarten.

214
# BELMOND GRAND HIBERNIAN

*Irland*

Grüne Hügel, klare Seen, Burgen, Legenden und Whiskey – mit einem Luxuszug dem Wesen der Smaragdinsel auf der Spur!

**Wissenswertes**
- *Zeit: 800 (Entstehung des Book of Kells)*
- *Streckenlänge: rund 1.200 Kilometer*
- *Mindestfahrtdauer: 5 Tage*
- *Wichtige Haltepunkte: Dublin, Cork, Killarney, Galway, Athlone, Westport*
- *Durchfahrene Länder: Irland*

**UNTEN:** Das sagenumwobene Blarney Castle gehört zum Ausflugsprogramm.

Das *Book of Kells*, das um das 9. Jahrhundert herum entstand, wurde einmal als »der wichtigste Schatz der westlichen Welt« bezeichnet. Atemberaubend ist diese illuminierte Handschrift der vier Evangelien in kunstvoller insularer Rundschrift mit christlichen Bildmotiven, keltischen Mustern und Fabelwesen, alle von Hand in leuchtenden Pigmentfarben gemalt. Das in der Bibliothek des Dubliner Trinity College ausgestellte Buch vermittelt auch die Schönheit, Spiritualität und Mystik Irlands.

Dasselbe Ziel verfolgt der Belmond Grand Hibernian. Seit 2016 gibt es diesen (ersten) Luxuszug in Irland, mit eleganten Wagen, die die Namen irischer Grafschaften tragen und sich im Design an den georgianischen Stil und

**LINKS:** Der luxuriöse Belmond Grand Hibernian kommt auch nach Connemara.

die Volkskunst anlehnen. Die fünftägige Fahrt »Legends and Loughs« führt von der Hauptstadt aus in einer weiten Schleife zu den größten Sehenswürdigkeiten und grünsten Gegenden Irlands.

Der Zug fährt von Dublin ab, der schönen, »redseligen« Stadt an der Liffey, die um das 8. Jahrhundert von Wikingern gegründet wurde. Einstiegsort ist die 1846 eröffnete Heuston Station. Sie ist nach dem Republikaner Sean Heuston benannt, der nach dem Osteraufstand von 1916 hingerichtet wurde.

Von Dublin fährt der Grand Hibernian nach Südwesten und gondelt durch grüne Landschaften nach Cork, der zweiten Stadt des Landes. Hier erwarten einen ein bunter Hafen, jugendliches Flair und eine Whiskeyprobe in der Jameson-Destillerie. Tags darauf kann man bei einem Ausflug den berühmten Stein in Blarney Castle küssen und auf dem Seen von Killarney Boot fahren.

Tag drei ist der Küstenstadt Galway gewidmet, die von einem Fort im 12. Jahrhundert zur Hauptstadt des gälischen Westens wurde. Ein geselliger Abend im Pub mit ein paar Stouts und Livemusik gehört hier zum Pflichtprogramm. An Tag vier geht es über Ashford Castle (heute ist die Burg ein Fünf-Sterne-Hotel) und den wilden, wunderschönen Connemara-Nationalpark ins lebhafte Westport an der Clew Bay. Am fünften Tag kommt der Grand Hibernian wieder in Dublin an.

## HEILIGE STÄTTEN

**215. Wells–Walsingham Light Railway**
*Norfolk, Vereinigtes Königreich*

Mit einer Miniaturdampfbahn geht es auf der 260-mm-Strecke sechs Kilometer nach Walsingham, seit 1061 Wallfahrtsort, als eine Adlige hier eine Marienerscheinung hatte.

**216. Schafbergbahn**
*Österreich*

Die steile, dampfbetriebene Zahnradbahn klettert 1.190 Meter den Schafberg hinauf. Sie startet in St. Wolfgang, das nach dem Heiligen benannt ist, der hier 976 eine Kirche erbaute.

**217. Zahnradbahn Montserrat**
*Katalonien, Spanien*

Erleichtern kann man sich die Wallfahrt zum Kloster Montserrat (gegründet 1025) mit der fünf Kilometer langen Zahnradbahn, die auch über die Pont del Centenari fährt.

**218. Maastricht–Aachen**
*Niederlande und Deutschland*

Aachen war einst die Hauptstadt des Frankenreiches (600–888). Die Reste der Pfalzkapelle von Karl dem Großen bilden den Kern des Doms. Von Maastricht ist es mit der Bahn eine Stunde.

## 219
# HARAMAIN-HOCHGESCHWINDIGKEITSSTRECKE

*Westliches Saudi-Arabien*

Pilgerfahrt mit einer hochmodernen Bahn – eine bald viel schnellere Anreise zu den heiligen Städten Medina und Mekka.

**Wissenswertes**
- *Zeit: 632 (Tod Mohammeds)*
- *Streckenlänge: 453 Kilometer*
- *Mindestfahrtdauer: 2 Stunden*
- *Wichtige Haltepunkte: Medina, King Abdullah Economic City, King Abdulaziz International Airport, Dschidda, Mekka*
- *Durchfahrene Länder: Saudi-Arabien*

Die neue Haramain-Hochgeschwindigkeitsbahn (oder Westbahn) soll die heiligsten Städte der Muslime verbinden. Die 2009 begonnene, 453 Kilometer lange Strecke zwischen Medina und Mekka sollte 2012 fertig sein. Doch nun sieht es so aus, als ob es erst 2018 losgeht, wobei die Verzögerungen mit Vertragsstreitigkeiten und den Bedingungen in der heißen, windigen, unwirtlichen Wüste zu tun haben.

Dabei kann die neue Linie gar nicht schnell genug kommen. Seit dem Tod des Propheten Mohammed im Jahr 632 ist die Kaaba in Mekka, ein kleines Steingebäude in der Al-Haram-Moschee, die heiligste Stätte des Islam. Eine der fünf Säulen des Islam ist der Haddsch (die Pilgerfahrt zur Kaaba), die jeder Muslim mindestens einmal im Leben unternommen haben sollte. Vor fünfzig Jahren kamen rund 100.000 Pilger pro Jahr nach Mekka. Heute sind es mehr als drei Millionen, was die Verkehrsinfrastruktur an ihre Grenzen bringt.

Wegen der zu erwartenden hohen Auslastung der Westbahn wurden die Bahnhöfe sehr sorgfältig geplant. Zum einen werden sie riesige Ausmaße haben. Die von den Architekten Foster + Partners entworfenen vier Stationen werden insgesamt gut 30-mal so groß sein wie der Londoner Trafalgar Square und zunächst 60 Millionen Reisende pro Jahr aufnehmen. Ein Rückgriff auf islamische Gestaltungselemente sind die metallenen Maschrabiyya-Gitter und besondere Farben: Das Gold in der Station Mekka spiegelt das Blattgold der Kaaba wider; das leuchtende Grün im Bahnhof Medina nimmt Bezug auf die dortige Prophetenmoschee.

Für Muslime ist die Bahn ein Segen. Nichtmuslime dürfen Mekkas Zentrum oder Medina, wo Mohammed begraben ist, nicht betreten. Die Haramain-Linie wird jedoch auch King Abdulaziz International Airport und Dschidda am Roten Meer anfahren, wo auch nichtmuslimische Besucher willkommen sind. Die Altstadt Al-Balad mit ihren Souks und alten Korallenhäusern ist der beste Ort, um eine Ahnung von der reichen Vergangenheit Saudi-Arabiens zu bekommen.

**UND WIE WÄR'S DAMIT?**

**220. Ankara–Konya**
*Zentraltürkei*
So schnell saust der Hochgeschwindigkeitszug von Ankara nach Konya, dass man an die tanzenden Derwische denken muss. Sehen kann man sie am Mausoleum von Rumi, einem Sufi-Mystiker des 13. Jahrhunderts.

**RECHTS:** Die neue Hochgeschwindigkeitsstrecke der Westbahn wird bald Millionen muslimischer Pilger nach Mekka bringen.

221
# CHINON–ROUEN

*Nordfrankreich*

Mit dem Zug auf dem Lebensweg von Jeanne d'Arc, der jugendlichen Heldin im Frankreich des Mittelalters.

**Wissenswertes**
- *Zeit: 1412–1431 (Lebensdaten von Jeanne d'Arc)*
- *Streckenlänge: 426 Kilometer*
- *Mindestfahrtdauer: 5 Stunden, 30 Minuten*
- *Wichtige Haltepunkte: Chinon, Tours, Blois, Orléans, Paris, Rouen*
- *Durchfahrene Länder: Frankreich*

Mit Frankreichs ausgezeichneten Bahnen kann man auf den Spuren jenes Bauernmädchens reisen, das zur Heldin, Heiligen und Nationalikone wurde: Jeanne d'Arc.

Zur Zeit von Jeannes Geburt 1412 lagen Frankreich und England miteinander im Hundertjährigen Krieg (1337–1453). Als Mädchen hatte Jeanne Visionen, in denen ihr befohlen wurde, die Besatzer zu vertreiben. So ging sie 1429 nach Chinon im Loiretal und überredete den französischen Kronprinzen Karl, ihr ein Heer zur Befreiung des belagerten Orléans anzuvertrauen.

Die Fahrt beginnt bei der mächtigen Ruine der Burg Chinon. Hier kann man die Reste des großen Saals, wo Jeanne auf Karl traf, und die mittelalterliche Altstadt besichtigen. Von Chinon aus folgte Jeanne der Loire in nordöstlicher Richtung; der Zug tut es ihr nach. Bei einer Rast in Tours erhielt sie ihre Rüstung. Noch heute wird man in Tours gut ausstaffiert und verwöhnt: In der Altstadt mit ihren Fachwerkhäusern gibt es jede Menge Kleiderläden sowie Bistros mit herzhafter Touraine-Küche.

Jeannes nächste Station war Blois. Hier überquerte sie den Fluss – wobei die heutige Steinbrücke erst im 18. Jahrhundert entstand. Auf Schloss Blois segnete der Erzbischof von Reims Jeanne. Die Anlage wurde stark verändert, dominiert aber weiterhin die Stadt. Nach der Befreiung von Orléans feierte Jeanne in der Kathedrale Sainte-Croix. In den Buntglasfenstern des Gotteshauses sind Szenen aus ihrem Leben dargestellt. Das Haus, in dem sie sich aufhielt, wurde nach dem Zweiten Weltkrieg originalgetreu wieder aufgebaut.

Die Bahn fährt weiter nach Norden über Paris (das Jeanne nicht befreien konnte) und endet in Rouen in der Normandie. Hier wurde Jeanne 1431 mit 19 Jahren auf dem Scheiterhaufen verbrannt – ein Blumenbeet auf dem Place du Vieux Marché markiert den Ort. Im ehemaligen erzbischöflichen Palast, wo Teile ihres Prozesses stattfanden, wurde ihr zu Ehren 2015 ein Museum eröffnet.

222

# TRAIN DU PAYS CATHARE ET DU FENOUILLÈDES

*Pyrenäen, Frankreich*

Die Sekte der Katharer kam um 1100 auf. Ihre Anhänger stellten die Theologie Roms infrage, weshalb Papst Innozenz III. ihre Auslöschung anordnete. Die Katharer suchten (erfolglos) Zuflucht in Burgen im Vorland der Pyrenäen – die 60 Kilometer lange Eisenbahn erschließt Besuchern diese Region. Die 1904 eröffnete Bahnlinie wird heute von dem Touristenzug »Train Rouge« befahren, der von Rivesaltes bei Perpignan in das Bergdorf Axat zuckelt. Auf der Strecke liegen Wälder, Weinberge, Viadukte und Tunnel. Und es geht vorbei an mittelalterlichen Adlerhorsten, wo die Katharer sich einst zu verstecken versuchten: die Ruine der Burg Fenouillet und die Felsenburg Puilaurens, die 1255 an die Kreuzritter des Papstes fiel.

**LINKS:** In Rouen wurde 1431 Jeanne d'Arc hingerichtet.

## 223
## BATTLEFIELD LINE

*Leicestershire, Vereinigtes Königreich*

22. August 1485: König Richard III. und Henry Tudor (sein Rivale um die englische Krone) stehen sich mit mehr als 20.000 Kämpfern bei Bosworth Field gegenüber. Kurz nach Tagesanbruch beginnt die Schlacht. Gegen Mittag ist Richard tot. Die Tudor-Ära hat begonnen. Bei einer Dampfeisenbahnfahrt auf der acht Kilometer langen Battlefield Line kann man sich das Grauen nur schwer vorstellen. Die Bahn führt von Shackerstone entlang eines Kanals durch die friedliche Landschaft von Leicestershire nach Shenton am Fuße des Ambion Hill. Er galt lange als Schauplatz der Schlacht, und hier steht heute ein Heimat- und Geschichtsmuseum. Mittlerweile vermuten Historiker jedoch, dass die blutige Schlacht einige Kilometer weiter südlich stattfand.

## 224
## LENNAKATTEN-MUSEUMSBAHN

*Uppsala, Ostschweden*

Wer 984 die Schlacht von Fýrisvellir, eine Auseinandersetzung um den schwedischen Thron zwischen Styrbjörn dem Starken und Erik dem Siegesfrohen, für sich entschied, ist unschwer zu erraten. Die Schlacht fand in der sumpfigen Fýrisvellir-Ebene statt. Heute liegt dort Uppsala, eine der ältesten Städte Schwedens und im Mittelalter ein wichtiger Handelsplatz und Thing-Versammlungsort. Uppsala ist auch der Ausgangspunkt der malerischen, dampfbetriebenen, 33 Kilometer langen Lennakatten-Museumsbahn. Die Züge fahren im Sommer von Uppsala über die Ebene nach Faringe, mit Zwischenhalten in den Seedörfern Marielund, Fjällnora und Almunge.

**UNTEN:** Der Coastal Pacific fährt mitten durch die Weinberge der Region Blenheim (Neuseeland).

# 225
# COASTAL PACIFIC

*Südinsel, Neuseeland*

Auf Schienen entlang der grandiosen Pazifikküste, wo vor 800 Jahren polynesische Seefahrer anlandeten.

**Wissenswertes**
- *Zeit: 1250–1300 (Polynesier besiedeln Neuseeland)*
- *Streckenlänge: 347 Kilometer*
- *Mindestfahrtdauer: 5 Stunden, 30 Minuten*
- *Wichtige Haltepunkte: Picton, Blenheim, Kaikoura, Christchurch (Addington)*
- *Durchfahrene Länder: Neuseeland*

Wenn Neuseeländer etwas besonders gut finden, sagen sie »sweet as«. Auf den Coastal-Pacific-Zug, der die Nordostküste von Neuseelands Südinsel befährt, trifft dieser Ausdruck auf jeden Fall zu.

Etwas so Großartiges zu bauen dauert allerdings seine Zeit. Die Main North Line, die der Coastal Pacific nutzt, wurde in den 1870er-Jahren begonnen, war aber erst nach 75 Jahren fertig. Der erste Abschnitt zwischen der Hafenstadt Picton und Blenheim wurde 1875 eröffnet. Langsam tastete man sich nach Süden vor, doch mit dem Ersten Weltkrieg und der Weltwirtschaftskrise kam der Bau zum Stillstand. 1935 ging es wieder los, bevor der Arbeitskräftemangel im Zweiten Weltkrieg zu einer weiteren Unterbrechung führte.

**NOCH MEHR MAORI-KULTUR**

**226. Weka Pass Railway**
*Südinsel, Neuseeland*

Die 13 Kilometer lange Strecke zwischen Waipara und Waikari quert den Weka-Pass, wo man alte Maori-Felsritzungen findet.

**227. Auckland Western Line**
*Auckland, Neuseeland*

Um 1350 siedelten die ersten Maori im Gebiet von Auckland. Die Western Line führt über Mount Eden und Mount Albert, wo Erdarbeiten der Maori zu sehen sind.

Die Erkenntnis, dass die Eisenbahn begrenzte Ressourcen wie Benzin sparen würde, brachte das Projekt dann aber doch noch voran.

1945 wurde die Strecke zwischen Picton und Christchurch, der größten Stadt der Südinsel, schließlich eröffnet.

Viele Reisende, die auf diesem Abschnitt der Main North Line unterwegs sind, kaufen sich ein Bahn-Schiff-Kombiticket und starten von der Nordinsel mit einer dreistündigen Fährfahrt über die Cookstraße. Die reizvolle Überfahrt beginnt im Hafen der Hauptstadt Wellington. Zunächst geht es durch offenes Wasser, bevor sich die Fähre zwischen Landzungen hindurch in den Queen Charlotte Sound schlängelt und in Picton anlegt. Unwillkürlich denkt man dabei an die ersten, furchtlosen polynesischen Seefahrer – die Vorfahren der Maori –, die um 1250 in ihren Kanus Neuseeland erreichten. Zufällig befindet sich eine der ältesten Ausgrabungsstätten des Landes (Wairau Bar) südlich von Picton. 1939 entdeckte ein Schuljunge hier eine Grabstätte mit 44 Menschenskeletten aus der Zeit um 1300. DNA-Analysen legen nahe, dass einige davon frühe polynesische Siedler waren.

Neuseelands frühe Bewohner hielten sich gern an die Küste, was auch der Coastal Pacific zumeist tut. Der Zug verkehrt von Oktober bis April täglich und startet im holzverschalten Bahnhof von Picton aus dem Jahr 1914, direkt am Hafen. Er windet sich durch das Tal und schaukelt dann durch die Region Marlborough mit ihren vielen Weinbergen. Erster Halt ist die Distrikthauptstadt Blenheim, ein Zentrum für Feinschmecker und Weinproben – mehr als 20 Weingüter gibt es in der Nähe.

Nach Blenheim bewältigt der Zug einen Pass durch die Hügel; in der Ferne zeichnen sich schneebedeckte Gipfel ab. Er überquert die Awatere-Brücke, streift Lake Grassmere und trifft etwa 90 Minuten nach der Abfahrt wieder auf das Meer. Die nächsten rund

100 Kilometer präsentieren sich dem Reisenden felsige Kaps, Sandstrände, Seevögel im Sturzflug und sonnenbadende Robben. Erfreulicherweise haben die Wagen Panorama- und Dachfenster; zudem gibt es einen offenen Wagen, wo die Passagiere die frische Seeluft atmen und ungehindert fotografieren können.

Wer die Meeresfauna erleben möchte, sollte unbedingt in Kaikoura aussteigen. Die von Bergen eingerahmte Stadt ist *der* Whalewatching-Ort in Neuseeland. Anlaufstelle für Walbeobachtungstouren ist das alte Bahnhofsgebäude von Kaikoura. Hier wurde die Main North Line 1945 eröffnet.

Nach Kaikoura geht es weiter an herrlicher Küste entlang, bevor die Strecke ins Landesinnere abschwenkt und das Meer von grünen Tälern abgelöst wird. Endstation ist Addington, ein Vorort von Christchurch und ehemaliger Eisenbahnwerksstandort, wo Lokomotiven gebaut wurden. Von hier ist es eine kurze Bus- oder Taxifahrt in die Stadt, die das verheerende Erdbeben von 2011 auf kreative Weise verarbeitet: Eine Papp-Kathedrale dient der anglikanischen Gemeinde als Übergangsbau für die zerstörte Kirche aus dem 19. Jahrhundert, während Geschäfte und Cafés in bunten Schiffscontainern neu aufgemacht haben. Schließlich sind die Neuseeländer seit rund 800 Jahren Überlebenskünstler.

**UNTEN:** Die provisorische Papp-Kathedrale steht im erdbebengeplagten Christchurch.

228

# VERDE CANYON RAILROAD

*Arizona, USA*

Eine gemächliche Tour durch eine Schlucht im Wilden Westen mit fantastischer Flora, Fauna und indianischer Geschichte.

**Wissenswertes**
- *Zeit: 650 (Sinagua kommen nach Arizona)*
- *Streckenlänge: 32 Kilometer*
- *Mindestfahrtdauer: 4 Stunden (hin und zurück)*
- *Wichtige Haltepunkte: Clarkdale, Perkinsville*
- *Durchfahrene Länder: USA*

Als spanische Entdecker erstmals in die Berge Zentral-Arizonas vordrangen, nannten sie diese *Sierra Sin Agua* (Berge ohne Wasser). Jahrhunderte später übernahmen Archäologen den Namen für die Indianer, die von etwa 650 bis 1425 in dieser Region lebten. Allerdings hatten die Sinagua-Völker im Verde-Tal von Arizona durchaus Wasser zur Verfügung.

Der Verde Canyon am Rand des atemberaubenden Mogollon Rim ist ein ungewöhnlicher Landschaftsstreifen inmitten der Hochwüste. Seine rostfarbenen Sandsteinfelsen und schwarzen Basaltformationen werden vom Verde River durchschnitten, der ein vielfältiges Ökosystem speist. Pappeln und Platanen säumen die Ufer.

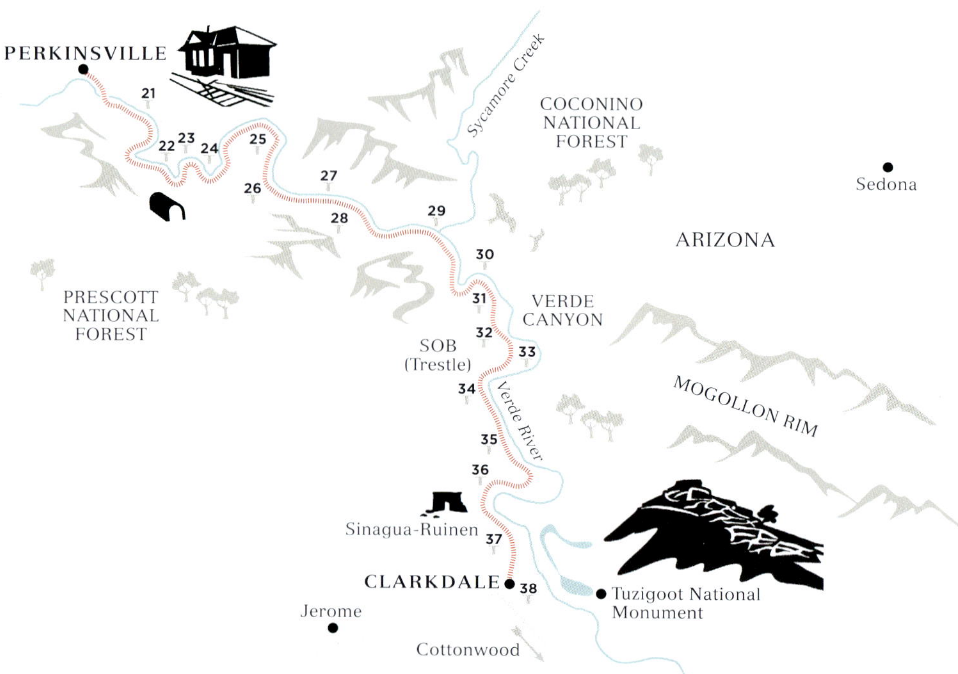

OBEN: Die Verde Canyon Railroad setzt historische Lokomotiven ein.

Im Herbst leuchten Feigenkakteen karminrot; Ringelblumen und Rittersporn blühen im Frühjahr. Es gibt eine reiche Tierwelt, von Kojoten und Rotluchsen bis hin zu Sing- und Raubvögeln. Vor allem von Dezember bis März bevölkern zahlreiche Weißkopfseeadler den Canyon.

Doch nicht nur der Verde River schlängelt sich durch die Schlucht. 1912 wurde hier eine 61 Kilometer lange Nebenbahnlinie gebaut, um geschmolzenes Kupfer von den Minen in Jerome nach Drake an der Santa-Fe-Hauptstrecke zu schaffen. Seit 1990 wird ein 32 Kilometer langer Streckenabschnitt als Verde Canyon Railroad betrieben.

Die Fahrt beginnt in Clarkdale, einer der ersten modernen Bergbaustädte, die 1914 angelegt wurde. Das alte Stadtzentrum steht auf der Liste der Kulturdenkmale der USA. Während das Eisenbahndepot von Clarkdale aus den 1990er-Jahren stammt, reichen die Schienenfahrzeuge weiter zurück. Angetrieben werden die Züge von FP7-Dieselloks aus den 1950er-Jahren; der älteste Personenwagen der Flotte ist der Santa Fe Bell von 1936. Darin findet sich noch die lederbezogene Bar aus der Zeit, als der Waggon im Dienst der Atchison, Topeka and Santa Fe Railway zwischen Chicago und Los Angeles pendelte.

Die Fahrgäste können zwischen First Class, Coach oder Caboose (ein Luxus-Charterwagen) wählen. Alle dürfen die offenen Wagen nutzen, wo man abgesehen von dem Sonnendach komplett im Freien ist. Gästeführer erläutern während der Fahrt die Geologie, Biologie und Anthropologie des Canyons.

Mit der lokalen Geschichte kommt man bereits vor der Zugfahrt in Berührung. Das Tuzigoot National Monument, ein von den Sinagua zwischen 1125 und 1400 erbautes Pueblo, liegt östlich von Clarkdale auf einem Felsaufschluss im Verde-Tal. Hier kann man die Reste des alten Baus besichtigen, der 80 Räume hatte und in dem rund 250 Menschen lebten. Dies ist die größte und am besten erhaltene Sinagua-Ruine im Verde-Tal, wobei es noch weitere gibt, die teilweise vom Zug aus zu sehen sind.

Die Verde Canyon Railroad ist für Landschaftsbetrachter gemacht, rattert sie doch auf der Hin- und Rückfahrt mit gemütlichen 19 Stundenkilometern dahin. Nach der Abfahrt in Clarkdale (Milepost 38) passiert der Zug zunächst die Schlackenhalde der alten Kupfermine. Bei Milepost 37 finden sich an den Canyonflanken Felsenwohnungen der Sinagua; zu sehen ist auch eine alte Mauer, hinter der Sinagua-Jäger ihrer Beute auflauerten. Wenn die Bahn nahe Milepost 33 in einem Bogen die höchste Brücke (die Superintendent Of Bridges Trestle) passiert, kann man vom Fenster aus den kompletten Zug sehen.

Die Trasse streift das Bett eines urzeitlichen Sees, wo sich Adler gern aufhalten. Danach quert sie den Sycamore Creek und durchschneidet den Coconino und Prescott National Forest. Bei Milepost 29 gibt es zahlreiche Indianerhäuser und Felsbilder. Es folgen eigentümliche Felsformationen, bevor der Zug bei Milepost 22 in einen 207 Meter langen Tunnel einfährt. Noch eine Brücke, und man erreicht Perkinsville Ranch (gegründet 1900). Hier wurden Teile des Films *Das war der Wilde Westen* (1962) gedreht.

Das alte hölzerne Bahnhofsgebäude von Perkinsville dient heute als Scheune. Gehalten wird hier jedoch immer noch; die Lokomotive wird abgekuppelt und für die Rückfahrt an das andere Ende verschoben – Gelegenheit, die Geschichte des Verde-Tals noch einmal zu erleben.

**UND WIE WÄR'S DAMIT?**

**229. Missouri River Runner**
*Missouri, USA*

Der Zug von Kansas City nach St. Louis fährt durch Gebiete, die einst von der Mississippi-Kultur bewohnt wurden. Die Mounds von Cahokia (800–1600) liegen östlich des Missouri bei St. Louis.

**RECHTS:** Die Verde Canyon Railroad bietet Ausblicke auf hohe Klippen und atemberaubende Wüste.

# METROLINIE 2

*Mexiko-Stadt, Mexiko*

Mit der U-Bahn durch die einstige Hauptstadt der Azteken, die heute unter der modernen Metropole begraben liegt.

**Wissenswertes**
- *Zeit: 1325–1521 (Tenochtitlán ist Hauptstadt des Aztekenreichs)*
- *Streckenlänge: 21 Kilometer*
- *Mindestfahrtdauer: 36 Minuten*
- *Wichtige Haltepunkte: Cuatro Caminos, Tacuba, Hidalgo, Zócalo, Pino Suárez, Chabacano, Tasqueña*
- *Durchfahrene Länder: Mexiko*

UNTEN: Das Denkmal der Revolution in Mexiko-Stadt liegt an der Metrolinie 2.

Tenochtitlán muss prachtvoll gewesen sein. Gegründet wurde die Stadt 1325. Der Gott Huitzilopochtli soll den nomadischen Azteken aufgegeben haben, sich dort niederzulassen, wo sie einen Adler auf einem Kaktus eine Schlange verspeisen sahen. So bauten sie auf einer felsigen Seeinsel im Tal von Mexiko eine beeindruckende Stadt mit Plätzen, Tempeln, Kanälen, Dämmen und *Chinampas* (schwimmende Gärten). Zur Blütezeit lebten in Tenochtitlán rund 300.000 Menschen. Dann tauchte der spanische Konquistador Hernán Cortés auf.

Cortés eroberte Tenochtitlán 1521 – und machte es dem Erdboden gleich. Auf den Trümmern der niedergerissenen Gebäude wurde eine neue Stadt errichtet. Von der großartigen Hauptstadt der Azteken blieb nichts erhalten. So dachte man zumindest, bis Mexiko-Stadt – die Metropole, die aus

der Asche von Tenochtitlán erstanden war – eine U-Bahn bekommen sollte.

Baubeginn war 1967; bis 1972 hatte man drei Linien eröffnet und viele archäologische Funde gemacht. Bei Aushubarbeiten für die Station Pino Suárez etwa entdeckten die Arbeiter eine Rundpyramide, die dem aztekischen Windgott Ehecatl geweiht war. Man beließ sie an ihrem Ort und baute die Bahnstation um sie herum. Die Metro förderte noch andere unerwartete Relikte zutage: Beim Bau der Station Talismán wurde ein 12.000 Jahre altes Mammutskelett ausgegraben.

1978 machten dann Elektriker einen großen Fund. Bei Aushubarbeiten in der Nähe des Zócalo, dem riesigen Hauptplatz von Mexiko-Stadt, stießen sie auf den *Templo*

*Mayor*, einen riesigen, mehrstöckigen Doppeltempel, der Huitzilopochtli und dem Regengott Tlaloc geweiht war. Der Mittelpunkt der Welt der Azteken lag unter dem Zentrum der modernen Stadt begraben.

Trotz der Komplikationen ist die U-Bahn von Mexiko-Stadt eine der größten der Welt. Mit knapp 200 Stationen und rund 227 Kilometer Gesamtlänge befördert sie 1,6 Milliarden Fahrgäste im Jahr und bringt ihnen dabei die Geschichte nahe; viele Haltestellennamen erinnern an wichtige Personen der Vergangenheit. So ist die Station Moctezuma nach dem mächtigen Aztekenherrscher benannt, der von Cortés besiegt wurde. Die Haltestelle Niños Héroes (Heldenkinder) ist den Kadetten gewidmet, die im Mexikanisch-Amerikanischen Krieg (1846–48) ihre Militärakademie verteidigten. Die Station Zapata ehrt den Helden der Mexikanischen Revolution (1910–20) Emiliano Zapata.

Besonders spannende historische Bezüge bietet die Metrolinie 2. Von Cuatro Caminos verläuft sie ostwärts zur Station Tacuba. Hier befand sich einst der Azteken-Stadtstaat Tlacopan. Der Haltepunkt Cuitláhuac liegt in der Nähe einer der Hauptverkehrsadern von Mexiko-Stadt (Avenida México–Tacuba), die einem der Dämme von Tenochtitlán folgt. Nahe der Station Popotla stehen die Reste einer Montezuma-Zypresse, unter der Hernán Cortés den anfänglichen Rückschlag von 1520 beweint haben soll.

Ein paar Haltestellen weiter kommt die Station Revolución nahe dem 67 Meter hohen Denkmal der Revolution. Danach folgt Hidalgo, benannt nach dem Anführer im Mexikanischen Unabhängigkeitskrieg von 1810.

Der Halt Zócalo liegt im Herzen der aztekischen und modernen Stadt Mexiko. An der Oberfläche liegt der Hauptplatz. Hier steigt auch aus, wer die Kathedrale, den Nationalpalast und die Ruinen des Templo Mayor besichtigen möchte. Ein unterirdischer Gang führt von Zócalo nach Pino Suárez, vorbei an dem ausgegrabenen Aztekentempel.

Vom Stadtzentrum wendet sich die Linie 2 nach Süden, passiert eine nach Cortés benannte Station und endet in Tasqueña. Wer möchte, kann mit der Stadtbahn weiterfahren und den farbenfrohen Vorort Xochimilco, das »Klein-Venedig« von Mexiko-Stadt, besuchen. Das an der Stelle einer präkolumbischen Seestadt erbaute Xochimilco war einst über einen Kanal mit Tenochtitlán verbunden. Heute erinnert es als Letztes noch an die Kanäle und *Chinampas*, die Tenochtitlán und das Tal von Mexiko vor über 500 Jahren durchzogen.

231
# HOCHGESCHWINDIGKEITSBAHN YUCATÁN

*Yucatán, Mexiko*

Während der späten Maya-Zeit, von etwa 600 bis 1200, ging es auf Mexikos kulturreicher Halbinsel Yucatán rund. Prachtvolle Tempelstädte wie Chichén Itzá, Uxmal und das auf Uferklippen erbaute Tulum erlebten ihren höchsten Bevölkerungsstand und architektonischen Glanz. Hier ließ es sich leben. Bald wird die Region wohl von einer neuen Welle von Aktivitäten erfasst. Die mexikanische Regierung möchte in Yucatán (das bislang noch keine Eisenbahn hat) ein Hochgeschwindigkeitsnetz schaffen. Geplant ist, dass Züge mit bis zu 180 Stundenkilometern zwischen der Regionalhauptstadt Mérida und Punta Venado in der Karibik verkehren und dabei auch wichtige Maya-Stätten anbinden. Nach dem letzten Stand der Dinge wurde jedoch das Projekt bis auf Weiteres auf Eis gelegt. Doch obwohl man ursprünglich schon 2017 fertig sein wollte, hat der Bau noch nicht einmal begonnen …

**LINKS:** Mexiko-Stadt heute – wer weiß, wie viel der alten Aztekenstadt noch darunter liegt?

232
# DAKAR–BAMAKO EXPRESS

*Senegal und Mali*

Erinnerungen an einen Zug, der durch die einstmals goldreichen Ebenen Westafrikas kroch – und hoffentlich bald wieder!

**Wissenswertes**

- *Zeit: 1230–1600 (Zeit des Mali-Reichs)*
- *Streckenlänge: 1.235 Kilometer*
- *Mindestfahrtdauer: 46 Stunden*
- *Wichtige Haltepunkte: Dakar, Thiès, Diourbel, Guinguinéo, Kaffrine, Tambacounda, Kidira, Kayes, Diamou, Kati, Bamako*
- *Durchfahrene Länder: Senegal, Mali*

Was wird wohl aus dem Dakar–Bamako Express? Bis vor Kurzem gab es einen unregelmäßigen Zugverkehr zwischen den Hauptstädten Senegals und Malis. Auf Gleisen aus der französischen Kolonialzeit verband die Bahn den Atlantikhafen Dakar mit Bamako am Niger. Laut Fahrplan betrug die Reisezeit knapp zwei Tage, aber Verspätungen von vier, acht oder gar zwölf Stunden waren ganz normal. Die Züge waren schmutzig und heruntergekommen. Man tat gut daran, für die Fahrt eine eigene Matratze mitzubringen und früh einzusteigen, um sich ein Abteil mit einer funktionierenden Tür zu sichern. Der Grenzübertritt bei Kidira dauerte mitunter mehrere Stunden.

Trotz allem war die Bahn für die Menschen hier eine Lebensader. Und sie bot eine einzigartige Möglichkeit, durch die westafrikanischen Ebenen zu zuckeln, vorbei an Lehmziegeldörfern und Bahnhöfen mit fliegenden Händlern, an roter Erde und gelber Savanne, an Affen in Baobab-Bäumen. Doch angesichts der maroden Infrastruktur und leerer Kassen musste der »Express« 2009 den Betrieb einstellen. Früher einmal gab es in diesem Teil Westafrikas viel Geld. Das Mali-Reich (1230–1600) war das größte, das je in der Region existierte. Zu seiner Blütezeit erstreckte es sich von der Atlantikküste im heutigen Senegal über Mali bis nach Niger und schloss den Süden Mauretaniens, Guinea und sogar den Norden Ghanas ein. Es gedieh dank des Handels mit Kupfer, Salz und Gold – im frühen 14. Jahrhundert kam fast die Hälfte des Goldes in der Alten Welt aus dem Mali-Reich.

2016 schlossen Senegal und Mali einen Vertrag mit einem chinesischen Unternehmen ab, um die Linie wiederzubeleben. Die Vereinbarung würde die Modernisierung der Bahnhöfe und den Ausbau der Gleise umfassen, womit die Geschwindigkeit der Personenzüge von 19 auf 100 Stundenkilometer erhöht werden könnte. Wer weiß? Vielleicht fährt der Express ja bald wieder …

**UND WIE WÄR'S DAMIT?**

**233. Meknès–Fès**
*Marokko*
Die Bahn verbindet in 45 Minuten zwei marokkanische Königsstädte miteinander: Meknès (im 11. Jahrhundert gegründet) hat prächtige Denkmäler und Moscheen, Fès (789 gegründet) eine verwinkelte mittelalterliche Medina.

**LINKS:** Der Dakar–Bamako Express – eine Lebensader für die Region – stellte 2009 den Betrieb ein.

## 234
# FUJI-KYŪKŌ-LINIE

*Honshu, Japan*

Der Fuji spielt eine herausragende Rolle im Bewusstsein der Japaner. Der gleichmäßig kegelförmige Vulkan gilt als heilig, taucht vielfach in der japanischen Kunst auf und ist auf dem Tausend-Yen-Schein abgebildet. Auch diese Bahnstrecke steht in seinem Zeichen. Mit der 26 Kilometer langen Fujikyu-Bahn kommt man dem Fuji schon sehr nahe. Sie verläuft zwischen Otsuki und Kawaguchiko am Kawaguchi-See, wobei viele auf halber Strecke an der Station Mt. Fuji aussteigen. Wer es dem unbekannten Mönch nachtun möchte, der 663 erstmals den Gipfel bestieg, fährt von hier mit dem Fuji-Tozan-Bus zum Startpunkt der Wanderwege.

## 235
# PEKING–HANGZHOU

*Ostchina*

609 n. Chr. war es soweit: Peking und Hangzhou – sowie fünf große Flüsse Chinas – waren über den 1.776 Kilometer langen Kaiserkanal miteinander verbunden. Zwischen dem 5. und 4. Jahrhundert v. Chr. begonnen, sollte dies der längste künstliche Wasserweg der Welt werden. Die Eisenbahn zwischen den beiden Städten (via Shanghai) folgt einem ähnlichen Verlauf durch die fruchtbare Region. Aussteigen kann man in Xuzhou, wo der Wasserweg am Western Han Dynasty Terracotta Warriors Museum vorbeiführt. In Suzhou präsentiert sich der Kanal am schönsten, von Steinbrücken überspannt und von roten Laternen gesäumt. In Hangzhou am Westsee, wo der Wasserweg endet, lohnt ein Besuch des Kanalmuseums.

## 236
## REISSZUG

*Salzburg, Österreich*

Mit dem Reißzug in Salzburg kann man nicht fahren, aber staunenswert ist er allemal. Die kleine Privatbahn transportiert Material vom Kloster Nonnberg in den Innenhof der Festung Hohensalzburg und ist die älteste Standseilbahn der Welt. Anfangs lief der um 1495 erbaute Reißzug auf einer Art Schlittenbahn, doch bald stieg man auf Holzschienen um. Der Aufzug wurde mit Hanfseilen von Menschen oder Ochsen gezogen und musste fünf Mauerringe mit massiven Holztoren passieren, um in den inneren Bereich der Burg zu gelangen. Heute sind die Schienen aus Stahl, aber sonst hat sich wenig geändert. Der Reißzug nutzt denselben Weg und befördert noch heute Lasten.

## 237
## STANDSEILBAHN FLYING DUTCHMAN

*Westkap, Südafrika*

Als der portugiesische Entdecker Bartolomeu Dias 1488 – als erster Europäer – um die Südspitze Afrikas segelte, hätte er sich über den Flying Dutchman sicher gefreut. Vollkommen mühelos erklimmt die Standseilbahn Cape Point, eine der südlichsten und tückischsten Stellen des Kontinents. In gerade einmal drei Minuten bringt die Bahn ihre Fahrgäste von der Talstation am Kap die 87 Meter hinauf zum Leuchtturm. Von dort kann man den Ausblick auf buschbestandene Hügel, die Brandung und gefahrvolle Felsen genießen. Und vielleicht erblickt man ja jene sagenhafte Galeone aus dem 17. Jahrhundert, die hier vor der Küste sank und nach der die Standseilbahn benannt ist.

KAPITEL 4

# Frühe Neuzeit

Eine Reise in die Zeit der Entdeckungen und der Aufklärung von 1500 bis 1800, als neue Grenzen erkundet wurden und der Durchbruch der Eisenbahn bevorstand.

## 238

# PALACE ON WHEELS

*Nordindien*

Reisen wie ein Maharadscha zur Erkundung wunderbarer Mogul-Architektur und prächtiger Rajput-Städte.

**Wissenswertes**

- *Zeit: 1526–1857 (Bestand des Mogulreichs)*
- *Streckenlänge: 1.972 Kilometer*
- *Mindestfahrtdauer: 8 Tage*
- *Wichtige Haltepunkte: Neu-Delhi, Jaipur, Sawai Madhopur, Chittorgarh, Udaipur, Jaisalmer, Jodhpur, Bharatpur, Agra*
- *Durchfahrene Länder: Indien*

Indiens Rajput-Fürsten reisten äußerst stilvoll. Die bedeutendsten Maharadschas hatten eigene Eisenbahnwagen, maßgeschneiderte »Paläste auf Rädern«, die mit Wandteppichen, Fresken, Goldstickereien und Maschrabiyya-Gittern ausgeschmückt waren. Mit der Unabhängigkeit Indiens 1947 endete die Rajput-Ära, und so gab es für diese Bahnwagen zunächst keine Verwendung mehr – bis sie mit Indiens erstem Touristenluxuszug wieder ins Rollen kamen.

Der Palace on Wheels startete 1982, mit den Wagen der Maharadschas, die von einer Dampflok gezogen wurden. Heute fährt man mit Dieselloks und die Wagen sind bestens ausgestattete Nachbauten mit eigenen Bädern und Klimaanlage. Dabei sind sie genauso luxuriös. Der Wagen Sirohi etwa ist mit Buntglas und Halbedelsteinen dekoriert, wie das berühmte Gold Fort bei Pratapgarh.

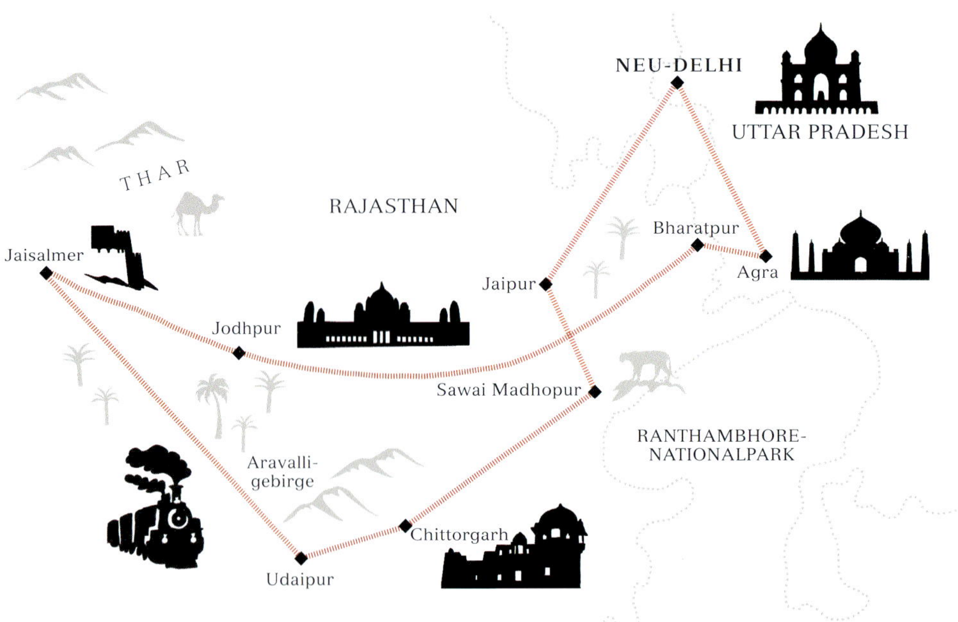

**OBEN:** Auf der Rundfahrt durch Rajasthan posiert die Crew vor ihrem Palace on Wheels.

Im Wagen Jaisalmer ist die Decke den *Jharokhas* (Balkonerker) nachempfunden, die sich an vielen Häusern dieser Wüstenstadt finden. Jeder Wagen hat zudem einen eigenen *Khidmatgar* (Begleiter), während die wahrhaft königliche Küche in Speisewagen mit Kronleuchtern serviert wird. Mittlerweile gibt es in Indien mehrere Luxuszüge; der Palace on Wheels ist gewissermaßen der Urzug.

Auf seiner klassischen Reise *Eine Woche im Wunderland* fährt der Zug in einer Schleife von der Hauptstadt Neu-Delhi durch den königlichen Staat Rajasthan. Er umfasst den Großteil des alten Rajputana, das vom 6. Jahrhundert an von patrilinealen hinduistischen Dynastien beherrscht wurde. Ihr reichstes Erbe erwuchs der Region jedoch aus der Beziehung der Rajputen mit dem Mogulreich. Die muslimischen Mogulen unter dem mongolischen Kriegsherrn Babur besiegten 1526 das Königreich Delhi und kontrollierten bis 1857 den Subkontinent. Die Rajputen widersetzten sich zwar den islamischen Eroberern, arrangierten sich aber letztlich mit ihnen. Die Vermischung der Kulturen brachte die prächtigsten Bauten Indiens hervor.

## WEITERE LUXUSZÜGE IN INDIEN

**239. Deccan Odyssey**
*Indien*

Die achttägige Reise *Jewels of the Deccan* beginnt in Mumbai. Der Luxuszug durchfährt die Region, die von 1527–1686 von den Dekkan-Sultanaten beherrscht wurde.

**240. Golden Chariot**
*Südindien*

Eine opulente achttägige Zugfahrt zu bedeutenden Stätten in Südindien, wo die Britische Ostindien-Kompanie in den 1750er-Jahren um ihren Einfluss kämpfte.

**241. Maharajas' Express**
*Rajasthan, Indien*

Ins Mogulreich reist man mit dem teuersten Luxuszug, der 2012, 2013, 2014 und 2015 zum *World's Leading Luxury Train* gekürt wurde und Fahrten durch Rajasthan und darüber hinaus anbietet.

Seinen Anfang nahm das Mogulreich im chaotischen Delhi. Hier befinden sich einige der eindrucksvollsten Bauten der Mogulen: das massive Rote Fort, Indiens größte Moschee Jama Masjid und das elegante persische Mausoleum des Großmoguls Humayun. Der Palace on Wheels startet vom Bahnhof von Safdarjung, nachdem die Reiseteilnehmer mit einem Glas Wein, einem Blumenkranz um den Hals und einem *Tika*-Zeichen auf die Stirn begrüßt wurden.

Der Zug fährt zunächst südwestwärts nach Jaipur. Die »rosarote Stadt« wurde im 18. Jahrhundert von Jai Singh II. gegründet, der zuvor im nahe gelegenen Amber-Fort (eine beeindruckende Sandsteinfestung) residiert hatte. Der Maharadscha war von den Wissenschaften fasziniert, wie die riesigen Messinstrumente in seiner Sternwarte Jantar Mantar zeigen.

Nächster Halt ist Sawai Madhopur, der Ausgangspunkt für Safaris in den Ranthambhore-Nationalpark, einer dschungelhaften Wildnis mit wilden Tigern und Ruinen aus der Mogulzeit. Großmogul Akbar (1556–1605) begründete im 16. Jahrhundert die Tradition der *Shikar* (königliche Sportjagd) und die Großkatzen waren die Hauptbeute. Heute sichern Touristen, die mit Kameras »jagen«, den Fortbestand der Tiger.

Weiter südwestlich hält der Zug in Chittorgarh mit seinem mächtigen Fort und im strahlend weißen Udaipur. Im Stadtpalast (ab 1553 erbaut) verschmelzen Rajasthani- und Mogulstil aufs Genialste, während der Seepalast aus dem 18. Jahrhundert, der wie eine Hochzeitstorte aus dem Pichola-See ragt, Indiens beliebtestes Fotomotiv ist. Jaisalmer, eine mauerbewehrte Zitadelle in der Wüste Thar, wirkt dagegen wie eine Sandburg, umweht vom Zauber von *Tausendundeiner Nacht*.

Von Jaisalmer geht es wieder nach Osten, zuerst in die »Blaue Stadt« Jodhpur. Über der einstigen Hauptstadt des Rajputenstaats Marwar thront die riesige Festung Mehrangarh. Bevor die Bahn eine Schleife zurück nach Delhi macht, erreicht man Agra (Uttar Pradesh) mit dem beeindruckenden Roten Fort der Mogulen und mehreren Mausoleen, allen voran das verträumte Taj Mahal. 1631 bis 1648 von Großmogul Shah Jahan errichtet, ist der Marmorbau ein faszinierendes Relikt des Mogulreichs.

**OBEN RECHTS:** Der Palace on Wheels hält auch in Jaipur mit dem Hawa Mahal (Palast der Winde).

242

## KONKAN-BAHN

*Westindien*

Die 1998 fertiggestellte, 741 Kilometer lange Konkan-Bahn verbindet die Megalopole Mumbai mit der Hafenstadt Mangalore in Karnataka. Ihr Bau war ein technischer Geniestreich: Mehr als 2.000 Brücken und rund 90 Tunnel mussten für die Strecke zwischen dem Arabischen Meer und den Westghats errichtet werden. Die Bahn führt vorbei an Flüssen, Tälern, Bergen, Mangobäumen, Kokospalmen und kleinen Dörfern. Daneben befährt sie das Kernland von Portugiesisch-Indien; die Portugiesen beherrschten von 1505 bis 1961 Teile des Subkontinents. 1510 machte der portugiesische Vizekönig Goa zu seiner Hauptstadt. In Karmali steigt aus, wer die verlassenen Klöster und Kirchen von Alt-Goa, das einst als Rom des Orients galt, besichtigen möchte.

# BLUE TRAIN

*Südafrika*

An Bord eines der glanzvollsten Züge der Welt durch zeitlose Landschaften zwischen Pretoria und Kapstadt.

**Wissenswertes**

- *Zeit: 1652 (Gründung Kapstadts)*
- *Streckenlänge: 1.600 Kilometer*
- *Mindestfahrtdauer: 27 Stunden*
- *Wichtige Haltepunkte: Pretoria, Matjiesfontein, Kimberley, Kapstadt*
- *Durchfahrene Länder: Südafrika*

**UNTEN:** Bei der Fahrt Richtung Süden besucht man die Diamantenmine Big Hole in Kimberley.

Holztäfelung, weiße Bettwäsche, goldene Wasserhähne. Ein Butler für jeweils drei Passagiere. Südafrikanischer Wein und kubanische Zigarren, so viel man möchte. Kein Aufwand wird gescheut an Bord der kobaltblauen Waggons des Blue Train, der zwischen Südafrikas Hauptstadt Pretoria und Kapstadt dahingleitet.

Der Blue Train war immer schon glamourös. In den 1920er-Jahren beförderten seine Vorgänger – der Union Limited und der Union Express – die Geldelite, die vom Ertrag der Goldfelder des Landes reich geworden war. Zu den Annehmlichkeiten an Bord gehörten Kartentische und Warmwasser. Nachdem sie im Zweiten Weltkrieg vom Militär requiriert worden waren, wurden die Züge renoviert und entwickelten sich mit der Zeit zum »Ritz auf Schienen«.

LINKS: Der Blue Train Richtung Norden hält in Matjiesfontein, wo man im Lord Milner Hotel den Nachmittagstee einnehmen kann.

Die Wagen verströmen die Romantik des frühen 20. Jahrhunderts. Noch älter und wilder muten die Aussichten an. Kapstadt wurde 1652 von den Holländern gegründet, und während die Siedlung wuchs, waren der Kap-Faltengürtel und die riesige Halbwüste der Großen Karoo eine erhebliche Barriere für Entdecker, die weiter ins Landesinnere vorzudringen versuchten. Mittlerweile hat die Bahn diese Landschaft erschlossen (Kapstadt und Pretoria wurden 1893 miteinander verbunden), die aber nicht minder herausfordernd wirkt. Die großen Zugfenster blicken auf endlose Grassteppen, hüpfende Springböcke und wilde Strauße, Wasserfälle, die nackte Felsen herunterprasseln, buschbedeckte Berge und weiten Sternenhimmel.

Der Zug nach Süden hält in Kimberley für einen Ausflug zum Big Hole, das während des Diamantenrausches in den 1870er-Jahren entstand. In Richtung Norden hat man Aufenthalt in Matjiesfontein mit seinem viktorianischen Flair; hier kann man die typisch britischen Straßen erkunden und im Lord Milner Hotel aus dem 19. Jahrhundert einen Sherry nehmen.

Übrigens: Während der Blue Train vollendeten Reisegenuss bietet, fährt der einfachere Shosholoza Meyl-Zug praktisch dieselbe Strecke (Johannesburg–Kapstadt) für etwa ein Zwanzigstel des Preises.

## HAUPTSTÄDTE UND (HALB-) INSELN

**244. Douglas–Port Erin**
*Isle of Man, Großbritannien*

1765 erlangte die britische Krone durch einen Kauf die Hoheit über die Isle of Man. Die 25 Kilometer lange Schmalspur-Dampfeisenbahn fährt von der Hauptstadt Douglas nach Port Erin.

**245. Algeciras–Bobadilla**
*Südspanien*

Spanien trat die Halbinsel Gibraltar 1713 an Großbritannien ab. 1890 wurde die Bahnlinie Algeciras–Bobadilla gebaut, damit die britischen Offiziere zur Sommerfrische nach Ronda fahren konnten.

**246. Bangkok Skytrain**
*Thailand*

Das 36 Kilometer lange Hochbahnnetz sorgt für schnelle Verbindungen im hektischen, tempel- und verkehrsreichen Bangkok – seit 1767 Thailands Hauptstadt.

**247. Washington–Williamsburg**
*USA*

265 Kilometer sind es von der Hauptstadt der USA in die berühmte, 1699 gegründete Kolonialstadt Williamsburg.

Die Fahrt mit dem luxuriösen Blue Train beginnt – oder endet – im 1652 von den Holländern gegründeten Kapstadt. Hier erhebt sich der Tafelberg über den kosmopolitischen Vierteln und der Meeresküste.

## 248
## PARIS-MOSKAU-EXPRESS

*Frankreich, Deutschland, Polen, Weißrussland und Russland*

Der englische Pazifist William Penn brachte 1693 als Erster die Idee eines europäischen Parlaments auf. Nachdem er Pennsylvania gegründet und für den Zusammenschluss der amerikanischen Kolonien plädiert hatte, regte er zur Vorbeugung gegen Kriege die Bildung »Vereinigter Staaten von Europa« an. Der Direktzug, der einmal die Woche auf der 3.483 Kilometer langen Strecke Paris–Moskau verkehrt, wirkt ein wenig wie die bahntechnische Umsetzung dieses Gedankens. Von Paris aus geht es durch Straßburg – sehr passend, ist die Stadt im Elsass doch der offizielle Sitz des Europäischen Parlaments. Außerdem zischt der Zug an wichtigen Städten wie Frankfurt, Berlin, Warschau und Minsk vorbei, bevor er nach etwa 37 Stunden in Moskau ankommt.

## 249
## CORK SUBURBAN RAIL

*County Cork, Südirland*

Cork Harbour hat viele wichtige Aufbrüche erlebt. Zwischen 1611 und 1870 wurden Tausende Iren von hier in die Strafkolonien in Amerika und später nach Australien deportiert. Drei Millionen Auswanderer machten sich von hier auf die Reise nach Übersee, um ein besseres Leben zu finden. Und am 12. April 1912 machte die *RMS Titanic* zuletzt in Cork Harbour fest, bevor sie drei Tage später sank. Die Cork Suburban Rail markiert den wichtigsten Aufbruch in Sachen Bahn. Die 18,5 Kilometer lange Route führt von der lebhaften Stadt Cork östlich um den Hafen zum hübschen Cobh auf der Great Island. Im alten viktorianischen Bahnhof präsentiert ein Museum die Seegeschichte der Hafenstadt.

## 250
# KOPENHAGEN–MALMÖ

*Dänemark und Schweden*

Zu Beginn des 17. Jahrhunderts hätte man bei einer Fahrt über den Øresund Dänemark nicht verlassen. 1658 traten die Dänen jedoch das Land am Ostufer der strategischen Wasserstraße an Schweden ab, sodass der Øresund nun die Grenze zwischen den Ländern markierte. Heute gleiten Züge unter *und* über dem Sund von Dänemarks Hauptstadt Kopenhagen nach Malmö (Schwedens drittgrößter Stadt). Die 2000 eröffnete, 16 Kilometer lange Øresund-Verbindung umfasst drei Abschnitte: eine acht Kilometer lange Schrägseilbrücke, einen vier Kilometer langen Tunnel unter dem Meeresboden und, als Bindeglied, die künstliche Insel Peberholm, die auch ein Refugium für Vögel ist.

## 251
# METRO RIO LINIE 4

*Rio de Janeiro, Brasilien*

1979 wurde die U-Bahn von Rio eröffnet. Bei späteren Aushubarbeiten für die Linie 4, eine neue 16 Kilometer lange Strecke, die das schicke Strandviertel Ipanema mit dem Olympiapark in Barra da Tijuca verbindet, stieß man auf jede Menge interessante Funde. Im Stadtteil Leopoldina entdeckten die Metroarbeiter eine altertümliche Schutthalde mit zahlreichen Schätzen, darunter etwa Steinwerkzeuge, deren Alter auf 3.000 Jahre geschätzt wird. Daneben fanden sich auch Gegenstände aus der Kolonial- und Kaiserzeit vom 17. bis 19. Jahrhundert. Hierzu gehörten Münzen, Pfeifen, ungeöffnete Parfümfläschchen und sogar eine Zahnbürste aus Elfenbein.

# TREN CRUCERO

*Ecuador*

Mit dem Luxuszug auf sanierten Gleisen zu riesigen Vulkanen und beeindruckenden Kolonialstädten.

**Wissenswertes**
- *Zeit: 1534 und 1538 (Gründung von Quito und Guayaquil)*
- *Streckenlänge: 446 Kilometer*
- *Mindestfahrtdauer: 3 Tage*
- *Wichtige Haltepunkte: Durán (Guayaquil), Yaguachi, Bucay, Alausí, Colta, Riobamba, Urbina, Quito*
- *Durchfahrene Länder: Ecuador*

Der Tren Crucero ist wie Phönix aus der Asche wiedererstanden. Vor einem Jahrzehnt lag die Bahn Ecuadors – ein Bravourstück des frühen 20. Jahrhunderts – am Boden. Der Güter- und Linienverkehr war größtenteils eingestellt worden. Überschwemmungen und Erdrutsche hatten die Gleise beschädigt. Defekte Loks wurden nicht mehr repariert. Die Bahnhöfe bröckelten vor sich hin. Mancherorts wurden gar die Schienen überbaut. Ein paar zusammengestückelte Touristenzüge befuhren noch kurze Abschnitte, aber die Zukunft sah kohlrabenschwarz aus.

Das änderte sich 2008, als der ecuadorianische Präsident und Eisenbahnfan Rafael Correa ein großes Projekt zur Sanierung des Bahnnetzes anstieß. 2013 wurde die 446 Kilometer lange Strecke zwischen der Hauptstadt Quito und Guayaquil an der Westküste wiedereröffnet. Nördlich von Quito ging 2015 zwischen Otavalo und Ibarra ein weiterer, 54 Kilometer langer Abschnitt wieder in Betrieb. Der luxuriöse Tren Crucero fährt nun in vier Tagen die gesamte Strecke ab, teils mit Dieselloks, teils mit historischen Dampflokomotiven. Die Reise beinhaltet auch Übernachtungen in

**UNTEN:** Mittlerweile poltern wieder Züge durch die ecuadorianischen Anden.

### KOLONIAL-BAHNEN

**253. Island Express**
*Indien*

945 Kilometer fährt die Bahn Bengaluru (Bangalore)–Kanyakumari durch das schöne, grüne Kerala. Sie hält in Cochin, das die Portugiesen 1503 als erste europäische Kolonie in Indien besetzten.

**254. Penang-Bergbahn**
*Malaysia*

Die Hauptstadt der Insel Penang, George Town, wurde 1786 gegründet. 1923 baute man für die britischen Kolonialherren die 1.996 Meter lange Standseilbahn, damit sie kühlere Bergluft atmen konnten.

charaktervollen Haciendas sowie Busausflüge in Dörfer und Nationalparks.

Die Fahrt in östlicher Richtung nennt sich »Zug in die Wolken« und beginnt an der Mündung des Flusses Guayas in Durán. Dies ist der Bahnhof von Guayaquil, Ecuadors größter Stadt, die 1538 vom spanischen Konquistador Francisco de Orellana gegründet wurde. 1534 eroberten die Spanier das Land, das zuvor von den Inkas beherrscht worden war, und regierten dort 300 Jahre lang. Aus der Kolonialzeit sind in Guayaquil nur noch wenige Gebäude erhalten (ein Erdbeben zerstörte 1942 viele von ihnen). Im Stadtteil Barrio las Peñas herrscht aber noch ein Hauch Nostalgie und es gibt eine belebte Uferpromenade.

In Guayaquil beginnt nicht nur der Tren Crucero, sondern auch die Geschichte der ecuadorianischen Eisenbahn. Die erste Strecke, die 1873 eröffnet wurde, verband Durán mit Milagro im Landesinnern. Dieser Route folgt auch der Tren Crucero am ersten Reisetag. Vorbei an Zuckerrohr-, Bananen- und Ananasplantagen rumpelt er über Milagro nach Bucay. Bis hierher kam die Bahn erstmals 1888, doch mit den Anden am Horizont geriet der Bau ins Stocken.

1901 fand der amerikanische Ingenieur John Harman eine praktikable Anschlussroute – über eine von Kondoren umkreiste Bergflanke und einen als »Teufelsnase« bekannten Abschnitt.

Am zweiten Tag folgt der Tren Crucero entlang des Río Chanchán Harmans kühner Route. Auf der ansteigenden Strecke wechselt das Terrain von üppigem Nebelwald zu kargerem Hochland. Bei Sibambe erreicht der Zug den schwindelerregenden Kehrenabschnitt um die Teufelsnase. Von hier bis zur Ortschaft Alausí gewinnt die Bahn auf zwölf Kilometern 500 Meter Höhe. Danach geht es weiter durch die Berge, vorbei an Quinoafeldern und weidenden Lamas, nach Riobamba.

An Tag drei erreicht der Tren Crucero seinen höchsten Punkt auf 3.609 Metern in Urbina, wo im Westen der ausladende Chimborazo, Ecuadors höchster Gipfel, aufragt. Er markiert den Anfang einer Reihe von zwanzig schneebedeckten, manchmal rauchenden Bergkegeln, der Allee der Vulkane. Ähnlich einem Begrüßungsspalier begleiten sie den ankommenden Zug – wie am 25. Juni 1908, als die Bahn Guayaquil–Quito ihre Erstfahrt beendet hatte.

Das 1534 von den Spaniern auf den Ruinen einer Inkastadt gegründete Quito hat die besterhaltene koloniale Altstadt Lateinamerikas. Ihr Herzstück ist die Plaza de la Independencia, ein breiter Platz, der von der weiß getünchten Kathedrale und dem Regierungspalast begrenzt wird. Zudem gibt es viele Kirchen im Stil der »Barockschule von Quito«.

Am vierten Tag befährt der Tren Crucero den Abschnitt Otavalo–Ibarra, der in Kapitel 3 (S. 157) beschrieben ist. Damit wäre das gesamte Eisenbahnnetz von Ecuador abgedeckt. Nicht übel, wenn man bedenkt, dass der Schienenverkehr zu Beginn des 21. Jahrhunderts fast nicht mehr bestand.

**RECHTS:** Nach Sibambe muss der Zug die steilen Kehren auf der Teufelsnase nehmen.

## WEITERE WICHTIGE GRÜNDUNGEN

**255. Tren Urbano**
*Puerto Rico*

Die 17 Kilometer lange Bahn führt im Eiltempo zu den Anfängen der Neuen Welt. Auf der Strecke liegen einige der ältesten europäischen Siedlungen in Amerika, etwa das 1508 gegründete Caparra.

**256. Argo Wilis**
*Java, Indonesien*

Die 725 Kilometer lange malerische Strecke führt quer durch Java von Bandung nach Surabaya. Auf halbem Weg liegt Yogyakarta. Die 1755 gegründete Stadt ist das kulturelle Herz Indonesiens.

**257. San Francisco Cable Cars**
*USA*

Die Spanier gründeten 1776 die Mission Dolores auf der hügeligen Halbinsel San Francisco. 1873 kam die Kabelstraßenbahn, von der noch drei Linien bestehen. Mit der Powell-Hyde-Linie zur Market Street und dann mit einer historischen Straßenbahn südwärts zur Church Street gelangt man zur Mission Dolores.

**258. Funiculaire du Vieux-Québec**
*Québec, Kanada*

Die Stadt Québec wurde 1608 von dem französischen Entdecker Samuel de Champlain gegründet. Die alte Standseilbahn von Québec verbindet die Ober- und die Unterstadt miteinander.

259

# VERMONTER / ETHAN ALLEN EXPRESS

*New York und Vermont, USA*

Unterwegs in Vermont auf den Spuren des amerikanischen Patrioten und Pioniers, der den Green Mountain State gründete.

**Wissenswertes**

- *Zeit: 1738–1789 (Lebensdaten Ethan Allens)*
- *Streckenlänge: 983 Kilometer / 388 Kilometer*
- *Mindestfahrtdauer: 13 Stunden, 45 Minuten / 5 Stunden, 30 Minuten*
- *Wichtige Haltepunkte: Washington DC, New York City, Battleboro, Essex Junction–Burlington, St. Albans / New York City, Albany, Castleton, Rutland*
- *Durchfahrene Länder: United States*

Farmer, Philosoph, Politiker, Patriot, Pionier, Held – all das war Ethan Allen. Kein Wunder, dass nach ihm auch ein Zug benannt ist. Allen half in den 1760er-Jahren die Miliz Green Mountain Boys aufzubauen; ihr Kampf um Landrechte führte schließlich zur Gründung des Staates Vermont. 1775 eroberten Allen und seine »Jungs« das britische Fort Ticonderoga, eine wichtige Etappe hin zum Sieg im Amerikanischen Unabhängigkeitskrieg.

Die Bahngesellschaft Amtrak betreibt in Allens Herzland zwei Linienzüge. Der 388 Kilometer lange Ethan Allen Express fährt von New York City entlang des Hudson Valley nach Rutland in Vermont. Unterwegs hält er in Castleton, einer malerischen alten Universitätsstadt (seit 1787).

Hier planten Ethan Allen und General Benedict Arnold den Angriff auf Fort Ticonderoga. Das markante sternförmige Fort liegt 45 Autominuten nördlich, an der südlichen Engstelle des Lake Champlain.

Die 983 Kilometer lange Strecke des Vermonter beginnt in Washington DC, führt nach New York City, verläuft dann aber nordöstlicher als der Ethan Allen Express. Sie durchschneidet erst Connecticut (wo Allen geboren wurde) und Massachusetts, bevor sie die Wiesenlandschaften und bewaldeten Berge von Vermont erreicht. Hier bieten sich schöne Ausblicke auf den Mount Ascutney, auf Dörfer und Flüsse mit den typischen gedeckten Holzbrücken, die besonders prächtig wirken, wenn das Herbstlaub in allen Farben leuchtet.

Die vorletzte Station des Vermonter ist Burlington, die kleinste unter den jeweils größten Städten der 50 US-Staaten. Ethan Allen verbrachte hier seine letzten Tage in einem schlichten Holzhaus, das er sich oberhalb des Winooski River baute. Heute befindet sich darin ein Museum, das einen Einblick in das Leben der Pioniere im 18. Jahrhundert bietet. Allen starb 1789 und liegt auf dem Greenmount Cemetery von Burlington unter einer mit seiner Statue bekrönten Säule begraben.

## REVOLUTIONS-BAHNEN

**260. Standseilbahn Guanajuato**
*Mexiko*

In der zum UNESCO-Weltkulturerbe gehörenden Kolonialstadt Guanajuato führt eine kurze Standseilbahn zum Denkmal von El Pípila (1782–1863), einem mexikanischen Nationalhelden.

**261. Boston and Maine Railroad**
*Massachusetts, USA*

Auf einem Teil der alten Bahnstrecke verläuft heute der Minuteman-Radweg. Er folgt in etwa der Route von Paul Reveres Ritt nach Lexington 1775 während des Unabhängigkeitskriegs.

**LINKS:** Wer im Herbst mit der Bahn durch Vermont fährt, erlebt ein Farbspektakel.

## 262
## PHILADELPHIA–WASHINGTON DC

*USA*

Die 217 Kilometer lange Strecke verbindet zwei der wichtigsten Städte der USA miteinander. Philadelphia war die »Wiege der Nation« und ist reich an historischen Stätten, darunter die Independence Hall, wo die Unabhängigkeitserklärung (1776) und die US-Verfassung (1787) entstanden. Von Philly fährt der Zug südwestwärts über die Commodore Barry Bridge, den Delaware und Susquehanna sowie die Hafenstadt Baltimore. Nach zwei Stunden erreicht man die US-Hauptstadt Washington, die 1790 gegründet wurde. Die Stadt ist voller Museen und Denkmäler, darunter das National Archives Building, wo Originale der Gründungsdokumente der Vereinigten Staaten ausgestellt sind.

## 263
## DERRY–COLERAINE

*Nordirland, Großbritannien*

Von den vergangenen Konflikten verrät die schöne Route nichts. Die 44 Kilometer lange Strecke zwischen dem mauerbewehrten Derry/Londonderry und Coleraine ist ein Traum! Durch smaragdgrüne Landschaften folgt sie dem River Foyle, bevor sie die wilde Atlantikküste abklappert. Dabei gräbt sie sich auch durch den längsten Eisenbahntunnel Irlands. Einst spielten sich hier ganz andere Szenen ab: Die Belagerung Derrys war der erste große Waffengang im Krieg der zwei Könige (1688–1691), den König Jakob VII. von Schottland (Jakob II. von England) und Wilhelm von Oranien und ihre katholischen bzw. protestantischen Anhänger gegeneinander ausfochten. Derry und Coleraine waren Hochburgen der Protestanten, die letztlich siegten – was die Geschichte Irlands in den folgenden Jahrhunderten prägte.

**RECHTS:** Wie im Film! – Ein Dampfzug fährt über das Glenfinnan-Viadukt.

# JACOBITE STEAM TRAIN

*Schottland, Großbritannien*

Mit einer der herrlichsten Eisenbahnen Großbritanniens auf den Spuren von Bonnie Prince Charlie und Harry Potter.

**Wissenswertes**

- *Zeit: 1745 (Jakobitenaufstand)*
- *Streckenlänge: 66 Kilometer*
- *Mindestfahrtdauer: 2 Stunden, 10 Minuten*
- *Wichtige Haltepunkte: Fort William, Banavie, Glenfinnan, Lochailort, Arisaig, Morar, Mallaig*
- *Durchfahrene Länder: Großbritannien*

Der Jacobite Steam Train ist magisch. Der wabernde Dampf! Die glitzernden Lochs! Zauberer, die auf Besen fliegen! Na gut, die gibt es vielleicht nur in den *Harry Potter*-Filmen (in denen der Zug vorkommt), aber bemerkenswert ist die Fahrt allemal.

Die Dampfeisenbahn befährt das letzte Teilstück der West Highland Line. Der 198 Kilometer lange Abschnitt von Glasgow bis Fort William in den Highlands wurde 1889 bis 1894 gebaut. Eine beachtliche Leistung, musste man sich doch durch wilde Berggegenden kämpfen, nicht zuletzt durch das einsame Rannoch-Moor, wo die Bahn über Torfmoor dahinschweben muss.

**UND WIE WÄR'S DAMIT?**

**265. Glasgow–Stranraer**
*Schottland, Großbritannien*
Durch Schottlands Südwesten ins Burns Country: Die 152 Kilometer lange Strecke führt über Alloway, wo 1759 der Dichter Robert Burns zur Welt kam. Sein Geburtshaus ist heute ein Museum.

Als nächste Etappe stand der Ausbau von Fort William zu den Fischerdörfern an der Westküste an.

Der Ingenieur Sir Robert McAlpine wendete jede Menge Grips und Beton auf, um das bergige Terrain zu erschließen. Sein Meisterwerk war das 21-bogige Glenfinnan-Viadukt. 1901 wurde schließlich der 66 Kilometer lange Abschnitt Fort William–Mallaig eröffnet.

Mit dieser Linie reist man nicht nur durch atemberaubende Landschaften, sondern auch zurück ins 17. und 18. Jahrhundert. Der katholische König Jakob VII. von Schottland (Jakob II. von England) regierte von 1685 bis 1688, als er entmachtet und von seiner protestantischen Tochter Maria und deren Mann Wilhelm von Oranien abgelöst wurde. Die Anhänger des exilierten Königs, die Jakobiten, scheiterten 1715 mit einem Aufstand, der Jakobs Sohn auf den Thron bringen sollte. 1745 versuchte es Jakobs Enkel Charles Stuart (»Bonnie Prince Charlie«) erneut. Mit 50 Mann landete er in Glenfinnan am Loch Shiel. Von den Clans in Keppoch, Moror und Lochiel stießen weitere Kämpfer hinzu. Charles hisste auf einem Hügel die Standarte seines Vaters – der Auftakt zum Jakobitenaufstand von 1745. Doch auch er scheiterte: 1746 wurde Charles in der Schlacht von Culloden besiegt. Die Ära der Jakobiten war vorbei. In Glenfinnan erinnert noch ein Turm mit einem Highlander-Standbild an diese Zeit.

Zwischen Fort William und dem Mallaig verkehren auch ScotRail-Züge, aber der Jacobite Steam Train hat was von Harry Potter. Von Mitte Mai bis Anfang Oktober ziehen alte Dampfloks Mark-1-Waggons aus den 1960er-Jahren.

Der Zug startet in Fort William im Schatten des Ben Nevis, Großbritanniens höchstem Berg (1.345 Meter). Kurz darauf passiert er die Ruinen von Inverlochy Castle.

Er erreicht das Dorf Banavie und überquert bei den acht Schleusen von Neptune's Staircase den Kaledonischen Kanal.

Nach Banavie umfährt der Zug den Loch Eil – von hier stammte der Clanchef Donald Cameron, der in dem Aufstand 1745 eine tragende Rolle spielte. Weiter durch die wilde Landschaft fährt der Jacobite seinem »Leinwandspektakel« entgegen: der Überquerung des Glenfinnan-Viadukts. Dicke Dampfwolken ausstoßend kurvt der Zug unaufhaltsam über die 380 Meter lange Brücke, als ob er wirklich Harry und Co. in die Schule nach Hogwarts bringen würde. Unterhalb der Brücke wacht das Glenfinnan-Monument über die Täler. Hier gibt es ein Besucherzentrum und ein Eisenbahnmuseum.

Die Linie streift Loch Eilt, Loch Ailort und Loch Nan Uamh. Am Ufer markiert ein Steinmonument die Stelle, wo Charles sich nach der Schlacht von Culloden auf ein französisches Schiff flüchtete und Schottland für immer verließ. In Arisaig erreicht man den westlichsten Bahnhof Großbritanniens. Weiter geht es entlang der Küste, vorbei am Loch Morar, Sandstränden und Felsspornen. Schließlich erreicht der Zug Mallaig, von wo aus eine Fähre zur Insel Skye übersetzt.

### EINE FRÜHE BAHN

**266. Alloa Waggonway**
*Schottland, Großbritannien*

Die nicht mehr erhaltene alte Pferdebahn, ein Vorläufer der Eisenbahn, wurde um 1766 gebaut, um Sauchie mit dem Hafen von Alloa am Firth of Forth zu verbinden.

**UNTEN:** Das Glenfinnan-Monument ehrt die Clanmitglieder, die an der Seite von Bonnie Prince Charlie kämpften.

267

# MAIN NORTH LINE

*New South Wales, Australien*

Mit dem Zug von Sydney in die Region am Hawkesbury River, wo sich die ersten Siedler Australiens niederließen.

**Wissenswertes**
- *Zeit: 1789 (erste Erkundung des Hawkesbury River)*
- *Streckenlänge: 80 Kilometer*
- *Mindestfahrtdauer: 1 Stunde, 20 Minuten*
- *Wichtige Haltepunkte: Sydney, Strathfield, Hornsby, Mount Kuring-gai, Berowra, Cowan, Hawkesbury River, Gosford*
- *Durchfahrene Länder: Australien*

Jahrtausendelang bevölkerten die Guringai das Gebiet um den Hawkesbury River in New South Wales. Sie nannten es *Deerubbun* (breites, tiefes Wasser). Doch als 1788 die ersten Schiffe mit deportierten Strafgefangenen in der südlich gelegenen Botany Bay eintrafen, veränderte sich die Bewohnerschaft grundlegend. Die Neuankömmlinge erkundeten ab 1789 den Hawkesbury. 1794 war die Besiedlung im Gange, und mit der Ankunft weiterer Gefangener, Soldaten und Grundbesitzer war das fruchtbare Hawkesbury-Gebiet schon bald die Kornkammer der jungen Kolonie New South Wales. Die Guringai wurden von ihrem Land vertrieben, wenn es nicht noch schlimmer kam.

Bis heute scheint sich die Gegend trotz der Nähe zu Australiens größter Stadt Sydney kaum verändert zu haben.

Die Fähren über den Fluss verkehren immer noch von Wisemans Ferry, wo der Exsträfling Solomon Wiseman 1827 den ersten Fährdienst einrichtete. Bahnreisende, die mit der Main North Line in Sydney losfahren, nutzen jedoch einen anderen Übergang. Zwischen dem alten Austernzuchtort Brooklyn am Südufer des Hawkesbury und Cogra Point im Norden überspannt eine achtbogige Eisenbahnbrücke den Fluss. Die ursprüngliche, 1889 eröffnete Überführung stammte von der New Yorker Union Bridge Company. 1946 wurde sie durch eine neue Brücke ersetzt, wobei die alten Pfeiler an ihrem Ort belassen wurden.

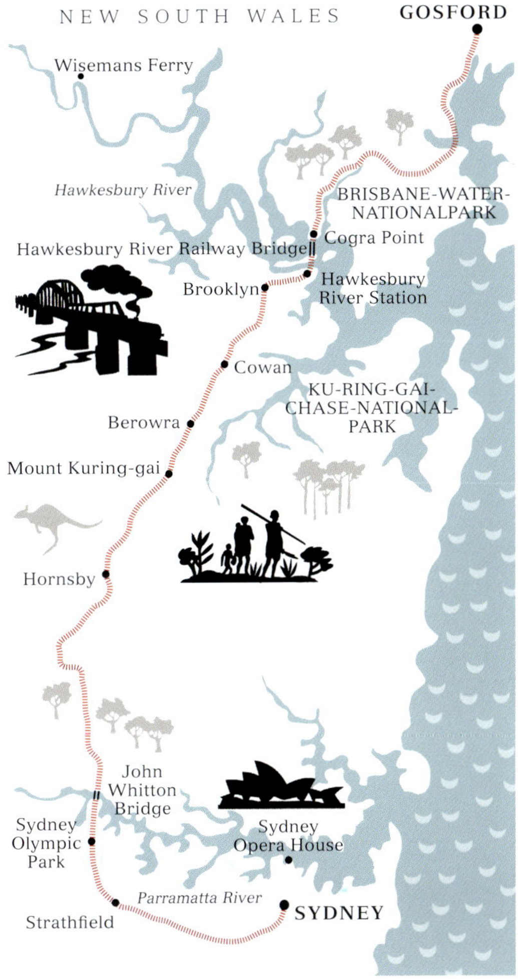


Die Main North Line fährt vom Hauptbahnhof Sydney ab. Sie passiert den Olympic Park (Ort der Spiele 2000), überquert den Parramatta River über die John Whitton Bridge und erreicht den Vorort Hornsby. Danach streift sie den Ku-ring-gai-Chase-Nationalpark, ein Stück Wildnis nahe der Stadt mit gewundenen Bächen, Regenwald und Eukalypten, Mangroven, Klippen und Aborigine-Felsbildern. In den Park gelangt man von den Haltestellen Mount Kuring-gai, Berowra und Cowan. Alternativ kann man bis zur Station Hawkesbury River in Brooklyn weiterfahren und dort einen Bootsausflug machen. Oder man quert noch die Hawkesbury River Railway Bridge und genießt den malerischen Abschnitt durch den Brisbane Water National Park nach Gosford am herrlichen Nordarm des Hawkesbury.

**LINKS:** Die Main North Line beginnt inmitten der Wolkenkratzer im Zentrum von Sydney.

268

# ESTRADA DE FERRO OESTE DE MINAS

*Minas Gerais, Brasilien*

Mit einem Nostalgiezug durch das Goldrauschland des 17. Jahrhunderts.

**Wissenswertes**

- *Zeit: 1693–1695 (Goldrausch in Minas Gerais)*
- *Streckenlänge: 13 Kilometer*
- *Mindestfahrtdauer: 35 Minuten*
- *Wichtige Haltepunkte: São João del Rei, Tiradentes*
- *Durchfahrene Länder: Brasilien*

**RECHTS:** Historische Dampfzüge fahren von dem hübschen Kolonialstädtchen Tiradentes ab.

1879 baute die Gesellschaft Estrada de Ferro Oeste de Minas die ersten Eisenbahnen. In ihrer Hochphase unterhielt sie im Bundesstaat Minas Gerais im Südosten Brasiliens 775 Kilometer Gleise. Nur 13 Kilometer werden heute noch von einer Schmalspurbahn zwischen São João del Rei und dem malerischen Tiradentes befahren. Doch das genügt, um einen Eindruck zu bekommen, was diese Gegend einst zur reichsten Region Brasiliens machte.

Portugiesische *Bandeirantes* (Expeditionstrupps) stießen 1693 in den Bergen von Minas Gerais erstmals auf Gold und lösten einen Ansturm tausender Glücksritter aus. Zeitweise war die damalige Hauptstadt Ouro Preto die bevölkerungsreichste Stadt der Neuen Welt. Aus dem vorbeituckernden Zug können die Fahrgäste heute an den Hängen die Spuren des Abbaus im 18. Jahrhundert sehen. Daneben werden sie die Flöße auf dem Fluss bemerken: Sie gehören modernen *Garimpeiros* (Goldgräbern), die mithilfe von Pumpen Gold aus dem Flussbett zu gewinnen versuchen.

Tiradentes ist ein herrlicher Ausgangspunkt für die Fahrt – purer kolonialer Charme, mit gepflasterten Straßen und weiß getünchten Häusern inmitten grüner Hügel. Demgemäß ist der Innenraum der Kirche Matriz de Santo Antônio verschwenderisch mit Gold geschmückt. Tiradentes hat noch den alten Bahnhof von 1881, wo der Zug freitags, samstags und sonntags zur Abfahrt bereitsteht. Gezogen wird er von einer Dampflok, die liebevoll Maria Fumaça (Rauchende Maria) genannt wird.

Von Tiradentes aus dampft Maria am Rio das Mortes entlang und lässt die Berge von São João hinter sich. Der Zug erreicht São João, wo der alte Bahnhof, die Werkstätten und der Ringlokschuppen in ein Museum mit alten Waggons und Lokomotiven umgewandelt wurden. Lohnenswert ist die Erkundung der lebhaften Altstadt von São João mit ihren kolonialen Herrenhäusern, baumgesäumten Plätzen und weiteren mit Gold aus Minas Gerais verzierten Kirchen.

## 269
# WOLLATON WAGONWAY

*Nottinghamshire, Großbritannien*

»Alonge the passage now laide with railes, and with suche or the lyke Carriages as are now in use for the purpose …« heißt es in dem Vertrag, den Sir Percival Willoughby, Gutsherr von Wollaton Hall, 1604 Huntingdon Beaumont, dem Pächter der Kohlengruben von Strelley, ausstellte. Es geht um den Wollaton Wagonway – die erste oberirdische Holzschienenbahn der Welt. Sie war drei Kilometer lang und wurde von Pferdewagen befahren. Heute ist von ihr nichts mehr übrig, aber man nimmt an, dass die Route entlang der heutigen Old Coach Road verlief, die Strelley mit Wollaton am Rand von Nottingham verbindet. Das elisabethanische Herrenhaus Wollaton Hall steht noch und beherbergt heute ein Museum. 2012 tauchte es als Wayne Manor in dem Batman-Film *Dark Knight Rises* auf.

## 270
# MIDDLETON RAILWAY

*Yorkshire, Großbritannien*

Kleine Ausmaße, aber große Bedeutung – das ist die Middleton Railway. Die Strecke vom Vorort Hunslet nach Leeds beträgt gerade einmal 1,6 Kilometer. Aber 1758 war dies die erste Eisenbahn, deren Trasse per Parlamentsgesetz bestätigt wurde. Zunächst zogen Pferde die Kohlewagen, doch ab 1812 setzte man Dampfmaschinen und ein zukunftsweisendes Zahnstangensystem ein. Während sich die Region zu einem Zentrum des Maschinenbaus entwickelte, wurde die Bahn zu unterschiedlichen Zwecken immer weiter genutzt und ist damit die älteste kontinuierlich betriebene Eisenbahn der Welt. Heute befördert sie an Wochenenden und Feiertagen Touristen und wird ehrenamtlich betrieben.

## 271
# MERTHYR TRAMROAD

*Wales, Großbritannien*

Richard Trevithick wurde 1771 in Cornwall geboren und wuchs im Bergbaumilieu auf. In den 1790er-Jahren experimentierte er mit Hochdruckdampfmaschinen und wendete seine Ideen auch bald auf die Fortbewegung an. 1804 führte er bei der Merthyr Tramroad in Südwales eine Dampfmaschine auf Rädern vor, mit der er zehn Tonnen Eisen ziehen wollte. Die 15 Kilometer lange Tramroad, die für die Eisenwerke gebaut worden war, hatte als eine der ersten Bahnen des Landes Eisenschienen. Am 21. Februar 1804 wurden die sonst von Pferden gezogenen Wagen von Trevithicks Maschine bewegt – der erste Einsatz einer Dampflok auf Schienen. Die Tramroad existiert nicht mehr, aber auf dem Penydarren–Abercynon Trevithick Trail können Wanderer ihrem Verlauf folgen.

## 272
# MIDLAND RAILWAY

*Peak District, Großbritannien*

Der Peak District war 1951 der erste Nationalpark Großbritanniens – ein bedeutender Moment für die Natur. Seit 1604 hatten eine Reihe von Enclosure Acts (Einhegungsgesetze) den Zugang zu bisher gemeinschaftlich genutztem Land zunehmend eingeschränkt und die Natur der Ökonomie untergeordnet. In den 1860er-Jahren durchschnitt die Midland Railway idyllische Gegenden in Derbyshire (die heute zum Nationalpark gehören) mit wenig Rücksicht auf die Landschaft und verunstaltete das Monsal Dale mit dem Headstone-Viadukt. Die Bahn wurde mittlerweile stillgelegt, aber das 23 Meter hohe fünfbogige Viadukt wird als Bauwunder verehrt. Naturfreunde können auf dem 13 Kilometer langen Monsal Trail im Peak District über die Brücke wandern.

273
# COPPER CANYON RAILWAY

*Nordwestmexiko*

Eine schwindelerregende Zugfahrt durch hinreißende Schluchten, wo spanische Entdecker einst ihr Glück machten.

**Wissenswertes**
- *Zeit: 1600er-Jahre (Spanier treffen im Gebiet von Copper Canyon ein)*
- *Streckenlänge: 655 Kilometer*
- *Mindestfahrtdauer: 15 Stunden*
- *Wichtige Haltepunkte: Los Mochis, El Fuerte, Témoris, Bahuichivo, Posada Barrancas, Divisadero, Creel, Cuauhtémoc, Chihuahua*
- *Durchfahrene Länder: Mexiko*

Im späten 16. Jahrhundert betraten spanische Entdecker auf der Suche nach Silber und Gold erstmals die mexikanische Region Chihuahua. Sie fanden eine beeindruckende Landschaft vor: die Sierra Madre Occidental, die vom Copper Canyon durchzogen wird – ein riesiges Netz von Felsschluchten, die stellenweise über 1.800 Meter tief sind.

Bei der Namensgebung ließen sich die Spanier von dem grünlichen Farbton der Felsen irreführen; dieser rührte nicht von Kupfer her, sondern von Flechten. Dafür fanden die Spanier Silber. 1632 begannen sie mit der Ausbeutung der Vorkommen tief im Bauch des Canyons. Das Silber aus dem Erz zu lösen war harte Arbeit – so ließ man die indi-

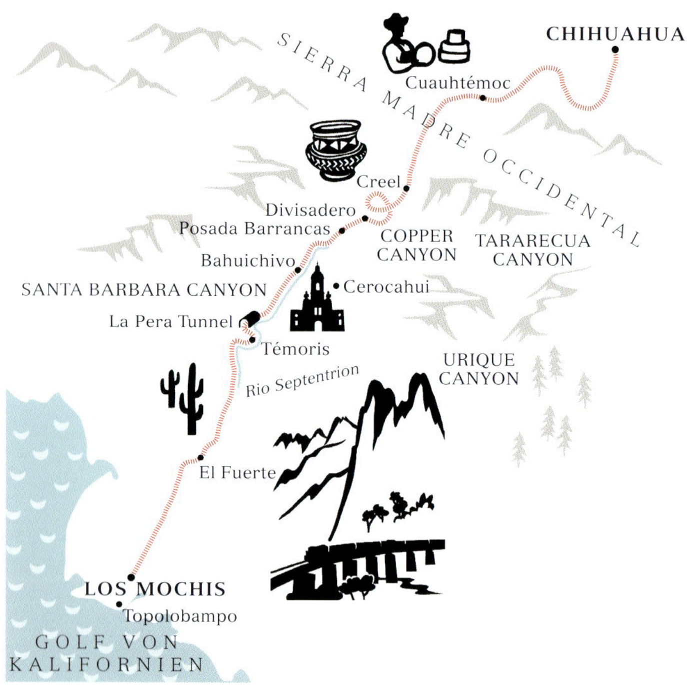

genen Rarámuri (Tarahumara) in den Minen schuften und das Silber mit Maultieren wegschaffen.

Hätten sie nur »El Chepe« gehabt – die Copper Canyon Railway. Diese wurde allerdings erst 1961 eröffnet. Erstmals erwogen wurde eine Bahnlinie zwischen dem Golf von Kalifornien und Chihuahua im Landesinnern in den 1870er-Jahren – nicht von Bergarbeitern, sondern von dem Amerikaner Albert Kinsey Owen. Er wollte in der Küstenstadt Topolobampo eine frühsozialistische Kolonie errichten und sein Utopia per Bahn an die Vereinigten Staaten anbinden. Owens Kolonie scheiterte, aber das Bahnvorhaben wurde weiterverfolgt. Man baute zunächst in den Ebenen; erst in den 1940er-Jahren nahm man auch die Berge in Angriff. Fast 90 Jahre später wurde die Strecke schließlich vollständig eröffnet.

Bei einer Fahrt mit El Chepe wird klar, warum der Bau so lange gedauert hat. Entlang der 655 Kilometer langen Strecke gibt es 87 Tunnel und 36 Brücken. Die Züge nehmen Kehren, gleiten an steilen Felswänden entlang und arbeiten sich von null auf 2.400 Meter hoch.

**OBEN:** El Chepe bei der Anfahrt auf Divisadero am Rand des Copper Canyon.

Die Copper Canyon Railway betreibt zwei Linienzüge, den Clase Economica (dreimal wöchentlich) und den täglich verkehrenden Primera Express mit Liegesitzen und einem Speisewagen.

Mit der Einhaltung des Fahrplans nehmen es beide nicht so genau, doch die Fahrt entschädigt für die häufigen Verspätungen.

Bei der West-Ost-Route startet El Chepe in der Küstenstadt Los Mochis und rattert über flaches Farmland nach El Fuerte, eine verschlafene Kolonialstadt, die im Zuge des Bergbaus reich wurde. Sie hat einen blumenreichen Platz und ein Rathaus mit Arkadengalerie. Nach El Fuerte wird es spannend, wenn die Strecke immer weiter ansteigt. Sie überwindet kakteenreiche Vorberge und erklimmt die Sierra, eine zeitlose, schwindelerregende Landschaft mit gewundenen Bächen, Kiefernwäldern und zerklüfteten Felsen.

Bei Témoris befährt der Zug den Santa Barbara Canyon. Dabei macht er mithilfe des Wendetunnels von La Pera (»die Birne«) und der geschwungenen Brücke über den Rio Septentrion zwei Spitzkehren, wodurch drei Gleistrassen übereinander an der Canyonwand verlaufen. Spektakuläre Landschaften erwarten einen auf dem Abschnitt bis Bahuichivo, ein guter Ort für einen Zwischenaufenthalt. Von hier gelangt man nach Cerocahui, einem Talort mit einer alten Missionskirche, und zum Urique Canyon, der tiefsten Schlucht im Landschaftssystem.

Ein Stück hinter Bahuichivo hält der Zug in Divisadero mit der besten Aussicht der ganzen Fahrt: Vom Bahnsteig direkt am Schluchtrand blickt man auf den Copper Canyon, der sich mit dem Tararecua- und Urique Canyon zu einem überwältigenden Felsenmeer vereint. Nebenbei kann man von Rarámuri-Händlern am Bahnhof Maiskuchen oder Flechtkörbe kaufen.

Nun beginnt die Bahn ihre Talfahrt. In Creel, dem Hauptort der Sierra Tarahumara, gibt es ein Kunsthandwerksmuseum und viele Rarámuri. Cuauhtémoc ist für seine große Mennonitengemeinde und feinen Käse bekannt. Schließlich kommt El Chepe im weitläufigen Chihuahua an. Die Stadt ist nicht unbedingt schön, aber in der kolonialen Altstadt gibt es ein paar vornehme Häuser, die ihren Glanz dem Silber aus den nahegelegenen Bergen verdanken.

274

# SCHIENENBUS SUCRE–POTOSÍ

*Zentralbolivien*

Ist das nun ein Bus oder ein Zug? Der bolivianische Buscarril – ein Bus auf Schienen – hat von beidem etwas. Für die Region ist er eine wichtige Lebensader, denn er bedient zahlreiche Dörfer auf der achtstündigen Fahrt durch die spektakuläre Cordillera de los Frailes zwischen Sucre und Potosí. Das 1538 gegründete Sucre ist die verfassungsmäßige Hauptstadt und die attraktivste Stadt Boliviens, mit einem Ensemble aus weiß getünchten Häusern und grünen Plätzen, das zum UNESCO-Weltkulturerbe zählt. In Potosí gehören die alten Industriebauten zum UNESCO-Weltkulturerbe. Die Stadt wurde 1545 gegründet, als man am Cerro Rico (Reicher Berg) große Silbervorkommen entdeckte, und entwickelte sich zum größten Industriekomplex der Welt. Noch heute sind Reste der Minen aus dem 16. Jahrhundert zu sehen.

**LINKS:** Die Spanier erkundeten den atemberaubenden Copper Canyon ab dem 17. Jahrhundert.

# TREN DE CERVANTES

*Zentralspanien*

Eine kurze Bahnfahrt vom eleganten Madrid auf den Spuren des bedeutendsten spanischen Schriftstellers.

**Wissenswertes**
- *Zeit: 1547–1616 (Lebensdaten von Miguel de Cervantes)*
- *Streckenlänge: 30 Kilometer*
- *Mindestfahrtdauer: 30 Minuten*
- *Wichtige Haltepunkte: Madrid, Alcalá de Henares*
- *Durchfahrene Länder: Spanien*

**UNTEN:** Der große Miguel de Cervantes liegt in einem Kloster in Madrid begraben.

»Wer viel liest und viel reist, sieht vieles und erfährt vieles«, lässt Miguel de Cervantes den Helden seines Meisterwerks *Don Quijote* (1605–1615) sagen. Auf die Eisenbahn konnte Spaniens größter Erzähler natürlich nicht zurückgreifen. Aber nachdem er Reisen offenbar schätzte, hätte sie sicher seine Zustimmung gefunden.

Der Tren de Cervantes von Madrid nach Alcalá de Henares folgt wichtigen Lebensstationen des »Vaters des modernen Romans« und beginnt in Madrid, der eleganten, spritzigen Hauptstadt, wo Cervantes 1616 starb. Bestattet wurde er im Kloster der Unbeschuhten Trinitarierinnen, doch beim Umbau des Klosters Ende des 17. Jahrhunderts wurde das Grab verlegt und ging verloren.

Erst 2015 wurden Cervantes' Gebeine mithilfe von Bodenradar und DNA-Analysen wiederentdeckt. Mittlerweile wurden sie wieder in der Klosterkirche San Ildefonso beigesetzt. Auf der Plaza de España in Madrid ehrt ein Denkmal mit Bronzeskulpturen von Don Quijote und seinem Knappen Sancho Panza den großen Dichter.

Die Fahrgäste des Tren de Cervantes treffen in Madrids prächtigem Bahnhof Atocha auf mehrere Personen, die als Don Quijote, Sancho Panza, blinder Barde und Cervantes kostümiert sind. Mit allerlei Geschichten und Anekdoten unterhalten sie ihre Zuhörer während der 30-minütigen Fahrt über sonnenversengtes Ackerland nach Alcalá de Henares. Hier wurde Cervantes geboren, und das zum UNESCO-Weltkulturerbe gehörende mittelalterliche Zentrum versetzt den Besucher in das goldene Zeitalter der spanischen Literatur zurück. Sehenswert sind die 1293 gegründete Universität (eine der ältesten in Europa), die herrliche Kathedrale an der Plaza de los Santos Niños und die Weißstörche, die auf den Türmen der Stadt nisten. Im Herzen von Alcalá liegen die Plaza de Cervantes und die zur Fußgängerzone umfunktionierte Calle Mayor mit Cervantes' Geburtshaus, das heute ein Museum beherbergt.

## ZU KÜNSTLERN UND LITERATEN

**276. Mantua–Verona**
*Norditalien*

37 Kilometer liegen zwischen den Schauplätzen von Shakespeares *Romeo und Julia* (1595), dem von Seen umgebenen Mantua und Verona mit dem berühmten Balkon.

**277. Küstenbahn**
*Dänemark*

Von der Hauptstadt Kopenhagen nach Helsingør (Elsinore), wo Shakespeares *Hamlet* (1603) spielt, sind es mit der Bahn nur 46 Kilometer.

**278. Borders Railway**
*Schottland, Großbritannien*

In den Princes Street Gardens von Edinburgh erinnert ein Monument an Sir Walter Scott (1771–1832). Von der nahe gelegenen Waverley Station gehen Züge nach Tweedbank, von wo es nicht weit zu Scotts Anwesen Abbotsford House ist.

**279. Amsterdam–Leiden–Delft**
*Niederlande*

Im 17. Jahrhundert erlebten die Niederlande ihr goldenes Zeitalter. Wichtige Städte waren schon damals Amsterdam mit seinen Grachten und Delft, wo der Maler Jan Vermeer (*Das Mädchen mit dem Perlenohrgehänge*) lebte.

# WINNIPEG–CHURCHILL

*Manitoba und Saskatchewan, Kanada*

Mit der langsamsten Eisenbahn der Welt in die subarktische Wildnis zu den Revieren von Pelztierjägern und Eisbären.

**Wissenswertes**

- *Zeit: 1670 (Gründung der Hudson's Bay Company)*
- *Streckenlänge: 1.710 Kilometer*
- *Mindestfahrtdauer: 44 Stunden*
- *Wichtige Haltepunkte: Winnipeg, Portage la Prairie, Togo, Hudson Bay, The Pas, Thompson, Gillam, Churchill*
- *Durchfahrene Länder: Kanada*

Nach Churchill in der Hudson Bay führt keine Straße. Wer auf dem Landweg dorthin will, hat nur eine Möglichkeit: eine Fahrt mit der wohl langsamsten Eisenbahn der Welt, zum nördlichsten Bahnhof Kanadas.

Die ersten Entdecker kamen mit dem Schiff hierher. Der englische Seefahrer Henry Hudson, der die legendäre Nordwestpassage nach China suchte, entdeckte 1610 die riesige Bucht. 1668 drang die Ketsch *Nonsuch* als erstes Handelsschiff in die Gewässer der Bucht vor. Die Besatzung trieb während der Jagdzeit Handel mit den Indianern und kehrte mit einer Ladung Pelze nach England zurück. Die erfolgreiche Mission führte dazu, dass 1670 ein königliches Privileg für »The Governor and Company of Adventurers of England Trading into Hudson's Bay«, kurz Hudson's Bay Company (HBC), ausgestellt wurde. Um die Bucht herum entstanden weitere Handelsposten – so etwa 1717 in Churchill –, die die HBC bis Anfang des 20. Jahrhunderts nutzte.

**UNTEN:** In Churchill kann man die Nordlichter am Himmel flirren sehen.

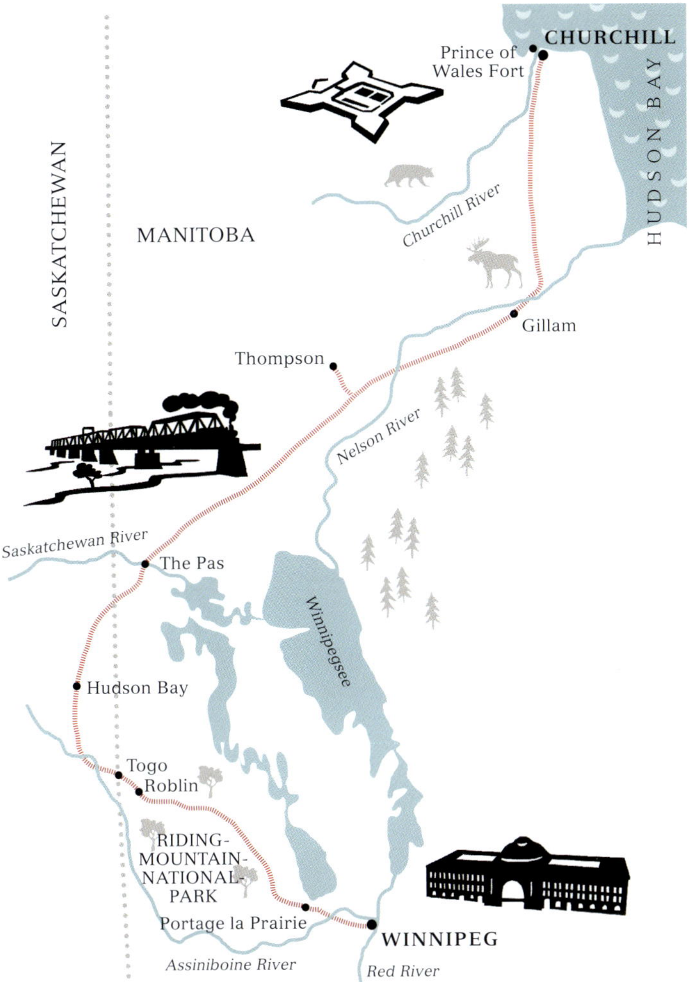


Die Eisenbahn kam für die HBC-Handelsposten etwas zu spät. Die Genehmigungen für eine Strecke zur Hudson Bay wurden 1880 erteilt, aber Geldnot, Routenänderungen, der Erste Weltkrieg und das Sumpfland in der Tundra Nordamerikas hemmten den Fortgang. Erst 1929 wurde die Bahnlinie Winnipeg–Churchill vollständig eröffnet.

Das Schneckentempo beim Bau spiegelt die Geschwindigkeit der Züge wider, die heute die Strecke befahren – zeitweise nicht schneller als ein strammer Spaziergang. Da der Moorboden regelmäßig friert und wieder auftaut, verziehen sich die Schienen, was bei zu schneller Fahrt zum Entgleisen des Zugs führen kann. Immer wieder sieht man umgekippte Güterwagen an der Strecke liegen. Der Vorteil

## IM GEFOLGE DER ENTDECKER

**281. St. Helena Railway**
*Britisches Übersee-gebiet*

Die Südatlantikinsel St. Helena wurde 1502 von den Portugiesen entdeckt. Die Briten bauten hier 1826 eine 183 Meter lange Standseilbahn; übrig geblieben ist davon eine steile Treppe, die Jacob's Ladder genannt wird.

**282. Adirondack**
*USA und Kanada*

Die zehnstündige Fahrt mit dem Adirondack-Zug verbindet New York und Montréal über das schöne Hudson Valley, benannt nach Henry Hudson, der als erster Europäer hierher vordrang.

**283. Gulflander**
*Queensland, Australien*

Niederländische Seefahrer erkundeten den Golf von Carpentaria im 17. Jahrhundert. Die 152 Kilometer lange Strecke zwischen Normanton und Croydon (beide am Golf) wird heute von Outback-Touristen genutzt.

ist hier allerdings: Die Passagiere können die rund 1.700 Kilometer kanadische Wildnis in aller Ruhe genießen.

Bei der Fahrt in nördlicher Richtung nach Churchill geht der Zug dreimal wöchentlich von Manitobas Hauptstadt Winnipeg ab. Die blühende Metropole am Zusammenfluss von Red River und Assiniboine River ist das Tor zum Westen und zum subarktischen Norden Kanadas. The Forks, ein lebhaftes Viertel am Fluss mit vielen Restaurants und Bars, ist ein guter Ort zum Abendessen, bevor man am nächsten Tag mittags den Zug besteigt.

Von Winnipegs Beaux-Arts-Bahnhof Union Station rattert der Zug durch verschiedene Ökozonen: ausgedehnte Weizenfelder und Provinznester, Laubwälder mit verstreuten Gehöften, die Weite des borealen Nadelwalds. Irgendwo zwischen all den Bäumen hält der Zug in The Pas, das seit rund 9.000 Jahren von Cree-Indianern bewohnt wird und in den 1690er-Jahren die ersten Europäer sah. Die Eisenbahn erreichte The Pas 1909 und wäre auch nicht weiter nach Norden vorgedrungen, hätte die kanadische Regierung nicht doch noch die Strecke bis zur Hudson Bay finanziert. Der Bau der Brücke über den Saskatchewan River (1910–1911) bildete hierzu den ersten Schritt.

Ein Stück weiter erreicht der Zug Gillam, benannt nach Zachary Gillam, dem Kapitän der *Nonsuch*. Gleich dahinter überquert die Bahn die lange Brücke über den Nelson River. Der Fichtenwald wird immer dünner, bis er von den Barren Grounds abgelöst wird, einer unendlichen baumlosen Moos- und Flechtenlandschaft, die von Seen und Bächen bedeckt ist und von Karibus durchstreift wird.

Nach fast 45 Stunden trudelt der Zug schließlich in Churchill ein. In Kanadas einzigem Tiefseehafen am arktischen Meer leben gerade einmal 800 Menschen. Die vielen Belugawale (Juli bis August), Eisbären (Oktober bis November) und Nordlichter (September bis März) bescheren der Stadt jedoch zahlreiche Touristen.

Auch Überreste aus der Pelzhändlerzeit können hier besichtigt werden. Auf einer einsamen Halbinsel am Churchill River liegt das Prince of Wales Fort. Das zwischen 1732 und 1771 erbaute riesige sternförmige Fort hat bis zu elf Meter dicke Mauern und war einst mit vierzig Kanonen bestückt. 1782 wurde sie von französischen Truppen erobert und beschädigt. Wegen ihrer historischen Bedeutung begann man das Fort in den 1930er-Jahren wieder aufzubauen – mithilfe von Geräten und Arbeitskräften, die mit der Eisenbahn kamen.

284

# CASS SCENIC RAILROAD

*West Virginia, USA*

Die Cass Scenic Railroad führt durch Pocahontas County in West Virginia. Pocahontas (1596–1617) war eine Häuptlingstochter, die sich für den Frieden zwischen ihrem Stamm und den europäischen Siedlern im nahen Jamestown einsetzte. Die Bahn fährt auf den Bald Knob in den Allegheny Mountains, die als westliche Grenze des Siedlergebiets bestimmt worden waren – allerdings hielten sich die Weißen nicht lange an diese Abmachung. Gebaut wurde die Strecke 1901 für den Holztransport; zur Bewältigung der starken kurvenreichen Steigungen wurden Shay-Dampfloks eingesetzt, bei denen alle Räder direkt angetrieben werden. Heute befördern sie – begleitet vom Klappern der Kolben und Pfeifen der Dampfmaschine – Touristen die 18 Kilometer lange Strecke hinauf.

**LINKS:** Henry Hudson entdeckte 1610 die Bucht, die heute seinen Namen trägt.

## 285
# TRAMWAY DU MONT-BLANC

*Haute-Savoie, Frankreich*

Am 8. August 1786 gelang Jacques Balmat und Michel Paccard die Erstbesteigung des Mont Blanc. Zweifellos wäre ihnen die Tramway du Mont-Blanc sehr gelegen gekommen, die den Aufstieg heute erleichtert. Die 1907 eröffnete zwölf Kilometer lange Zahnradbahn ist beliebt bei Bergsteigern, die den 4.810 Meter hohen furchterregenden Gipfel erklimmen wollen. Vom Dorf Saint-Gervais fährt man am Glacier de Bionnassay vorbei und steigt an der Station Nid d'Aigle (Adlernest) auf 2.372 Metern aus. Hier folgt man der Hauptaufstiegsroute und nimmt nach einer Hüttenübernachtung am nächsten Morgen den Gipfel in Angriff. Wer nicht so hoch hinauswill, kann auch bei einer Fahrt mit der Bergbahn die atemberaubenden Ausblicke genießen.

## 286
# MOUNT WASHINGTON COG RAILWAY

*New Hampshire, USA*

Die erste dokumentierte Besteigung des 1.917 Meter hohen Mount Washington unternahm 1642 der Siedler Darby Field. Die Abenaki-Indianer verehrten den Berg als Wohnort der Götter und wagten sich nicht hinauf. Field wollte mit seiner Tat beweisen, dass die Götter wenig Macht über das Land hatten. 1869 meisterten Menschen den Berg erneut, als am Mount Washington die erste (und heute noch zweitsteilste) Zahnradbahn der Welt eröffnet wurde. Die von Biodiesel- oder historischen Dampfloks gezogene Bahn kämpft sich in 65 Minuten die fünf Kilometer lange Strecke hinauf. Vom Gipfel hat man fantastische Ausblicke auf die Täler New Hampshires und bis nach Kanada im Norden und zum Atlantik im Osten.

287

## BIG SOUTH FORK SCENIC RAILWAY

*Kentucky, USA*

Die 26 Kilometer lange Big South Fork Scenic Railway verdankt ihre Existenz der Holzfällerei im 20. Jahrhundert – und einem Waldläufer aus dem 18. Jahrhundert. Ursprünglich diente die Bahn der Bergbau- und Holzindustrie um den Ort Stearns. Der Touristenzug, der heute die Strecke befährt, hält im ehemaligen Bergarbeiterort Blue Heron. Daneben fährt er durch die üppigen, von Wasserläufen durchzogenen Berge des Daniel Boone National Forest, benannt nach dem meist in Hirschleder gekleideten Pionier Daniel Boone (1734–1820), der die Wildnis Kentuckys erschließen half. Zahlreiche sensationelle Geschichten machten ihn zum ersten amerikanischen Volkshelden.

288

## ZUG AM ENDE DER WELT

*Feuerland, Argentinien*

Der portugiesische Seefahrer Ferdinand Magellan umsegelte 1520 erstmals den Archipel an der Südspitze Südamerikas und nannte ihn Tierra del Fuego (Feuerland). Erst 1902 gelangte die Eisenbahn an diesen Ort am Ende der Welt. Von der Strafkolonie Ushuaia (der südlichsten Stadt der Erde) zum Monte Susana wurde eine Schmalspurbahn für den Holztransport gebaut. Das Gefängnis wurde 1947 geschlossen; heute befahren Touristen mit dem Dampfzug einen sieben Kilometer langen Streckenabschnitt. Er beginnt in der Nähe von Ushuaia und führt durch das Tal des Río Pipo hinauf in den Nationalpark Tierra del Fuego. Unterwegs passiert man den Macarena-Wasserfall und den »Baumfriedhof«, wo vor 70 Jahren die Häftlinge Holz schlugen.

289

# GRAND TOUR

*Großbritannien, Frankreich und Italien*

Eine Bildungsreise per Bahn zu den kulturellen Zentren Europas auf den Spuren der männlichen Elite des 18. Jahrhunderts.

**Wissenswertes**

- *Zeit: 1720–1790 (Blütezeit der Grand Tour)*
- *Streckenlänge: 1.800 Kilometer*
- *Mindestfahrtdauer: 15 Stunden bis mehrere Jahre*
- *Wichtige Haltepunkte: Dover, Calais, Paris, Lyon, Turin, Venedig, Florenz, Rom*
- *Durchfahrene Länder: Großbritannien, Frankreich, Italien*

Die Grand Tour stellte für britische Adelssprösslinge im 18. Jahrhundert einen Initiationsritus dar. Wer über gute Herkunft, Geld und Ehrgeiz verfügte, für den war es üblich, sich zunächst mit der Kultur fremder Länder vertraut zu machen, bevor man selbst der Welt seinen Stempel aufdrückte. Scharen begaben sich auf die Reise, ausgestattet mit einem Interesse an Kunst, Griechisch- und Lateinkenntnissen und einem älteren Begleiter, der auf sie aufpasste.

Die Tour dauerte zumeist mehrere Monate oder gar Jahre. Man suchte die antiken Stätten und das glanzvolle Renaissanceerbe Italiens auf – über Paris, wo man verfeinerte Lebensart (und Erfahrung in Liebesdingen) erwarb.

Die jungen Männer (Frauen waren selten) machten sich zuerst an die Überfahrt von Dover nach Calais, die bis zu 36 Stunden dauern konnte. Von Calais ging es 290 Kilometer Richtung Süden in die französische Hauptstadt. Heute verbindet der Eurostar London und Paris in etwas mehr als zwei Stunden.

In Paris unternahm der junge Tourist üblicherweise einen Tagesausflug zum prächtigen Schloss von Versailles (heute 13 Bahnminuten vom Zentrum). Er spazierte an der Seine entlang und ließ die Eleganz der Stadt auf sich wirken. Und er bestaunte den Louvre-Palast, wenn auch wohl nicht dessen Kunstsammlung (zum Museum wurde der Louvre erst 1793).

Besaß der junge Mann keine eigene Kutsche, konnte er von Paris nach Lyon die *Diligence* (Postkutsche) nehmen und weiter über die Alpen und den Col du Mont Cenis reisen. Dies war eine abenteuerliche Unternehmung, für die man im Winter einen Schlitten benötigte. 1810, für die Grandtouristen zu spät, ließ Napoleon eine Straße über den Pass bauen. Noch später, von 1868 bis 1871, verkehrte hier die Mont-Cenis-Bahn – die erste Gebirgsbahn der Welt. Heute können Bahnreisende, die von Lyon nach Italien

### UND WIE WÄR'S DAMIT?

**290. Saint-Raphaël–Ventimiglia**
*Frankreich und Italien*
Die Fahrt führt entlang der herrlichen Klippen und türkisen Buchten der französischen Riviera, die bereits im späten 18. Jahrhundert für ihr gesundes Klima gepriesen wurde.

**291. Ferrovia Genova–Casella**
*Ligurien, Italien*
Die 25 Kilometer lange Strecke führt von der Hafenstadt Genua (im 16. Jahrhundert eine mächtige Republik) nach Casella im malerischen Scrivia-Tal.

**292. Dresden–Prag**
*Deutschland und Tschechien*
Die grenzübergreifende, 192 Kilometer lange Bahnstrecke führt durch die Elbtalregion, die im 18. und 19. Jahrhundert Künstler der Romantik inspirierte.

**293. Mont-Blanc-Express**
*Frankreich und Schweiz*
Die atemberaubende Fahrt von Saint-Gervais/Le Fayet durch das Chamonix-Tal nach Martigny bietet Ausblicke auf den 1786 erstmals bestiegenen Mont Blanc.

**LINKS:** Auf der Grand Tour per Bahn kann man die prächtige Alpenwelt am Mont Cenis erleben.

fahren, den Mont Cenis unterirdisch mithilfe des 14 Kilometer langen Fréjus-Tunnel queren.

Der nächste Halt auf der Bahnstrecke gehörte auch zum Programm der Grand Tour: das am Fuße der Berge gelegene Turin. Bereits im 18. Jahrhundert war es ein wichtiges kulturelles Zentrum, 1861 wurde es für kurze Zeit Hauptstadt des neu vereinten Italien. Noch immer lockt Turin mit eleganten Boulevards, barocker Architektur und (angeblich) dem Grabtuch Christi, das seit 1694 in einer Kapelle des Doms aufbewahrt wird.

Die meisten Grandtouristen reisten von hier schnurstracks nach Venedig weiter (heute etwa vier Bahnstunden von Turin entfernt). Das märchenhafte Venedig mit seinen Kanälen, im Mittelalter eine große Macht, war im 18. Jahrhundert im Niedergang begriffen. Es ist aber gerade dieser Hauch von kunstvollem Verfall, der die Lagunenstadt so romantisch macht. Viele der Touristen kamen indes wegen der Damen hierher – Venedig galt als »Stadt der Sünde«.

Die nächste Station ist Florenz (zwei Zugstunden), die Hauptstadt der Renaissance mit ihren prächtigen Kuppeln, Palästen und Plätzen. Schon damals gehörten die Uffizien zum Pflichtprogramm. 1581 gegründet, sind sie noch immer das schönste Kunstmuseum Italiens. Zu sehen sind Werke von Botticelli, da Vinci, Caravaggio, Michelangelo – alles, was das Herz des Kunstliebhabers begehrt.

Ziel der Grand Tour war Rom (90 Minuten mit dem Zug), *die* Stadt für junge Köpfe, die ihre Schuljahre mit Latein und Julius Cäsar zugebracht hatten. Kolosseum, Pantheon, Forum – kein anderer Ort weist so viele antike Stätten oder klassische Skulpturen auf. Die Blütezeit der Grand Tour fiel denn auch mit umfangreichen archäologischen Ausgrabungen zusammen.

Die Französische Revolution (1789) und die Napoleonischen Kriege (1803–1815) bedeuteten das Aus für die Grand Tour. Aber das Beispiel machte Schule. Schon bald sollten – dank neuartiger Technik – Generationen von Touristen dem Mythos auf Schienen folgen und ganz Europa bereisen.

**RECHTS:** Im 18. Jahrhundert stand Venedig in dem Ruf, eine »Stadt der Sünde« zu sein.

# 294
# CHEMINS DE FER DE LA CORSE

*Korsika, Frankreich*

Ein wunderbarer Streifzug über die Mittelmeerinsel Korsika, wo Napoleon geboren wurde.

**Wissenswertes**
- *Zeit: 1769 (Geburtsjahr Napoleon Bonapartes)*
- *Streckenlänge: 232 Kilometer*
- *Mindestfahrtdauer: 3 Stunden, 30 Minuten*
- *Wichtige Haltepunkte: Ajaccio, Corte, Ponte Leccia, Casamozza, Bastia, Calvi*
- *Durchfahrene Länder: Frankreich*

Wer mit dem Flieger nach Ajaccio an Korsikas Westküste reist, landet am Flughafen Napoléon Bonaparte. In der Stadt läuft man vielleicht die Hauptstraße Cours Napoléon entlang, trinkt einen Kaffee in Le Grand Café Napoléon, bevor man die Jardins de Casone mit der monumentalen Napoleon-Statue besucht. Vielleicht besichtigt man auch La Maison Bonaparte (heute ein Museum), wo Napoleon 1769 geboren wurde. Doch obwohl »Boney« eine der herausragenden Figuren der französischen Geschichte (Kaiser von Frankreich 1804–1815) und der berühmteste Sohn Korsikas ist, hat die atemberaubende Mittelmeerinsel viel interessantere Dinge zu bieten.

Die undurchdringliche Urlandschaft aus spektakulären Felsmassiven und dichter Macchia war für die Eisenbahningenieure eine große Herausforderung. Die Chemins de fer de la Corse, die 232 Kilometer lange Meterspur-Eisenbahnstrecke der Insel, wurde ab 1879 gebaut. 1894 hatte man die Städte Ajaccio, Calvi und Bastia über drei Linien angeschlossen, die spinnennetzartig von Ponte Leccia ausgehen.

Das war eine beachtliche Leistung, insbesondere der Abschnitt durch Zentralkorsika zwischen der am Felshang gelegenen Stadt Corte und dem Dörfchen Bocognano. Zahlreiche Tunnel und Brücken mussten gebaut werden, darunter der 3,9 Kilometer lange Vizzavona-Tunnel und das 94 Meter hohe von Gustave Eiffel entworfene Vecchio-Viadukt – alles in allem eine landschaftlich malerische Fahrt!

Für die Strecke Ajaccio–Bastia benötigt man etwa dreieinhalb Stunden. Die Bahn beginnt an der Mittelmeerküste und führt landeinwärts entlang des Gravona-Tals nach Bocognano (640 Meter über dem Meeresspiegel). Es folgen S-Kurven mit steilem Gefälle durch den Naturpark Korsika, einem Hochlandparadies mit zahlreichen Schluchten und Kräuterduft. Weiter geht es über das Viadukt bei Vecchio und hinunter nach Corte, dann nach Ponte Leccia. Von hier geht es durch Agrarland zur historischen Hafenstadt Bastia an der Ostküste.

**ZU FRANKREICHS KÖNIGEN**

**295. Paris–Versailles**
*Frankreich*

Mit dem RER (Vorstadtzug) gelangt man von der Stadt zum prächtigen Schloss von Versailles, das 1682 unter Ludwig XIV. zum Regierungssitz des Landes wurde.

**UNTEN:** Das bergige Gelände bei Corte stellte die Bahnbauer vor eine große Herausforderung.

# NAIROBI–MOMBASA

*Südkenia*

Von Kenias Hauptstadt durch die von wilden Tieren durchstreifte Savanne zu einem alten Handelshafen am Indischen Ozean.

**Wissenswertes**

- *Zeit: 1593–1596 (Bau des Fort Jesus in Mombasa)*
- *Streckenlänge: 530 Kilometer*
- *Mindestfahrtdauer: 18 Stunden*
- *Wichtige Haltepunkte: Nairobi, Konza, Makindu, Kibwezi, Voi, Mombasa*
- *Durchfahrene Länder: Kenia*

Nairobi verdankt seine Existenz der Bahn. Der Ort war einst ein reizloser Sumpf am Rande des Ostafrikanischen Grabens, bis die Ingenieure der Uganda Railway 1889 hier ein Versorgungsdepot für die Route nach Mombasa einrichteten. Heute ist Nairobi die Hauptstadt Kenias, eine der größten Städte Afrikas mit einer äußerst bunten Bewohnerschaft – darunter auch die Nashörner, Löwen und andere Tiere im nahe gelegenen Nationalpark.

Noch immer fährt die Bahn – häufig verspätet – die 530 Kilometer von Nairobi nach Mombasa. Im nostalgischen Speisewagen mit fein gedeckten Tischen werden Drei-Gänge-Menüs, englisches Frühstück und einheimisches Tusker-Bier serviert.

In westöstlicher Richtung verläuft die Bahn von Nairobi auf 1.795 Metern Höhe abwärts zum Indischen Ozean. Dabei durchquert sie große afrikanische Landschaften: mit Akazien und Gestrüpp bedeckte blutrote Erde; Dörfer mit strohgedeckten Lehmhütten; gelbe Savanne, die in der Ferne in Hügel übergeht. Die Trasse durchschneidet den Tsavo-East-Nationalpark, wo man aus dem Fenster Tiere beobachten kann – rennende Strauße oder äsende Giraffen etwa.

Mombasas Erbe reicht deutlich weiter zurück als das von Nairobi. Die Stadt ist eine der ältesten Siedlungen Ostafrikas. Dass die alten Ägypter hier waren, ist nicht gesichert, aber Mombasa war bereits ein Zentrum des Gold- und Gewürzhandels, als der portugiesische Entdecker Vasco da Gama 1498 hier ankam. Zur Stärkung ihrer Position in Mombasa bauten die Portugiesen 1593 Fort Jesus, eine mauerbewehrte Bastion, die auf den Alten Hafen blickt. Zwischen 1631 und 1875 wechselten die Herren des Forts neunmal, wobei von den Omanern bis zu den Briten viele Mächte ihre Gebietsrechte sicherten. Erstaunlicherweise steht das Fort trotz seiner bewegten Vergangenheit noch heute. Nach Besichtigung der Festungsanlage locken strahlend weißen Sandstrände.

## GEWEIHTE STÄTTEN

**297. Elevador do Bom Jesus**
*Braga, Portugal*

Neben der barocken Zickzacktreppe führt eine Standseilbahn in vier Minuten zum Heiligtum Bom Jesus (begonnen 1722).

**298. Madrid–El Escorial**
*Spanien*

Von der spanischen Hauptstadt erreicht man in 50 Minuten El Escorial. Dort befindet sich eine Schlossanlage, die 1584 fertiggestellt wurde und in der die meisten spanischen Könige begraben sind.

**299. Zahnradbahn Sassi–Superga**
*Turin, Italien*

Drei Kilometer geht es vom Turiner Vorort Sassi hinauf zum Berg Superga. Dort befindet sich die 1731 im klassisch-barocken Stil fertiggestellte Basilica di Superga.

**GANZ LINKS:** Der Zug rauscht durch die Savanne, wo man wilde Tiere entdecken kann.

**LINKS:** Fort Jesus in Mombasa wurde 1593 erbaut.

## 300
# THÜRINGER BAHN

*Mitteldeutschland*

Die 210 Kilometer lange Thüringer Bahn verläuft von Halle nach Bebra. Sie führt durch das von Weinbergen gesäumte Saaletal, schlängelt sich entlang der Ilm durch die hügelige »Thüringer Toskana«, passiert Burgen und durchschneidet den Thüringer Wald. Auf der Strecke liegt die historische Stadt Eisenach, wo sich 1521 der Theologe und Reformator Martin Luther auf der Wartburg versteckte und das Neue Testament ins Deutsche übertrug. Die Wartburg ist für Führungen geöffnet. Eisenach ist auch der Geburtsort des Komponisten Johann Sebastian Bach (1685–1750) – in der Stadt gibt es ein Bach-Museum, in dem regelmäßig Konzerte mit seiner Musik stattfinden.

## 301
# KLEINER GELBER ZUG

*Pyrenäen, Frankreich*

Entlang der Strecke des Gelben Zuges gibt es jede Menge beeindruckende Architektur. Die elektrische Schmalspurbahn zwischen Villefranche-de-Conflent und Latour-de-Carol wurde 1909 eröffnet. Mit ihren Brücken und Viadukten und dem höchstgelegenen Bahnhof Frankreichs (Bolquère Eyne auf 1.592 Metern) ist sie ein Triumph der Ingenieurskunst. Zudem führt sie an bemerkenswerten Stätten vorbei, darunter zwei von Sébastien Le Prestre de Vauban (1633–1707) errichtete Festungen. Mindestens ein Jahrhundert lang galt Vauban als *die* Autorität im Festungsbau. Die Stadtmauer von Villefranche stammt von ihm. Am oberen Ende des Aude- und Têt-Tals befindet sich die von Vauban entworfene Zitadelle Mont-Louis (1682). Sie wird noch heute vom Militär genutzt, ist aber für jedermann zugänglich.

302

## ST. PETERSBURG–ZARSKOJE SELO

*Nordwestrussland*

Die 1837 eröffnete 27 Kilometer lange Strecke zwischen St. Petersburg und der Sommerresidenz Zarskoje Selo (heute Puschkin) war die erste Personenbahn Russlands und verband zwei der schönsten Städte des Landes miteinander. Die alte Bahn wurde 1899 stillgelegt, dafür fahren heute Vorortzüge vom Witebsker Bahnhof in St. Petersburg nach Puschkin. St. Petersburg ist voll von herrlicher Architektur – die Eremitage, die Peter-und-Paul-Festung, aber auch die kleine Hütte, in der Zar Peter der Große zur Zeit der Stadtgründung 1703 lebte. Zarskoje Selo hat einen prächtigen barocken Palast und Park, der 1708 für Peters Frau Katharina erbaut wurde.

303

## SILVER METEOR

*Östliche USA*

Der Amtrak Silver Meteor verkehrt zwischen New York und Miami. Seine attraktivsten Stationen sind die Südstaatenschönheiten Charleston und Savannah. Charleston, South Carolina, wurde 1670 gegründet; das älteste Steingebäude am Ort, das Pink House, stammt aus der Zeit um 1700. Die Altstadt ist ein herrliches Ensemble von schmalen Häusern mit hellen Fassaden und Holzfensterläden. Das 1773 eröffnete Charleston Museum gilt als die erste Museumsgründung Amerikas. Etwa 160 Kilometer südlich liegt Savannah, Georgia, das noch reizender ist. 1733 gegründet und im Bürgerkrieg vor der Zerstörung verschont geblieben, glänzt Savannah mit hübschen Plätzen, Häusern im Federal- und Antebellum-Stil und von Louisianamoos überwucherten Eichenbäumen.

304

# ST. KITTS SCENIC RAILWAY

*St. Kitts und Nevis*

Ein kurzer, lieblicher Streifzug durch die Geschichte des Zuckerrohranbaus auf der karibischen Insel.

**Wissenswertes**
- *Zeit: 1640er-Jahre (Einführung von Zuckerrohr auf St. Kitts)*
- *Streckenlänge: 48 Kilometer*
- *Mindestfahrtdauer: 3 Stunden*
- *Wichtige Haltepunkte: Needsmust, Dieppe Bay, St. Paul's, La Vallee, Brimstone Hill Fortress, Old Road Town, Basseterre*
- *Durchfahrene Länder: St. Kitts und Nevis*

Die Schmalspur-Touristenbahn auf St. Kitts nennt sich die »Letzte Eisenbahn in der Karibik«. Und sie erinnert an eine Zeit, als die Insel statt vom Tourismus hauptsächlich vom Zucker lebte.

St. Kitts fand 1493 erstmals Erwähnung in den Geschichtsbüchern, als Christoph Kolumbus hier vorbeisegelte (aber nicht an Land ging). Er nannte die Insel nach dem heiligen Christophorus, dem Schutzpatron der Reisenden, San Cristóbal. Die auf der Insel lebenden Arawak und Kalinago bezeichneten sie als Liamuiga (»fruchtbares Land«). Sie war von Wald bedeckt, verfügte über zahlreiche Wasserquellen und war – dank eines Vulkanrückens – mit fruchtbarem Boden gesegnet.

Dieser Umstand blieb nicht lange unbemerkt. 1624 gründete der Engländer Thomas Warner hier die erste

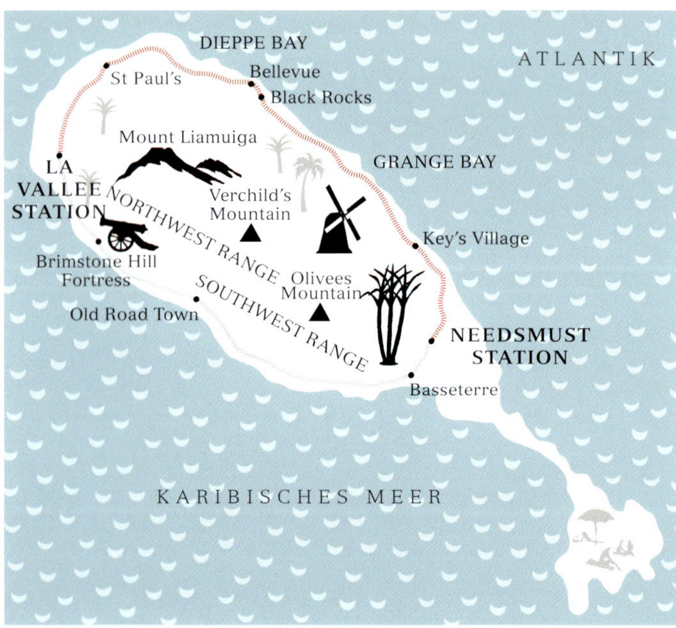

nichtspanische Kolonie in der Karibik. Eine Handvoll französischer Siedler folgte ihm.

Mit einem Massaker an den Arawak und Kalinago – der Ort des Geschehens nennt sich heute Bloody Point – bemächtigten sich die Neuankömmlinge 1626 der Insel. Sie erweiterten ihre Plantagen, holten afrikanische Sklaven und begannen in den 1640er-Jahren mit dem Zuckerrohranbau.

Zucker war damals als »weißes Gold« eines der begehrtesten Handelsgüter überhaupt. 1775 hatte St. Kitts bereits 200 Zuckerplantagen und war für das britische Empire von enormer Bedeutung. Einige Historiker glauben, dass Großbritannien den Amerikanischen Unabhängigkeitskrieg verlor, weil eine große Zahl seiner Soldaten in der Karibik gebunden war.

Aber die Zeiten ändern sich. Die Konkurrenz aus anderen Ländern setzte St. Kitts zu, und Anfang des 20. Jahrhunderts sah es gar nicht mehr gut aus. Als letzten Versuch, die Stellung am Markt zu behaupten, schloss man viele kleine Plantagen zusammen, um effizienter zu sein. 1912 begann

**OBEN:** Im 17. und 18. Jahrhundert war St. Kitts ein wichtiger Produzent von Zucker, dem »weißen Gold«.

### ALTE SCHIENEN IN DER KARIBIK

**305. Barbados Railway**
*Barbados*

Die stillgelegte Bahnstrecke, auf der einst Zuckerrohr von Bridgetown nach Belleplaine transportiert wurde, dient heute als Wanderweg. Der Barbados National Trust organisiert geführte Wanderungen.

**306. Antigua Sugarcane Railways**
*Antigua und Barbuda*

Antigua hatte ein 80 Kilometer langes Schmalspurbahnnetz, auf dem Zuckerrohr befördert wurde. Genutzt wurde es von 1903 bis 1971.

**307. Chemin de Fer Touristique du Pays de la Canne**
*Guadeloupe*

Eine sieben Kilometer lange Touristenbahn verkehrt auf den Feldbahnstrecken zwischen der alten Plantage in Beauport und der Hafenstadt Petit-Canal im Norden der französischen Karibikinsel.

man mit dem Bau einer Schmalspurbahn, die das Zuckerrohr zu einer zentralen Fabrik nahe der Hauptstadt Basseterre transportieren sollte. Der Plan ging auf – eine Zeit lang. St. Kitts produzierte deutlich länger Zucker als benachbarte Inseln.

Nachdem man immer mehr Verluste machte, fuhr der letzte Zuckerrohrzug am 31. Juli 2005. Mittlerweile hat sich die St. Kitts Scenic Railway dem Tourismus verschrieben.

St. Kitts, eine der Inseln unter dem Winde, ist unkonventioneller als das nahe gelegene Antigua. Neben Badestränden bietet es raue, bewaldete Landschaften, die kaum erschlossen sind. Und überall findet man Reminiszenzen an die Zuckerära, von verfallenen Schornsteinen in den Vorbergen bis zu Plantagenhäusern, die heute charaktervolle Hotels sind.

Die ursprüngliche Bahntrasse verlief über 48 Kilometer rund um St. Kitts. Die Scenic Railway macht eine 29 Kilometer lange Fahrt entlang der Atlantikküste vom Haltepunkt Needsmust bis La Vallée. Von dort fahren die Teilnehmer den Rest des ursprünglichen Rundkurses mit dem Bus ab.

Der Zug besteht aus weißen Doppelstockwagen, die unten geschlossene, klimatisierte Salons haben und oben offene Aussichtsdecks. Während der Fahrt servieren Kellner Rumpunsch, ein Zugbegleiter liefert historischen Kommentar, und der St. Kitts Railway Choir gibt karibische Folksongs zum Besten.

Die beschauliche Fahrt bietet herrliche Ausblicke. Auf einer Seite glitzert der Ozean, brandet gegen Klippen und umtost Formationen wie Black Rocks, die Reste eines alten Lavastroms. Auf der anderen Seite erhebt sich im Landesinnern das smaragdgrüne Hochland, wo der Mount Liamuiga mit 1.156 Metern den höchsten Gipfel bildet. Die Bahn quert auf Kastenbrücken Schluchten, rollt an Palmen und kleinen Dörfern vorbei und blickt auf die verfallenden Windmühlen der alten Zuckerrohrplantagen. Auch an der Dieppe Bay führt sie entlang, wo 1625 die erste französische Siedlung auf St. Kitts entstand.

Auf der Busfahrt entlang der Karibikküste bekommt man die gut erhaltenen Stadtmauern der Brimstone Hill Fortress zu sehen, die die Briten ab 1690 zum Schutz ihrer Zuckerinsel errichteten. Und es geht vorbei an Old Road Town, dem Ort von Thomas Warners Kolonie, wo die Geschichte des Zuckers auf St. Kitts begann.

# COAST LINE

*Sri Lanka*

Entlang der Südwestküste durch die reiche Kolonialgeschichte Sri Lankas – und was nach dem Tsunami erhalten blieb.

**Wissenswertes**

- *Zeit: 1663 (Bau der Festung Galle)*
- *Streckenlänge: 116 Kilometer*
- *Mindestfahrtdauer: 2 Stunden*
- *Wichtige Haltepunkte: Colombo, Mount Lavinia, Kalutara, Bentota, Telwatta, Galle*
- *Durchfahrene Länder: Sri Lanka*

Die 1894 fertiggestellte Coast Line zwischen Sri Lankas Hauptstadt Colombo und Galle an der Südküste wird ihrem Namen absolut gerecht. Beinahe die gesamten 116 Kilometer schmiegt sich die Bahn ans Ufer des Indischen Ozeans, in Reichweite der Palmen und des glitzernden blauen Wassers. Eine malerische Fahrt ist das, wenn auch einige Tragik mitschwingt. Am 26. Dezember 2004 wurde ein Zug in Richtung Süden mit mehr als 1.500 Fahrgästen von den Tsunamiwellen überspült, die ein Erdbeben vor Indonesien ausgelöst hatte. Bis zum heutigen Tag ist dies die größte Eisenbahnkatastrophe aller Zeiten.

Seither wurde die Strecke ausgebaut, komfortabler und sicherer gemacht. Sie ist eine herrliche Möglichkeit, von der geschäftigen Hauptstadt an einen der reizendsten Kolonialorte zu reisen. Unterwegs erblickt man lang gezogene weiße Sandstrände, gewundene Flussmündungen und tropisches Grün im Landesinnern. Kleine Holzboote fahren aufs Meer

**UNTEN:** Die Coast Line von Colombo bis Galle verläuft küstennah.

hinaus oder landen am Ufer; ihr Fang trocknet an Ständen neben der Bahnlinie.

Die Bahn passiert Kompannavidiya mit seinem eleganten viktorianischen Bahnhofsgebäude aus Holz, Eisen und Stein. Sie führt vorbei an Kalutara, einst ein Gewürzhandelszentrum, das heute für seinen heiligen Bodhi-Baum und die köstlichen Mangostanen bekannt ist. Sie passiert die unauffälligen Badeorte um Bentota. Und sie fährt durch Telwatta, wo in der Nähe ein Bronzedenkmal an die Tsunamikatastrophe erinnert.

Kurz vor Matara will Galle besichtigt werden. Ab 1640 prägten die Holländer die Stadt. Bis 1663 hatten sie die Landzunge zum Meer hin mit kompakten Mauern umgeben, gepflegte Straßen angelegt sowie eine Kanalisation. Ein Rundgang durch die verwinkelten Gassen führt zurück ins 17. Jahrhundert.

**UNTEN:** Der Zug fährt von Colombo, der geschäftigen Hauptstadt Sri Lankas, ab.

## 309
## OVERSEAS RAILROAD

*Florida, USA*

Im späten 19. Jahrhundert erkannte der amerikanische Ölmagnat Henry Flagler das touristische Potenzial von Florida. Zuerst baute er in St. Augustine das extravagante Ponce de Leon Hotel, benannt nach dem spanischen Konquistador Juan Ponce de León, der 1513 Florida entdeckte. Aber Flagler hatte noch mehr vor. Wie León wollte er über das Meer. 1905 begannen die Arbeiten an seiner Overseas Railroad, einer 204 Kilometer langen Bahnlinie von Floridas Südspitze zur Insel Key West – 136 Kilometer verliefen auf den Inseln der Florida Keys, der Rest musste mithilfe langer Dämme und Brücken überwunden werden. Die Bahn wurde 1912 eröffnet, jedoch 1935 durch einen Hurrikan teilweise zerstört. Die Straße nach Key West nutzt noch heute Teile von Flaglers kühnem Projekt.

### UND WIE WÄR'S DAMIT?

**310. Downeaster**
*Maine–Massachusetts, USA*

Der nach den in dieser Gegend gebauten Segelschiffen benannte Zug fährt entlang der Küste von Brunswick nach Boston. Dabei hält er auch in dem 1789 gegründeten Schiffbauort Freeport.

## 311
## KUSTTRAM

*Nordbelgien*

Die längste Straßenbahn der Welt fährt die gesamte belgische Küste ab. Die Kusttram (Küstentram) verkehrt auf 68 Kilometern zwischen Knokke-Heist an der Grenze zu Holland und De Panne an der Grenze zu Frankreich. Sie rollt an der belgischen Riviera entlang, vorbei an schönen Stränden und Restaurants, wo Nordseegarnelen und Austern aus Ostende serviert werden. Ostende, die größte Stadt an der Kusttram-Strecke, ist heute ein vornehmes Seebad. Von 1601 bis 1604 trug sich hier eine der längsten, blutigsten Belagerungen zu, als die Niederländer (vergeblich) versuchten, die spanischen Angreifer abzuwehren; 100.000 Menschen verloren ihr Leben.

312

# TRANSMONGOLISCHE EISENBAHN

*Russland, Mongolei und China*

Eine Reise entlang der Teehandelsroute durch Sibirien und über die Chinesische Mauer bis nach Peking.

**Wissenswertes**

- *Zeit: 1689 (Vertrag von Nertschinsk)*
- *Streckenlänge: 7.621 Kilometer*
- *Mindestfahrtdauer: 6 Nächte*
- *Wichtige Haltepunkte: Moskau, Jekaterinburg, Irkutsk, Ulan-Ude, Ulaanbaatar, Erlan, Peking*
- *Durchfahrene Länder: Russland, Mongolei, China*

Sechs Tage braucht man mit dem Zug von Moskau nach Peking – eine der längsten Bahnreisen, die es gibt. Aber im Vergleich zu den 16 Monaten, die die Teekarawanen vor 400 Jahren auf derselben Strecke unterwegs waren, ist das nur ein Wimpernschlag.

Rund 8.000 Kilometer liegen zwischen den Hauptstädten Russlands und Chinas. Einen Großteil der Strecke macht das schier unermessliche Sibirien aus. Im späten Mittelalter, als Dschingis Khans Reiterhorden die Region beherrschten, drangen nur wenige in diese furchterregende Wildnis vor. Aber im 16. Jahrhundert gewann Zar Iwan der Schreckliche die Oberhand über die Mongolen. Kosaken gründeten Siedlungen in Sibirien, russische Pelztierjäger und Händler unternahmen Vorstöße in den wenig bekannten Osten. So kam es zum Austausch mit China und zum Teehandel.

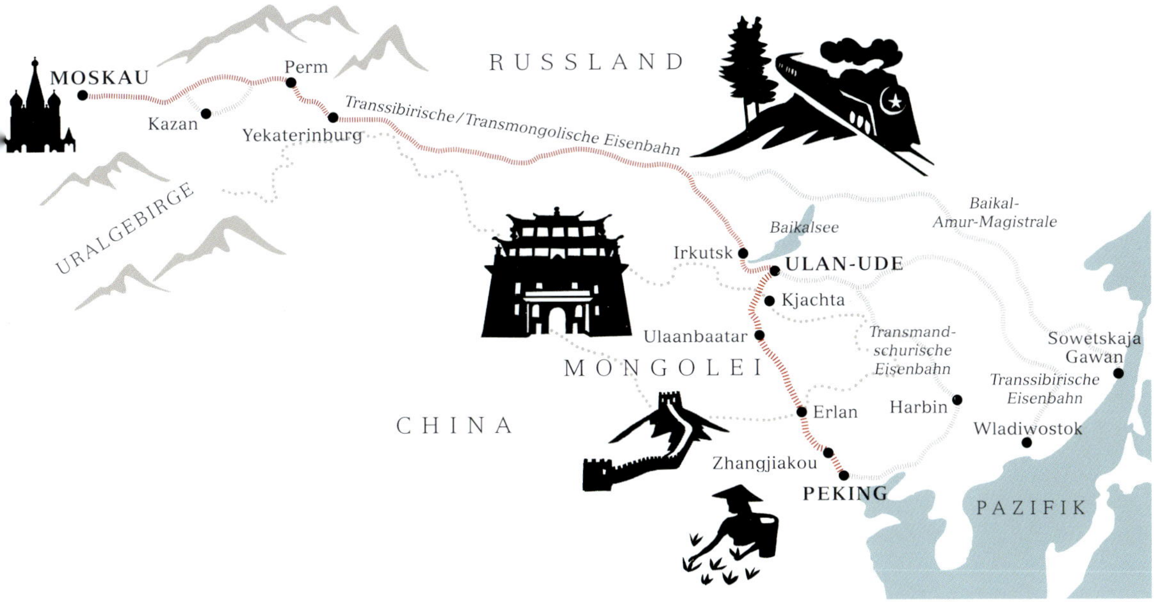


Die feine russische Gesellschaft kam Mitte des 17. Jahrhunderts auf den Geschmack von Tee. Als sich Russland und China 1689 im Vertrag von Nertschinsk auf ihre Grenzen einigten, konnten Händler unbehelligt hin- und herreisen. Sie kauften die wertvolle Ware kistenweise in Kalgan (heute Zhangjiakou) nahe Peking. Von dort querten Kamelkarawanen die mongolische Wüste Gobi, um nach Kjachta an der russischen Grenze zu gelangen, bevor sie sich nordwestwärts durch Sibirien schlugen, mit dem Zarenhof als Ziel. Die Teeroute war geboren.

Heute folgt die Transmongolische Eisenbahn im Wesentlichen derselben Route wie die wackeren Händler. Sie zweigt von der Transsibirischen Eisenbahn ab, die Moskau seit 1916 mit der Hafenstadt Wladiwostok verbindet. Die Transmongolische Eisenbahn, die bei Ulan-Ude nach Süden abschwenkt, wurde 1956 fertiggestellt.

Der Direktzug verkehrt nur einmal die Woche; dabei verlässt er Moskau am Dienstagabend und fährt mittwochs von Peking zurück. Die Wagen haben Abteile mit zwei oder vier Liegeplätzen. Im Speisewagen wird zur Region passendes Essen serviert: Borschtsch (Rote-Beete-Suppe), Fleisch, Kartoffeln und Wodka in Russland, Reis und Hammelfleisch in der Mongolei, würzige Wokgerichte in China.

Wie die Transsibirische Eisenbahn fährt die Transmongolische die großen Städte des russischen Westens an, darunter Perm, das Tor zum Ural, und Jekaterinburg, wo 1918 die Zarenfamilie hingerichtet wurde.

**LINKS:** Die Transmongolische Eisenbahn braucht für die Fahrt von Moskau nach Peking sechs Tage.

Sie durchschneidet die sibirische Landschaft mit ihrer endlosen Ausdehnung von einsamer Tundra, fernen Gipfeln und Milliarden Birken. Und sie streift den Baikalsee, den tiefsten See der Welt, wo man einzigartige Tiere und Pflanzen und burjatische Kultur antrifft.

Nach der Abzweigung von der Transsibirienroute verläuft die Bahn südwärts durch die Steppen der Mongolei, wo gelegentlich Grüppchen von *ger* (Jurten) die Graslandschaft auflockern. Sie hält in der mongolischen Hauptstadt Ulaanbaatar mit ihrer vielfältigen Skyline aus Sowjetbauten, Wolkenkratzern, Nomadenzelten und Tempeln. Sie schlägt sich in die Berge Nordchinas, bevor sie die Chinesische Mauer quert. Kurz hinter dem alten Zhangjiakou erreicht sie dann das glanzvolle, aber von Smog verhüllte Peking.

Der Blick aus dem Fenster ist hypnotisierend: eine vollkommene Leere, trostlos und schön zugleich. Besonders stimmungsvoll ist die Fahrt mit der Transmongolischen Eisenbahn im Winter, wenn die Außentemperatur sinkt, die Heizung im Zug auf Hochtouren läuft und die schneebedeckte Wildnis ganz dem Sibirienklischee entspricht.

Die schönsten Erlebnisse hat man aber wohl im Zug selbst. Man knüpft Kontakte zu Mitreisenden, seien es russische Studenten, buddhistische Mönche, chinesische Geschäftsleute oder Eisenbahnfans. Man spielt Karten und stößt mit Wodka aufeinander an. Bei einem Zwischenstopp kauft man am Bahnsteig heiße Würstchen. Und abends wiegt einen das gleichmäßige Ruckeln des Zuges in den Schlaf.

In jedem Wagen gibt es einen eigenen Samowar, aus dem man sich nachschenken kann. Schließlich geht nichts über ein gutes Heißgetränk, wenn einen fröstelt oder das Gespräch stockt. Die Reise, die einer Teehandelsroute folgt, ist dank des Tees noch heute höchst anregend.

**RECHTS:** Die Linha do Douro erreicht Porto über die majestätische Ponte Dom Luís I.

## 313
# LINHA DO DOURO

*Nordportugal*

Man erhebe das Glas auf die Linha do Douro! 163 Kilometer mäandert die wundervoll weinselige Bahnlinie entlang des Flusses durch das zerklüftete Douro-Tal. Sie verbindet die Ortschaft Pocinho (mit ihren Felsbildern und ihrem Wasserfall) mit Porto an der Mündung des Douro. Auf der Strecke liegen mehr als 20 Tunnel, 30 Brücken und 34 Haltestellen, ganz zu schweigen von den endlosen terrassierten Weinbergen. 1756 wurde die Gegend eine der ersten herkunftsgeschützten Weinregionen der Welt. Den heimischen Portwein kann man bei einem Zwischenstopp im bezaubernden Pinhão verkosten oder in einem der vielen Portweinhäuser in Vila Nova da Gaia, das direkt gegenüber von Porto auf der anderen Flussseite liegt.

## 314
# JOSE CUERVO EXPRESS

*Jalisco, Zentralmexiko*

Die Fahrt durch den Bundesstaat Jalisco endet in der Stadt, die uns *das* mexikanische Getränk beschert hat: Tequila! Der luxuriöse Jose Cuervo Express ist nach dem Familienunternehmen benannt, das seit 1795 Tequila destilliert. Die Bahn verläuft 60 Kilometer nordwestwärts von der Kolonialstadt Guadalajara nach Tequila (gegründet 1666). Tequila ist ein buntes Städtchen, wobei die Hauptattraktion die umliegenden Felder mit den spitzblättrigen blauen Agaven sind, aus denen die Spirituose gewonnen wird. Zur Fahrt gehört eine Besichtigung der Jose Cuervo Factory und natürlich die eine oder andere Verkostung.

315
# RUND UM DEN GLOBUS

*Weltweit*

Eine Weltreise mit dem Zug auf den Spuren eines großen Seefahrers des 16. Jahrhundert.

**Wissenswertes**
- *Zeit: 1519–1522 (erste Weltumrundung)*
- *Streckenlänge: rund 37.000 Kilometer*
- *Mindestfahrtdauer: 51 Tage*
- *Wichtige Haltepunkte: London, New York, San Francisco, Shanghai, Peking, Ulaanbaatar, Moskau, Venedig, Paris*
- *Durchfahrene Länder: Großbritannien, USA, China, Mongolei, Russland, Italien, Frankreich*

Im September 1519 legte eine Gruppe von fünf Schiffen in Sanlúcar de Barrameda in Südspanien ab. Die von dem Portugiesen Ferdinand Magellan befehligte Flotte hatte den Auftrag, eine Route rund um Amerika über den Pazifik nach Asien zu finden. Im September 1522 kam eines der fünf Schiffe unter dem Kommando von Juan Sebastián Elcano – Magellan war auf den Philippinen gestorben – zurück. Drei Jahre hatte die erste Weltumsegelung gedauert.

Heute könnte man die Erde mithilfe mehrerer Flugzeuge in etwa 50 Stunden umrunden. Oder man nimmt sich 50 Tage Zeit und reist in einem entspannten Sightseeingtempo per Bahn, mit ein paar Flugetappen dazwischen. Für rund 25.000 Pfund bietet die Agentur Great Rail Journeys eine Reise um die Welt an, die einige der luxuriösesten und berühmtesten Züge der Welt beinhaltet. Dabei wird die komplette Nordhalbkugel umrundet – das Gegenstück zu Magellans südlicherer Route, die an Südamerika, Ostasien und Afrika entlang verlief.

Von London aus geht es mit dem Flieger nach New York und weiter mit Amtrak-Zügen durch die USA, wobei einige Exkursionen mit historischen Eisenbahnen (etwa mit der Grand Canyon Railway) eingeschoben werden.

Den Pazifik überquert man mit dem Flugzeug in rund 14 Stunden (Magellan brauchte etwa vier Monate). In Shanghai setzt man sich wieder in den Zug und besucht die Terrakotta-Armee in Xi'an und die Verbotene Stadt in Peking. Anschließend geht es mit dem opulenten Charterzug Tsar's Gold quer durch die mongolische Steppe, weiter ins eisige Sibirien, über den Baikalsee, den Ural und das historische Jekaterinburg zur Endstation Moskau.

Nach einem kurzen Flug besteigt man in Venedig einen der Belle-Époque-Wagen des Venice Simplon-Orient-Express mit Ziel Paris. Von dort geht es durch den Eurotunnel nach Folkestone, wo der Belmond British Pullman für die letzte Etappe zurück nach London bereitsteht.

**UND WIE WÄR'S DAMIT?**

**316. Bahnhof Shinjuku**
*Tokio, Japan*
Der verkehrsreichste Bahnhof der Welt liegt an einem ehemaligen Knotenpunkt der kaiserlichen Straße zur Burg Edo-jo, der 1698 eingerichtet wurde.

**RECHTS:** San Francisco ist nur eine von vielen klassischen Stationen auf der Weltumrundung.

317

# FERROCARRIL DE PANAMÁ

*Panama*

In einer knappen Stunde mit der transkontinentalen Bahn vom Atlantik bis zum Pazifik.

**Wissenswertes**

- *Zeit: 1513 (Vasco Núñez de Balboa durchquert den Isthmus von Panama)*
- *Streckenlänge: 77 Kilometer*
- *Mindestfahrtdauer: 1 Stunde*
- *Wichtige Haltepunkte: Balboa (Panama-Stadt), Cólon*
- *Durchfahrene Länder: Panama*

**RECHTS:** Die Panamakanalbahn schwebt förmlich über dem Gatúnsee.

1513 erblickte der spanische Konquistador Vasco Núñez de Balboa als erster Europäer den Pazifik. Etwa einen Monat hatte er gebraucht, um sich durch dichten Busch und über Bergrücken zu kämpfen und die Landenge von Panama zu durchqueren. An dem neuen Ufer angekommen, watete er ins Wasser, das er Südsee nannte, und nahm es für die spanische Krone in Besitz. Heute kann man seiner Route mit der Bahn folgen, die den Atlantik in nur einer Stunde mit dem Pazifik verbindet.

Dass die zwei Ozeane nur durch einen dünnen Landstreifen getrennt sind, hat sich als ein Glücksfall erwiesen. Schon bald legten die Spanier einen Pfad über die Landenge an, den sie *Camino Real* (Königsweg) nannten. Auf ihm transportierten sie Inka-Gold vom Pazifik an die Ostküste, von wo es über die Karibik und den Atlantik nach Spanien geschafft wurde.

Jahrhunderte später sprach alles dafür, dass man eine Eisenbahn über die Landenge baute, auch wenn der sumpfige Dschungel, wo es von Mücken und Alligatoren nur so wimmelte, eine ziemliche Herausforderung darstellte. Der Bau der Panamabahn begann 1850; 1855 wurde der letzte Schienenbolzen eingeschlagen. Die weltweit erste Transkontinentalbahn, die vom eigens errichteten Endbahnhof Colón am Atlantik nach Panama City am Pazifik führte, war fertig. Die Spanier wären begeistert gewesen: In den ersten zwölf Jahren transportierte die Bahn Gold im Wert von über 750 Millionen US-Dollar.

Zwischen 1881 und 1914 entstand der Panamakanal. Neben einem System von Schleusen und einem Stausee sahen die Pläne vor, dass das Tal des Río Chagres geflutet werden sollte. Die Bahntrasse wurde verlegt und verläuft heute parallel zum Kanal, sodass man das technische Wunderwerk aus der Nähe bewundern kann. Die Züge schweben auf schmalen Dämmen über den Gatúnsee und am Culebra Cut vorbei, passieren die riesigen Schleusen (mit einer Hubhöhe von 26,6 Metern) und gleiten durch den Regenwald.

318
## STOOMTRAM

*Nordholland, Niederlande*

Während ihres Goldenen Zeitalters im 17. Jahrhundert boomten die Niederlande auf ganzer Linie, von der Kunst bis zum Handel. Hafenstädte an der Zuiderzee – eine flache Bucht an der Nordsee – trieben emsig Handel mit Gewürzen aus dem Osten und verschönerten mit dem Gewinn ihre Straßen. Die allmähliche Verlandung der Zuiderzee war ein Schlag, aber heute florieren die »toten Städte« dank des Tourismus. Mithilfe mehrerer Verkehrsmittel kann man bei der Stoomtram-Fahrt drei schöne Häfen bereisen. Zunächst verbindet eine Dampfstraßenbahn das elegante Hoorn mit der ältesten Stadt der Region, Medemblik. Von hier fährt ein altmodisches Dampfschiff um die Küste nach Enkhuizen, einer pittoresken Ansammlung alter Straßen und Kanäle. Von Enkhuizen fährt ein regelmäßiger Dieselzug zurück nach Hoorn.

KAPITEL 5

# 19. JAHRHUNDERT

Zurück ins vorletzte Jahrhundert, als Wissenschaft und Technik blühten und die Eisenbahn die Welt zu verändern begann.

319
# METROPOLITAN LINE

*London und umliegende Grafschaften, Großbritannien*

In der ältesten U-Bahn der Welt von den Wolkenkratzern der City ins Londoner Frischluftumland.

**Wissenswertes**
- *Zeit: 1863 (Eröffnung der ersten U-Bahnlinie der London Underground)*
- *Streckenlänge: 67 Kilometer*
- *Mindestfahrtdauer: 1 Stunde, 10 Minuten*
- *Wichtige Haltepunkte: Aldgate, Farringdon, Baker Street, Harrow-on-the-Hill, Chorleywood, Amersham*
- *Durchfahrene Länder: Großbritannien*

**UND WIE WÄR'S DAMIT?**

**320. Tube Challenge**
*London, Großbritannien*

1863 wurde der erste Abschnitt der Londoner Tube (»Röhre«) eröffnet. Heute hat sie 270 Haltestellen. Der Weltrekord im Abfahren aller Stationen liegt aktuell bei 15 Stunden, 45 Minuten, 38 Sekunden.

Im 19. Jahrhundert war London die größte Stadt der Welt, geprägt von massiver Verschmutzung, Zuwanderung, technischen Neuerungen, immensem Reichtum und bitterer Armut. Die Volkszählung von 1801 ergab für den Großraum London (mit allen Stadtbezirken) 1.096.784 Seelen. Bis 1860 hatte sich die Zahl auf 3.188.485 verdreifacht. 1901 waren es bereits 6.226.494 Menschen. In den überfüllten Straßen der Stadt war kaum noch Platz. Ab den 1830er-Jahren beförderten Bahnlinien von und nach Euston (eröffnet 1837), Paddington (1838) und King's Cross (1850) zahlreiche Menschen. Der Verkehr in der Stadt wurde dadurch nur noch dichter. Dann wurde eine Lösung in Angriff genommen: Schienenverkehr unter der Erde.

Der Bau der ersten Linie begann 1860. Die Ingenieure wendeten zumeist die offene Bauweise an und gruben die Straßen auf, um keine Gebäude abreißen zu müssen. Die Gleise wurden in flachen Gräben verlegt, eine Decke darübergezogen und dann die Straße wiederhergestellt. Die erste Untergrundbahn Londons – und der Welt – wurde am 10. Januar 1863 eröffnet. Auf der sechs Kilometer langen Strecke zwischen Paddington und Farringdon Street (in der Londoner City) verkehrten von Dampfloks gezogene Holzwagen; sie hielten an den gasbeleuchteten unterirdischen Stationen Edgware Road, Baker Street, Portland Road (jetzt Great Portland Street), Gower Street (jetzt Euston Square) und King's Cross. Mehr als 30.000 Menschen fuhren am Eröffnungstag mit der Metropolitan Underground Railway, die im ersten Jahr 9,5 Millionen Passagiere beförderte. Die Met war von Anfang an ein Erfolg.

Das Schienennetz wuchs schnell in alle Richtungen. Vor allem von der Baker Street Richtung Nordwesten wurde die Bahn rasch ausgebaut, unter- und oberirdisch. Bereits 1897 reichte die Metropolitan Railway weit nach Buckinghamshire, 80 Kilometer vom Zentrum Londons.

Der Vorstoß in die Grafschaften um London bedeutete mehr als eine Verkehrsverbindung – er begründete auch das Pendlerkonzept.

Ab 1919 ließ die Metropolitan Railway in Ortschaften wie Chorleywood gepflegte Siedlungen mit Häusern im neugotischen Tudorstil aus dem Boden wachsen. Hier, warb ein Prospekt, »kann jeder Freund von Metroland seine Lieblingsbäume und -sträucher haben« und sich an »der guten Luft der Chilterns« freuen. Die Slums des viktorianischen London waren weit weg. Dank der Untergrund- und Vorortbahnen mussten die Menschen nicht mehr unter armseligen Bedingungen in der Nähe ihres Arbeitsplatzes wohnen.

1933 wurde die Metropolitan Railway mit anderen Londoner Untergrundbahnen zusammengelegt; heute nutzen mehrere Tube-Linien ehemalige Met-Trassen. Die 67 Kilometer lange Strecke von der City ins Metroland (Londoner Nordwesten) wird nun von der Metropolitan Line befahren, die Violett als Linienfarbe hat. Sie beginnt im Londoner Finanzviertel in Aldgate, wo sich zur Römerzeit das östlichste Tor der London Wall befand. Von hier verläuft die Linie westwärts durch das Zentrum (Baker Street, Great Portland Street und Marylebone) über Barbican, Farringdon und King's Cross. An der Station Finchley Road im Stadtbezirk Camden kommt die Bahn an die Oberfläche, wo sie bis zum Endhalt bleibt.

### WEGWEISENDE BAHNEN

**321. Liverpool and Manchester Railway**
*Großbritannien*

Die 56 Kilometer lange Bahn wurde 1830 eröffnet und war die erste durchgehend zweigleisige und komplett dampfbetriebene Eisenbahn der Welt.

**322. Stockton and Darlington Railway**
*Großbritannien*

Die 1825 gegründete Bahn nutzte als erste Dampfloks. Im Museum Head of Steam in Darlington steht Robert Stephensons Locomotion No. 1, die auf der Strecke verkehrte.

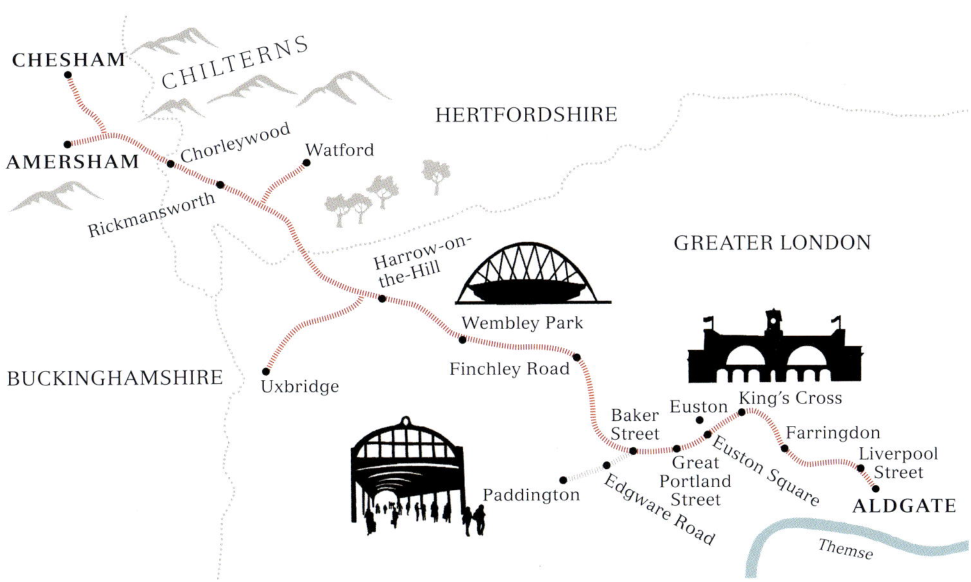

Die Linie verläuft nordwestwärts über Wembley Park. Früher gab es hier nichts als sumpfige Felder, aber der Vorsitzende der Metropolitan Railway, Edward Watkin, witterte ein Geschäft und ließ einen Erholungspark aus Seen, Gärten und Fußballplätzen anlegen, der rechtzeitig zur Ankunft der Eisenbahn 1893 eröffnet wurde.

Im Wembley Park befindet sich auch das Wembley-Stadion, Englands Fußballnationalstadion.

Weiter nordwestlich teilt sich die Metropolitan Line im Stadtbezirk Harrow. Der südliche Zweig führt nach Uxbridge, der nördlichere aus Greater London hinaus nach Hertfordshire und Buckinghamshire. Hier gelangt man von den Met-Haltestellen zu den Kreidehügeln der Chilterns. Nach einer guten Stunde Fahrtzeit kann man in Amersham oder Chesham aussteigen, um die »gute Luft« zu atmen.

**UNTEN:** Die Metropolitan Line führt vom Londoner Zentrum in die Chilterns.

323

## LONDON AND BIRMINGHAM RAILWAY

*England, Großbritannien*

Die London and Birmingham Railway (L&BR), die erste Intercitylinie in die britische Hauptstadt, wurde von dem Ausnahmeingenieur Robert »Rocket« Stephenson entworfen. Sie wurde im September 1838 eröffnet und führte vom Bahnhof Curzon Street in Birmingham über Coventry und Rugby nach London Euston. Vor der Ankunft der Eisenbahn war hier nur Ackerland. Der Architekt Philip Hardwick baute einen prächtigen Endbahnhof mitsamt dem Euston Arch, einem 21 Meter hohen Sandsteinportikus mit dorischen Säulen, dem größten Torbogen aller Zeiten. Leider wurde der Bahnhof (mit dem Bogen) in den 1960er-Jahren abgerissen. Die Organisation Euston Arch Trust setzt sich für den Wiederaufbau des Bogens ein.

324

## SWANSEA AND MUMBLES RAILWAY

*Wales, Großbritannien*

Die Swansea and Mumbles Line beförderte 1807 als erste Eisenbahn Passagiere gegen Entgelt. 1806 war sie eröffnet worden, um Bergbaugüter zwischen dem Fischerdorf Oystermouth und Wales' zweitgrößter Stadt Swansea zu transportieren. Die Bahnbesitzer sahen ihre Chance, und schon bald fuhren Fahrgäste in Pferdewagen auf der Bahnstrecke und genossen die Ausblicke auf die Swansea Bay. Bis 1896 wurden die Pferde vollständig von Dampfloks abgelöst; 1898 hatte man die Strecke in südlicher Richtung bis Mumbles Head ausgebaut. 1960 kam das Aus für die Bahn. Sie wurde durch eine acht Kilometer lange Promenade ersetzt, die am viktorianischen Pier in Mumbles endet.

325

# MILLENNIUMS-U-BAHN (M1)

*Budapest, Ungarn*

Mit einer der ersten und schönsten Untergrundbahnen der Welt unter der ungarischen Hauptstadt unterwegs.

**Wissenswertes**

- *Zeit: 1896 (Eröffnung der Millenniums-U-Bahn)*
- *Streckenlänge: 4,4 Kilometer*
- *Mindestfahrtdauer: 11 Minuten*
- *Wichtige Haltepunkte: Vörösmarty-Platz, Opera, Vörösmarty-Straße, Széchenyi-Heilbad, Mexikostraße*
- *Durchfahrene Länder: Ungarn*

Die erste Metrolinie in Budapest war gleichzeitig die zweitälteste U-Bahn der Welt nach London. Sie verläuft unter der prachtvollen Andrassy-Straße. Offiziell heißt sie Millenniums-U-Bahn, weil sie anlässlich der Tausendjahrfeier der magyarischen Landnahme gebaut wurde. Der Bau begann 1894, und 1896 eröffnete man die Bahn, gerade rechtzeitig, um die vielen Festgäste zu den riesigen Feiern ins Stadtwäldchen zu bringen. Einer der ersten Passagiere war der österreichisch-ungarische Kaiser Franz Joseph I., der in einem speziellen königlichen Waggon fuhr.

Die M1 fährt noch immer und bedient heute elf Haltestellen entlang der glanzvollen Hauptstraße der Stadt. Von Südwesten nach Nordosten beginnt sie am Vörösmarty-Platz, wo sich der Zugang direkt vor dem Café Gerbeaud befindet. Seit 1870 bewirtet das traditionelle, mit weißem Stuck und Kronleuchtern ausgestattete Kaffeehaus seine Gäste am jetzigen Standort.

**UNTEN:** Von der Haltestelle Vörösmarty-Platz gelangt man zum historischen Café Gerbeaud.

**LINKS:** Die M1 hält in der Nähe der St.-Stephans-Basilika.

Der erste Halt ist der Deák-Ferenc-Platz, wo auf einem alten Bahnsteig der M1 ein Museum eingerichtet wurde. Zu sehen ist auch der Wagen von Kaiser Franz Joseph. An der Station Bajcsy-Zsilinszky-Straße liegt die klassizistische St.-Stephans-Basilika, zu deren Reliquien die rechte Hand des ungarischen Königs und Nationalheiligen aus dem 11. Jahrhundert gehört. Opera heißt die Haltestelle der prächtigen Staatsoper, die kurz vor der Metro eröffnet wurde.

Nach Oktogon hält die M1 an der Station Vörösmarty-Straße. Hier erinnert das Haus des Terrors an die Opfer der faschistischen und kommunistischen Regime im 20. Jahrhundert. Heitereres erwartet einen ein paar Haltestellen weiter an der Station Széchenyi-Heilbad. Hier liegt der Eingang zum Stadtpark, wo sich ein Zoo, ein botanischer Garten, die Burg Vajdahunyad (zur Jahrtausendfeier 1896 erbaut) und ein sonnengelbes, neubarockes Badehaus befinden, wo man im Thermalbecken im Freien entspannen kann.

## BERGE, DAMPF UND BAHNHÖFE

**326. Semmeringbahn**
*Ostalpen, Österreich*

Die 42 Kilometer lange Semmeringbahn zwischen Gloggnitz und Mürzzuschlag wurde 1854 fertiggestellt. Sie hat 16 Viadukte, 14 Tunnel und über 100 Steinbrücken.

**327. Wolsztyn–Leszno**
*Westpolen*

1896 fuhren von Wolsztyn aus die ersten Dampfzüge – und das tun sie noch heute, womit dies weltweit der letzte Liniendienst mit Dampfloks ist.

**328. Paris–Marseille**
*Frankreich*

Die 862 Kilometer lange Bahn Paris–Marseille erhielt 1900 zusätzlichen Glanz, als im Pariser Gare de Lyon das Nobelrestaurant Le Train Bleu eröffnet wurde, das noch heute existiert.

**329. Crystal Palace High Level**
*London, Großbritannien*

Nach der Weltausstellung 1851 verlegte man den Crystal Palace nach Sydenham, und es wurden zwei Bahnhöfe eröffnet. Die Low Level Station ist noch in Betrieb; die High Level Station ist heute ein elegantes vergessenes Relikt.

## 330
# BALTIMORE AND OHIO RAILROAD

*Maryland, USA*

Das Baltimore and Ohio Railroad Museum in Baltimore markiert den Geburtsort der amerikanischen Eisenbahn. Am 4. Juli 1828 tat Charles Carroll (der letzte noch lebende Unterzeichner der Unabhängigkeitserklärung) hier den ersten Spatenstich für die Baltimore and Ohio Railroad (B&O). Darauf begannen die Ingenieure mit dem Bau der ersten kommerziellen Eisenbahn des Landes. Im Januar 1830 weihte die B&O zunächst eine 2,4 Kilometer lange Strecke ein, danach eine 21 Kilometer lange Linie nach Ellicott's Mills (heute ein National Historic Landmark District). In den 1970er-Jahren verwaltete die B&O 16.000 Streckenkilometer. Die Gesellschaft besteht nicht mehr, aber der Mile One Express des Museums befährt noch den allerersten Streckenabschnitt.

## 331
# SAINT-ÉTIENNE–ANDRÉZIEUX

*Zentralmassiv, Frankreich*

Frankreichs fabelhaftes Eisenbahnnetz begann mit einer 18 Kilometer langen Strecke im Loiretal. Die erste Bahnlinie des Landes (und Kontinentaleuropas) sollte die Minen von Saint-Étienne mit Andrézieux an der Loire verbinden und wurde 1827 eröffnet. Die Wagen wurden von Pferden gezogen und beförderten anfangs Kohle. 1832 sah die Bahn die ersten Passagiere und Dampflokomotiven. Heute hat Frankreich seine superschnellen TGV-Züge, und der Bahnhof von Andrézieux ist nicht mehr stark frequentiert. Eisenbahnfans ist ein Besuch des Verkehrsmuseums in Saint-Étienne zu empfehlen.

**RECHTS:** Brunel hatte die Vision einer Eisenbahnlinie entlang der Küste nach Dublin.

# DUBLIN–ROSSLARE

*Ostirland*

Eine Fahrt entlang der Irischen See in einem der Bravourstücke von Isambard Kingdom Brunel.

**Wissenswertes**
- *Zeit: 1806–1859 (Lebensdaten von Isambard Kingdom Brunel)*
- *Streckenlänge: 161 Kilometer*
- *Mindestfahrtdauer: 2 Stunden, 45 Minuten*
- *Wichtige Haltepunkte: Dublin, Dún Laoghaire, Bray, Wicklow, Arklow, Enniscorthy, Wexford, Rosslare*
- *Durchfahrene Länder: Irland*

Die Linie Dublin–Rosslare umfasst die älteste Bahnstrecke Irlands: Der kurze Abschnitt von Dublin zum Hafen Dún Laoghaire wurde 1834 eröffnet. Daneben ist die Linie ein Werk des britischen Meisteringenieurs Isambard Kingdom Brunel. Brunel verkörperte die industrielle Revolution; seine vielfältigen Aktivitäten veränderten das Verkehrswesen im 19. Jahrhundert. Er war an zahllosen Projekten beteiligt, von der Clifton-Hängebrücke in Bristol bis zur SS *Great Britain*, dem ersten Ozeandampfer aus Eisen mit Propellerantrieb. 1846 plante Brunel eine Bahnstrecke nach Wales, die eine neue Schiffsroute von Fishguard ins irische Rosslare bedienen sollte. Eine Anschlussverbindung von Rosslare nach Dublin erschien ihm als naheliegender Schritt, um schnell

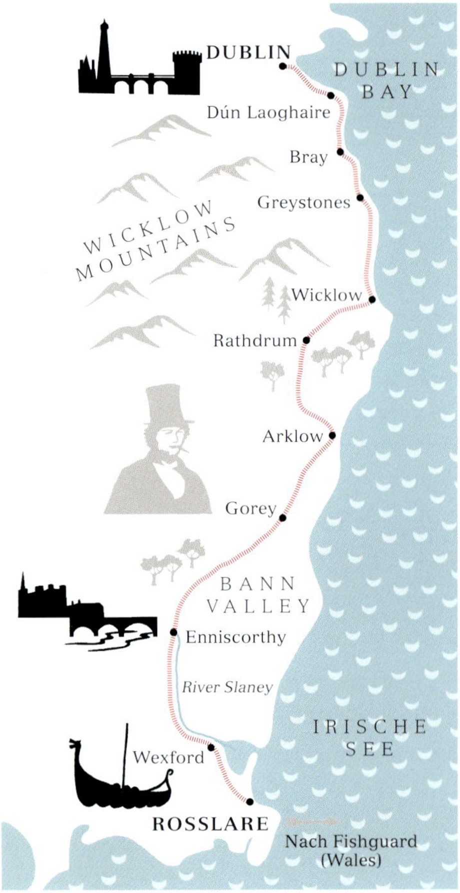


und direkt in die irische Hauptstadt zu gelangen.

Der schwierigste – und spektakulärste – Teil der Strecke Dublin–Rosslare lag zwischen Bray und Wicklow und wurde 1855 eröffnet. Brunel wählte bewusst die Küstenroute und nicht die einfachere, weniger malerische Inlandsvariante. Häufig wurde die Linie deshalb »Brunel's Folly« (Brunels Aberwitz) genannt. Drei Tunnel bohrte man durch die Felsen von Bray Head; weitere wurden seither in dem ewigen Kampf zwischen Bahn und Natur gegraben.

Die Fahrt indes ist wunderbar. Von Dublin folgt die Bahn der Dublin Bay und streift die Küste auf dem Weg nach Bray. Hier folgt ein atemberaubender einspuriger Abschnitt am Klippenrand. Nach Wicklow schwenkt die Bahn in die bewaldeten Ausläufer der Wicklow Mountains ab und trifft bei Arklow wieder auf die Küste. Danach geht es erneut landeinwärts entlang des Bann-Tals nach Enniscorthy. Während des Osteraufstandes 1916 unterbrachen hier irische Republikaner die Bahnlinie, um die britischen Truppen am Vormarsch nach Dublin zu hindern. Als nächstes hält der Zug im Wikingerstädtchen Wexford, bevor er Rosslare erreicht, wo die Fähren nach Fishguard ablegen – so wie von Brunel geplant.

## BRUNELS BRAVOURSTÜCKE

**333. Plymouth–Saltash**
*Südwestengland, Großbritannien*

Auf der Fahrt von Devon nach Cornwall überquert man den Tamar über die von Brunel entworfene, 1859 eröffnete schmiedeeiserne Royal Albert Bridge.

**334. Thames Tunnel**
*London, Großbritannien*

Brunels Themsetunnel (1843 eröffnet) war anfangs für Fußgänger gedacht und wurde später für die Eisenbahn umgebaut. Das Brunel Museum in Rotherhithe nutzt heute den alten Eingang.

**335. Taplow–Maidenhead**
*Berkshire, Großbritannien*

Als sie 1838 fertiggestellt wurde, war Brunels Maidenhead Bridge über die Themse die niedrigste und breiteste Ziegelbogenbrücke der Welt.

**336. London Paddington–Bristol Temple Meads**
*Großbritannien*

Brunel entwarf die beiden Endbahnhöfe der Great Western Railway. Er baute auch den 2,95 Kilometer langen Box Tunnel, zum Zeitpunkt der Eröffnung 1841 der längste Eisenbahntunnel der Welt.

337

# KAP-KAIRO-LINIE

*Afrika*

Eine Reise in mehreren Etappen über den Kontinent, wie sie sich der britische Kolonialist Cecil Rhodes erträumt hatte.

**Wissenswertes**

- *Zeit: 1853–1902 (Lebensdaten von Cecil Rhodes)*
- *Streckenlänge: Rund 10.500 Kilometer*
- *Mindestfahrtdauer: Derzeit nicht bestimmbar*
- *Wichtige Haltepunkte: Kairo, Assuan, Khartum, Nairobi, Daressalaam, Lusaka, Livingstone, Bulawayo, Johannesburg, Kapstadt*
- *Durchfahrene Länder: Ägypten, Sudan, Südsudan, Äthiopien, Kenia, Tansania, Sambia, Simbabwe, Südafrika*

Ende des 19. Jahrhunderts hatte der Unternehmer und Politiker Cecil Rhodes einen hochfliegenden Plan: Er wollte die britischen Kolonien und Einflussgebiete in Afrika mit der Bahn verbinden. Die Kap-Kairo-Linie sollte den gesamten Kontinent vom Mittelmeer bis zum Südatlantik umspannen. Rhodes sah die Eisenbahn als einigendes Band, das dabei helfen würde, »weitere Flecken auf der Landkarte rot auszumalen«, also die Macht des britischen Empire weiter über den Globus auszudehnen.

Rhodes, der Sohn eines Pfarrers aus Hertfordshire, ging 1870 in die britische Kapkolonie (heute Südafrika), um Baumwolle anzubauen. Er stieg auf Diamanten um und gründete 1880 die De Beers Mining Company, danach ging er in die Politik und war von 1890 bis 1896 Premierminister der Kapkolonie.

Rhodes' Hauptziel war die Expansion nach Norden. Er wollte seine Minen voranbringen, das britische Herrschaftsgebiet vergrößern und sicherstellen, dass die Kapkolonie nicht vom Rest des Kontinents abgeschnitten wurde, nachdem die Portugiesen, Belgier und Deutschen auch Land für sich reklamierten. Rhodes interessierte sich wenig für die Rechte der Ureinwohner; einige Historiker sehen in ihm den »Architekten der Apartheid«, des Systems der Rassentrennung im 20. Jahrhundert. Auf jeden Fall gelang es Rhodes, ein riesiges Imperium aufzubauen, und sein Wirken veränderte für immer das Gesicht des südlichen Afrika.

Zu Beginn des 20. Jahrhunderts kontrollierte das britische Empire in Afrika einen beinahe durchgehenden Korridor von Territorien. Dieser zog sich von Ägypten über den Anglo-Ägyptischen Sudan (heute Sudan und Südsudan) und Uganda bis nach Britisch-Ostafrika (heute Kenia). Hier klaffte eine Lücke: Tanganjika (Tansania) wurde von den Deutschen kontrolliert, der Kongo von Belgien. Südlich davon lagen das neu dem britischen Empire einverleibte Nord- und Südrhodesien (Sambia und Simbabwe), dann

**BERGBAU-BAHNEN**

**338. Great Laxey Mine Railway**
*Isle of Man, Großbritannien*

In der Ortschaft Laxey kann man mit der (1870 eröffneten) Eisenbahn fahren, die einst Blei- und Zinkerz aus der Great Laxey Mine ans Tageslicht holte.

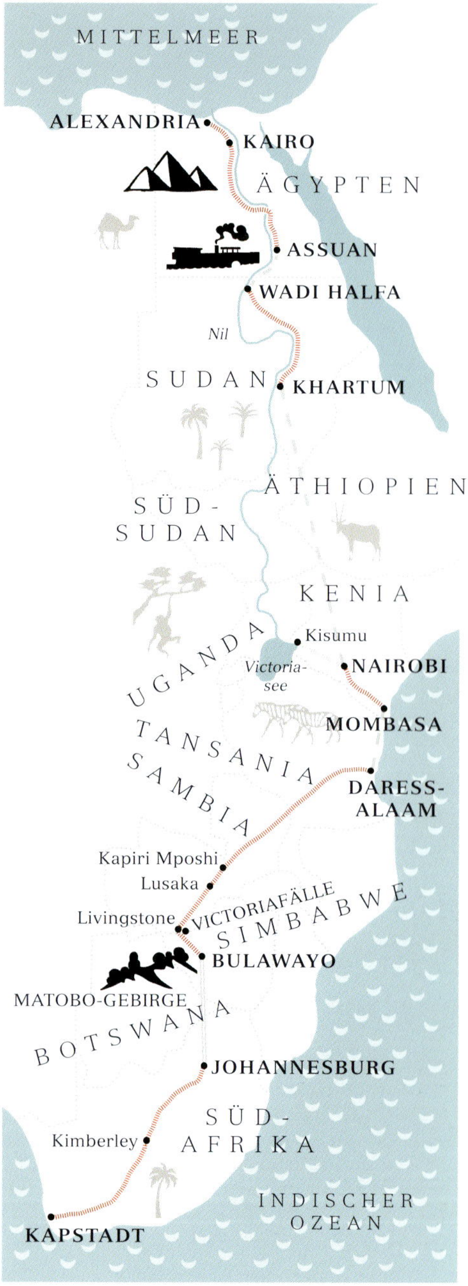

Betschuanaland (Botswana), Swasiland, Basutoland (Lesotho) und Südafrika.

Eine Kap-Kairo-Linie, so dachte Rhodes, würde der Einheit dienen, die Verwaltung, die Besiedlung und den Handel erleichtern und das Militär im Bedarfsfall mobiler machen. Dieses Vorhaben wurde weder zu Rhodes' Lebzeiten noch später realisiert. Aber mit Zeit und Geduld kann man einen Großteil des Kontinents auf einer ähnlichen Route abfahren.

In Ägypten verkehren Züge vom Mittelmeerhafen Alexandria am Nil entlang bis nach Assuan, vorbei an den grandiosen Bauwerken der alten Ägypter. Von Assuan fährt einmal die Woche ein Dampfschiff nilaufwärts nach Wadi Halfa im Sudan. Hier führt eine 1897 von den Briten begonnene Bahnlinie durch die Wüste in die sudanesische Hauptstadt Khartum.

Danach wird es schwierig. Der Südsudan (derzeit auf der Warnliste des britischen Auswärtigen Amtes), Westäthiopien, Uganda und Nordkenia haben keine funktionierenden

**LINKS:** Auf der Brücke über den Sambesi nahe den Victoriafällen fahren keine Regelzüge mehr.

Anschlussbahnen. 1892 bauten die Briten eine Bahn – von Kritikern »Lunatic Express« (Wahnsinnsexpress) genannt – durch Kenia, die Kisumu am Viktoriasee mit Mombasa im Indischen Ozean verband.

Derzeit ist allerdings nur der Abschnitt von Nairobi bis zur Küste in Betrieb (siehe S. 244).

Nach Mombasa folgt eine weitere Lücke. Zwischen Kenia und Tansania verkehren keine Züge. In Tansania selbst kann man dafür eine Bahn von Daressalaam bis Livingstone in Sambia nehmen. Über die Grenze nach Simbabwe gehen die Passagiere zu Fuß – die Brücke über den Sambesi nahe den Victoriafällen wird nicht mehr von Regelzügen befahren, nur noch von einer Touristendampflok.

In Simbabwe verkehren Bahnen in die grüne Stadt Bulawayo (südlich von hier in den Matobo-Bergen liegt Cecil Rhodes' Grab). Weiter verkehren hier momentan keine Züge. Früher existierten Verbindungen nach Botswana und Südafrika, aber zurzeit ist der Überlandbus Bulawayo–Johannesburg die beste Option. In Johannesburg geht es mit der Bahn weiter, die von hier direkt nach Kapstadt führt. Alles in allem eine langsame, zerrissene, aber eindrucksvolle Abenteuerreise.

## BERGBAU-BAHNEN

**339. Ferrocarril de Riotinto**
*Andalusien, Spanien*

Die 1875 gebaute Schmalspurbahn diente dem riesigen Minenkomplex von Riotinto. Eine Touristenbahn befährt einen zwölf Kilometer langen Abschnitt durch die mondartige Landschaft.

**340. Denniston Mine**
*Südinsel, Neuseeland*

Das Kohlebergwerk Denniston nahm 1879 den Betrieb auf; heute kann man auf den alten Gleisen in die tiefschwarzen Gruben einfahren.

## 341
## THE CRESCENT

*USA*

Der Amtrak Crescent fährt 2.216 Kilometer von Big Apple (New York) nach Big Easy (New Orleans) und taucht über die Blue Ridge Mountains und entlang vieler Bürgerkriegsschauplätze in den tiefen Süden der USA ein. Der Zug passiert Manassas (Virginia), den Ort der ersten großen Bürgerkriegsschlacht 1861. Er hält in Lynchburg (Virginia), wo 1865 im nahe gelegenen Appomattox Courthouse der Konfoderiertengeneral Robert E. Lee gegenüber dem Unionsgeneral Ulysses S. Grant kapitulierte und damit den Krieg beendete. Eine weitere Station ist Atlanta (Georgia), das 1864 von den Unionstruppen niedergebrannt wurde. Und es geht vorbei an alten Plantagen, die von der Zeit vor dem Krieg erzählen.

## 342
## ARICA–LA PAZ

*Chile und Bolivien*

Die 440 Kilometer lange Strecke zwischen der bolivianischen Hauptstadt La Paz und der chilenischen Hafenstadt Arica ist eine Kompensationsleistung. Mit dem Salpeterkrieg (1879–1883), in dem Bolivien und Peru Gebiete an Chile verloren, war Bolivien zum Binnenland geworden. Als Ausgleich für Landabtretungen am Pazifik baute die chilenische Regierung die Linie Arica–La Paz (1913 fertiggestellt). Das war kein leichtes Unterfangen – ist dies doch eine der höchsten Bahnstrecken der Welt, die von Meereshöhe auf über 4.200 Meter ansteigt. Leider wurde der Fahrgastverkehr 1996 eingestellt, aber zuletzt arbeitete man an der Wiederinstandsetzung der Strecke, sodass vielleicht bald wieder Personenzüge fahren.

## 343
## ALLEGRO

*Finnland und Russland*

Der Hochgeschwindigkeitszug Allegro erreicht bis zu 220 Stundenkilometer und verbindet Helsinki und St. Petersburg in nur dreieinhalb Stunden. Dabei sind Finnland und Russland seit Langem eng miteinander verbunden. Im Russisch-Schwedischen Krieg (1808–1809) errang Russland die Vorherrschaft in der Region und richtete das autonome Großfürstentum Finnland ein. Der russische Zar Alexander I. verlegte 1812 die finnische Hauptstadt von Turku nach Helsinki. 1917 erlangte Finnland seine Unabhängigkeit. Die kurze Reisezeit des Allegro rührt auch daher, dass die Grenzformalitäten während der Fahrt in Wyborg (Russland) oder Vainikkala (Finnland) erledigt werden.

## 344
## KANONENBAHN

*Frankreich und Deutschland*

Nachdem Deutschland im Krieg von 1870/71 Elsass-Lothringen von Frankreich annektiert hatte, wollte es sein neues Territorium mit einer Eisenbahn absichern. Die 805 Kilometer lange Kanonenbahn verband das lothringische Metz an der Mosel mit der Reichshauptstadt Berlin. 1882 war die Bahn aus neuen und bestehenden Streckenteilen fertiggestellt. Heute existiert die Linie in ihrer Gesamtheit nicht mehr, aber ihr architektonisches Aushängeschild, der Bahnhof Metz-Ville (eröffnet 1908), beeindruckt noch immer. Der neuromanische Bahnhof hat einen 40 Meter hohen Uhrturm, Zierbögen, eine palastartige Ankunftshalle und Buntglasfenster mit einer Darstellung Karls des Großen.

# 345
# ERITREISCHE EISENBAHN

*Eritrea*

Mit dem Nostalgiezug auf italienischen Schienen durch grandiose afrikanische Landschaften.

**Wissenswertes**
- *Zeit: 1887–1911 (Bau der eritreischen Eisenbahn)*
- *Streckenlänge: 118 Kilometer*
- *Mindestfahrtdauer: 1 Tag*
- *Wichtige Haltepunkte: Massaua, Ghinda, Nefasit, Asmara*
- *Durchfahrene Länder: Eritrea*

**UNTEN:** Die restaurierte eritreische Eisenbahn beginnt in Massaua am Roten Meer.

Als die Italiener im Wettlauf um Kolonien Ende des 19. Jahrhunderts Eritrea übernahmen, machten sie sich dort bald an den Bau einer Eisenbahn. Sie wollten die Hafenstadt Massaua am Roten Meer per Zug mit Asmara, der Hauptstadt im Hochland, verbinden. Mit einer solchen Eisenbahn würden sich nicht nur Truppen, sondern auch Rohstoffe von den Minen an die Küste transportieren lassen.

Auf der 118 Kilometer langen Route musste das 2.394 Meter hohe Asmara-Plateau erklommen werden. Es ging nur langsam voran und die Ingenieure hatten Beträchtliches zu leisten. So mussten auf dem kurzen Abschnitt zwischen Nefasit und Asmara 39 Tunnel und 65 Viadukte und Brücken gebaut werden. 1911 verlief die Bahn bis Asmara, von wo aus die Strecke in Richtung Westen ausgebaut wurde. 1932 folgte die Anbindung der Stadt Bishia.

Das restliche 20. Jahrhundert war mit dem Zweiten Weltkrieg und später dem Eritreischen Unabhängigkeitskrieg keine günstige Zeit für die Eisenbahn. 1993 beschloss die Regierung von Eritrea (das sich von Äthiopien gelöst hatte) jedoch, den Abschnitt Massaua–Asmara wieder aufzubauen.

2003 erfolgte die Wiedereröffnung; mit restaurierten Mallet-Dampfloks durchkreuzten die Bahnen spektakuläre Landschaften. Die Züge dampften über Steinbogenbrücken, überquerten jähe Schluchten und passierten steile Klippen, tiefe Täler, wolkenverhangene Berge und Kamele am Streckenrand.

Der aktuelle Status der Linie ist unklar, für echte Fans gehört sie jedoch zu den Bahnen, mit denen man einmal gefahren sein muss. Es verkehren auch noch regelmäßig Charterzüge für Touristen. Das italienisch geprägte Asmara mit seiner attraktiven Art-déco-Architektur, seinen Cafés mit perfekten Espressi und der faszinierenden alten Eisenbahnwerkstatt ist jedenfalls einen Besuch wert.

**OBEN:** Historische Dampfeisenbahnen zuckeln durch Eritreas grandiose Landschaften.

346
# ORIENT-EXPRESS

*Frankreich–Türkei*

Auf einer der glanzvollsten Bahnlinien der Welt quer durch Europa von Paris nach Istanbul.

**Wissenswertes**
- *Zeit: 1883 (Einführung des Orient-Express)*
- *Streckenlänge: 3.180 Kilometer*
- *Mindestfahrtdauer: 4 Tage*
- *Wichtige Haltepunkte: Paris, Straßburg, München, Wien, Budapest, Bukarest, Istanbul*
- *Durchfahrene Länder: Frankreich, Deutschland, Österreich, Ungarn, Rumänien, Bulgarien, Türkei*

Der Orient-Express ist der Inbegriff von Luxus auf Schienen. Der Spitzenreiter gilt als Standard, an dem sich andere Züge messen lassen müssen. Das hat nicht nur mit seiner opulenten Ausstattung zu tun, sondern auch mit der Route, die an die Goldenen Zwanziger erinnert, die glanzvollste Ära der Hotelzugromantik: Champagnerkelche, elegante Smokings und schillernde Abendroben. Der gehobene Stil des Orient-Express entsprach dem Zeitgeist und Verkehrsflugzeuge als schnellere Reiseoption waren noch Zukunftsmusik. Adlige, Diplomaten und Starlets frönten dem Luxus, während vor den Fenstern die vom Krieg gezeichneten Landschaften Europas vorbeiglitten.

Der erste Orient-Express fuhr 1883 von Paris nach Rumänien. In Giurgiu stiegen die Passagiere auf das Schiff

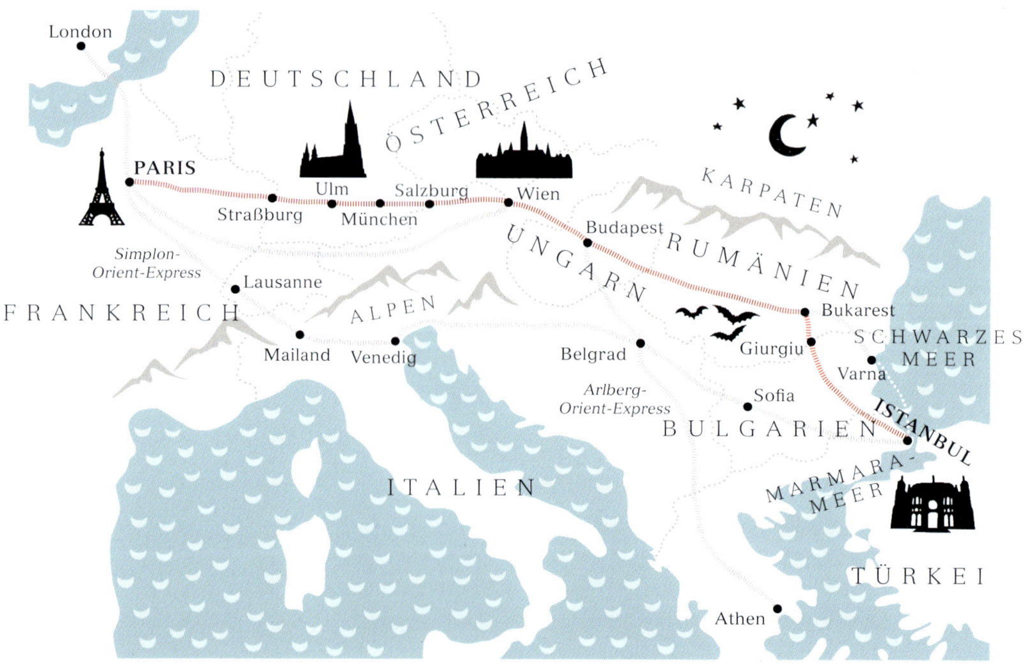

um, das sie über die Donau nach Bulgarien brachte. Hier beförderte sie ein weiterer Zug nach Varna, wo sie die Fähre über das Schwarze Meer nach Konstantinopel (Istanbul) bestiegen.

1889 ging der erste durchgehende Zug von Paris nach Istanbul über Straßburg, München, Wien, Budapest und Bukarest. Die Fahrtzeit betrug rund 68 Stunden. Über die Jahre wurde die Route mehrmals geändert, erweitert oder verkürzt. So verkehrte zwischen 1919 und 1977 mit Unterbrechungen auf einer südlicheren Strecke der Simplon-Orient-Express (über Sofia und Venedig). Der Arlberg-Orient-Express mit Ziel Athen fuhr von 1930 bis 1962 (die Kriegsjahre ausgenommen). Am authentischsten ist aber wohl die Reiseroute über Wien und Bukarest.

Beim Blick auf aktuelle Fahrpläne stellt man fest, dass dort kein »Orient-Express« mehr aufgeführt ist. Die Linie wurde eingestellt, nachdem am 12. Dezember 2009 der EuroNight Orient-Express seine letzte Fahrt von Straßburg nach Wien absolviert hatte. Diese Verbindung, die nur einen Teil der ursprünglichen Route Paris–Istanbul umfasste, war das letzte Relikt des alten Orient-Express – der einzige Zug, der noch den historischen Namen trug und sich an dem Fahrplan von 1883 orientierte. Doch Europa hat ein ausge-

**BAHNKOMFORT-BEGRÜNDER**

**347. Metra Electric District**
*Illinois, USA*

Nur eine kurze Fahrt ist es vom Zentrum Chicagos nach Pullman. Benannt ist der Stadtteil nach dem amerikanischen Industriellen George Pullman (1831–1897), auf den die Erfindung des Schlafwagens zurückgeht.

**UNTEN:** Der prachtvolle Sirkeci-Bahnhof von Istanbul wurde 1888 als östlicher Zielbahnhof des Orient-Express eröffnet.

dehntes Bahnnetz, und so kann man mit mehreren Einzelzügen noch der Route des Orient-Express folgen – nur auf Butler mit weißen Handschuhen und die vornehmen Wagons-Lits (CWL-Schlafwagen) muss man verzichten.

Vom Pariser Gare de l'Est fahren TGVs durch Nordfrankreich, vorbei an den Schlachtfeldern des Ersten Weltkriegs, ins elsässische Straßburg mit seinem schönen mittelalterlichen Zentrum und den modernen Gebäuden des Europäischen Parlaments. Hinter Straßburg geht es über die deutsche Grenze, vorbei am prächtigen Ulmer Münster (mit dem höchsten Kirchturm der Welt), bevor sie die bayerische Landeshauptstadt München erreichen. Hier gehört ein Abstecher ins Hofbräuhaus mit Blasmusik und Lederhosenkult einfach dazu. Weiter fährt der Railjet der ÖBB ostwärts Richtung Alpen, über das schöne Salzburg (Mozarts Geburtsort) nach Wien. Die österreichische Hauptstadt ist der Inbegriff von Eleganz – mit all ihren Palais, der Staatsoper und Theatern, Jugendstilarchitektur und nostalgischen Kaffeehäusern mit köstlichen Kuchen.

Der Railjet verkehrt bis nach Budapest. In Ungarns Hauptstadt zu beiden Seiten der Donau kann man in einem traditionellen Badehaus ausspannen, die Burg besteigen oder eine Tramrundfahrt machen. Als Nächstes fahren Nachtzüge durch Transsilvanien und die Karpaten in die rumänische Hauptstadt Bukarest, wo Diktator Nicolae Ceaușescus kolossaler Parlamentspalast vielleicht noch unheimlicher ist als jedes Vampirschloss.

Von Bukarest aus kann man mit dem Nachtzug Istanbul erreichen, die Brücke zwischen Europa und Asien. Der alte Orient-Express hätte um das Marmarameer herum Istanbul Sirkeci angefahren, einen prächtigen Endbahnhof im orientalisierenden Stil, der 1888 eröffnet wurde. Derzeit gibt es jedoch keine Bahnstrecke (nur Busverbindung möglich); Sirkeci wurde 2013 für oberirdische Züge gesperrt. Inzwischen gibt es hier einen unterirdischen Bahnhof für das Marmaray-Projekt, das in einem Eisenbahntunnel die asiatische und die europäische Seite Istanbuls verbindet. Doch noch immer bildet die minarettgeschmückte Stadt einen krönenden Abschluss. Wie die Passagiere des Orient-Express kann man im Pera Palace Hotel nächtigen, das 1895 eröffnet und 2010 renoviert wurde. Im Zimmer 411 soll die britische Erfolgsautorin Agatha Christie an ihrem Krimi *Mord im Orientexpress* (1934) geschrieben haben.

**UNTEN:** Der Venice Simplon-Orient-Express bemüht sich, den Glanz seines Vorbilds zu kopieren.

## 348
# VENICE SIMPLON-ORIENT-EXPRESS

*Großbritannien–Italien*

Schade, dass es den wunderbaren Orient-Express Paris–Istanbul (1883 eingeführt) nicht mehr gibt. Aber Belmond tut sein Bestes, um mit dem noblen Venice Simplon-Orient-Express an den legendären Zug anzuknüpfen. Die Nostalgiereise beginnt im Nachtzug von London nach Venedig mit einem Begrüßungscocktail an Bord des luxuriösen British Pullman nach Folkestone. Nach der Fährfahrt über den Ärmelkanal besteigt man dann den Venice Simplon-Orient-Express mit seinen prächtig restaurierten Wagen aus den 1920er-Jahren. Mit köstlichen Menüs, Nachmittagstee, Silberservice, feinen Schlafwagen und vorbeiziehenden Alpenlandschaften bringt der Zug den Glanz vergangener Zeiten zurück.

# 349
# EASTERN AND ORIENTAL EXPRESS

*Singapur, Malaysia und Thailand*

Eine Reise im Kolonialstil von Singapur nach Bangkok durch dichten tropischen Dschungel.

**Wissenswertes**
- *Zeit: 1819–1942 (Britische Herrschaft in Singapur)*
- *Streckenlänge: 1.920 Kilometer*
- *Mindestfahrtdauer: 3 Tage*
- *Wichtige Haltepunkte: Woodlands, Kuala Lumpur, Kuala Kangsar, Padang Besar, Hua Hin, Bangkok*
- *Durchfahrene Länder: Singapur, Malaysia, Thailand*

**MEHR VON MALAYSIA**

**350. East Coast Line**
*Singapur–Malaysia*
Die 716 Kilometer lange »Jungle Line« von Singapur nach Kota Bharu durchfährt ebenfalls ganz Malaysia, vorbei an üppigen Hügeln und Plantagen.

Ein Ort, den man in Singapur besucht haben sollte, bevor man den Eastern and Oriental Express (E&O) besteigt, ist das Raffles Hotel. Das 1887 eröffnete Haus ist eine lokale Institution im Colonial-Revival-Stil. Hier wurde der Cocktail Singapore Sling kreiert. Benannt ist das Hotel nach Sir Thomas Stamford Raffles, dem Gründer des modernen Singapur.

Im frühen 19. Jahrhundert verstärkte Großbritannien seinen Einfluss in Indien und intensivierte den Handel mit China. Hierfür musste ein sicherer Hafen in Fernost geschaffen werden. 1819 reiste Raffles – zu jener Zeit Vizegouverneur von Bengkulu (Sumatra) – an die Südspitze der Malaiischen Halbinsel. Er führte eine kurze Erkundung der vorgelagerten Insel Singapur durch, befand sie als geeignet und schloss sofort einen Vertrag mit dem Sultan ab, um Großbritannien die Rechte auf das Land zu sichern. Bei Raffles' Ankunft lebten auf der Insel etwa 1.000 Menschen. Bis 1869 hatten sich rund 100.000 Menschen in dem blühenden Handelshafen niedergelassen. Heute hat Singapur über 5,3 Millionen Einwohner.

**RECHTS:** Vor der Reise mit dem E&O Express sollte man sich im Raffles Hotel einen Singapore Sling gönnen.

Wie im Raffles Hotel fühlt man sich im Eastern and Oriental Express in das Singapur früherer Tage zurückversetzt – in eine Zeit, als man in Rattansesseln saß und zum Abendessen die Garderobe wechselte. Die Schlafwagen des Zuges wurden in den 1970er-Jahren für Bahnen in Neuseeland gebaut, wurden aber umgestaltet und verbinden nun koloniale Eleganz mit asiatischen Motiven. Daneben bietet der E&O Silberservice im Speisewagen, eine Pianobar und eine offene Aussichtsplattform, wo man freien Blick hat und die tropische Luft einsaugen kann.

Der 1993 eingeführte E&O stellte die erste Direktverbindung zwischen Singapur und Thailands Hauptstadt Bangkok dar. Bis zur Schließung 2011 fuhr der Zug von der Tanjong Pagar Station mit ihrem Art-déco-Gebäude ab. Heute startet er vom Woodlands Train Checkpoint südlich des Dammes, der die Insel Singapur mit der Malaiischen Halbinsel verbindet. Das heißt, zunächst gleitet man über die Straße von Johor, die Wolkenkratzer Singapurs hinter sich lassend.

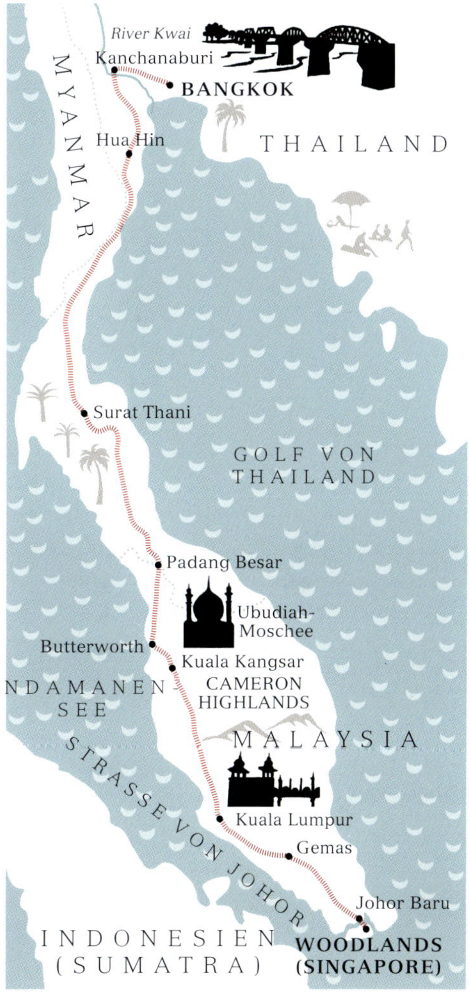


Der E&O folgt der West Coast Line, der einspurigen Eisenbahn, die auf der Westseite der Malaiischen Halbinsel bis zur thailändischen Grenze verläuft. Sie wurde zwischen 1885 und 1932 erbaut und wird derzeit modernisiert. Zunächst zieht sich die Strecke durch zahllose Ölpalmen- und Kautschukplantagen, bevor man Kuala Lumpur, die moderne Hauptstadt Malaysias, erreicht. Der Bahnhof von 1911, ein Ensemble aus Bögen und Kuppelpavillons, wurde im viktorianisch-maurischen Zuckerbäckerstil erbaut.

Nach der Nachtruhe in luxuriösen Kabinen erwartet die Fahrgäste ein Frühstück im Bett (natürlich auf einem Silbertablett!). Kurz darauf erreicht der Zug die Sultanstadt Kuala Kangsar, wo die goldene Ubudiah-Moschee und der frühere Sultanspalast (heute ein Museum) besichtigt werden wollen. Von hier nach Thailand ist es nicht mehr weit. Der E&O hat hier freie Fahrt über die Grenze.

**UND WIE WÄR'S DAMIT?**

**351. Yangon–Mandalay Express**
*Myanmar*
Die von den Briten gebaute 622 Kilometer lange Bahn (1877 eröffnet) verbindet zwei der größten Städte Myanmars und ist dabei rund 15 Stunden unterwegs.

Er folgt der Strecke der thailändischen Südbahn (eröffnet 1903) und zuckelt bis zum nächsten Morgen an mächtigen Karstbergen, Dschungel mit Wasserfällen und lebhaften Marktstädten vorbei.

Früh am dritten Tag nimmt der Zug einen Umweg über eine Nebenlinie, vorbei an der Stadt Kanchanaburi, zur Brücke am Kwai. Das berüchtigte Bauwerk war Teil der birmanischen »Todeseisenbahn«, die von alliierten Kriegsgefangenen im Zweiten Weltkrieg gebaut wurde. Während die Bahn über die Brücke fährt, machen die Fahrgäste eine Bootsfahrt unten hindurch – das perfekte Fotomotiv! Danach besteigt man wieder den Zug, um am Nachmittag in Bangkok anzukommen.

Natürlich ist der E&O nicht die einzige Möglichkeit, diese Route zu befahren. Mit Linienzügen auf der Strecke Singapur–Kuala Lumpur–Butterworth–Padang Besar–Bangkok kann man dieselbe Reise in etwa 48 Stunden zu einem Bruchteil des Preises unternehmen – wenngleich mit weniger Cocktails und weniger Kolonialflair.

**OBEN RECHTS:** Der Zug schiebt sich an den steilen Klippen am River Kwai nahe der berüchtigten Brücke vorbei.

**RECHTS:** Der Eastern and Oriental Express hält in Kuala Kangsar für eine Besichtigung der Ubudiah-Moschee.

352

# NORTH BORNEO RAILWAY

*Borneo, Malaysia*

1882 wurde Nordborneo, heute der malaysische Bundesstaat Sabah, ein britisches Protektorat. Die Dampfzüge der North Borneo Railway mit ihrer Naturholz-Interieurs, Messingbeschlägen und traditionellen Tiffin-Lunches entführen die Reisenden in die Kolonialzeit. Die Züge verkehren zweimal wöchentlich und benötigen vier Stunden für die Hin- und Rückfahrt vom Bahnhof Tanjung Aru (am Rand von Sabahs Hauptstadt Kota Kinabalu) in den Reisanbauort Papar. Dabei durchfahren sie einen wunderschönen Landschaftsstreifen mit Küstenstädten und Stelzendörfern bis hin zu dichten Regenwäldern, Kaffeeplantagen und üppigen Reisfeldern.

353
# PODI MENIKE

*Sri Lanka*

Durch mehrere Tunnel und Brücken der besonderen Art mitten in die üppigen Teegebiete der Insel im Indischen Ozean.

**Wissenswertes**
- *Zeit: 1824 (Einführung der Teepflanze in Sri Lanka)*
- *Streckenlänge: 292 Kilometer*
- *Mindestfahrtdauer: 10 Stunden*
- *Wichtige Haltepunkte: Colombo, Kandy, Hatton, Nanuoya, Haputale, Demodara, Badulla*
- *Durchfahrene Länder: Sri Lanka*

Sri Lanka nimmt in der Weltrangliste der Teeproduzenten den vierten Platz ein. Nur China, Indien und Kenia bauen größere Mengen *Camellia sinensis* an als der vergleichsweise kleine Inselstaat. Das zentrale Hochland von Sri Lanka ist von zahlreichen Plantagen durchzogen – große, grüne, von Büschen bedeckte Hänge. Dabei kam die Teepflanze erst 1824 hierher.

Die Briten, die Sri Lanka (damals Ceylon) 1815 übernommen hatten, brachten eine Pflanze aus China mit und stellten sie im Königlichen Botanischen Garten von Peradeniya nahe Kandy aus. Das Land war damals ein großer Kaffeeproduzent, und als der schottische Kaffeepflanzer James Taylor 1867 beschloss, auf seiner Plantage Loolecondera mehrere Hektar mit Tee zu bewirtschaften, mokierten sich viele darüber. Doch zwei Jahre später wurden durch einen Rostpilz große Teile der Kaffee-Ernte zerstört. 1870 hatten viele Kaffeeplantagenbesitzer komplett aufgegeben oder auf Teeanbau umgestellt. Heute sind mehr als eine Million Menschen in Sri Lanka in der Teeindustrie beschäftigt. Dabei wird aus Qualitätsgründen noch immer von Hand gepflückt.

Die Plantagenwirtschaft war die treibende Kraft hinter der Eisenbahn in Sri Lanka. 1858 begannen die Briten mit dem Bau von Bahnlinien, auf denen Kaffee und Tee aus dem Landesinnern in die Hauptstadt Colombo transportiert wurde. Die erste Strecke, die landeinwärts von Colombo nach Ambepussa führte, wurde 1864 fertiggestellt; 1867 hatte man sie bis Kandy verlängert. Die gesamte Linie bis Badulla im zentralen Hochland war 1924 fertiggestellt.

Die hochgelegenen Hänge eigneten sich zwar gut für den Teeanbau, waren aber kein günstiges Terrain für eine Eisenbahn. Mehr als 40 Tunnel und zahlreiche Brücken mussten auf der 292 Kilometer langen Strecke ins hügelige Zentralland gebaut werden. Sie steigt von Meereshöhe bis auf 1.898 Meter bei Pattipola an und fällt danach in nur

**TÄLER UND INSELN**

**354. Llangollen Railway**
*Wales, Großbritannien*

Eine 16 Kilometer lange Strecke durch das Dee Valley befährt die zumeist von Dampfloks gezogene Museumsbahn, die 1865 erstmals Fahrgäste beförderte.

**355. Inca–Manacor**
*Mallorca, Spanien*

35 Kilometer fährt man mit der Bahn von Inca nach Manacor, wo die Firma Majorica seit 1890 wunderschöne Kunstperlen herstellt.

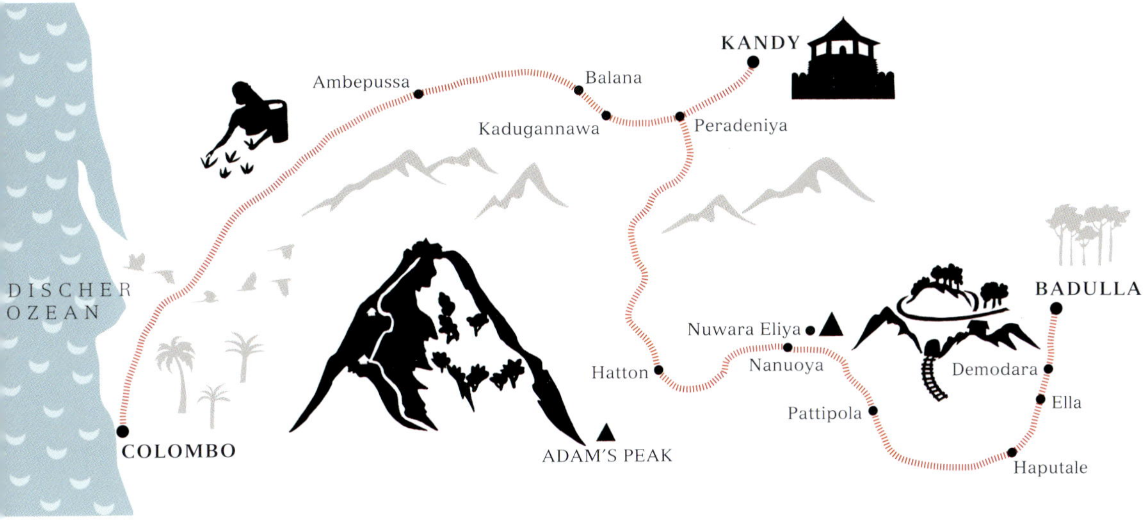


65 Kilometern um 1.250 Meter ab. Am spektakulärsten ist der Abschnitt zwischen Kadugannawa und Balana, wo die Bahn direkt an der Kante einer Steilstufe verläuft, von der es 300 Meter in die Tiefe geht.

Eine der größten Herausforderungen war der steile Abschnitt bei Demodara. Er wurde mithilfe des Demodara Loop überwunden: Die Bahnlinie führt am Ende einer 900 Meter langen Kreiskehrschleife unter sich selbst hindurch und taucht direkt unterhalb vom Bahnhof Demodara aus dem

**UNTEN:** Der Podi Menike fährt mitten durch die Teeplantagen im Hochland.

Tunnel auf. Es heißt, die Ingenieure wären auf diese Lösung gekommen, als sie einem *Kangany* (Vorarbeiter) zusahen, wie er seinen Turban löste und neu band.

Die ganze Fahrt über entfaltet sich die Landschaft Sri Lankas geradezu bilderbuchartig. Von Colombo aus fährt der Zug durch Stadtrandgebiete und vogelreiches Marschland.

Dann geht es bergauf, durch endlose, üppige Teefelder, wobei das Smaragdgrün der duftenden Pflanzen von den vielfarbigen Saris der Pflückerinnen noch überstrahlt wird.

Bei Peradeniya zweigt eine Nebenlinie nach Kandy ab. Nicht alle Züge auf der Strecke Colombo–Badulla nehmen diesen Umweg, der Podi Menike zum Glück aber schon – denn Kandy ist einen Besuch wert. Sri Lankas zweite Stadt ist das kulturelle Zentrum der Insel und Ort des Tempels Sri Dalada Maligawa, wo als Reliquie ein Zahn Buddhas aufbewahrt wird.

Der Zug hält auch in Hatton, dem Ausstiegsort für Adam's Peak. Tausende Pilger besteigen den Berg, um den (angeblichen) Fußabdruck Buddhas im Gipfelbereich zu sehen. Andere betrachten den Berg einfach vom Zug aus.

Teepilger steigen in Nanu Oya aus, von wo man in Sri Lankas höchstgelegene Stadt gelangt. Das von den Briten 1846 als Sommerfrische gegründete Nuwara Eliya wirkt wie ein bizarres »Little Britain« inmitten der Tropen, mit Villen im Tudorstil, Kolonialhotels und Herrenklubs. Daneben ist dies auch eines der wichtigsten Teeanbaugebiete Sri Lankas, wo man in umgebauten Teepflanzerbungalows übernachten und eine Tasse besten Tees genießen kann.

**RECHTS:** Eine Nebenlinie führt nach Kandy, wo es den buddhistischen Zahntempel zu sehen gibt.

## 356
# HAVANNA–SANTIAGO

*Kuba*

Die damalige spanische Kolonie Kuba bekam 1837 ihre erste Eisenbahn, noch bevor Spanien eine hatte. Den Anstoß gab der Zucker. Im 19. Jahrhundert boomte die Zuckerrohrproduktion auf Kuba. Quer über die Insel zogen sich Bahngleise, auf denen Dampfzüge Tonnen von »weißem Gold« transportierten. Bis ins 21. Jahrhundert hielt sich die Dampfkraft in Kuba. Mittlerweile fährt man mit Diesel und das Schienennetz ist geschrumpft, aber noch immer kommt man mit der Bahn gut herum und mit Einheimischen in Kontakt. Die 854 Kilometer lange Strecke zwischen Havanna und dem salsaseligen Santiago verbindet zwei der stimmungsvollsten Städte Kubas miteinander.

## 357
# SUGAR CANE TRAIN

*Hawaii, USA*

1890 hielt die Eisenbahn Einzug auf Maui. Pioneer Mill baute für den Transport des Zuckerrohrs von den eigenen Plantagen in die Fabrik eine kurze Schmalspurstrecke. In den 1950er-Jahren wurde die Linie eingestellt, besteht jedoch teilweise fort: 1969 begann die Lahaina, Kaanapali and Pacific Railroad – auch »Sugar Cane Train« genannt –, Dampfzüge auf einem zehn Kilometer langen Abschnitt von Lahaina nach Puukolii fahren zu lassen. In Lahaina ist noch der 69 Meter hohe, 2010 renovierte Schornstein der Zuckerfabrik zu sehen. Daneben gibt es eine Ausstellung alter Geräte und zweier Baldwin-Lokomotiven aus dem 19. Jahrhundert, die einst das wertvolle Erntegut transportierten.

358

## OURO PRETO–MARIANA

*Minas Gerais, Brasilien*

Ouro Preto im Herzen des Bergbaugebiets von Minas Gerais war der Brennpunkt des Goldrausches in Brasilien. Demzufolge war dies auch die erste Stadt in der Region, die an die Eisenbahn angebunden wurde. Zwischen 1883 und 1914 wurde mit einigem Aufwand eine 18 Kilometer lange Strecke über die grünen Berge von Ouro Preto (heute UNESCO-Welterbestätte) in die Kolonialstadt Mariana verlegt. Nachdem sie zeitweilig außer Betrieb war, wurde die Linie Anfang des 21. Jahrhunderts wieder instandgesetzt. Heute verkehren freitags, samstags und sonntags Touristenzüge, deren große Fenster Blicke auf ausgedehnte Wälder und die goldreichen Hügel eröffnen.

359

## GEFÄNGNISBAHN

*Französisch-Guayana*

1852 schickte Frankreich das erste Schiff mit Sträflingen nach Französisch-Guayana. Der südamerikanische Außenposten blieb bis 1951 eine französische Strafkolonie und war ein grausamer Ort, um eine Strafe zu verbüßen – unter Bedingungen, die Henri Charriere in seinem Roman *Papillon* (1969) schilderte. Die Sträflinge kamen in Saint-Laurent-du-Maroni an, bevor sie in die *Bagnes* (Gefangenenlager) überall im Land verteilt wurden. Hierfür wurde zwischen 1890 und 1897 eine Eisenbahn von Saint-Laurent nach Saint-Jean gebaut. Von der Strecke ist nichts mehr übrig, aber in Saint-Laurent stehen noch alte Gefängnisgebäude sowie die Reste des Eisenbahnhauptdepots, das heute ein überwuchertes Stahlskelett ist.

360

# OLD PATAGONIAN EXPRESS

*Patagonien, Argentinien*

Ein Kurztrip mit La Trochita über die Andenausläufer und abgeschiedene walisische Siedlungen.

**Wissenswertes**

- *Zeit: 1865 (Ankunft der ersten Waliser in Patagonien)*
- *Streckenlänge: 166 Kilometer*
- *Mindestfahrtdauer: 9 Stunden*
- *Wichtige Haltepunkte: Esquel, Nahuel Pan, La Cancha, Leleque, Bruno Thomae, El Maitén*
- *Durchfahrene Länder: Argentinien*

»Es ist wahr, dass die schlimmsten Züge durch die besten Landschaften fahren«, urteilte der amerikanische Autor Paul Theroux in seinem gleichnamigen Buch über die Fahrt mit dem Old Patagonian Express. Das Werk erschien 1979 und machte die Leser mit der zähen kleinen Schmalspur-Dampfeisenbahn bekannt, die den Spitznamen »La Trochita« trägt und seit 1945 durch die entlegene Wildnis von Südargentinien schnauft.

Als Theroux mit ihr fuhr, verlief die Bahn 402 Kilometer vom kleinen Außenposten Ingeniero Jacobacci (benannt nach einem Bahndirektor) bis Esquel. Esquel wurde von walisischen Einwanderern gegründet, die ab 1865 nach Patagonien kamen, um dort walisischsprachige Kolonien aufzubauen. Sie hofften, so etwas wie die grünen Täler der Heimat vorzufinden; stattdessen erwartete sie das wind-

gepeitschte Pampas-Grasland – grandios und trostlos zugleich.

Trostlos sah es in den 1990er-Jahren auch für La Trochita aus. Nur der öffentliche Protest bewahrte sie vor der Stilllegung; in der Folge wurde die Bahn zu einem Nationalen Historischen Monument erklärt. Einen Linienverkehr gibt es jedoch nicht mehr. Touristenzüge verkehren unregelmäßig auf dem 19-Kilometer-Abschnitt zwischen Esquel und Nahuel Pan. Seltene Charterzüge befahren die 166 Kilometer zwischen Esquel und El Maitén.

Doch auch die Kurzstreckenvariante ist überaus reizvoll. Bei ihren wenigen Fahrten wird La Trochita noch immer von einer der alten ölbefeuerten Henschel- oder Baldwin-Dampfloks gezogen. Und wie Theroux bemerkte, durchfährt der Zug die »besten Landschaften«: Vor dem Fenster gleiten die Ausläufer der Anden vorbei.

**OBEN:** Patagonien ist eine Region mit endlos weiten Landschaften.

**LINKS:** La Trochita kommt weiterhin, wenn auch unregelmäßig, von Esquel aus schnaufend in Fahrt.

361

# DARJEELING HIMALAYAN RAILWAY

*Westbengalen, Indien*

Mit dem »Toy Train« scheinbar schwerelos hinauf zu einem kolonialen Kurstädtchen mit herrlichen Bergblicken.

**Wissenswertes**

- *Zeit: 1879–1881 (Bau der Darjeeling Himalayan Railway)*
- *Streckenlänge: 84 Kilometer*
- *Mindestfahrtdauer: 7 Stunden, 15 Minuten*
- *Wichtige Haltepunkte: New Jalpaiguri, Shiliguri, Sukna, Tindharia, Kurseong, Ghum, Darjeeling*
- *Durchfahrene Länder: Indien*

Der Bergkurort Darjeeling wurde im frühen 19. Jahrhundert als Heilrefugium für die herrschende Klasse von Britisch-Indien gegründet. Es entstanden Villen, Kirchen und Gesellschaftssalons, und es wurde Tee angebaut. Als Darjeeling immer beliebter wurde und der Handel zunahm, kam man auf dem Feldweg dorthin oft nicht mehr voran. So begannen 1879 die Arbeiten an einer ehrgeizigen 610-mm-Bahn, die von der Tiefebene kommend eine Steigung von rund 2.000 Metern bewältigte.

Die Darjeeling Himalayan Railway – auch »Toy Train« genannt – wurde 1881 eröffnet, ein technisches Glanzstück, das heute zum UNESCO-Weltkulturerbe zählt. Die Fahrt beginnt am Bahnhof New Jalpaiguri nahe der geschäftigen Stadt Shiliguri. Zunächst folgt die Linie dem Verlauf der alten Straße, quert das Flachland, vorbei an Läden und Häusern.

**NOCH EIN INDIEN-TIPP**

**362. Kalka–Shimla Railway**
*Nordwestindien*

1864 erklärten die Briten das hochgelegene Shimla zur Sommerhauptstadt Indiens. 1898 begannen die Arbeiten an der kühnen 96 Kilometer langen Schmalspurbahn.

**RECHTS:** Der Darjeeling Toy Train gehört zum UNESCO-Weltkulturerbe.

Ab Sukna ändert sich das Gelände, und der Zug brummt langsam von Bäumen gesäumt ins Vorgebirge hinein. Die Betonung liegt dabei auf »langsam«. Bei einem Durchschnittstempo von zwölf Stundenkilometern ist die Darjeeling Himalayan Railway nichts für Eilige.

Dafür ist die Landschaft spektakulär. Die Linie durchschneidet dichte Wälder und üppige Teeplantagen, wo Pflückerinnen ihrer Arbeit nachgehen. An klaren Tagen kann man einige der höchsten Berge der Welt sehen, etwa den schneebedeckten Kangchendzönga. Daneben gibt es außergewöhnliche Streckenbauten, darunter sechs Spitzkehren, steile Kehrschleifen, Agony Point (mit der schärfsten Kurve der Strecke) und den Batasia Loop, wo die Bahn in einem Tunnel eine Kreiskehrschleife fährt.

Züge auf der Strecke New Jalpaiguri–Darjeeling werden von Diesellokomotiven gezogen.

**UNTEN:** Mit der Dampfeisenbahn geht es ab dem höchstgelegenen Bahnhof Ghum hinauf in das für seinen Tee berühmte Darjeeling – dort oben hat man den besten Blick auf den Himalaya!

# WHITE PASS AND YUKON RAILWAY

*Kanada und USA*

Mit der Bahn durch undurchdringliche Gefilde auf den Spuren hoffnungsvoller Goldsucher.

**Wissenswertes**

- *Zeit: 1897–1898 (Klondike-Goldrausch)*
- *Streckenlänge: 109 Kilometer*
- *Mindestfahrtdauer: 4 Stunden, 45 Minuten*
- *Wichtige Haltepunkte: Skagway, Heney, Glacier, Fraser, Bennett, Carcross*
- *Durchfahrene Länder: Kanada, USA*

Als 1896 drei Goldsucher in einem Nebenfluss des Klondike River Gold fanden, lösten sie einen der größten Goldräusche aller Zeiten aus. 1897 und 1898 machten sich mehr als 100.000 Glücksritter auf den Weg ins kanadische Yukon-Territorium. Zwischen 1898 und 1900 wurde für sie eine Schmalspurbahn gebaut.

Trotz des schwer erschließbaren Geländes wurde die White Pass and Yukon Railway (WP&YR) in gut zwei Jahren durch die Coast Mountains von Alaska gesprengt und nach Kanada geführt. Die Strecke weist zahlreiche Tunnel, Trestle-Brücken, bis zu 3,9 Prozent Steigung und enge Kurven am Abgrund auf.

Ursprünglich verlief die Eisenbahn zwischen der Hafenstadt Skagway und Whitehorse. Seit 1988 fährt die WP&YR nur noch im Sommer als Touristenbahn und die dieselbetriebenen Züge enden nun in Carcross. Dieser Abschnitt umfasst allerdings die interessantesten Teile.

Hinter Skagway passiert die Bahn den alten Gold Rush Cemetery und steigt entlang des Skagway River an, mit Wäldern, Wasserfällen und Gletschern zu beiden Seiten. Sie gräbt sich durch den Tunnel Mountain, quert die Dead Horse Gulch und passiert eine aufgegebene Stahlbrücke, einst die höchste Auslegerbrücke der Welt. Kurz darauf erklimmt die Bahn den 873 Meter hohen White Pass, die Grenze zwischen den USA und Kanada. Hier kontrollierte die kanadische Polizei die Goldsucher auf ausreichend Proviant, bevor man sie nach British Columbia ließ.

Bis Fraser steigt die WP&YR weiter an, bevor es nach Bennett hinabgeht. Hier rasteten die Goldsucher in einer wuseligen Zeltstadt nach ihrem Marsch auf dem Chilkoot Trail, der vor der Eisenbahn der einzige Weg zu den Goldfeldern war. Die 1899 erbaute Kirche steht noch immer. Schließlich streift die Bahn Lake Bennett, erreicht das Yukon-Territorium und endet in Carcross, wo am 29. Juli 1900 der letzte Schienennagel eingeschlagen wurde.

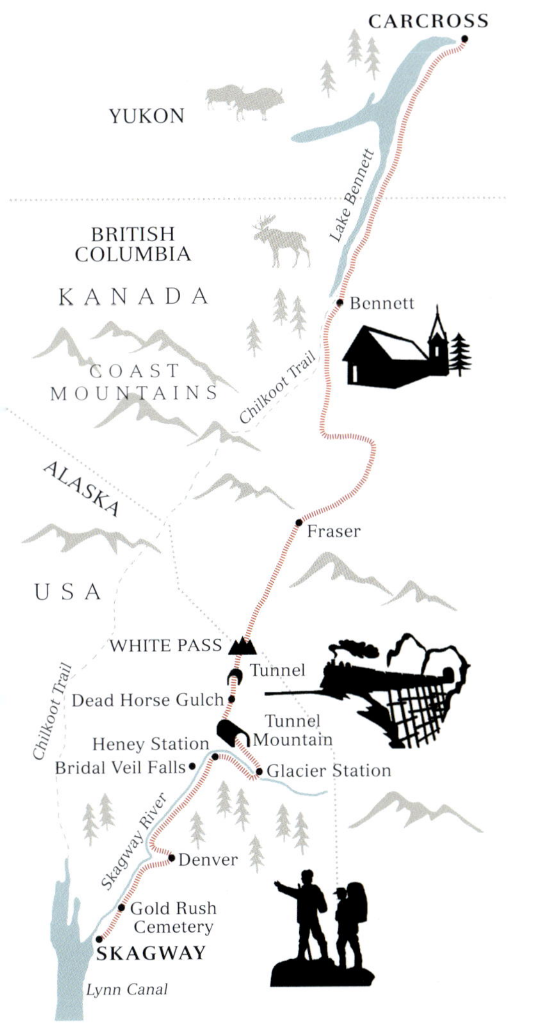


## GOLD- UND KUPFERBAHNEN

**364. Victorian Goldfields Railway**
*Victoria, Australien*

Die Linie wurde im Zuge des Goldrausches in Maldon und Castlemaine in den 1880er-Jahren gebaut. Heute befahren dampf- und dieselbetriebene Touristenzüge die 17 Kilometer lange Strecke.

**365. Prospector**
*Western Australia, Australien*

Eine kürzere Alternative zur Indian-Pacific-Route ist diese 653 Kilometer und acht Stunden lange Fahrt von Perth nach Kalgoorlie, wo man 1893 Goldvorkommen entdeckte.

**366. Moonta Mines Tourist Railway**
*South Australia, Australien*

1861 wurde in der Küstenstadt Moonta Kupfer gefunden. Ein Touristenzug fährt die historische Stätte ab und durchquert in einem Tunnel die alte Schütthalde.

**LINKS:** Die White Pass and Yukon Railway brachte Goldsucher ins Klondike-Gebiet.

367

# CALIFORNIA ZEPHYR

*USA*

Im Windschatten der Eisenbahnpioniere zu den grandiosen Bergen, Ebenen und Wüsten des amerikanischen Westens.

**Wissenswertes**

- *Zeit: 1869 (Fertigstellung der Transcontinental Railroad)*
- *Streckenlänge: 3.900 Kilometer*
- *Mindestfahrtdauer: 51 Stunden, 20 Minuten*
- *Wichtige Haltepunkte: Chicago, Denver, Salt Lake City, Reno, Sacramento, Emeryville (San Francisco)*
- *Durchfahrene Länder: USA*

Der California Zephyr ist mehr als ein Zug. Er steht für die Erfüllung eines Traums, die vereinte Nation, die Eroberung des Westens. Vor der Ankunft der Eisenbahn brauchte man zu Fuß oder zu Pferd sechs Monate quer durch das riesige Land – wenn man das Wagnis unternahm. Nur sehr Kühne oder Verzweifelte zogen die schwierige Reise vom zivilisierten Osten in die Wüsten, Berge und das »Indianerland« im Westen in Betracht.

Die ersten Eisenbahnen der USA wurden in den 1830er-Jahren entlang der Ostküste eröffnet. Mit den 1850er-Jahren, als Kalifornien zum Bundesstaat geworden war und mit seinem Gold lockte, nahm der Wunsch zu, die Atlantik- und die Pazifikküste des Landes zu verbinden. Das Problem: Dazwischen galt es die Berge zu überwinden.

1862 unterzeichnete der Präsident und Eisenbahnfreund Abraham Lincoln das Pazifische Eisenbahngesetz.

**RECHTS:** Auf dem Weg durch die Rocky Mountains hält der California Zephyr in der Union Station von Denver.

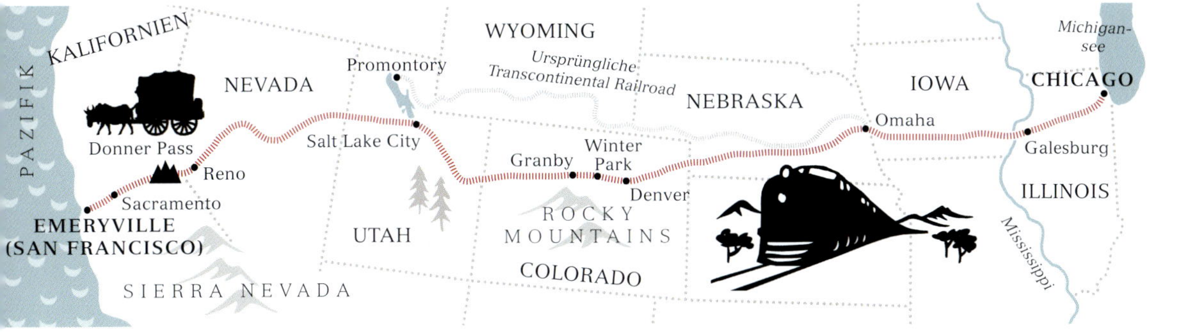


Mit dem Gesetz wurden Landzuteilungen und Staatsanleihen im Wert von durchschnittlich 32.000 US-Dollar pro Streckenmeile an zwei Gesellschaften bewilligt, die Central Pacific Railroad und die Union Pacific Railroad. Erstere baute von Kalifornien in östlicher Richtung, Letztere vom Missouri River nach Westen. Beide standen dabei vor immensen Herausforderungen: Tunnelbauten durch massiven Granit; die Überbrückung steiler Schluchten; Schneestürme; Konflikte mit Sioux-, Cheyenne- und Arapaho-Stämmen, die nicht wollten, dass eine Eisenbahn durch ihr Land pflügte.

Doch am 10. Mai 1869 trafen sich die beiden Linien in Promontory, Utah. Zur Feier wurde ein goldener Nagel eingeschlagen; quer durch die Staaten verlief nun eine Bahnroute. Sie ebnete den Weg für jede Menge Cowboys, Gold- und Ölsucher und Outlaws, die weiter in den Westen vordrangen. Die ehedem so gefährliche, sechsmonatige Reise war jetzt in zwei Wochen zu schaffen.

Der California Zephyr verkehrt täglich zwischen Chicago und San Francisco und benötigt etwas mehr als zwei Tage, um Teile der historischen Strecke zu befahren. Er folgt nicht ganz dem ursprünglichen Verlauf, sondern verbindet Omaha und Salt Lake City auf einer südlicheren Route durch Colorado (die ursprüngliche Linie führte durch Wyoming). Dabei bekommt man viele beeindruckende Ingenieurleistungen zu sehen, etwa den Abschnitt über den Donner-Pass, das größte Hindernis der Route.

Mit dem 2.151 Meter hohen Pass verbinden sich frostige Geschichten. Im Winter 1846 bis 1847 wurden hier Mitglieder eines Planwagentrecks eingeschneit. Nur die Hälfte von ihnen überlebte, auch zu Kannibalismus war es gekommen. Doch 1868 überwand man den Donner-Pass mit dem Bau von vier Tunneln, kilometerlangen Schneegalerien (zum

## WEITERE US-BAHNEN

**368. Monongahela Incline**
*Pittsburgh, USA*

Die älteste Standseilbahn der USA (erbaut 1869–1870) rattert noch heute die 194 Meter auf den Mount Washington, von wo sich schöne Ausblicke bieten.

**369. Durango and Silverton Narrow Gauge Railroad**
*Colorado, USA*

Die 72 Kilometer lange Bahn, die für den Transport von Gold aus dem San-Juan-Gebirge gebaut wurde, ist seit 1882 durchgehend in Betrieb, wobei die historischen Dampfzüge heute Personen befördern.

Schutz vor Lawinen) und zwei riesigen Stützwänden und schuf so die erste Eisenbahntrasse über die Sierra Nevada.

Was ihre Erbauer die meiste Mühe kostete, macht die Strecke für den Reisenden heute so wunderbar.

Die Ausblicke aus den Panoramawagen des Zephyr sind überwältigend. Da ragen Berge über 4.000 Meter hoch auf und sind selbst im Sommer schneebedeckt. Man sieht Höhenrücken mit Wasserfällen, bewaldete Hänge und unberührte Schluchten mit schäumenden Wildwasserflüssen. Und es gibt lebensfeindliche Wüsten, die endlos scheinen.

Lohnende Zwischenstopps gibt es ebenfalls. In Colorado etwa kann man in Winter-Park Ski fahren gehen oder von Granby aus den Rocky-Mountain-Nationalpark erkunden. In Nevada lockt Reno, »die größte Kleinstadt der Welt«, mit ihren Spielcasinos. Eisenbahnfans kommen auf ihre Kosten im California State Railroad Museum in Sacramento oder bei den Railroad Days in Galesburg, Illinois, die jeweils im Juni stattfinden.

Das Beste am Zephyr (nach Zephyros, dem griechischen Gott des Westwindes benannt) ist aber das Reiseerlebnis selbst. Interessanter ist dabei wohl die Fahrt in Ost-West-Richtung – dem Lauf der Sonne folgend und Zephyros entgegen, so wie seinerzeit die Pioniere.

**UNTEN:** In den Panoramawagen des California Zephyr genießt man Ausblicke auf scheinbar endlose Wüste.

370

# EMPIRE BUILDER

*USA*

Im Mai 1804 brachen die Forscher Meriwether Lewis und William Clark von Missouri zu einer Expedition in den unbekannten Westen auf. Sie reisten nach Nordwesten, überquerten die Great Plains und Rocky Mountains und erreichten den Pazifik bei Fort Clatsop, südlich des heutigen Seattle. Einer ähnlichen Route folgt der Empire Builder, der zwischen Chicago und Seattle 3.550 Kilometer zurücklegt. Der Zug passiert Fort Union (North Dakota), wo Lewis und Clark den Zusammenfluss des Missouri und Yellowstone entdeckten. Er überquert die Rockies über den Marias Pass (Montana), den die Forscher verzweifelt gesucht hatten. Und er folgt der Columbia River Gorge (Washington), die diese im Oktober 1805 erkundeten.

371

# BULAWAYO–VICTORIA FALLS

*Westsimbabwe*

Ein Nachtzug mit britischen Waggons aus den 1950er-Jahren verkehrt auf der 472 Kilometer langen Strecke durch Westsimbabwe. Am Spätnachmittag fährt er in Bulawayo in der Hochebene ab und streift längere Zeit den Hwange-Nationalpark. Vom Zug aus können Elefanten, Giraffen und Antilopen gesichtet werden. Bei der Anfahrt auf die Endstation sieht man in der Ferne schon dampfende Nebel wabern. 1855 entdeckte der englische Afrikaforscher David Livingstone Mosi-oa-Tunya (donnernder Rauch). Tief beeindruckt erklärte er: »Kein Europäer hat dies je zuvor gesehen; aber die Engel müssen diese herrlichen Szenen im Flug erblickt haben.« Zu Ehren der englischen Königin nannte er die 108 Meter hohen Wasserfälle Victoria Falls.

Nach der Abfahrt vom Ferienort Banff arbeitet sich der Rocky Mountaineer (nächste Seite) in herrliche von Bergen gesäumte Täler vor – auf einer Strecke, die Eisenbahnpioniere Ende des 19. Jahrhunderts angelegt haben.

372

# ROCKY MOUNTAINEER

*British Columbia und Alberta, Kanada*

Durch die Rocky Mountains über die alte Kicking-Horse-Route, die einst den Westen Kanadas erschloss.

**Wissenswertes**

- *Zeit: 1885 (Fertigstellung der Canadian Pacific Railway)*
- *Streckenlänge: 955 Kilometer*
- *Mindestfahrtdauer: 2 Tage*
- *Wichtige Haltepunkte: Banff, Lake Louise, Craigellachie, Sicamous, Kamloops, Vancouver*
- *Durchfahrene Länder: Kanada*

Die Zeremonie zur Fertigstellung der Canadian Pacific Railway (CPR) 1885 hatte etwas Symbolisches. Noch einmal wurde deutlich, wie krisenbehaftet das historische Eisenbahnprojekt gewesen war. Zunächst einmal war der »letzte Schienennagel« statt aus Gold oder Silber aus ganz gewöhnlichem Eisen. Man hatte zwar einen silbernen Nagel angefertigt, den der kanadische Generalgouverneur einschlagen sollte, doch schlechtes Wetter verhinderte das rechtzeitige Eintreffen der beiden. Stattdessen nahm der Finanzier der CPR, Donald Smith, am 7. November 1885 auf einem Nebengleis in Craigellachie den feierlichen Akt vor. Er schwang den Hammer, traf nur halb und verbog dabei

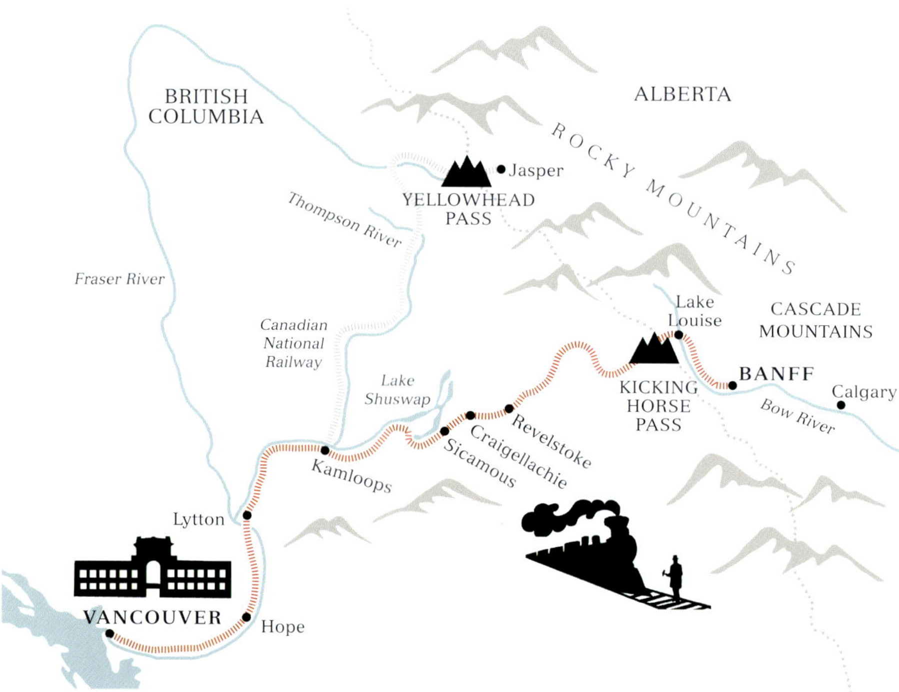

den Nagel. Beim zweiten Versuch mit einem neuen Nagel war Smith dann erfolgreich. Die Menge jubelte.

Während der trübe Tag und der missglückte Festakt die Probleme der Transkontinentalbahn widerspiegelten, war der Jubel durchaus berechtigt. Trotz aller Schwierigkeiten hatte die CPR ein Land vereint. Auf einer Tafel in Craigellachie heißt es: Ein nebulöser Traum wurde Realität: »Ein eisernes Band durchzog Kanada von Meer zu Meer … ein Eisennagel fügte Osten und Westen zusammen.«

Die CPR hatte eine südliche Bahnlinie durch Kanada gebaut; diese Route war am direktesten, wenn auch aufwendiger. Sie verlief von Winnipeg (Manitoba) über Calgary (Alberta), danach über die Rocky Mountains und über den Kicking-Horse-Pass nach British Columbia. Die Canadian National Railway (CNR) baute später eine nördlichere Strecke, die die Rockies bei Jasper über den weniger schwierigen Yellowhead-Pass querte. Die Linienzüge der kanadischen VIA Rail nutzen heute die CNR-Trasse. Nur der noble Touristenzug Rocky Mountaineer befährt die ursprüngliche CPR-Strecke. Die zweitägige Reise »First Passage to the West« von Banff nach Vancouver ist nicht günstig, aber die Landschaft und die Geschichte sind unbezahlbar.

Der Rocky Mountaineer bietet perfektes Sightseeing, mit rundum verglasten Aussichtswagen und einem Routenführer, der auf Sehenswürdigkeiten hinweist, wie etwa Adler und Bären. Gleich hinter Banff inmitten der Berge schmiegt sich die Bahn an den Bow River, windet sich an Kiefernwäldern und Schneegipfeln vorbei und passiert Lake

### INGENIEURSKUNST

**373. Georgetown Loop Railroad**
*Colorado, USA*

Die 1884 eröffnete, sieben Kilometer lange Bahn schraubt sich in Wendelkurven durch die Berglandschaft. Als eine der ersten Touristenattraktionen in Colorado erschloss sie die Rockies für Besucher.

**OBEN:** Der Rocky Mountaineer folgt der ursprünglichen Bahnroute durch die kanadischen Berge.

Louise Station (der türkise See ist leider nicht zu sehen). Bald darauf erreicht sie mit 1.625 Metern ihren höchsten Punkt, wo ein Denkmal die Kontinentale Wasserscheide und die Grenze von Alberta und British Columbia markiert.

Dahinter fällt das Terrain zum Kicking Horse Canyon hin ab – die größte Herausforderung beim Bau. Den Abstieg bewältigte man mithilfe eines extrem steilen, gefährlichen Streckenabschnitts, des »Big Hill«. 1907 wurde er durch zwei Kehrtunnel ersetzt, die den Berg spiralartig durchziehen. Nach dem Wiederauftauchen kreuzt der Rocky Mountaineer mehrmals den milchig-blauen Fluss und überquert schließlich die Stahlbogenkonstruktion der Stoney Creek Bridge.

Als Nächstes passiert die Bahn Craigellachie, wo ein Denkmal und ein Museum an den Bahnbau erinnern. Eigentlich gab es ja vier »letzte Schienennägel«. Der nicht verwendete Silbernagel befindet sich im Canadian Museum of History. Aus dem verbogenen Nagel und einem Reservenagel ließ Donald Smith Gedenkschmuck herstellen. Der tatsächlich eingeschlagene Nagel wurde später wieder entfernt. Er dürfte noch im Besitz der Familie des Chief Patent Officer WJ Lynch sein, der 1885 am Festakt teilnahm.

Nach Craigellachie passiert der Zug Sicamous am Lake Shuswap. Die Berge werden bald von sandigen Hügeln abgelöst, die von Hoodoos (Felsschornsteine) flankiert sind. Alles wirkt deutlich trockener, als der Zug in Kamloops ankommt, wo die Passagiere in einem Hotel übernachten.

Von Kamloops bis Vancouver verlaufen die Strecken von CPR und CNR parallel, häufig auf gegenüberliegenden Seiten des Flusses. Der Rocky Mountaineer und die VIA-Züge bieten also dieselben Ausblicke auf die Cascade Mountains und das grüne Fraser Valley – wobei Ersterer natürlich mehr Stil hat.

**OBEN:** Die Sicamous-Eisenbahnbrücke wird aufgeschwenkt, um Boote durchzulassen.

**RECHTS:** In den 1840er-Jahren hatte Hongkong gerade einmal 7.000 Einwohner.

374

# PEAK TRAM

*Hongkong, China*

In der ältesten Standseilbahn Asiens mit Ausblicken auf die beeindruckende Metropole.

**Wissenswertes**
- *Zeit: 1888 (Eröffnung der Peak Tram)*
- *Streckenlänge: 1,4 Kilometer*
- *Mindestfahrtdauer: 5 Minuten*
- *Wichtige Haltepunkte: Garden Road, Kennedy Road, MacDonnell Road, May Road, Barker Road, The Peak*
- *Durchfahrene Länder: Hongkong (China)*

Als die Briten 1841 während des Ersten Opiumkrieges mit China die Insel Hongkong besetzten, gab es dort nicht viel. Doch innerhalb weniger Jahrzehnte, während sich die britische Kolonie etablierte, stieg die Bevölkerung von etwa 7.000 auf über 150.000 Menschen an. Einige Bewohner ließen sich auch auf dem Victoria Peak nieder, dem höchsten Berg der Insel. Doch leider konnte man die Berghänge nur zu Fuß oder mit der Sänfte erreichen.

1881 brachte der Schotte und frühere Eisenbahner Alexander Findlay Smith – der zufällig ein Hotel am Peak besaß – die Idee einer Seilbahn auf. 1885 begann man mit dem Bau, wobei sämtliches Material von Hand den Hang hinaufgezogen werden musste.

Bei ihrer Eröffnung 1888 war die Linie die erste Standseilbahn in Asien. Die offenen Wagen boten Platz für jeweils 30 Fahrgäste. Eine kohlebefeuerte Dampfmaschine besorgte den Seilantrieb. Auf der etwa eineinhalb Kilometer langen Strecke von der Talstation Garden Road bis zur Endstation am Victoria Gap bewältigte die Bahn 378 Höhenmeter.

Seit damals gab es zahlreiche Veränderungen. 1926 wurde die Dampfmaschine von einem Elektromotor abgelöst. Im Zweiten Weltkrieg wurde die Bahn beschädigt und erst nach dem Ende der japanischen Besatzung 1945 wieder eröffnet. 1989 erfolgte eine gründliche Modernisierung: Man erneuerte die Gleise und stellte auf computergesteuerten Betrieb um.

Auch Hongkong hat sich seit 1888 immens verändert. Heute haben die gut vier Millionen Fahrgäste, die jedes Jahr mit der Peak Tram fahren, den Blick von oben: auf Victoria Harbour, die Halbinsel Kowloon, die grünen Berge und das Wolkenkratzermeer.

### BERGBAHNEN

**375. Standseilbahnen Valparaíso**
*Chile*

Das hügelige Valparaíso hat 26 Standseilbahnen, von denen die älteste aus 1883 stammt. Viele sind stillgelegt, aber die Aufzüge (Ascensores) gehören mit zum UNESCO-Weltkulturerbe.

**376. Lookout Mountain Incline Railway**
*Tennessee, USA*

Eine der steilsten Personenbahnen der Welt (eröffnet 1895) kriecht zum Lookout Mountain, 1863 der Schauplatz einer Bürgerkriegsschlacht.

**377. Drachenfelsbahn**
*Rheintal, Deutschland*

Mit der 1883 eröffneten, 1,6 Kilometer langen Zahnradbahn auf den Drachenfels gelangt man zu einer mittelalterlichen Burgruine und einem neugotischen Schloss aus dem 19. Jahrhundert.

**378. Karmelit**
*Haifa, Israel*

Eine unterirdische Standseilbahn am Karmel führt zum Schrein des Bab, die heiligste Stätte der Bahai-Religion (gegründet 1863).

**RECHTS:** Tradition und Moderne treffen sich in der faszinierenden asiatischen Metropole.

**GANZ RECHTS:** Die Peak Tram in Hongkong ist seit 1888 in Betrieb.

379

# SETTLE–CARLISLE

*Nordengland, Großbritannien*

Eine Reise durch die pittoresken Penninen über Englands höchstgelegenen Fernbahnhof.

**Wissenswertes**

- *Zeit: 1876 (Eröffnung der Bahnstrecke Settle–Carlisle)*
- *Streckenlänge: 116 Kilometer*
- *Mindestfahrtdauer: 1 Stunde, 30 Minuten*
- *Wichtige Haltepunkte: Settle, Ribblehead, Dent, Kirkby Stephen, Appleby, Carlisle*
- *Durchfahrene Länder: Großbritannien*

Vorab die Zahlen: Die Bahnstrecke Settle–Carlisle verläuft 116 Kilometer durch Nordengland und hat 380 Brücken, 14 Tunnel und 21 Viadukte. Es gibt 20 Haltepunkte (elf davon sind in Betrieb), zwölf Stellwerke und ein Aquädukt. Im Hoch- und Tiefbau war ein Heer von 6.000 Arbeitskräften beschäftigt.

Es war ein äußerst kühnes Unterfangen, eine Eisenbahn durch die herrliche, aber schwierige Hügellandschaft der North Pennines, des Eden Valley und der Yorkshire Dales zu bauen. Aber die Midland Railway Company wollte unbedingt eine eigene Route von England nach Schottland, um mit der West Coast- und East Coast Main Line konkurrieren

zu können. 1870 begann der Bau. Die Arbeiter lebten in Baracken entlang der Gleise und hatten außer Schaufeln und Dynamit kein weiteres Werkzeug. Dennoch schufen sie erstaunliche Bauwerke, nicht zuletzt das großartige Ribblehead-Viadukt mit seinen 24 Bögen, das 32 Meter über dem Blea Moor aufragt. All dies forderte jedoch seinen Tribut: Es kamen so viele Arbeiter ums Leben, dass die Midland Railway auf ihre Kosten die örtlichen Friedhöfe erweitern lassen musste. In den Kirchen St. Mary in Outhgill und St. Leonard in Chapel-le-Dale wird der Opfer gedacht.

Die Fahrt von Süden nach Norden beginnt im Marktort Settle. Sie führt durch den Stainforth Tunnel, dann über das Ribblehead-Viadukt zu der denkmalgeschützten Dent Station, Englands höchstem Fernbahnhof, wo man einen atemberaubenden Rundblick hat. Von Dent steigt die Strecke bis zum Ais Gill an, dem höchsten Punkt auf 356 Metern. Anschließend geht es hinab ins üppige Eden Valley, über Viadukte, Tunnel und die hübsche Marktstadt Appleby, bevor die Bahn in der Römergründung Carlisle anlangt. Häufig wird die reguläre Fernverkehrsstrecke auch von Nostalgiezügen befahren.

**NOCH EIN BRÜCKENWUNDER**

**380. Forth-Eisenbahnbrücke**
*Schottland, Großbritannien*
Züge auf der Strecke Edinburgh–Aberdeen queren die 2.467 Meter lange Auslegerbrücke über den Firth of Forth. Eröffnet wurde sie 1890.

**OBEN:** Das beeindruckende Ribblehead-Viadukt hat 24 Steinbögen.

**LINKS:** Gelegentlich verkehren auf der Strecke Settle–Carlisle Sonderdampfzüge.

381

## CALEDONIAN SLEEPER

*Großbritannien*

Schlafwagenzüge verkehrten zwischen London und Schottland ab den 1850er-Jahren, nachdem die East Coast und West Coast Main Line ihre Trassen über die gesamte Länge von Großbritannien verlegt hatten. Der Caledonian Sleeper ist noch heute die romantischste Art, in den Norden zu reisen. Es hat schon etwas, im Lichterglanz von London einzuschlummern und morgens in den von Wild durchstreiften Glens (Tälern) aufzuwachen. Von London Euston fahren Nachtzüge nach Glasgow und Edinburgh und weiter nach Fort William (am Fuße des Ben Nevis), Inverness (die Hauptstadt der Highlands) oder Aberdeen an der Ostküste. Ab 2018 will der Betreiber außerdem neue, hochmoderne Schlafwagen einsetzen.

382

## GREAT CENTRAL RAILWAY

*Leicestershire, Großbritannien*

Ein Tagesausflug in den englischen East Midlands ist vielleicht nicht das exotischste Reiseerlebnis – aber geschichtlich sehr bedeutsam: Am 5. Juli 1841 brachte der britische Tourismuspionier Thomas Cook 500 Menschen mit der Eisenbahn von Leicester zu einem alkoholfreien *Temperance*-Treffen nach Loughborough – seine erste organisierte Exkursion und die erste Pauschalreise überhaupt im Rahmen der Abstinenzbewegung. Heute kann man die 19 Kilometer mit der Great Central Railway zurücklegen, Großbritanniens einziger Normalspur-Museumsbahn mit zwei Gleisen, auf der große Dampfloks aneinander vorbeifahren.

## 383
# PARK LINE

*Montana, USA*

1872 bekamen die USA mit Yellowstone ihren ersten Nationalpark. Anfangs besuchten nur wenige Menschen die heißen Quellen und Geysire – der Park war schwer zu erreichen. Die Bahnbauer witterten eine Chance. Bis 1882 hatte die Northern Pacific Railroad einen Haltepunkt in Livingston, Montana, eingerichtet und damit ein Tor zum Yellowstone-Park geschaffen. Ab 1902 verlief die 80 Kilometer lange Park Line von Livingston über den Bozeman Pass nach Gardiner am Nordeingang des Parks. Nachdem das Auto zunehmend die Bahn ablöste, fuhr 1960 der letzte Personenzug der Park Line. Der historische Bahnhof von Livingston dient heute als Gemeindezentrum und ist noch immer der Ortsmittelpunkt.

## 384
# EUROPÄISCHES EISENBAHNNETZ

*Europa*

Als in den 1830er-Jahren in Großbritannien immer mehr Eisenbahnen entstanden, benötigte man einen Fahr- und Streckenplan für das neumodische Verkehrsnetz. 1839 veröffentlichte der englische Kartograf George Bradshaw das leinengebundene Buch *Bradshaw's Railway Time Tables and Assistant to Railway Travelling*. In einer Besprechung einer späteren Ausgabe hieß es: »Nur selten hat der grenzenlose Geist des Menschen ein nützlicheres Werk hervorgebracht.« 1847 erschien Bradshaws erster *Continental Railway Guide*, der ganz Europa abdeckte. Bis zum Ersten Weltkrieg wurde der gigantische Wälzer alljährlich neu aufgelegt, danach wieder bis 1939, bevor der Zweite Weltkrieg den Bahntourismus weitgehend zum Erliegen brachte.

385

# INDIAN PACIFIC

*Südaustralien*

Eine epische Reise von Perth nach Sydney auf den Spuren kühner Outbackpioniere quer durch die Nullarbor-Ebene.

**Wissenswertes**

- *Zeit: 1841 (erste Durchquerung der Nullarbor-Wüste durch einen Europäer)*
- *Streckenlänge: 4.352 Kilometer*
- *Mindestfahrtdauer: 65 Stunden*
- *Wichtige Haltepunkte: Perth, Kalgoorlie, Cook, Adelaide, Broken Hill, Sydney*
- *Durchfahrene Länder: Australien*

**UNTEN:** Die historische Route von Sydney nach Perth führt durch das endlos weite Outback.

Der englische Entdecker Edward John Eyre beschrieb die Nullarbor-Wüste in Südaustralien als »Ort, an den es einen in schlechte Träume verschlägt«. Eyre musste es wissen. In einer langen Expedition durchquerte er 1841 als erster Europäer mit seinem Begleiter, dem Aborigine Wylie, das ausgedörrte, albtraumhafte Stück Natur. Dank der Eisenbahn muss man heute keine solchen Strapazen mehr auf sich nehmen, aber die Nullarbor-Ebene ist noch genauso lebensfeindlich.

Nullarbor bedeutet »kein Baum«. Einst war die Ebene von einem flachen Meer bedeckt, nun ist sie die größte Kalksteinfläche der Welt mit vereinzelten Saltbush- und Bluebush-Sträuchern, Emus, Kängurus und wilden Kamelen, deren Vorfahren die Outbackpioniere mitbrachten. Jahrtausendelang lebten hier Aborigines vom Stamm der Pila Nguru. Heute wird die Ödnis nur von ein paar abgelegenen Raststätten und Farmen durchbrochen.

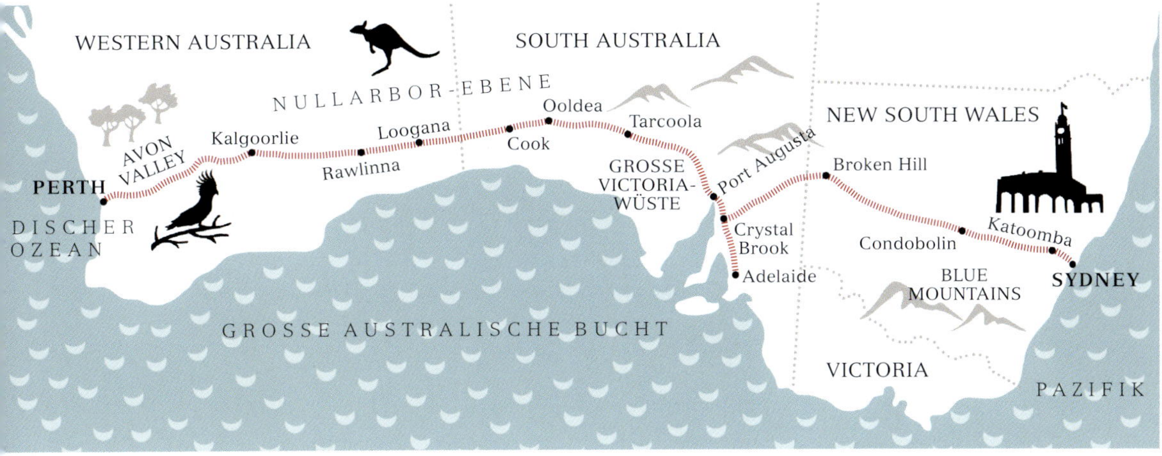


Die meisten dieser Orte liegen entlang der Transaustralischen Eisenbahn, deren Bau Anfang des 20. Jahrhunderts begann. Zu dieser Zeit bestanden bereits Bahnstrecken von Perth in Western Australia zu den Goldfeldern von Kalgoorlie sowie von Sydney an der Ostküste nach Port Augusta in South Australia. 1912 begann man, die beiden Bahnen von den Endpunkten her zu verbinden. 1917 erfolgte der Zusammenschluss in dem winzigen Örtchen Ooldea inmitten der Nullarbor-Ebene.

Zwar erstreckte sich die Eisenbahn nun von Osten nach Westen quer durch Australien, aber das große transkontinentale Reiseerlebnis war das noch nicht. Der neue Abschnitt Kalgoorlie–Port Augusta wurde als Normalspurbahn (1,435 mm) gebaut, während die älteren Streckenteile in Schmalspur (1,067 mm) ausgeführt waren. So mussten die Fahrgäste mehrmals umsteigen. Erst 1970 war die gesamte Strecke auf Normalspur umgestellt, sodass die Züge durchfahren konnten. Seither verbindet der Indian Pacific Sydney mit Perth auf einer Strecke von 4.343 Kilometern. Noch heute sind die Edelstahlwagen aus den 1970er-Jahren im Einsatz, gezogen von Dieselloks. Reisende können zwischen den beiden Schlafwagenklassen Gold und Platinum wählen. Natürlich gibt es auch Speisewagen, in denen Spezialitäten wie Barramundi und gegrilltes Känguru serviert werden.

Der Indian Pacific fährt einmal pro Woche. In Richtung Osten verlässt er Perth sonntags um neun Uhr. Er gleitet ins Avon Valley, bevor er die endlosen Weizenfelder von Western Australia durchquert. Der erste Halt ist Kalgoorlie, das 1893 entstand, nachdem drei Goldsucher auf eines der weltgrößten Goldvorkommen gestoßen waren. Bei einem Ausflug kann man die Tagebaumine und alten Ortskern besichtigen.

**OUTBACK-ATTRAKTIONEN**

**386. Spirit of the Outback**
*Queensland, Australien*

24 Stunden dauert die Fahrt von Brisbane in die Outback-Stadt Longreach – hier steht die Australian Stockman's Hall of Fame, die an die Pioniere des 19. Jahrhunderts erinnert.

**387. Westlander**
*Queensland, Australien*

Die Reise auf den Spuren der Erforscher des australischen Outback führt von Brisbane nach Charleville (gegründet 1865) über Weinanbaugebiete und die Great Dividing Range.

**388. Cockle Train**
*South Australia, Australien*

Die 1887 erbaute, 16 Kilometer lange Küstenroute verbindet Goolwa am Murray River mit Victor Harbor (südlich von Adelaide). Sie ist Australiens älteste Stahlschienenstrecke.

**OBEN:** Mindestens 65 Stunden dauert die Bahnfahrt quer durch Australien von Perth nach Sydney.

Hinter Kalgoorlie folgt lange Zeit gar nichts: Am zweiten Tag setzt der Indian Pacific zur Durchquerung der Nullarbor-Wüste an, die so karg wie faszinierend ist.

Zwischen Loogana und Ooldea liegt dabei der längste gerade Gleisabschnitt der Welt (478 Kilometer). Auf diesem Streckenteil legt der Zug einen kurzen Halt in der Beinahe-Geisterstadt Cook ein. 1917 als Siedlung für die Bahnarbeiter gegründet, hat der Ort heute eine einstellige Einwohnerzahl und eine verlassene Hauptstraße. Ein kleiner Laden verkauft allerdings noch immer Zertifikate für die erfolgreiche Nullarbor-Durchquerung.

Schließlich lässt der Indian Pacific die Ebene hinter sich und taucht in die Sandhügel- und Buschlandschaft der Great Victoria Desert ein. Er passiert Tarcoola – wo die nördliche Ghan-Strecke abzweigt – und schwenkt bei Crystal Brook für einen Abstecher nach Adelaide ab. Am dritten Reisetag durchfährt man frühmorgens die grünen Vororte der eleganten Stadt. In Adelaide hat man Zeit, sich ein wenig in den hübschen Straßen umsehen, bevor die Fahrt über Crystal Brook Richtung Osten weitergeht.

Die Felder von South Australia weichen allmählich einer Mallee-Landschaft (Eukalyptusgebüsch), bevor der Zug New South Wales erreicht. Er hält in Broken Hill, einer einsamen Bergbaustadt. Danach ziehen Sanddünen, Seen und ein erloschener Vulkan am Fenster vorbei. Früh am vierten Tag erreicht der Indian Pacific die Blue Mountains, bevor die kurvenreiche Talfahrt hinab zur Küste nach Sydney beginnt.

389

# BROCKENBAHN

*Harzgebirge, Deutschland*

Mit dem Dampfzug auf den Berg, wo sich die Hexen versammeln und einst Spione auflauerten.

**Wissenswertes**

- *Zeit: 1808 (Erscheinungsjahr von Goethes Faust)*
- *Streckenlänge: 19 Kilometer*
- *Mindestfahrtdauer: 50 Minuten*
- *Wichtige Haltepunkte: Drei Annen Hohne, Schierke, Brocken*
- *Durchfahrene Länder: Deutschland*

Vielerlei Rätsel umgeben den Brocken, die höchste Erhebung im Harzgebirge. So sollen sich auf dem 1.142 Meter hohen Gipfel in der Walpurgisnacht (30. April) die Hexen versammeln. Solch ein schauriges Treffen schildert etwa Goethe in seinem Meisterwerk *Faust*. Angeblich streift auf dem Berg auch das riesige Brockengespenst umher – tatsächlich eine Wettererscheinung aus Nebel und Schatten.

Den Harz umgeben drei miteinander verbundene Bahnlinien. Das Streckennetz der Harzer Schmalspurbahnen umfasst 140 Kilometer, darunter die 19 Kilometer lange Brockenbahn. Sie führt von der Station Drei Annen Hohne in den Nationalpark Harz. Dabei hält sie im schweizerisch anmutenden Schierke, folgt dem Bodetal, überquert die Eckerlochbrücke und windet sich um den Berg herum, um langsam den Gipfel zu erreichen – ein Aufstieg von knapp 600 Metern mit einer dampfbetriebenen Adhäsionsbahn.

**UNTEN:** Die Wettererscheinung des »Brockengespenstes« (farbiger Lichtkranz) lässt den Berg noch geheimnisvoller erscheinen.

## KUNSTVOLLE BAHNERLEBNISSE

**390. St. Ives Bay Line**
*Cornwall, Großbritannien*

Schöne Ausblicke auf das Meer eröffnet diese sieben Kilometer lange Nebenlinie. Mit ihrer Eröffnung 1877 wurde das kleine St. Ives zu einem Mekka für Touristen und Künstler.

**391. Paris–Le Havre**
*Frankreich*

Unterwegs auf den Spuren des Malers Claude Monet von den Pariser Galerien zu den Seerosenteichen in Giverny (nächster Bahnhof: Vernon) und weiter nach Le Havre, wo er sein berühmtes *Impression, Sonnenaufgang* malte.

**392. Cevennenbahn**
*Zentralmassiv, Frankreich*

In den 1870er-Jahren wanderte der Schriftsteller Robert Louis Stevenson mit einem Esel durch die Cevennen. Die kurvenreiche 303 Kilometer lange Bahn bietet ähnliche Ausblicke.

**RECHTS:** Seen, Sagen und Eisenbahnen prägen den Harz.

Die Linie wurde 1899 eröffnet und war bis 1945 in Betrieb. Danach war der Fahrdienst infolge der Kriegsschäden und der sowjetischen Besatzung mehrere Jahre eingeschränkt. Da der Berg an der Grenze zwischen Ost- und Westdeutschland lag, trennte der Eiserne Vorhang auch die Strecke der Brockenbahn. Mit einem Sonderausweis konnte man zwischen Drei Annen Hohne und Schierke fahren, aber zum Gipfel war nur Gütertransport zugelassen. 1961 richteten sich russische und ostdeutsche Geheimdienste auf dem Brocken ein und nutzten den strategischen Aussichtspunkt als Überwachungsposten. Seit der Sanierung und Wiedereröffnung der Strecke 1992 dürfen wieder alle auf den Berg, und einer der Horchposten aus dem Kalten Krieg ist heute ein Museum.

393

## WENGERNALPBAHN

*Berner Oberland, Schweiz*

Zahlreiche berühmte Besucher – darunter der Komponist Felix Mendelssohn und das Schriftstellerpaar Mary und Percy Bysshe Shelley – ließen das kleine Alpendorf Wengen ab dem frühen 19. Jahrhundert zu einem beliebten Ferienort werden. Anfangs mussten die Touristen noch zu Fuß hinaufwandern. Mit der Eröffnung der Wengernalpbahn 1893 waren die herrlichen Berge deutlich leichter zu erreichen. Die Bahn führt von Lauterbrunnen über Wengen und die Kleine Scheidegg nach Grindelwald und ist mit 19 Kilometern die längste durchgehende Zahnradbahn der Welt. Eine der spektakulärsten ist sie sicher auch, blickt man doch unterwegs direkt auf die schneebedeckte Jungfrau und die abschreckende Eiger-Nordwand.

394

## AIX-EN-PROVENCE–MARSEILLE

*Provence, Frankreich*

Der 1839 in Aix-en-Provence geborene Maler Paul Cézanne malte gern provenzalische Szenen. Er mochte die Eisenbahn und wie sie die Wahrnehmung veränderte – wie die Landschaft durch die Bewegung förmlich verschwamm. Die Ausblicke bei einer Zugfahrt zwischen Aix-en-Provence und der Hafenstadt Marseille wirken wie Cézanne in Reinform. Sein geliebter Mont Sainte-Victoire (den er immer wieder malte) liegt auch auf der Strecke. In den 1880er-Jahren verewigte er den Berg sowie die Eisenbahn in seinem Gemälde *Landschaft mit Viadukt (Mont Sainte-Victoire)*, das heute im New Yorker Metropolitan Museum hängt.

395

## MUMBAI–KOLKATA

*Indien*

Die Bahnreise zwischen Mumbai (früher Bombay) und Kolkata (Kalkutta) dauert derzeit etwa 29 Stunden. Allerdings braucht man wesentlich länger, wenn man zwischendurch auf den Elefanten umsattelt – so wie Phileas Fogg, der Held von Jules Vernes Romanklassiker *Reise um die Erde in 80 Tagen* (erschienen 1873). Der technische Fortschritt im 19. Jahrhundert – nicht zuletzt die Zusammenführung der verschiedenen Bahnlinien in Indien – hatte eine Weltumrundung innerhalb weniger Wochen möglich gemacht. Verne griff die Idee für seine Erzählung auf, die zunächst in Fortsetzungen veröffentlicht wurde. Die Leser waren gefesselt, und es wurden sogar Wetten auf den Ausgang der Geschichte abgeschlossen. Wer auf den Spuren Phileas Foggs nach Kolkata kommt, sollte eine Fahrt mit der Tram machen. Sie existiert seit 1902 und ist die einzige verbliebene Straßenbahn in Indien.

## MIT PHILEAS FOGG UM DIE WELT

**396. London–Brindisi**
*Großbritannien–Italien*

Jules Vernes Romanheld Phileas Fogg begann sein Abenteuer mit einer Zugfahrt von London nach Brindisi. Heute bräuchte er mit dem Eurostar (London–Paris) und Anschlusszügen über München und Bologna rund 30 Stunden.

**397. San Francisco–New York**
*USA*

Sieben Tage brauchte Phileas Fogg für die Zugreise quer durch die USA, wobei der Zug von Bisons und Sioux-Kriegern aufgehalten wurde. Heutzutage lässt sich die Strecke in drei Tagen schaffen.

**LINKS:** Kolkata hat das älteste noch in Betrieb befindliche Straßenbahnnetz in Asien.

## 398
# DURBAN–JOHANNESBURG

*Südafrika*

Auf der 722 Kilometer langen Fahrt begegnet man drei geschichtlichen Größen. Von der Küstenstadt Durban führt die Strecke nach Pietermaritzburg. 1893 wurde hier Mohandas K. Gandhi (der später als Mahatma verehrte Vater der indischen Unabhängigkeit) aus dem Zug geworfen, weil er sich erlaubt hatte, erster Klasse zu fahren. Weiter nördlich passiert die Linie Estcourt. Hier hatte der junge Winston Churchill seine Basis als Berichterstatter im Burenkrieg und wurde im November 1899 bei einem Angriff auf die Bahn gefangen genommen. Endhalt der Linie ist Johannesburg Park Station in der Nähe des Constitution Hill und des Old-Fort-Gefängnisses, wo Gandhi und später der Anti-Apartheid-Kämpfer Nelson Mandela inhaftiert waren.

## 399
# KRIM–ST. PETERSBURG

*Russland*

Am 29. Oktober 1888 reiste Zar Alexander III. mit seiner Familie und umfangreichem Gefolge vom Schwarzen Meer nach St. Petersburg, als der Hofzug nahe der Station Borki (heute Ukraine) entgleiste. 21 Passagiere kamen ums Leben, 37 wurden verletzt. Wie durch ein Wunder blieben die Angehörigen der Zarenfamilie alle unversehrt (nur der Hund des Zaren wurde getötet). Es heißt, Alexander habe ganz allein das eingestürzte Dach des Speisewagens hochgestemmt, damit sich seine Kinder retten konnten. Dem Volksglauben nach war das Überleben der Zarenfamilie Gottes Lohn für die Frömmigkeit des russischen Volkes gewesen.

## 400
# WASHINGTON DC–ELBERON

*Östliche USA*

Am 2. Juli 1881 wollte der US-Präsident James Garfield in der Baltimore and Potomac Railroad Station von Washington einen Zug besteigen, als er von einem Attentäter angeschossen und schwer verwundet wurde. Garfield lebte noch elf Wochen. Der besseren Luft wegen brachte man ihn nach Elberon, New Jersey. Um den Verletzten zu schonen, baute man ein Bahngleis direkt bis zum Francklyn Cottage. Der Bahnhof »B&P« in Washington wurde Anfang des 20. Jahrhunderts abgerissen; heute befindet sich dort die National Gallery of Art. Francklyn Cottage und die provisorische Bahnstrecke sind ebenfalls verschwunden, nur ein Gedenkstein erinnert noch an den Ort.

### BEEINDRUCKENDE BAHNHÖFE

**401. Berlin–Potsdam**
*Deutschland*

1838 fuhren die ersten Züge von Berlin nach Potsdam, der ehemaligen Residenz der preußischen Könige. Später ließ Kaiser Wilhelm II. für sich eine eigene Station (Kaiserbahnhof) bauen.

**402. Bahnhof Atocha**
*Madrid, Spanien*

1851 eröffnet, 1892 wiederaufgebaut, 1992 stillgelegt, 2004 Attentatsziel – Atocha ist noch immer Madrids schönster Bahnhof mit einer luftigen, begrünten Halle.

**403. Chhatrapati Shivaji Terminus**
*Mumbai, Indien*

Mumbais prächtigster (und geschäftigster) Bahnhof ist eine gewagte Mischung aus Mogulstil und Neugotik. Eröffnet wurde er 1888.

**404. Corinth Station, Mississippi**
*USA*

Corinth lag an der Kreuzung zweier wichtiger Bahnlinien und war 1862 Schauplatz einer Belagerung im Amerikanischen Bürgerkrieg. Der Verkehr ist mittlerweile stillgelegt, aber ein Museum erinnert an die historische Kreuzung.

## 405
# UNDERGROUND RAILROAD

*Östliche USA*

Mit einem echten Zug auf Erkundungsreise auf Schienen, die tausenden Sklaven zur Flucht verhalfen.

**Wissenswertes**
- *Zeit: 1849 (Harriet Tubman entkommt der Sklaverei)*
- *Streckenlänge: Mindestens 1.500 Kilometer*
- *Mindestfahrtdauer: mehrere Wochen*
- *Wichtige Haltepunkte: Dorchester, Wilmington, Philadelphia, Auburn*
- *Durchfahrene Länder: USA*

Eine Eisenbahn im Wortsinn war die *Underground Railroad* nicht. Der Name bezeichnete ein Netz geheimer Routen, auf denen im 19. Jahrhundert Sklaven aus dem amerikanischen Süden in die Nordstaaten und nach Kanada flohen. Ab den 1830er-Jahren etablierte sich die Eisenbahn; das Fluchthilfenetz, das von etwa 1830 bis 1865 am aktivsten war, borgte sich von ihr viele Begriffe. So hatte die *Underground Railroad* »Strecken« mit eingestreuten »Stationen« (Verstecken). Um die »Fracht« (entflohene Sklaven) kümmerten sich »Zugführer« und »Agenten«. Wer an der »Endstation« angekommen war, hatte es in den Norden – in die ersehnte Freiheit – geschafft.

Eine der berühmtesten Geflüchteten war Harriet Tubman. 1849 lief sie von ihrer Plantage in Dorchester County, Maryland, fort. Ihre genaue Fluchtroute ist nicht bekannt, aber wahrscheinlich wanderte sie nordostwärts am Choptank River entlang und durch Delaware ins freie Pennsylvania. Wie andere Entflohene lief sie nachts und orientierte sich am Polarstern. Bemerkenswert war, dass sie unter großer Gefahr mehrmals nach Maryland zurückging, um anderen zu helfen.

Teile ihres Lebenswegs kann man noch nacherleben. Der Harriet Tubman Underground Railway Byway in Maryland verbindet wichtige Stationen miteinander, etwa den Bucktown Village Store – wo ihr ein Sklavenhalter eine schwere Verletzung zufügte – und das Harriet Tubman Visitor Center in der Nähe der einstigen Plantage. In Wilmington, Delaware, befindet sich das Quaker Meeting House, wo Thomas Garrett, ein »Agent« der *Underground Railroad*, Abolitionist und Freund von Tubman, begraben liegt. Im Home for the Aged in Auburn, New York, lebte Tubman die letzten Jahre bis zu ihrem Tod 1913.

Die Bürgerrechtskämpferin und vorbildliche »Zugführerin« sagte über sich: »Mein Zug ist nie von der Strecke abgekommen und ich habe nie einen Passagier verloren.«

## FASZINIERENDE FAHRTROUTEN

**406. Volk's Electric Railway**
*Großbritannien*

Die 1883 eröffnete, 1,6 Kilometer lange Strecke entlang der Küste in Brighton ist die älteste elektrische Bahn der Welt. Seit 2017 ist sie frisch renoviert.

**407. Ring-Tram**
*Wien, Österreich*

Fünf Kilometer lang ist die Straßenbahnrunde auf der prächtigen, von Palästen gesäumten Wiener Ringstraße, die zwischen den 1860er- und 1890er-Jahren entstand.

**408. Paris–Lourdes**
*Frankreich*

Mit dem Zug sind es 843 Kilometer von Paris nach Lourdes, wo ein junges Mädchen 1858 angeblich eine Marienerscheinung hatte.

**409. Tiflis–Gori**
*Georgien*

76 Kilometer fährt man mit der Bahn von der georgischen Hauptstadt nach Gori, wo 1878 der sowjetische Diktator Josef Stalin geboren wurde.

**LINKS:** In Boston erinnert eine Statue an die »Zugführerin« der *Underground Railroad* Harriet Tubman.

KAPITEL 6

# 20. JAHRHUNDERT UND DANACH

Von Dampf zu Hochgeschwindigkeit – über Umbrüche, zwei Weltkriege und Hippiekultur dem Wandel der Bahn auf der Spur.

# METRO MOSKAU

*Moskau, Russland*

Die prächtigste U-Bahn der Welt verströmt immer noch Stalins sozialistische Propaganda.

**Wissenswerte Details**

- *Zeit: 1935 (Eröffnung der Linie 1 der Moskauer Metro)*
- *Streckenlänge: 339 Kilometer*
- *Mindestfahrtdauer: 50 Minuten (Linie 1)*
- *Wichtige Haltepunkte: Kropotkinskaja, Majakowskaja, Ploschtschad Rewoljuzii, Dostojewskaja, Komsomolskaja*
- *Durchfahrene Länder: Russland*

UNTEN: Die Station Komsomolskaja zeigt heldenhafte russische Generäle.

Der russische Philosoph Nikolai Tschernyschewski sagte einmal: »Kunst ist nutzlos, wenn sie nicht der Politik dient.« Das könnte auch das Motto der Moskauer Metro sein, deren architektonische Pracht die stalinistische Botschaft vermitteln soll.

Erste Pläne für die Metro wurden 1902 während der Regentschaft von Zar Nikolaus II. ausgearbeitet. Moskau wollte eine eigene U-Bahn, um mit Städten wie London und Paris gleichzuziehen. Doch immer wieder traten wichtige Ereignisse dazwischen: die Russische Revolution 1905, der Erste Weltkrieg, die Oktoberrevolution 1917. Erst 1932 wurde unter Stalin mit dem Bau begonnen.

Er hatte genaue Vorstellungen. Die U-Bahn sollte ein günstiges Verkehrsmittel sein (noch immer kostet das Ticket deutlich unter einem Euro). Die Haltestellen sollten mit ihren eleganten Gewölben, ergreifenden Mosaiken und Kronleuchtern »Paläste für das Volk« sein. Zudem sollte die Metro die Überlegenheit des Sozialismus demonstrieren, als viele Staaten unter der Weltwirtschaftskrise litten.

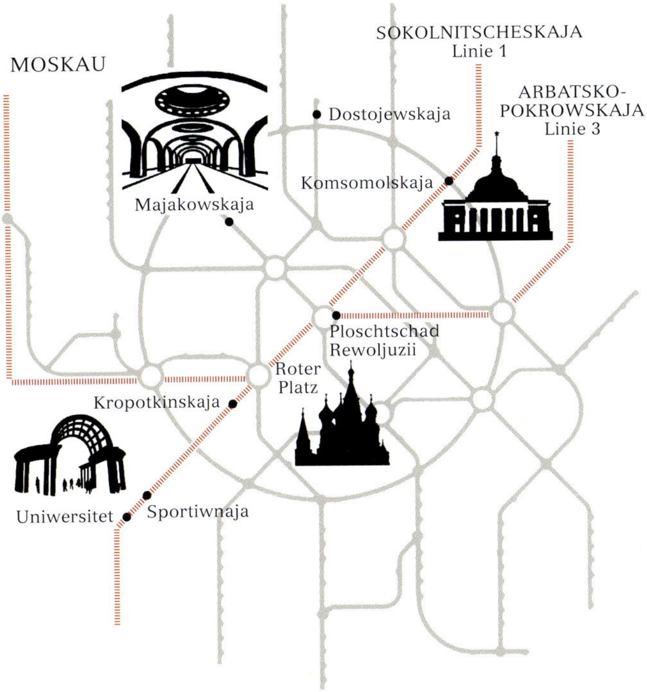


Tausende russische Arbeiter, Opfer der Großen Säuberung und Lagerhäftlinge gruben die Tunnel mit Spitzhacken aus; viele von ihnen kamen dabei ums Leben. Aus London holte man Ingenieure hinzu; doch bald fürchtete Stalin, sie könnten zu viel Wissen über die Stadt Moskau erlangt haben, und ließ sie wegen Spionage verhaften und deportieren.

Die Linie 1 (Sokolnitscheskaja), die ursprünglich elf Kilometer lang war und 13 Stationen hatte, wurde am 15. Mai 1935 mit großem Trara eröffnet. Eine Viertelmillion Fahrgäste benutzten an diesem Tag die neue U-Bahn, und Chöre schmetterten »Lieder der fröhlichen Metropioniere«. Die Strecke war ein Triumph der Technik, der Ausgestaltung und der Propaganda. Eine der eindrucksvollsten Stationen war Dworez Sowetow (heute Kropotkinskaja), eine Kathedrale aus Marmorsäulen und grauem und rosa Granit. Sie sollte als unterirdische Halle Teil eines neuen Palasts der Sowjets sein, der aber nie gebaut wurde.

Der Bau der Metro ging auch während des Zweiten Weltkriegs noch weiter. Die Bahnhöfe nutzte man als Luftschutzräume und Büros für Regierungsstellen. Stalin hielt sogar Reden in der Bahnsteighalle der Majakowskaja

## U-BAHN-HIGHLIGHTS

**411. Metro Pjöngjang**
*Nordkorea*

Es passt zu der verschwiegenen Nation (gegr. 1948), dass die Metro in der nordkoreanischen Hauptstadt eine der tiefsten der Welt ist – im Bedarfsfall kann sie so als Atombunker dienen.

**412. Métro Linie 2**
*Paris, Frankreich*

Diese Linie bedient seit 1903 dieselbe Strecke (Porte Dauphine–Nation). Die Bahn hält in Pigalle und Père Lachaise und hat noch einige Original-Stationseingänge im Jugendstil.

**413. Stockholmer U-Bahn**
*Schweden*

Die *Stockholms Tunnelbana* wurde 1950 erbaut und wird oft als »längste Kunstgalerie der Welt« bezeichnet – viele der Bahnhöfe bergen dekorative Gemälden und Kunstinstallationen.

**FASZINATION UNTERGRUND**

**414. Post Office Railway**
*London, Großbritannien*

Zwischen 1927 und 2003 diente ein fahrerloser Zug der Postbeförderung. Zu ihrer Blütezeit beförderte die Post-U-Bahn auf den zehn Kilometern täglich 40 Millionen Postsendungen.

**415. Holborn-Aldwych**
*London, Großbritannien*

Während des Zweiten Weltkrieges (1939–1945) lagerte das British Museum viele seiner Schätze in den Tunneln dieser Nebenstrecke. Die Station Aldwych wurde 1994 geschlossen.

**416. Metro Shanghai**
*China*

Shanghai besitzt das ausgedehnteste U-Bahn-Netz der Welt. Bis 2025 soll es noch größer werden – das Ziel ist, dass es überall in der City höchstens 800 Meter zu nächsten Station sind.

**RECHTS:** Der 1938 eröffnete Bahnhof Majakowskaja zeigt eine sowjetische Utopie.

(eröffnet 1938), einer der beeindruckendsten Haltestellen der Moskauer Metro.

Mit Edelstahl und rosa Marmor verkleidete Säulen stützen Bögen mit Deckenmosaiken, die eine sowjetische Utopie zeigen: athletische Schwimmer, kühne Fallschirmspringer, stolze Bäuerinnen inmitten von Weizengarben.

Später, zu Beginn des Kalten Krieges, wurden Teile der Arbatsko-Pokrowskaja-Linie (Linie 3) besonders tief unter der Erde gebaut, um bei einem Atomschlag als Schutzort dienen zu können. Eine Zeit lang war die Gestaltung der Bahnhöfe minimalistischer, aber ab den 1970er-Jahren freute man sich wieder an einer opulent neostalinistischen Ästhetik.

Mit 203 Bahnhöfen, 14 Linien, 339 Gleiskilometern und neun Millionen Fahrgästen pro Tag ist die Moskauer Metro eine der größten, verkehrsreichsten und bemerkenswertesten U-Bahnen der Welt. Angeblich gibt es tiefer unter der Erde noch eine »Metro 2«, ein verborgenes Bahnnetz, das Regierungsbunker und Kommandozentralen verbindet. Das Ganze ist streng geheim, obgleich man rätselhafte Lüftungsschächte, gesperrte Treppen und ein seltsames Blindgleis (zwischen den Stationen Sportiwnaja und Uniwersitet) sehen kann.

Mehr als 40 Bahnhöfe der Moskauer Metro haben Kulturerbestatus, darunter die erwähnten Kropotkinskaja und Majakowskaja. An der Station Ploschtschad Rewoljuzii (dem günstigsten Ausstieg zum Roten Platz) stellen 76 Bronzestatuen Soldaten, Bauern und andere Helden der sowjetischen Nation dar, darunter auch ein kleiner Hund (ihm über die Nase zu streichen soll Glück bringen). Die komplett grau-weiße Dostojewskaja (eröffnet 2010) ist nach dem Schriftsteller Fjodor Dostojewski benannt und mit schicksalhaften Szenen aus *Schuld und Sühne* und anderen Werken dekoriert. Die barocke Komsomolskaja ist der Höhepunkt stalinistischer Pracht, mit ihrem gelben Deckengewölbe, Stuckarbeiten und vergoldeten Mosaiken heldenhafter russischer Generäle.

417

## LEYTONSTONE–FINCHLEY CENTRAL

*London, Großbritannien*

Die Fahrt ehrt den Mann, der die Benutzung der Londoner Tube deutlich leichter gemacht hat. Harry Beck arbeitete als technischer Zeichner bei der U-Bahn. 1931 entwarf er in seiner Freizeit einen neuen Liniennetzplan. Dieser war 1933 ein sofortiger Erfolg, weil er das komplizierte Netz so übersichtlich darstellte. Der Plan wird heute noch verwendet und ist mittlerweile ein Designklassiker. Eine Plakette in 14 Wesley Road, Leyton, markiert den Ort, wo Beck 1902 geboren wurde. Von Leyton aus gelangt man mit der Central Line und dann mit der Northern Line nach Finchley Central, wo Beck in täglich in seinen Pendelzug einstieg.

418

# P'TIT TRAIN DE LA HAUTE SOMME

*Nordfrankreich*

Eine alte Feldbahn fährt über einige der blutigsten Schlachtfelder des Ersten Weltkriegs.

**Wissenswerte Details**

- *Zeit: 1916 (Schlacht an der Somme)*
- *Streckenlänge: 7 Kilometer*
- *Mindestfahrtdauer: 30 Minuten*
- *Wichtige Haltepunkte: Froissy, Cappy, Dompierre*
- *Durchfahrene Länder: Frankreich*

**UNTEN:** Der Friedhof von Dompierre ist ein ergreifendes Mahnmal.

Wenn man bei der Fahrt mit der kleinen Museumsbahn auf die friedlichen grünen Felder und die gewundene Somme blickt, kann man sich kaum vorstellen, welches Massensterben sich hier einst zutrug. Vom 1. Juli bis zum 18. November 1916 war die unscheinbare Landschaft in Nordfrankreich Schauplatz einer der blutigsten Schlachten des Ersten Weltkriegs. 141 Tage lang standen sich Briten und Franzosen und Deutsche in den Schützengräben gegenüber. Dabei gab es eine Million Tote und Verwundete. Allein am ersten Tag starben 19.240 britische Soldaten.

Die 600-mm-Bahn Froissy–Cappy–Dompierre gehört zu einem Netz von Feldbahnen, das die Franzosen ab 1915 für die Nachschublogistik bauten. Später nutzte man den

Abschnitt von Cappy am Somme-Kanal nach Dompierre zum Transport von Zuckerrüben in die Fabrik. Heute wird auf der Strecke der P'tit train de la Haute Somme betrieben, eine saisonale Touristenbahn, die von Dampf- und Dieselloks gezogen wird.

Der Betriebsbahnhof befindet sich in dem Dörfchen Froissy. Das dortige Schmalspurbahnmuseum besitzt zahlreiche Loks und Waggons, größtenteils aus der Zeit von 1910 bis 1930. Einige davon waren während des Ersten Weltkriegs für das Militär im Einsatz. Von hier fährt das »Bähnlein« am Kanalpfad entlang westwärts durch die Moore, Felder und Wälder des Somme-Tals nach Cappy. Nach einem geschwungenen Tunnel folgt der Anstieg auf das Santerre-Plateau über eine raffinierte Spitzkehre, die nach dem Krieg gebaut wurde. Endhalt ist Dompierre, wo ein Friedhof an die unzähligen Opfer des schrecklichen Stellungskriegs erinnert.

**UND WIE WÄR'S DAMIT?**

**419. Paris–Compiègne**
*Nordfrankreich*

In einem Waldstück bei Compiègne wurde 1918 in einem Eisenbahnwagen der Waffenstillstand des Ersten Weltkriegs unterzeichnet; im örtlichen Museum steht ein Replikat.

**UNTEN:** Der P'tit train de la Haute Somme nutzt Bahnstrecken aus dem Ersten Weltkrieg.

# GOLD-ZUG VON WAŁBRZYCH

*Westpolen*

Auf der Suche nach dem legendären Schatzzug der Nazis, der in den polnischen Bergen versteckt sein soll.

**Wissenswerte Details**

- *Zeit: 1945 (Gold-Zug der Nazis fuhr angeblich von Breslau ab)*
- *Streckenlänge: 70 Kilometer*
- *Mindestfahrtdauer: 1 Stunde, 15 Minuten*
- *Wichtige Haltepunkte: Breslau, Smolec, Imbramowice, Swiebodzice, Wałbrzych*
- *Durchfahrene Länder: Polen*

UNTEN: In einem unterirdischen Tunnel bei Wałbrzych steht vielleicht irgendwo der Gold-Zug.

Viel wurde über den »Gold-Zug« spekuliert. Es heißt, die Nazis hätten 1945 gegen Ende des Krieges einen Zug mit einem immensen Schatz beladen – vielleicht 300 Tonnen Gold, kostbarer Schmuck und wertvolle Kunstwerke. Der Zug soll dann von Breslau (heute Wrocław) nach Südwesten gefahren sein. Schließlich sei er in einem Stollensystem versteckt worden, das von Kriegsgefangenen und KZ-Häftlingen unter dem Eulengebirge gegraben worden war. Gesehen hat den Zug seither niemand.

Tatsächlich ist nicht belegt, dass es einen solchen Zug jemals gab – das hat die Leute aber nicht davon abgehalten, nach ihm zu suchen. So richtete sich die Aufmerksamkeit der internationalen Medien 2016 auf eine begrünte Böschung bei KM65 der Eisenbahnlinie Breslau–Wałbrzych. Zwei Hobby-Schatzsucher behaupteten, mithilfe von Bodenradar das unterirdische Versteck des Zuges gefunden

zu haben, doch eine Grabung förderte außer Erde nichts zutage. Der Panzerzug mit Kriegsbeute wird sich wohl kaum finden lassen, aber dafür verkehren zwischen Breslau und Wałbrzych regelmäßig Personenzüge. Vor der Abfahrt lohnt ein Rundgang durch Breslau, der viertgrößten Stadt Polens mit ihren gotischen Kirchen, barocken Palästen und Bürgerhäusern im flämischen Stil. Die 70 Kilometer lange Bahnfahrt nach Wałbrzych führt an der »Schatzstelle« vorbei.

In Wałbrzych kann man die Burg Fürstenstein aus dem 13. Jahrhundert besichtigen, die 1944 von den Nazis beschlagnahmt wurde und als Führerhauptquartier im Gespräch war. Unter der Burg befindet sich ein Stollensystem (teilweise zugänglich), das zum Projekt Riese gehörte. Die von den Nazis geplante riesige unterirdische Anlage sollte als Offiziersbunker und als Waffenfabrik dienen – und vielleicht auch als Versteck für Züge?

### BAHN IN DIE NS-ZEIT

**421. Berchtesgadener Land Bahn**
*Deutschland*
Die 35 Kilometer lange Strecke durch die bayerischen Alpen führt von Freilassing nach Berchtesgaden, Hitlers Sommerfrische. 1938 wurde für ihn am Obersalzberg das Kehlsteinhaus gebaut.

**UNTEN:** Unter der Burg Fürstenstein befinden sich zahlreiche Tunnel, die zum Projekt Riese der Nazis gehörten.

422

# REUNIFICATION EXPRESS

*Vietnam*

Willkommen auf einer Strecke, die im Vietnamkrieg geteilt wurde und die heute das Land wieder verbindet!

**Wissenswerte Details**

- *Zeit: 1976 (Wiedereröffnung der Nord-Süd-Bahn)*
- *Streckenlänge: 1.726 Kilometer*
- *Mindestfahrtdauer: 36 Stunden*
- *Wichtige Haltepunkte: Hanoi, Hué, Da Nang, Nha Trang, Thap Cham, Saigon (Ho-Chi-Minh-Stadt)*
- *Durchfahrene Länder: Vietnam*

In den 1880er-Jahren begannen die Franzosen in Vietnam mit dem Eisenbahnbau. Mit dem Ziel, ihre kolonialen Besitzungen in der Region zu verbinden, planten sie eine Route, die in Nord-Süd-Richtung das gesamte Territorium von Hanoi bis Saigon (heute Ho-Chi-Minh-Stadt) durchzog. Die Bahn sollte das »Rückgrat von Indochina« bilden. 1899 begannen die Arbeiten, aber es dauerte bis 1936, bis die gesamte, 1.726 Kilometer lange eingleisige Strecke – die Transindochinois – fertig war. Die Fahrt dauerte anfangs etwa 60 Stunden.

Lange währte sie nicht. Die Nord-Süd-Bahn, wie sie auch hieß, wurde bald zum Ziel militärischer Angriffe.

Gegen Ende des Zweiten Weltkriegs, als die japanischen Besatzer die Transindochinois nutzten, nahmen Viet-Minh-Guerillas und die US-Luftwaffe die Bahnlinie unter Beschuss. Im Indochinakrieg (1946–1954) griffen die Viet Minh, die gegen Frankreich um ihre Unabhängigkeit kämpften, die Bahn an. 1954 wurde Vietnam entlang des 17. Breitengrades in das kommunistisch regierte Nordvietnam und das quasi-demokratische Südvietnam geteilt. Auch die Bahn wurde an der Hien-Luong-Brücke geteilt. Die nächsten zwei Jahrzehnte konnte man die Strecke nicht auf der gesamten Länge befahren. Während des Vietnamkriegs (1954–1975) wurde sie erneut zu einem wichtigen Angriffsziel – für beide Seiten: Kommunistische Vietkong-Kräfte brachten Züge im Süden zum Entgleisen, amerikanische Bombenangriffe unterbrachen den Verkehr im Norden.

Doch am 31. Dezember 1976 fuhr der Transindochinois erstmals wieder. Viele der 1.334 Brücken und 27 Tunnel waren vollständig zerstört und mussten mit geringen technischen Mitteln und wenig Material repariert werden. Aber auf wundersame Weise war es knapp zwei Jahre nach der Kapitulation Südvietnams und der Wiedervereinigung des Landes wieder möglich, mit der Bahn die gesamte Strecke Saigon–Hanoi zu bereisen. Die Route gilt als Symbol der Solidarität und Integration und der Zug erwarb die Bezeichnung »Reunification Express«.

Mehrere Züge befahren die Strecke: ein langsames Vorbeigleiten an Reisfeldern, Wasserbüffeln, Pagoden, die zwischen Baumwipfeln hervorspitzen, Sandflächen mit Palmen, kleinen Dörfern und Einheimischen mit Kegelhüten auf Fahrrädern. Die Linie eröffnet

**AUCH IN VIETNAM**

**423. Bahnstrecke Thap Cham–Da Lat**
*Vietnam*
Die Gleise dieser Bahn wurden für Reparaturen der Nord-Süd-Hauptlinie demontiert. Heute fährt ein Touristenzug vom Art-déco-Bahnhof Da Lat auf einem sanierten, sieben Kilometer langen Abschnitt.

**LINKS:** Die Gleise zwängen sich durch die Straßen im Zentrum von Hanoi.

Ausblicke auf ein Land, das bis vor Kurzem von Kriegen heimgesucht wurde, nun aber aus der Asche auferstanden ist.

Der südliche Endpunkt der Bahn ist Saigon – so nennen noch immer die meisten die Stadt, die 1976 in Ho-Chi-Minh-Stadt umbenannt wurde. Saigon wimmelt von Händlern, Bauten aus der französischen Kolonialzeit und Erinnerungen an frühere Konflikte. Besonders ergreifend ist das Kriegsmuseum.

Von Saigon aus nordwärts fahrend lässt der Zug die Vororte hinter sich und passiert Felder und bewaldete Berge mit versprengten Felsblöcken. Über weite Teile hält sich die Bahn an der Küste des Südchinesischen Meeres. Am spektakulärsten ist der Abschnitt zwischen Da Nang und der früheren Kaiserstadt Hué. Hier windet sich die Bahn an dschungelhaften Klippen entlang, blickt auf goldene Strände und erklimmt grüne Berge über den Hai-Van- oder Wolkenpass.

Für die gesamte Strecke Saigon–Hanoi braucht man etwa 36 Stunden, wobei es sich lohnt, die Reise zu unterbrechen. Die lässige Küstenstadt Nha Trang lockt mit einem schönen Strand. Da Nang inmitten der Marmorberge ist der Ausstiegspunkt für Hoi An, eine reizende alte Hafenstadt mit Kanälen, gedeckten japanischen Brücken und Seidenläden. Hué am Ufer des Parfümflusses beeindruckt mit seinem Kaiserpalast, der von einem Vietnam lange vor der Eisenbahn kündet.

Die Endstation Hanoi ist eine hektische, dynamische Hauptstadt. Hier kann man den alten Literaturtempel und das Ho-Chi-Minh-Mausoleum besuchen. Und man kann in einer Bar direkt an den Bahngleisen mit einem Reiswein auf den »Wiedervereinigungsexpress« anstoßen, wenn er quietschend einfährt.

**UNTEN:** Das pulsierende Saigon ist der südliche Endhalt des Reunification Express.

## 424
## OPERATION PIED PIPER

*Großbritannien*

Der Name Operation Pied Piper steht für die Massenevakuierung englischer Zivilisten zu Beginn des Zweiten Weltkriegs. Mehr als drei Millionen Personen – zumeist Kinder – wurden aus Städten mit der Bahn an sicherere Orte auf dem Land gebracht. Das Ganze war eine enorme logistische Herausforderung. Es wurden Sonderfahrpläne erstellt, und neun Stunden lang ging alle neun Minuten ein Evakuierungszug von einem der Londoner Hauptbahnhöfe ab. Man gab den Kindern Namensschilder und setzte sie in Züge mit unbekanntem Ziel, weit weg von daheim. Die gut gemeinte Aktion hatte zum Teil verheerende Folgen. Ein Bericht von 1941 stellte fest, dass »die Trennung von den Eltern für die Kinder traumatisierender ist als ein Luftangriff«.

## 425
## PERMITTENTTRAFIK

*Schweden*

Schweden blieb während des Zweiten Weltkriegs neutral, war aber, was seine Eisenbahn anging, nicht ganz unbeteiligt. 1940 marschierte Nazi-Deutschland in Dänemark und Norwegen ein. Schweden drängte man, die deutschen Soldaten durch sein Territorium reisen zu lassen, sodass sie zum Fronturlaub nach Hause konnten. *Permittenttrafik* hieß das auf Schwedisch. Von Mitte 1940 bis August 1943 verkehrten täglich Züge zwischen dem südschwedischen Trelleborg und Kornsjö in Südnorwegen und wöchentlich zwischen Trelleborg und der Hafenstadt Narvik im Norden Norwegens. Mehr als eine Million Soldaten reisten so zwischen Norwegen und Deutschland über schwedischen Boden.

## 426
# KRAKAU–OŚWIĘCIM

*Südpolen*

Die 64 Kilometer lange Bahnfahrt vom schönen Krakau nach Oświęcim ist erschütternd. Während des Zweiten Weltkriegs ließen die Deutschen in Oświęcim (Auschwitz) mehrere Konzentrationslager errichten, in denen zwischen 1940 und Januar 1945 rund 1,3 Millionen Menschen – hauptsächlich Juden – interniert waren. Mindestens 1,1 Millionen starben. Nach Auschwitz gebracht wurden sie zu Tausenden in den Deportationszügen, in denen bereits Tausende auf der Fahrt starben. Einige Historiker vertreten sogar die These, dass der Holocaust (die Vernichtung der Juden) ohne die Eisenbahn nicht möglich gewesen wäre. Im Staatlichen Museum Auschwitz-Birkenau sind noch die Gleise zu sehen, die in das Lager führen.

## 427
# U-BAHN

*Berlin, Deutschland*

Solange die Berliner Mauer die Stadt teilte, war Berlin auch im Untergrund geteilt. Der berüchtigte Grenzwall wurde 1961 errichtet, um das demokratische Westberlin von der kommunistischen DDR zu trennen. U-Bahn-Linien, die früher die gesamte Stadt befahren hatten, machten nun an der Grenze kehrt. Linien, die vorwiegend im Westen verliefen, aber kurz in den Ostteil eintauchten, durften dort nicht halten – die Bahnsteige der Geisterbahnhöfe blieben leer. Friedrichstraße war die einzige Ostberliner Haltestelle, die noch von Zügen aus dem Westen bedient wurde. Der Bahnhof diente als Grenzübergang für Westdeutsche, die Verwandte im Osten besuchten. Weil die Abschiede oft sehr emotional waren, bekam die Friedrichstraße den Spitznamen »Tränenpalast«.

# 428
# BALKAN ODYSSEY

*Ungarn—Italien*

Auf der Fahrt mit dem luxuriösen Golden-Eagle-Zug quer durch die alte und moderne Geschichte der Balkanregion.

**Wissenswerte Details**
- *Zeit: 1912–1913, 1991–2001 (Balkankriege)*
- *Streckenlänge: rund 3.200 Kilometer*
- *Mindestfahrtdauer: 11 Tage*
- *Wichtige Haltepunkte: Budapest, Braşov, Belgrad, Mostar, Sarajevo, Ljubljana, Venedig*
- *Durchfahrene Länder: Ungarn, Rumänien, Bulgarien, Serbien, Bosnien und Herzegowina, Slowenien, Italien*

Das 20. Jahrhundert war für die Balkanhalbinsel in Südosteuropa äußerst konfliktreich. In den ersten Jahren kämpften die Staaten hier um die Befreiung vom Osmanischen Reich. 1914 wurde dann die Ermordung des österreichischen Erzherzogs Franz Ferdinand in Sarajevo (heute Hauptstadt von Bosnien und Herzegowina) zum Auslöser des Ersten Weltkriegs. In jüngerer Zeit verwüsteten die Jugoslawienkriege (1991–2001) die Region.

Erfreulicherweise stehen die Länder, die während des Balkankonflikts tabu waren, den Touristen heute wieder offen. Die elftägige Balkan Odyssey mit dem Golden Eagle ist vermutlich die stilvollste Art, sie zu »erfahren«. In einem der luxuriösesten Züge der Welt reist man auf Fünf-Sterne-Niveau von Budapest in die Lagunenstadt Venedig und erlebt zahlreiche Höhepunkte.

## UND WIE WÄR'S DAMIT?

**429. Wien–Bad Ischl**
*Österreich*

Die Bahn verbindet die Hauptstadt der Österreichisch-Ungarischen Monarchie und die Sommerresidenz Kaiser Franz Josephs I. Hier unterzeichnete er am 28. Juli 1914 die Kriegserklärung an Serbien, die in zwei Konflikte mündete, die die Welt verändern sollten.

**430. Šargan-Bahn**
*Serbien*

Acht Kilometer der Strecke Belgrad–Sarajevo (1974 stillgelegt) werden heute wieder befahren. Auf dem Abschnitt um Šargan-Vitasi macht die Bahn inmitten der Hügel eine Achterschleife.

So hält der Golden Eagle etwa in den bulgarischen Städten Weliko Tarnowo und Plowdiw, die herrliche Altstädte in Hanglage haben. Und er beehrt die serbische Hauptstadt Belgrad, die am Zusammenfluss von Donau und Save liegt. Dort kann man im Museum der Geschichte Jugoslawiens das Mausoleum des früheren jugoslawischen Präsidenten Marschall Tito besichtigen.

In Bosnien und Herzegowina hält der Zug in Sarajevo, das von April 1992 bis Februar 1996 die längste Belagerung einer Hauptstadt in der Geschichte der modernen Kriegsführung erlebte – rund 1.425 Tage. Eine weitere Station ist Mostar, einst eine der wichtigsten Städte des Osmanischen Reiches. Die berühmte Brücke aus dem 16. Jahrhundert wurde 1993 durch kroatische Bomben zerstört, nach dem Wiederaufbau aber 2004 für die Öffentlichkeit freigegeben – ein Symbol des Neuanfangs.

**RECHTS:** Die Balkan Odyssey führt auch nach Mostar, wo die wiederaufgebaute Brücke für Versöhnung und Einheit steht.

# 431
# TODESEISENBAHN (DEATH RAILWAY)

*Thailand und Myanmar*

Immer auf der berüchtigten Bahnstrecke entlang, die von Kriegsgefangenen durch den Dschungel gegraben wurde.

**Wissenswerte Details**
- *Zeit: 1943 (Fertigstellung der »Todeseisenbahn« Thailand–Burma)*
- *Streckenlänge: 415 Kilometer*
- *Mindestfahrtdauer: 3 Stunden (Nong Pladuk–Nam Tok)*
- *Wichtige Haltepunkte: Nong Pladuk, Kanchanaburi, Kwai-Brücke, Nam Tok, Konyu, Songkurai, Thanbyuzayat*
- *Durchfahrene Länder: Thailand, Myanmar*

Die »Todeseisenbahn« Thailand–Burma ist eine der schaurigsten Zugstrecken, die man kennt. Es heißt, für jede Bahnschwelle habe ein Mensch sein Leben lassen müssen.

Im 19. Jahrhundert prüften die Briten die Möglichkeit einer Eisenbahn, die Thailand und Myanmar über den Drei-Pagoden-Pass verbinden sollte, befanden aber das Gelände als zu schwierig. Doch Jahrzehnte später, im Zweiten Weltkrieg, stellten sich die Japaner der Herausforderung. Nach ihrem Einmarsch in Myanmar 1942 mussten sie eine Versorgungsroute in ihr neues Territorium schaffen. Die beste Option schien ihnen die Verbindung der bestehenden Bahnhalte Nong Pladuk in Thailand und Thanbyuzayat in Myanmar – eine Strecke von 415 Kilometern.

## FILM-EISENBAHNEN

**432. Hogwarts Express, London**
*Großbritannien*

Der Hogwarts Express wird im ersten Band von *Harry Potter* (1997) eingeführt. Im Bahnhof King's Cross markiert eine Installation Bahnsteig 9¾, von wo der Zug im Film abfährt.

**433. Carnforth Railway Station**
*Lancashire, Großbritannien*

Der Bahnhof von Carnforth gab in David Leans Liebesdrama *Begegnung* (1945) den zentralen Handlungsort ab: die Milford Junction Station mit der legendären Treppe und Uhr.

**434. Bluebell Railway**
*East Sussex, Großbritannien*

Als 2000 Edith Nesbits Jugendbuchklassiker *The Railway Children* für das Fernsehen neu verfilmt wurde, wählte man für die Zugszenen diese herrliche 18 Kilometer lange Dampfbahnstrecke.

**435. Keighley and Worth Valley Railway**
*West Yorkshire, Großbritannien*

In der 1970er-Filmfassung von *The Railway Children* flitzen die Darsteller in Oakworth Station und entlang der acht Kilometer langen Museumsbahnstrecke herum.

Mithilfe von rund 60.000 alliierten Kriegsgefangenen und über 200.000 südostasiatischen *Romusha* (Zwangsarbeiter) schaffte man es jedoch in aufreibender Maloche in nur 16 Monaten. Die beiden Linien trafen sich am 17. Oktober 1943 in Konkuita, in der Nähe des heutigen Sangkhlaburi – aber der menschliche Preis war hoch. Schätzungen zufolge kam etwa ein Drittel der Bauarbeiter ums Leben. Im feucht-heißen, malariaverseuchten Dschungel bei rationiertem Essen und extremem Arbeitspensum ist es ein Wunder, dass überhaupt jemand überlebt hat.

Ein Wunder war auch die Bahn selbst, die allein 14 Kilometer Brückenstrecke umfasste und aus der Wildnis herausgeschlagen worden war. Dabei war sie nicht einmal zwei Jahre in Betrieb. Nach der Kapitulation der Japaner am 15. August 1945 kam die Bahn unter die Kontrolle der Briten, die einen Abschnitt am Drei-Pagoden-Pass aufrissen. Seither ist die Verbindung zwischen den beiden Ländern gekappt; nur ein Teil der Strecke ist heute für den Zugverkehr offen.

In Thailand kann man den malerischen 130 Kilometer langen Abschnitt zwischen Nam Tok und Nong Pladuk (eine kurze Zugfahrt von Bangkok entfernt) befahren. Von Nong Pladuk verläuft die Todeseisenbahn nordwestlich zum regionalen Drehkreuz Kanchanaburi. Hier lohnt ein Besuch der Alliierten-Soldatenfriedhöfe und des Thailand–Burma Railway Centre, das die Bahn in den Kontext einordnet.

Kurz nach Kanchanaburi überquert der Zug die berüchtigte »Brücke am Kwai«. Die Stahlbrücke, die durch David Leans Film von 1957 dauerhafte Bekanntheit erlangte, wurde durch alliierte Bomben beschädigt, aber bald danach repariert. In der Nähe gibt es eine Ansammlung von Souvenirshops und Cafés.

Hierauf durchschneidet die Bahnlinie das Khwae-Noi-Tal. Der spannendste Abschnitt kommt nach Wang Sing, wo sich die Bahn durch schmale Einschnitte zwängt, die von ausgemergelten Männern mit Spitzhacken und Schaufeln aus dem Fels gehauen wurden. Danach arbeitet sich der Zug langsam in Richtung Tham Krasae und weiter zum 300 Meter langen Wang-Pho-Viadukt vor. Das atemberaubende Bauwerk verläuft am Rand einer Klippe oberhalb des aufgewühlten Flusses. Beinahe alle, die auf diesem Bahnabschnitt arbeiteten, kamen beim Bau ums Leben.

Nach der Station Wang Pho folgen malerische grüne Flussuferlandschaften, mit den fernen Bergen im Hintergrund. Die Bahn endet in der Kleinstadt Nam Tok. Von dort gelangt man mit dem Auto leicht die zehn Kilometer zum Hellfire Pass Memorial Museum.

Hier wurde ein kurzes Stück der Strecke freigeräumt. Besucher können die alten Gleise sehen und den lebensgefährlichen Konyu-Einschnitt (Hellfire Pass) begehen.

**UNTEN:** Züge befahren noch Teile der Todeseisenbahn, so etwa das Wang-Pho-Viadukt.

436

## BAIKAL-AMUR-MAGISTRALE

*Sibirien, Russland*

Der Bau der Baikal-Amur-Magistrale (BAM) dauerte 70 Jahre und kostete rund 400.000 Menschenleben. Begonnen wurde in den 1930er-Jahren unter Stalin. Gulaghäftlinge und später japanische und deutsche Kriegsgefangene verrichteten Zwangsarbeit auf der Linie quer durch Sibirien. Nach Stalins Tod kam der Bau der BAM zum Stillstand, wurde in den 1970er-Jahren aber wieder aufgenommen – diesmal mit bezahlten Arbeitern, die endlose Tunnel und Brücken in die Permafrostlandschaft bauten. Die 4.324 Kilometer lange Strecke zwischen Taischet und der Hafenstadt Sowetskaja Gawan vorbei am riesigen Baikalsee wurde 2003 eröffnet.

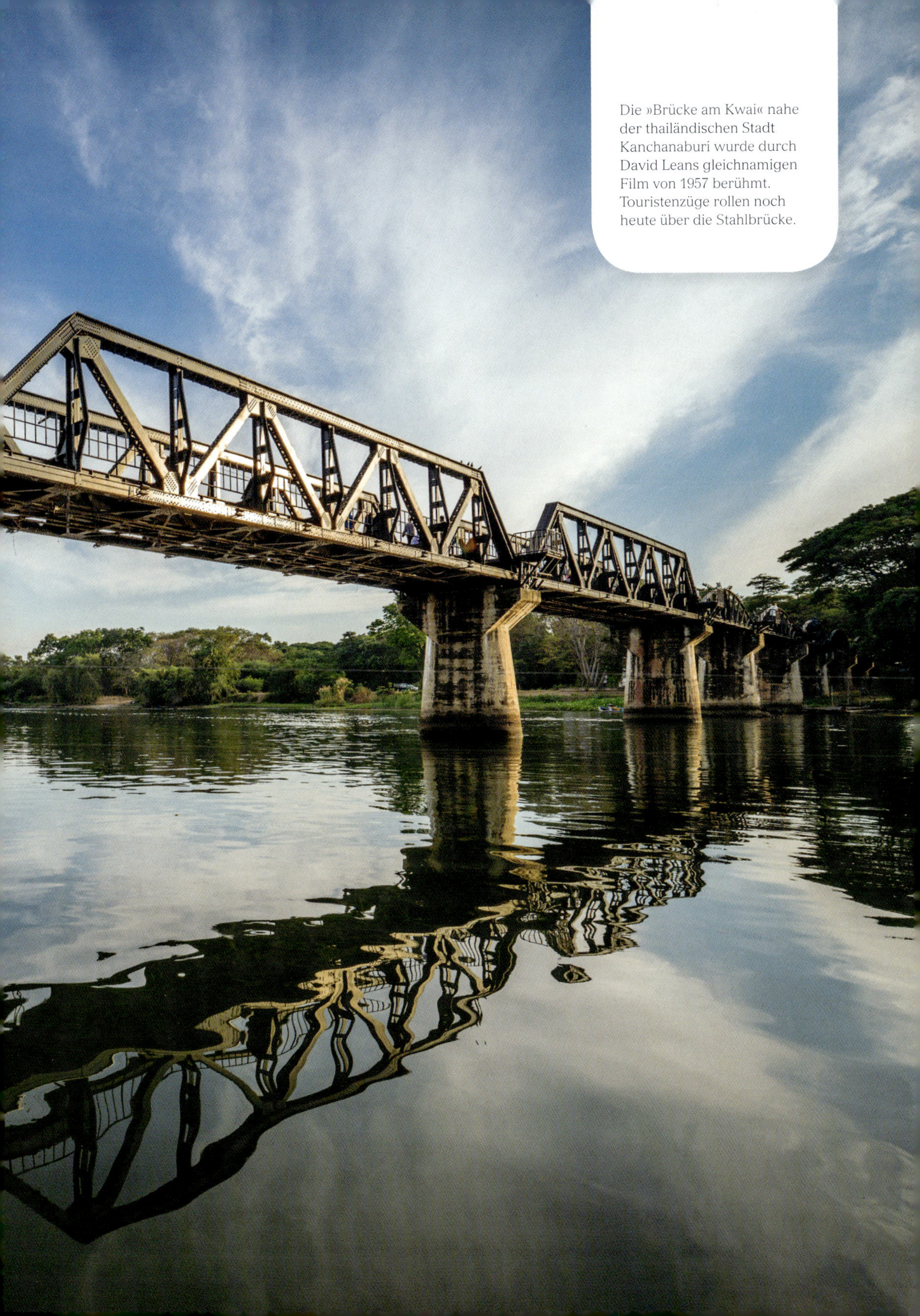

Die »Brücke am Kwai« nahe der thailändischen Stadt Kanchanaburi wurde durch David Leans gleichnamigen Film von 1957 berühmt. Touristenzüge rollen noch heute über die Stahlbrücke.

437

# QUEEN OF JAFFNA

*Sri Lanka*

Mit der Bahn quer durch die tropische Insel Sri Lanka, die nach dem Ende des Bürgerkriegs ihre Wiedergeburt erlebt hat.

**Wissenswerte Details**

- *Zeit: 2014 (Wiedereröffnung der Nordlinie Colombo–Jaffna)*
- *Streckenlänge: 398 Kilometer*
- *Mindestfahrtdauer: 6 Stunden, 15 Minuten*
- *Wichtige Haltepunkte: Colombo, Anuradhapura, Vavuniya, Kilinochchi, Jaffna*
- *Durchfahrene Länder: Sri Lanka*

**RECHTS:** Die Wiederaufnahme des Liniendienstes der Queen of Jaffna wurde am Bahnhof von Jaffna feierlich begangen.

Tausende jubelnde Menschen begrüßten die blumengeschmückte Queen of Jaffna, als sie am 13. Oktober 2014 in den Bahnhof von Jaffna einfuhr. Das erste Mal seit 24 Jahren war ein Zug wieder die gesamten 398 Kilometer von der Hauptstadt Colombo nach Jaffna im Norden des Landes gefahren.

Die von den Briten erbaute und 1905 eröffnete Nordlinie Colombo–Jaffna war eine der wichtigsten Bahnstrecken Sri Lankas. Sie verband den Norden und den Süden der Insel und förderte den Austausch zwischen Singhalesen und der tamilischen Minderheit. Während des blutigen Bürgerkriegs (1983–2009), als die Guerillaorganisation Tamil Tigers für einen unabhängigen tamilischen Staat im Norden kämpfte, war der Linienverkehr gestört. Die von den Regierungstruppen genutzte Eisenbahn war ein Hauptziel der tamilischen Rebellen. 1990 wurde der Dienst dann eingestellt.

Der Konflikt endete im Mai 2009, nachdem mehr als 70.000 Menschen ihr Leben gelassen hatten. Mit der Inbetriebnahme der Nordlinie 2014 wurde nicht nur eine wichtige Verkehrsverbindung wiederhergestellt, sondern auch ein Symbol der Einheit geschaffen.

Die Queen of Jaffna benötigt gut sechs Stunden vom Ballungsraum Colombo nach Jaffna, wobei die Fahrt durch üppige Tropenlandschaften geht: Gärten mit Mango- und Papayabäumen, Kokosnussplantagen, endlose Reisfelder, bewachsene Felsnasen, die von buddhistischen Tempeln gekrönt sind. Der Zug hält auch in Anuradhapura, der alten Hauptstadt Sri Lankas, die dank ihrer *Dagobas* (Stupas), Türme und Tempel von der UNESCO zum Weltkulturerbe erklärt wurde. Jaffna, das näher an Indien liegt als Colombo, ist deutlich hinduistisch geprägt und erinnert noch immer an das holländische und britische Kolonialerbe sowie an die Bürgerkriegsjahre.

## 438
## PHNOM PENH–SIHANOUKVILLE

*Kambodscha*

Kambodscha war nie reich mit Eisenbahnen gesegnet. Eine Strecke von der Hauptstadt Phnom Penh nach Poipet im Nordwesten an der thailändischen Grenze entstand in den 1930er- und 1940er-Jahren; eine Linie nach Sihanoukville an der Südküste wurde in den 1960er-Jahren gebaut. Doch während des kambodschanischen Bürgerkriegs (1967–1975) ging viel kaputt, und zur Jahrtausendwende befand sich das dünne Bahnnetz des Landes in einem jämmerlichen Zustand. Seit 2016 geht es langsam aufwärts. Der Bahnhof von Phnom Penh wurde renoviert, und auf der 254 Kilometer langen Südlinie gibt es wieder einen eingeschränkten Linienverkehr, der eine malerische Fahrt zu den palmengesäumten Stränden von Sihanoukville ermöglicht.

## 439
## TITOS BLAUER ZUG

*Serbien und Montenegro*

23 Jahre dauerte es, die 476 Kilometer lange Bahnstrecke Belgrad–Bar durch das Balkangebirge zu sprengen. Die 1976 eröffnete Linie führt mithilfe von 254 Tunneln und 435 Brücken von der serbischen Hauptstadt ins montenegrinische Bar an der Adriaküste. Marschall Tito, von 1953 bis 1980 Präsident Jugoslawiens, überwachte die Ausführung des Projekts. Tito hatte auch seinen eigenen aufwendig ausgestatteten *Plavi voz* (blauer Zug), in dem er zahlreiche Staatsgäste, vom äthiopischen Kaiser Haile Selassie bis zu Königin Elisabeth II., empfing. Während der Jugoslawienkriege in den 1990er-Jahren wurde die Strecke bombardiert, ist aber seither repariert worden. Als Charterarrangement kann man die herrliche Reise auch mit Titos Zug machen.

## 440
## ZÜRICH–ST. PETERSBURG

*Schweiz–Russland*

Die Zugfahrt des russischen Revolutionärs Wladimir Lenin 1917 war eine der folgenreichsten in der europäischen Geschichte. Lenin befand sich während des Ersten Weltkriegs im Schweizer Exil, aber als die Russische Revolution ausbrach, entschloss er sich zurückzukehren. Die Deutschen kämpften unter großen Opfern an der Ostfront und hofften, dass Lenins Rückkehr Russland weiter destabilisieren und den Krieg dort beenden würde. So verließ Lenin am 9. April 1917 Zürich in einem verplombten Wagen und fuhr durch Deutschland. Anschließend nahm er ein Schiff nach Schweden, bestieg dort wieder den Zug und erreichte über Finnland am 16. April St. Petersburg. Nach seiner schicksalhaften Rückkehr spielte er eine entscheidende Rolle bei der Gründung der Sowjetunion.

## 441
# KINDEREISENBAHN

*Budapest, Ungarn*

Diese Schmalspurbahn in der ungarischen Hauptstadt ist nicht *für* Kinder, sondern wird *von* Kindern betrieben. Die Gyermekvasút (Kindereisenbahn) wurde in den Nachkriegsjahren Ende der 1940er-Jahre eröffnet. Ungarn war ein sozialistischer Staat, und die Partei war der Auffassung, dass der Nachwuchs mit einer riesigen Eisenbahnanlage Gemeinsinn erlernen könnte. Wobei die Gyermekvasút kein Spielzeug ist, sondern eine normal große zwölf Kilometer lange Passagierbahn, die zwischen Széchenyi-hegy und Hűvösvölgy durch eine Waldlandschaft mit äsendem Rotwild verläuft. Die Jugendlichen betätigen sich als Fahrkartenverkäufer und Schaffner, gefahren werden die Züge von Erwachsenen.

## 442
# INLANDSBAHN

*Schweden*

Die zwischen 1908 und 1937 eröffnete Inlandsbahn war für Schweden gleichermaßen eine wichtige Verkehrsverbindung wie eine Lebensversicherung. Die erste Süd-Nord-Strecke des Landes verlief nahe der Ostküste, sodass weite Teile des seen- und waldreichen Landesinnern abgeschottet waren. Gleichzeitig war die Küstenbahn im Falle eines Angriffs von Osten (damals eine reale Bedrohung) verwundbar. Eine Alternative musste her. Heute erfüllt die 1.288 Kilometer lange *Inlandsbanan*, die Kristinehamn im Süden mit Gällivare am Polarkreis verbindet, weniger eine Sicherheitsfunktion. Vielmehr bietet sie eine tolle Möglichkeit, abgelegene Landstriche zu bereisen und unterwegs in die wunderbare Wildnis einzutauchen.

# 443
# EUROSTAR

*Großbritannien, Frankreich und Belgien*

Eine nahtlose Reise durch den wegweisenden Eurotunnel von Kontinentaleuropa nach Großbritannien.

**Wissenswerte Details**

- *Zeit: 1994 (Einführung des Eurostar)*
- *Streckenlänge: 495 Kilometer (London–Paris)*
- *Mindestfahrtdauer: 2 Stunden, 16 Minuten (London–Paris)*
- *Wichtige Haltepunkte: London, Ebbsfleet, Lille, Paris, Marne-la-Vallée, Brüssel, Lyon, Avignon, Marseille*
- *Durchfahrene Länder: England, Frankreich und Belgien*

**IMPOSANTE TUNNEL**

**444. Hokkaido-Shinkansen**
*Japan*
Der Hochgeschwindigkeitszug verbindet die Inseln Honshu und Hokkaido. Dabei durchquert er den Seikan-Tunnel, den zweittiefsten Bahntunnel der Welt, der 1988 eröffnet wurde.

**445. Eurostar**
*Großbritannien–Niederlande*
Seit April 2018 verbinden Hochgeschwindigkeitszüge über den Ärmelkanal London direkt mit Amsterdam.

Die Idee, einen Verkehrstunnel unter dem Ärmelkanal zu bauen und so Großbritannien mit Frankreich zu verbinden, kam erstmals vor gut 200 Jahren auf. Der französische Ingenieur Albert Mathieu-Favier ersann 1802 einen Plan für einen gepflasterten, mit Öllampen beleuchteten Gang für Postkutschen.

Mit dem Aufkommen der Dampfeisenbahn erwog man ab den 1830er-Jahren eine unterseeische Schienenverbindung. 1867 segneten Königin Victoria und der französische Kaiser Napoléon III. einen Entwurf ab, dessen Umsetzung durch den Deutsch-Französischen Krieg (1870–1871) verhindert wurde. Erste Tunnelgrabungen erfolgten in den 1880er-Jahren, wurden aber bald wieder abgebrochen, diesmal vom britischen Premierminister William Gladstone, der in der Verbindung eine Gefahr für die nationale Sicherheit sah.

In den 1950er-Jahren setzten die englisch-französischen Verhandlungen zu dem Projekt wieder ein. Doch erst 1987

wurde die Realisierung des Kanaltunnels in einem Vertrag besiegelt. 1988 begann der Bau.

Mithilfe von elf Tunnelbohrmaschinen arbeitete man sich gleichzeitig vom französischen und englischen Ufer durch das Kreidegestein und legte zwei Bahntunnel und einen Servicetunnel an. Im Dezember 1990 trafen sich beide Seiten, und im Mai 1994 wurde der Eurotunnel mit einer Jungfernfahrt und Königin Elisabeth II. an Bord des ersten ICE unter dem Ärmelkanal feierlich eingeweiht. Der Eurostar-Passagierverkehr von London aufs Festland wurde am 14. November 1994 aufgenommen.

Der Kanaltunnel stellt eine beachtliche Leistung dar. Bei 50,5 Kilometer Länge und bis zu 75 Meter Tiefe weist er den längsten unterseeischen Tunnelabschnitt der Welt auf. Bis zu 400 Eurostarzüge befahren ihn pro Tag und befördern dabei im Schnitt 50.000 Fahrgäste. Dank des Tunnels kann man die drei großen europäischen Hauptstädte London, Paris und Brüssel in etwas mehr als zwei Stunden abfahren.

35 Minuten davon verbringt man im Tunnel. Allzu spannend ist die Durchfahrt allerdings nicht; es gibt wenig zu sehen, während der Eurostar durch die schwarze Röhre donnert. Dafür eröffnet er endlose Möglichkeiten. Nachdem man den Zug in Londons prächtigem Bahnhof St Pancras bestiegen hat, über die fruchtbare Ebene von Kent gesaust und bei Folkestone in die Erde abgetaucht ist, kommt man im ländlichen Nordfrankreich wieder ans Tageslicht und ganz Europa breitet sich vor einem aus.

Seit der Tunneleröffnung fährt der Eurostar zwei Ziele in Frankreich direkt an: die flämisch geprägte Universitätsstadt Lille (1,25 Stunden) sowie das unvergleichliche Paris, die Stadt der Liebe, der Lichter und der Kunst (2,25 Stunden). Daneben verkehren Züge direkt nach Marne-la-Vallée ins Disneyland

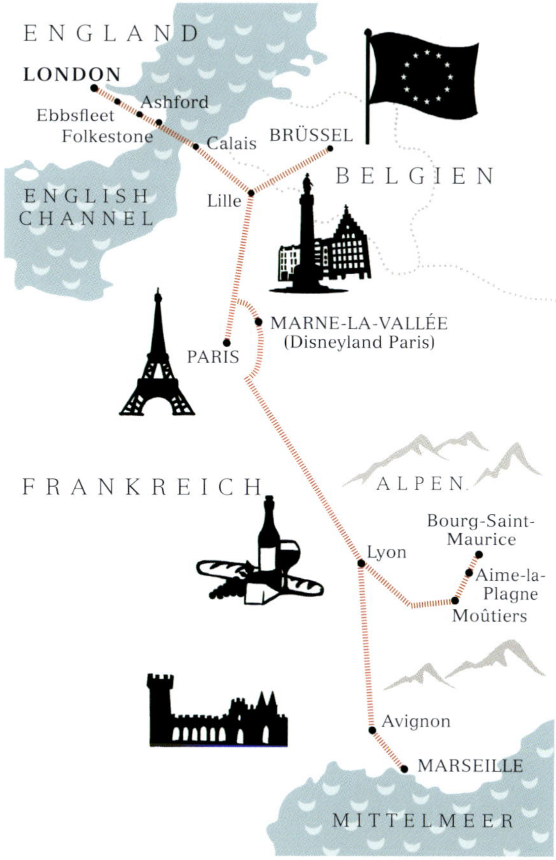


**BRILLANTE BRÜCKE**

**446. Seto–Ohashi**
*Japan*
Die Strecke Seto–Ohashi verbindet die Präfekturen Okayama (Honshu) und Kagawa (Shikoku) über eine 13 Kilometer lange, 1978–1988 erbaute Brücken-Viadukt-Kombination.

**LINKS:** Eine Statue des Dichters John Betjeman begrüßt Passagiere, die mit dem Eurostar in London ankommen.

## HOCH- UND HÄNGEBAHNEN

**447. Wuppertaler Schwebebahn**
*Deutschland*
Die 1901 eröffnete älteste Einschienenhängebahn der Welt ist 13 Kilometer lang. Gelegentlich wird noch der »Kaiserwagen« eingesetzt, den Wilhelm II. bei einer Probefahrt 1900 benutzte.

**448. Funiculaire de Montmartre**
*Paris, Frankreich*
Die Standseilbahn zur Basilika Sacré-Cœur in Montmartre wurde 1900 eröffnet und mit Wasserballast betrieben. Mittlerweile elektrifiziert, braucht sie 90 Sekunden auf den höchsten Punkt von Paris.

**449. Tren de Sóller**
*Mallorca, Spanien*
Die 1912 eröffnete, kurvige Schmalspurbahn Palma–Sóller (27 Kilometer) bewältigt das Tramuntana-Gebirge auf Mallorca durch 13 Tunnel und über mehrere Brücken.

Paris und in die Fritten- und Finanzmetropole Brüssel (2 Stunden), Hauptstadt Belgiens und de facto der Europäischen Union. Mit der Erweiterung des Eurostarnetzes sind im Lauf der Jahre noch weitere Direktrouten hinzugekommen.

So fahren Züge innerhalb von 4,75 Stunden von London in die Gourmetstadt Lyon in der Auvergne-Rhône-Alpes. In knapp sechs Stunden erreicht man die provenzalische Stadt Avignon, im 14. Jahrhundert Sitz der Päpste, wovon noch ein prächtiger Palast kündet. Der in jüngster Zeit umgestaltete Mittelmeerhafen Marseille ist nur 6,5 Stunden entfernt. Im Winter bringen Züge Skiurlauber auch direkt in die französischen Alpen nach Bourg-Saint-Maurice, Aime-la-Plagne und Moûtiers. Von den verschiedenen Knotenpunkten aus steht dem Reisenden ganz Europa offen.

**RECHTS:** Der Eurostar fährt Disneyland Paris mit seinem Märchenschloss an.

# 450
# GOTTHARD-BASISTUNNEL

*Schweizer Alpen*

Eine Reise unter den Alpen durch den längsten und tiefsten Eisenbahntunnel der Welt.

**Wissenswerte Details**

- *Zeit: 2016 (Eröffnung des Gotthard-Basistunnels)*
- *Streckenlänge: 57 Kilometer*
- *Mindestfahrtdauer: 17 Minuten (Tunnel); 2 Stunden, 40 Minuten (Zürich–Mailand)*
- *Wichtige Haltepunkte: Zürich, Erstfeld, Bodio, Mailand*
- *Durchfahrene Länder: Schweiz, Italien*

Im Gotthard-Basistunnel gibt es nichts Besonderes zu sehen. Aber die Aussicht – nämlich auf ein zusammenhängendes Europa – ist mit ihm besser denn je.

Der im Juni 2016 eröffnete zweiröhrige Gotthard-Basistunnel ist der längste und tiefste Eisenbahntunnel der Welt. Offiziell hat er eine Rekordlänge von 57 Kilometern, wobei man mit den beiden Hauptröhren, den Nebenschächten und Querschlägen auf insgesamt 152 Tunnelkilometer kommt, die bis zu 2.300 Meter unter dem darüberliegenden Massiv liegen. Die Ingenieure mussten sich durch 73 verschiedene Gesteinsarten graben; die Tunnelbohrmaschine selbst war 410 Meter lang.

Der erste Gotthardtunnel, ein 14 Kilometer langes Bauwunder seiner Zeit, wurde zwischen 1872 und 1882 gegraben; 199 Menschen kamen bei den Arbeiten ums Leben. Der zwischen Göschenen und Airolo verlaufende Tunnel war die erste moderne Eisenbahnverbindung zwischen Nord- und Südeuropa und wird bis heute genutzt.

**UNTEN:** Die Fahrzeit der Züge hat sich mit dem Gotthard-Basistunnel stark verkürzt.

Die Pläne für einen neuen Tunnel zwischen den Schweizer Gemeinden Erstfeld und Bodio entstanden 1947. Der Bau begann jedoch erst 1999 und dauerte 17 Jahre. Neun Arbeiter verloren ihr Leben – an sie erinnert eine Gedenktafel am Nordportal. Im Tunnel gibt es auch einen Schrein für die heilige Barbara, Schutzpatronin der Bergleute.

Die neue Hochgeschwindigkeitsroute wird den europäischen Transportverkehr revolutionieren: 260 Güterzüge sollen täglich den Tunnel mit bis zu 160 Stundenkilometern durchfahren. Reisende kommen ebenfalls schneller ans Ziel, wenn täglich 65 Züge mit einer Geschwindigkeit von über 200 Stundenkilometern durch die Röhre sausen. So konnte die Fahrzeit zwischen den Wirtschaftszentren Zürich und Mailand um eine Stunde auf 2,75 Stunden verkürzt werden.

## BERGSTRECKEN

**451. Corcovado Rack Railway**
*Rio de Janeiro, Brasilien*

Eine vier Kilometer lange Zahnradbahn fährt von der Station Cosme Velho auf den Gipfel des Corcovado mit der Christusstatue *Cristo Redentor*, die 1931 enthüllt wurde.

**452. Bernina Express**
*Schweiz und Italien*

Die vielleicht schönste Bahnlinie in den Alpen, die 144 Kilometer lange Strecke Chur–Tirano, wurde 1910 eröffnet und hat 196 Brücken sowie 55 Tunnel.

**453. Funiculaire de Saint-Hilaire-du-Touvet**
*Rhône-Alpes, Frankreich*

Bis 1924 war das Bergdorf Saint-Hilaire nur zu Fuß zu erreichen. Dann wurde die 1.480 Meter lange Standseilbahn eröffnet, um Tuberkulose-Patienten in die Sanatorien bringen zu können.

**454. Nilgiri Mountain Railway**
*Tamil Nadu, Indien*

Noch heute fahren Dampfloks auf der 26 Kilometer langen Strecke, die zum UNESCO-Welterbe gehört. Sie wurde von den Briten erbaut und 1908 eröffnet.

**RECHTS:** Bei Erstfeld gräbt sich der Gotthard-Basistunnel in die Alpen.

455

## LHASA–XIGAZÊ

*Autonomes Gebiet Tibet, China*

Die 253 Kilometer lange Bahnstrecke Lhasa–Xigazê wurde 2014 eröffnet und ist eine der bequemsten Möglichkeiten, dem Mount Everest ganz nahe zu kommen. Die als Verlängerung der Qinghai-Tibet-Bahn gebaute Linie erklimmt Höhen von über 3.500 Metern und verbindet über den Yarlung-Tsangpo-Canyon die Hauptstadt Lhasa mit Tibets zweiter Stadt Xigazê, dem nächsten Bahnhalt zum Everest. Allerdings ist es immer noch eine lange, holprige Fahrt mit dem Jeep, bis man das nördliche Basislager in der Nähe des Rongpu-Klosters erreicht hat. Dort ist das Ende der Straße – und der Ausgangspunkt für die Besteigung des Everest über den Nordostgrat, die 1960 erstmals gelang.

456

## RAMAL TALCA–CONSTITUCIÓN

*Chile*

Die Bahnlinie Talca–Constitución wurde 1889 begonnen, 1915 fertiggestellt und 2007 zum Nationaldenkmal erklärt. Als letzte verbliebene Schmalspur-*Ramal* (Nebenbahn) in Chile verbindet die 88 Kilometer lange Route Talca (südlich von Santiago) mit Constitución an der Pazifikküste. Die eingleisige Strecke verläuft am Ufer des Río Maule und überquert diesen über die von Gustave Eiffel entworfene Banco-de-Arena-Brücke. Die Bahn rattert vorbei an Feldern, Seen und Hügeln. Auf halbem Weg halten die in entgegengesetzte Richtungen fahrenden Züge an der Station González Bastías.

## 457
# BRECON MOUNTAIN RAILWAY

*Wales, Großbritannien*

Die Brecon Beacons, eine herrliche, weite Berg- und Heidelandschaft, wurden 1957 zum Nationalpark erklärt. Mit der Brecon-Mountain-Schmalspurbahn, die ab 1980 in Abschnitten eröffnet wurde, können Besucher den Park ohne Auto erkunden. Die acht Kilometer lange Strecke von der Ortschaft Pant zur abgeschiedenen Station Torpantau verläuft entlang eines Abschnitts der Brecon and Merthyr Railway, die in den 1860er-Jahren eröffnet wurde und bis 1964 in Betrieb war. Heute fahren historische Dampfzüge von der neuen Pant Station in den Nationalpark bis zum Torpantau-Tunnel, wo die Fahrgäste die Erkundungstour zu Fuß fortsetzen können.

## 458
# TALYLLYN RAILWAY

*Wales, Großbritannien*

Viele Eisenbahnen sind der Talyllyn Railway zu Dank verpflichtet – denn hier wurde bewiesen, dass man alte Bahnstrecken erhalten kann. Die Talyllyn Railway verläuft im Fathew Valley auf zwölf Kilometern zwischen dem Küstenort Tywyn und der Station Nant Gwernol und war die erste Museumsbahn der Welt. 1865 wurde sie eröffnet, um Schiefer zu transportieren. Als Anfang der 1950er-Jahre eine Schließung unabwendbar schien, gründete sich die Talyllyn Railway Preservation Society (der weltweit erste Museumsbahnverein). Mit großem Einsatz restaurierte man die Gleise und Schienenfahrzeuge, sodass die ländliche Strecke noch heute befahren werden kann.

459

# MARRAKESH EXPRESS

*Marokko*

Mit einem legendären Zug durch Nordafrika an den Ort, wohin es Tausende Hippies zog.

**Wissenswerte Details**

- *Zeit: 1969 (Veröffentlichung der Single »Marrakesh Express« von Crosby, Stills & Nash)*
- *Streckenlänge: 570 Kilometer*
- *Mindestfahrtdauer: 8 Stunden*
- *Wichtige Haltepunkte: Tanger, Rabat, Casablanca, Marrakesch*
- *Durchfahrene Länder: Marokko*

Es sind die 1960er-Jahre und eine gegenkulturelle Bewegung formiert sich. Die Hippies, die blumengeschmückten Nachkommen der Beat Generation der 1950er-Jahre, treten auf den Plan – erst in San Francisco, dann in den USA, schließlich auf der ganzen Welt. Sie tragen lange Haare, Bärte und bunte Schlaghosen, treten für Frieden und Liebe ein und wenden sich gegen Materialismus, Repression und den Vietnamkrieg (1955–1975). Sie glaubten an gewaltfreien Protest, alternative Wohnformen und Freizeitdrogen.

Vielen glaubten auch an das Reisen. Man wollte der bürgerlich-kapitalistischen Gesellschaft entfliehen und begab sich auf die Suche nach spiritueller Erleuchtung. Es entstand ein Hippie-Trail, der von Istanbul ostwärts nach Asien führte, wo freie Geister billig leben und die Mystik des Ostens (mitsamt Haschisch) aufsaugen konnten. Ein weiteres beliebtes Ziel war Marokko. Spätestens Ende der 1960er-Jahre war das nordafrikanische Land ein begehrtes Ziel für diejenigen, die Exotik und Zwanglosigkeit suchten, darunter Hippies, Künstler, Schriftsteller und Rockstars.

**UNTEN:** Die Souks von Marrakesch waren ein beliebtes Ziel für viele Hippies.

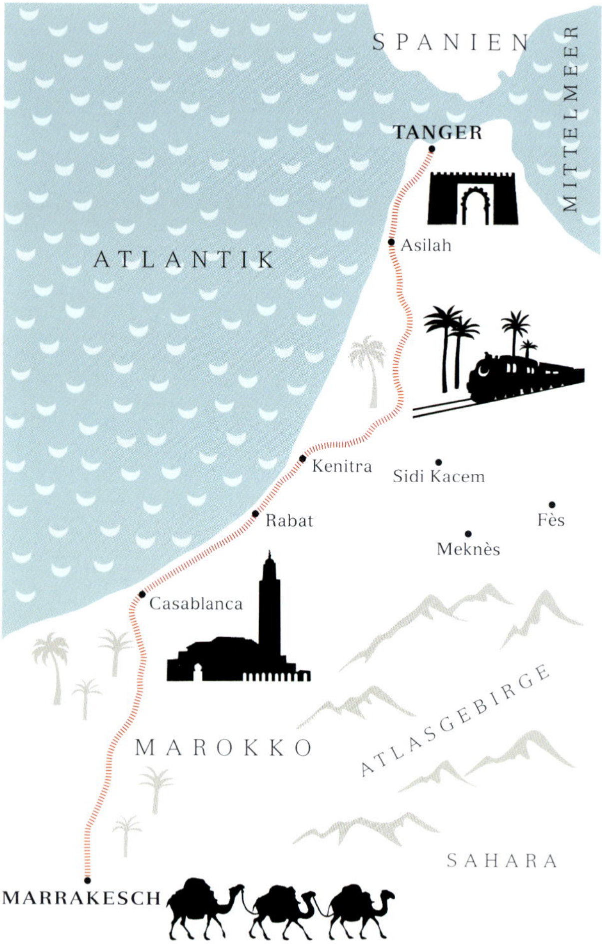


Der englische Musiker Graham Nash reiste 1966 selbst nach Marokko und nahm einen Zug von Casablanca nach Marrakesch. Nach kurzer Zeit tauschte er sein Erste-Klasse-Abteil (mit lauter »reichen Amerikanerinnen«) gegen das bunte Treiben in der dritten Klasse, »wo etwas los war« – Hühner, Ziegen, Einheimische in Djellabas, die kleine Kocher dabeihatten. Dieses Erlebnis inspirierte Nash zu *Marrakesh Express*, das Crosby, Stills & Nash 1969 als Single veröffentlichten. Der Song wiederum inspirierte Tausende Hippies, nach Marokko und Marrakesch zu reisen. Die jahrtausendealte Königsstadt erschien als Inbegriff der Exotik schlechthin; zudem war sie ein Zentrum des Sufismus, eines alten, esoterischen Zweiges des Islam, der die Hippies ansprach.

Heute fahren Reisende aller Art mit dem Marrakesh Express. Die ersten Eisenbahnen Marokkos wurden Anfang des 20. Jahrhunderts von den französischen Kolonialherren gebaut, zunächst um die Fremdenlegion mobiler zu machen. Das Netz ist zwar nicht umfangreich, aber man kann mit dem Zug vom Mittelmeerhafen Tanger nach Marrakesch am Fuß des Hohen Atlas reisen.

Tanger, direkt gegenüber von Südspanien gelegen, ist das Tor zu Afrika. Über die Jahrhunderte haben Berber, Phönizier, Römer, Byzantiner und Araber den strategisch günstig gelegenen Ort besiedelt. Ab der Mitte des 20. Jahrhunderts zog Tanger dann Beatniks, Künstler und Alternative an; schließlich konnte man in der bröckelnden, labyrinthischen Medina (ummauerte Altstadt) von Tanger gut untertauchen. Die Stadt, die sich zuletzt einen fragwürdigen Ruf erworben hatte, wurde in den letzten Jahren saniert und ist eine Erkundungstour wert, bevor man am Bahnhof Tanger Ville den Zug Richtung Süden besteigt. Nach Marrakesch braucht der Zug etwa acht Stunden. Die dritte Klasse gibt es nicht

**UND WIE WÄR'S DAMIT?**

**460. Festival Express**
*Kanada*
Die Fahrt von Toronto über Winnipeg nach Calgary beschwört die Geister von Janis Joplin, Grateful Dead und anderen herauf. 1970 absolvierten sie eine Konzerttour mit dem Zug.

mehr – nur noch zweite oder erste sowie Liegeabteile erster Klasse in den Nachtzügen.

Der Zug hält in Casablanca, der Hafenstadt am Atlantik, wo es sich lohnt, die Art-déco-Architektur aus der französischen Kolonialzeit zu besichtigen. Die Gebäude waren nur wenige Jahrzehnte alt, als Graham Nash hier den Zug bestieg, und sehen noch heute gut aus.

Endhalt unseres Expresszugs ist natürlich Marrakesch. Die Stadt hat zwar vielleicht ihr Hippieflair eingebüßt; dafür steigen hier Kurzurlauber heute in erlesenen Riad-Hotels ab. Aber noch immer verströmt jede Gasse der Stadt pure Exotik. Vom Bahnhof Marrakesch kann man ein Taxi in die Altstadt nehmen und zum Djemaa el Fna (Hauptplatz) laufen. Hier brutzeln Verkäufer würzig duftende Gerichte und Gaukler und Schlangenbeschwörer verbreiten orientalisches Flair.

**UNTEN:** Der Zug Tanger–Marrakesch hält auch im schönen Casablanca.

## 461
# FREEDOM TRAINS

*USA*

Der Freedom Train 1947–1949 war die größte Wanderausstellung aller Zeiten. Die USA erlebten nach dem Krieg eine Phase des Wohlstands; mit dem Freedom Train wollte man die Menschen daran erinnern, dass dies nicht von ungefähr kam. Der Zug beförderte historische Zeugnisse wie die Unabhängigkeitserklärung und Abraham Lincolns Gettysburg-Rede und fuhr 59.800 Kilometer quer durch die USA. Er war der einzige Zug, der alle 48 zusammenhängenden Staaten bereiste. Zur Zweihundertjahrfeier der USA unternahm 1975 bis 1976 ein zweiter Freedom Train eine ähnliche Rundfahrt. An Bord befanden sich diesmal Gegenstände wie Martin Luther Kings Gewänder und ein Gesteinsbrocken vom Mond.

## 462
# TRANSASIA EXPRESS

*Türkei und Iran*

Ab den 1960er-Jahren pilgerten unzählige Hippies, die der westlichen Konsumgesellschaft überdrüssig waren, gen Osten. Sie kamen in Istanbul zusammen und fuhren im Kleinbus oder per Anhalter durch die Türkei in den Iran, nach Afghanistan, Indien und weiter. Eine Möglichkeit, es ihnen nachzutun, bot die dreitägige, 2.968 Kilometer lange Fahrt mit dem Transasia Express, der die Hauptstädte Ankara und Teheran verband. Sie führte über die raue anatolische Hochebene nach Tatvan, wo die Passagiere (und der Gepäckwagen) mit der Fähre den Vansee überquerten und von Van mit einem anderen Zug nach Teheran weiterfuhren. 2015 wurde der Express leider nach Anschlägen eingestellt, doch irgendwann fährt der »Hippiezug« hoffentlich wieder.

## 463 BASAR AUF SCHIENEN

*Europa und Asien*

*Basar auf Schienen* erschien 1975 im Original und ist ein Klassiker der Reiseliteratur. Der US-Autor Paul Theroux beschreibt darin eine viermonatige Bahnreise von London durch Europa, den Nahen Osten, Indien und Südostasien. Er fuhr mit legendären Zügen wie dem Orient-Express, dem Khyber Pass Local und der Transsibirischen Eisenbahn. Dabei stellte er fest, dass Eisenbahnen ein Abbild der Menschen und Orte eines Landes sind: »Jeder Zug in jedem Land zeigt die wichtigsten Charakteristika der betreffenden Kultur«, schrieb er. »Der rollende Eisenbahn-Basar mit seinem Zubehör und seinen Reisenden gab ein so vollständiges Bild von der jeweiligen Gesellschaft, dass man sich jedes Mal, wenn man einstieg, so etwas wie dem jeweiligen Nationalcharakter gegenübersah.«

## 464 »BANDRIKA«-ENGLAND

*Europa*

Bandrika ist »einer der wenigen unbekannten Flecken Europas« – vor allem, weil es das Land nur im Film gibt. In Alfred Hitchcocks *Eine Dame verschwindet* von 1938 besteigen die Handlungspersonen in dem fiktiven Balkanland einen Zug nach England und müssen das Geheimnis der verschwundenen Miss Froy lösen, während die vollbesetzten Wagen durch die Landschaft rollen. Die Eisenbahn ist dabei der Hauptdarsteller. Ihre Pfeifsignale erinnern an Angstschreie. Ihre Bewegung lässt an eine aufregende Jagd denken. Und der beengte Raum trägt dazu bei, dass die Spannung fortwährend zunimmt. Tatsächlich war die Filmkulisse nur 27 Meter lang.

465

# FRIEND EXPRESS

*Pakistan und Indien*

Mit dem »Freundschaftsexpress« (un-)gemächlich über eine abenteuerliche Grenze.

**Wissenswerte Details**

- *Zeit: 1947 (Teilung Indiens)*
- *Streckenlänge: 28 Kilometer*
- *Mindestfahrtdauer: 4 Stunden*
- *Wichtige Haltepunkte: Lahore, Wagah, Attari*
- *Durchfahrene Länder: Pakistan, Indien*

Nein, die Angabe im Fahrplan ist kein Druckfehler. Der Samjhauta Express – oder »Friend Express« – benötigt normalerweise über vier Stunden für die 28 Kilometer zwischen dem pakistanischen Lahore und dem indischen Attari. Das liegt aber nicht daran, dass der Zug so langsam fahren würde (wobei er auch nicht schnell ist). Die meiste Zeit vergeht mit der Abwicklung der Grenzformalitäten auf beiden Seiten.

Seit Britisch-Indien im Jahr 1947 entlang der Radcliffe-Linie in die beiden Staaten Indien und Pakistan geteilt wurde, sind die Beziehungen zwischen den Nachbarländern angespannt. Der grenzüberschreitende Samjhauta Express nahm 1976 den Betrieb auf. Seither wurde er zweimal kurzzeitig eingestellt und war 2007 Ziel eines Terroranschlags. Heute verkehrt der Zug zweimal wöchentlich, wobei sich Indien und Pakistan alle sechs Monate als Betreiber abwechseln.

**UNTEN:** Der Goldene Tempel von Amritsar ist die heiligste Stätte der Sikhs.

Von Lahore fährt die Bahn 24 Kilometer zum Grenzort Wagah. Hier vollzieht sich allabendlich ein absonderliches Spektakel, das die Beziehungen zwischen Indien und Pakistan symbolisiert. Zur Schließung des Grenzübergangs werden feierlich die Fahnen eingeholt. Dabei marschieren Soldaten in Paradeuniformen im Stechschritt und mit klappernden Gewehren von beiden Seiten der Grenze aufeinander zu.

Zugreisenden bereitet die Grenzbürokratie noch mehr Ungemach. Beinahe immer verlängert sich die planmäßige Haltezeit durch die Passkontrollen, die sich dann in Attari, nur drei Kilometer weiter, wiederholen. Am alten Bahnhof aus dem 19. Jahrhundert patrouillieren bewaffnete Wachen auf den Bahnsteigen, die durch Drahtzäune getrennt sind. Wer die Einreisekontrolle besteht, kann einen Anschlusszug nach Amritsar oder Neu-Delhi besteigen.

## FREUNDSCHAFTSBAHNEN

**466. Vivek Express**
*Indien*

Indien erlangte 1947 seine Unabhängigkeit. Die längste Bahnstrecke des Landes umfasst 4.273 Kilometer und führt von Dibrugarh in Assam nach Kanyakumari an der Südspitze Indiens.

**467. Freundschaftsbrücke**
*Thailand und Laos*

Der kurze Streckenabschnitt von Nong Khai (Thailand) nach Thanaleng (bei Vientiane, Laos) wurde 2009 eröffnet – als erste Bahnverbindung in Laos.

**468. Maitree Express**
*Indien und Bangladesch*

2008, 43 Jahre nach dem Indisch-Pakistanischen Krieg von 1965, wurde die Linie Dhaka–Kolkata als einzige Zugverbindung zwischen Indien und Bangladesch wieder in Betrieb genommen.

**LINKS:** Die allabendliche Zeremonie an der Grenze zwischen Indien und Pakistan in Wagah ist ein eigenwilliges Schauspiel.

# FFESTINIOG UND WELSH HIGHLAND RAILWAY

*Nordwales, Großbritannien*

Auf nach Snowdonia mit Museumsbahnlinien, die eindrucksvoll beweisen, was Eisenbahnfreunde leisten können!

**Wissenswerte Details**

- *Zeit: 1982 / 2011 (Wiedereröffnung der Ffestiniog Railway bzw. der Welsh Highland Railway)*
- *Streckenlänge: 22 Kilometer / 40 Kilometer*
- *Mindestfahrtdauer: 1 Stunde, 10 Minuten / 2 Stunden, 10 Minuten*
- *Wichtige Haltepunkte: Caernarfon, Waunfawr, Rhyd Ddu, Beddgelert, Porthmadog, Minffordd, Penrhyn, Blaenau Ffestiniog*
- *Durchfahrene Länder: Großbritannien*

In gewisser Hinsicht haben die Ffestiniog- und Welsh Highland Railway in Nordwales mehr mit einer Achterbahn gemeinsam als mit einer Zugstrecke. Ihre Geschichte weist so viele Höhen und Tiefen auf wie das Gelände, das sie durchfahren; es gibt Berg- und Talfahrten, jede Menge Kurven – und ein spannendes Ende.

1836 eröffnet, verlief die 22 Kilometer lange Ffestiniog Railway (FR) von den Schiefersteinbrüchen von Blaenau Ffestiniog zum Küstenort Porthmadog. Anfangs ließ man die beladenen Waggons – und in eigenen Wagen die Zugpferde – die Gefällestrecke zum Meer hinabrollen und die leeren Waggons von den Pferden wieder hinaufziehen. 1863 nutzte die FR als erste Schmalspurbahn der Welt Dampfloks. Zudem wurden hier erstmals Fairlie-Doppelloks eingesetzt, die wie zwei aneinandergekoppelte Maschinen aussahen. Diese brachten mehr Leistung und schafften trotzdem die scharfen Kurven. Die Transportkapazität erhöhte sich, und es kamen Passagierwagen für Touristen hinzu. Doch im Laufe

des 20. Jahrhunderts ging das Schiefergeschäft immer schlechter, und die Touristen reisten zunehmend lieber mit dem Auto. 1946 wurde die FR geschlossen.

Der West Highland Railway (WHR) erging es noch schlechter.

Als Zusammenschluss mehrerer Bahnen und neuerer Abschnitte eröffnete sie 1923 den Betrieb auf der 40 Kilometer langen Strecke Caernarfon–Porthmadog. Dabei steckte sie von Anfang in Schulden und kam nie richtig auf die Beine. 1937 fuhr sie schon nicht mehr, bei Kriegsende war gar nichts mehr von ihr übrig, nachdem die Gleise demontiert und andernorts verwendet worden waren. Zwei Strecken waren verschwunden – aber nicht für immer …

Bereits 1951 versuchte eine Gruppe von Liebhabern die FR zu reaktivieren. Es gelang ihnen, ab 1955 kleinere Abschnitte wieder in Betrieb zu nehmen. Dabei erlebten sie herbe Rückschläge, etwa als für ein neues Wasserkraftwerk ein Teil der alten Strecke geflutet wurde. Doch die zumeist ehrenamtlichen Eisenbahner planten eine vier Kilometer lange Route um den Stausee. Neben einem neuen Tunnel musste eine Kreiskehrschleife bei Dduallt

## KOHLE, ZUCKER UND ZÜGE

**470. Jiayang Coal Railway**
*Sichuan, China*

Im schnelllebigen China gibt es noch klassische Dampfeisenbahnen. Die 1938 für den Kohletransport eröffnete, 20 Kilometer lange Bahn gehört mittlerweile zum nationalen Kulturerbe.

**471. Hershey-Bahn**
*Kuba*

Kubas einzige erhaltene elektrische Eisenbahn, die 92 Kilometer lange Strecke Havanna–Matanzas, wurde 1917 vom US-Schokoladenfabrikanten Hershey für den Zuckerrohrtransport gebaut.

**472. Pingxi Line**
*Taipeh, Taiwan*

Die 1921 für den Kohletransport eröffnete, 13 Kilometer lange Strecke führt vorbei an Bergen, Wasserfällen und durch die Straßen alter Bergbauorte und wird heute gern von Tagesausflüglern benutzt.

**LINKS:** Die Ffestiniog Railway transportierte früher Schiefer aus den Steinbrüchen von Blaenau.

gebaut werden, um den Anschluss nach Blaenau Ffestiniog herzustellen. Am 25. Mai 1982 wurde die Bahn dann vollständig wiedereröffnet.

Die WHR wieder flottzumachen dauerte länger. Das alte Gleisbett war zwar noch weitgehend intakt. Aber es gab viele Hindernisse, von rechtlichem Hickhack bis zum Ausbruch der Maul- und Klauenseuche.

Auch hier waren es vor allem Ehrenamtliche, die mit unermüdlichem Einsatz Gleise verlegten und Dampfloks restaurierten. Ab 1997 wurde die WHR schrittweise wiedereröffnet, bis sie 2011 von Caernarfon bis Porthmadog reichte. 2014 wurde der Bahnhof Porthmadog Harbour erweitert, sodass Züge beider Linien ihn gleichzeitig nutzen konnten.

Beide Bahnen sind wunderschön. Die von Porthmadog ostwärts verlaufende FR überquert zunächst das Glaslyn-Ästuar. Der erste Stopp ist Boston Lodge Halt, wo die historischen Schienenfahrzeuge gewartet werden – die FR hat noch drei 150 Jahre alte Loks im Einsatz. Die nächste Station ist Minffordd, nur wenige Minuten von dem im italienischen Stil erbauten Portmeirion entfernt. Danach steigt die Strecke an und führt vorbei an Schafweiden, Wäldern und Wasserfällen. Sie gräbt sich durch Hügel, heftet sich an Bergflanken, beschreibt enge Kurven und schafft bis Blaenau Ffestiniog 210 Höhenmeter.

Die WHR führt von Porthmadog nordwärts durch das Glaslyn-Tal in den Snowdonia-Nationalpark. Sie durchfährt mehrere Tunnel am Aberglaslyn-Pass und hält im hübschen Beddgelert, bevor sie die S-Kurven zur Station Rhyd Ddu hin nimmt – ein Wanderweg geht von hier auf den Gipfel des Snowdon. Vorbei am Llyn-Cwellyn-Stausee fährt der Zug ins Gwyrfai-Tal und hält noch einmal im Betriebsbahnhof Dinas, bevor er in Caernarfon seinen Endhalt im Schatten der mächtigen mittelalterlichen Burg erreicht.

**RECHTS:** Die Welsh Highland Railway führt bei Beddgelert an einer herrlichen Bergkulisse vorbei.

473
## CORONA EXPRESS

*Bulgarien*

Zar Boris III. von Bulgarien, der von 1918 bis 1943 regierte, war ein begeisterter Bahnfan. Er modernisierte die bulgarischen Eisenbahnen und fuhr oft selbst seinen *Tsarski vlak* (Zarenzug). Die drei Wagen des Corona Express (Hofzug) wurden in den 1930er- bis 1940er-Jahren in Deutschland gebaut und speziell für Boris und seine Familie aufs Luxuriöseste ausgestattet. Boris benutzte den Zug für Staatsbesuche; heute bieten Reiseveranstalter die vornehmen alten Salonwagen für gelegentliche Charterfahrten an. Gezogen von historischen Dampfloks, befahren sie die malerischsten Strecken des bulgarischen Eisenbahnnetzes, etwa im Rhodopengebirge oder entlang der Schwarzmeerküste.

474

# OCEAN

*Ostkanada*

Auf den Spuren der vielen Tausend Einwanderer, die Kanada einst mit dem Zug besiedelten.

**Wissenswerte Details**
- *Zeit: 1928–1971 (Betrieb von Pier 21)*
- *Streckenlänge: 1.346 Kilometer*
- *Mindestfahrtdauer: 21 Stunden*
- *Wichtige Haltepunkte: Halifax, Amherst, Moncton, Mont-Joli, Rivière-du-Loup, Sainte-Foy, Montréal*
- *Durchfahrene Länder: Kanada*

Zwischen 1928 und 1971 betraten fast eine Million Einwanderer Pier 21. Die riesige Kontrollstation in der Hafenstadt Halifax, Nova Scotia, war die kanadische Entsprechung zu Ellis Island in New York und registrierte Tausende Siedler und Flüchtlinge, die sich in der Neuen Welt eine Existenz aufbauen wollten.

Im Pier 21 befanden sich Zollämter, das Rote Kreuz und eine Kantine, in der sich die Ankommenden vor ihrer langen Weiterreise stärken konnten. Über einen Zugang war Pier 21 mit dem Bahnhof von Halifax verbunden. Hier bestiegen die meisten Einwanderer Sonderzüge mit einfach ausgestatteten Waggons, die sie an ihre neuen Wohnorte irgendwo in Kanada brachten. Wer mehr Geld hatte, reiste stattdessen mit dem feineren Ocean Limited.

Der Zug, der heute einfach Ocean heißt, verbindet Halifax mit Montréal und durchfährt dabei die malerischen Seeprovinzen. Seit 1904 gibt es ihn schon; damit gehört er zu den ältesten noch bestehenden Passagierzügen Nordamerikas.

Der Ocean startet in der Nähe von Pier 21 (heute ein sehenswertes Museum) und fährt um das Bedford Basin herum und vorbei an den Wäldern, Seen und Feldern von Nova Scotia Richtung Norden. Über die Cobequid Mountains erreicht er die Provinz New Brunswick, wo er in Moncton hält. Die Stadt wurde 1872 Hauptsitz der Intercolonial Railway of Canada, die anfangs die Bahnstrecken in den Seeprovinzen betrieb.

Der Ocean fährt weiter nordwärts in die Provinz Québec, wo er auf den Sankt-Lorenz-Strom trifft und parallel zum Fluss nach Südwesten abschwenkt. In Sainte-Foy kann man aussteigen, um die Altstadt und die Stadtmauern von Québec zu besichtigen, oder man bleibt bis Montréal sitzen, das mit guten Restaurants und zahlreichen Festivals lockt. Von hier kann man Anschlusszüge nach Westen nehmen, so wie dies viele der ersten Einwanderer taten.

**OBEN:** Der Ocean endet in der frankokanadischen Metropole Montréal.

**LINKS:** In Halifax bestiegen viele Einwanderer den Zug, um sich in Kanada eine neue Existenz aufzubauen.

Der Ocean (vorherige Doppelseite) passiert auf seiner Fahrt von Halifax nach Montréal Wälder, Felder und Berge. Ein Highlight sind dabei die Cobequid Mountains in Nova Scotia, die mit Zuckerahornen und Gelbbirken bestanden sind.

## 475
# RAIL BALTICA

*Lettland, Litauen und Estland*

Die drei baltischen Staaten lösten sich Anfang der 1990er-Jahre von der Sowjetunion. Bald darauf begannen Gespräche darüber, wie man das Landertrio besser an das restliche Europa anbinden könnte. »Rail Baltica« steckt noch in der Konzeptionsphase, es werden technische Studien durchgeführt und Grundstücke erworben. Geplant ist eine Normalspurbahn, die die Hauptstädte Tallinn (Estland), Riga (Lettland) und Vilnius (Litauen) mit Städten wie Warschau und Berlin verbindet. Mit dem Bau hofft man bis 2020 beginnen zu können, wobei die Strecke von Tallinn ins litauische Kaunas bis 2025 fertiggestellt sein soll.

## 476
# NSW TRAINLINK SYDNEY–CANBERRA–MELBOURNE

*Südostaustralien*

Sydney und Melbourne sind die größten Städte Australiens. Beide sind sie schön, geschichtsträchtig und erfolgreich. Beide wollen unbedingt Hauptstadt sein. So war die Lage 1901, als sich die sechs selbstverwalteten britischen Kolonien zum Australischen Bund zusammenschlossen. Die Lösung? Canberra, eine eigens zwischen Sydney und Melbourne angelegte Planhauptstadt. Anfang des Jahrhunderts begann man mit dem Bau; 1927 zog das Parlament nach Canberra. Mit den NSW-Train-Link-Bahnen kann man alle drei Städte besuchen. Täglich verkehren zwei Züge zwischen Sydneys herrlichem Hafen und dem künstlerischen Melbourne, die etwa zwölf Stunden brauchen. Daneben gibt es mehrere Verbindungen auf der vierstündigen Strecke zwischen Sydney und Canberra.

## 477
# PEKING–PJÖNGJANG

*China und Nordkorea*

Reisen ist in der Demokratischen Volksrepublik Korea (DVRK) nicht einfach. Wer den 1948 gegründeten, isolierten Staat besuchen will, kann dies nur im Rahmen organisierter, staatlich genehmigter Rundreisen tun. Eine Fahrt mit dem Zug verschafft einem dabei einen guten Eindruck von dem Land. Auf der 1.364 Kilometer langen Strecke Peking–Pjöngjang verkehren mehrmals wöchentlich Züge, die über die Chinesisch-koreanische Freundschaftsbrücke von Dandong (China) nach Sinŭiju (Nordkorea) fahren. Auf der Fahrt gewinnt man flüchtige Einblicke in das wahre Nordkorea: hoch aufragende Berge, baufällige Dörfer, verfallende Bahnhöfe und überall Bilder des »Geliebten Führers«.

## 478
# EMZ-ZUG

*Südkorea*

Der südkoreanische »Friedenszug« verbindet die Hauptstadt Seoul mit Dorasan, dem letzten Halt vor der Demilitarisierten Zone (DMZ). Hier liegt die am stärksten abgesicherte Grenze der Welt; ungefähr auf Höhe des 38. Breitengrades bildet die EMZ (Entmilitarisierte Zone) dabei einen vier Kilometer breiten Puffer, der die Halbinsel seit 1953 in Nord- und Südkorea teilt. Hier treffen sich beide Seiten für Verhandlungen, und hier haben sich mehrere Konflikte zugetragen. Die 56 Kilometer lange Bahnfahrt von Seoul führt durch unberührte Landschaften und bringt die Fahrgäste in die beschränkt zugängliche EMZ, wo man das Dora-Observatorium besuchen und von dort auf die andere Seite der Grenze blicken kann.

479
# CITY OF NEW ORLEANS

USA

Entlang des Mississippi nach The Big Easy – eine musikalische Bahnreise durch das Kernland des Jazz und Blues.

**Wissenswerte Details**
- *Zeit: 1922 (Louis Armstrong fährt von New Orleans nach Chicago)*
- *Streckenlänge: 1.490 Kilometer*
- *Mindestfahrtdauer: 19 Stunden*
- *Wichtige Haltepunkte: New Orleans, Jackson, Greenwood, Memphis, Chicago*
- *Durchfahrene Länder: USA*

Ihr rhythmisches Klappern, Pfeifen und Rumpeln verleiht Zügen durchaus etwas Musikalisches. Der City of New Orleans von Amtrak ist dabei etwas Besonderes: Die 1.490 Kilometer lange Strecke führt an die Geburtsstätten der populären amerikanischen Musik.

Der Jazz entstand um 1890 als Verschmelzung von afrikanischer Trommelmusik, europäischen Einflüssen, Ragtime und Marschmusik. Er gedieh in New Orleans, einer Stadt mit einer ethnisch vielfältigen und liberalen Gesellschaft und einer ausgeprägten Lebenslust. Ab der Wende zum 20. Jahrhundert erklangen überall in den Theatern, Bars und Bordellen der Stadt Jazzrhythmen, die größtenteils von Schwarzen gespielt wurden. Da die Rassentrennungsgesetze die Chancen für Farbige ein-

**UND WIE WÄR'S DAMIT?**

**480. San Diego and Arizona Railway**
*Kalifornien, USA*

1907 wurde der erste Schienennagel der »Unmöglichen Eisenbahn« eingeschlagen. Die derzeit gesperrte (aber zu Fuß erreichbare) Goat Canyon Trestle ist die größte Holztrestlebrücke der Welt.

**RECHTS:** Die Musikstadt New Orleans verfügt auch über ein umfangreiches Straßenbahnnetz.

schränkten, suchten viele in der Unterhaltungsindustrie Arbeit.

Einer von ihnen war Louis »Satchmo« Armstrong. 1901 in New Orleans geboren, wurde er zu einem der einflussreichsten Künstler in der Geschichte des Jazz. 1922 nahm der junge Armstrong – damals bereits ein Trompetenstar – einen Zug nach Chicago, um sich King Oliver's Creole Jazz Band anzuschließen. Chicago entwickelte sich in den 1920er-Jahren zum Mittelpunkt der Jazzwelt, und von hier trug Armstrong seinen einzigartigen Stil in die ganze Welt.

Bei einer Fahrt mit dem City of New Orleans kann man viel über das musikalische Erbe von New Orleans erfahren. 2000 führte Amtrak auf dieser Route sein Programm *Rails and Trails* ein. Das zusammen mit dem National Park Service aufgelegte Programm soll dazu anregen, die Kultur- und Naturerbestätten des Landes mit der Eisenbahn zu besuchen. An ausgewählten Stationen steigen Ranger zu und erläutern die vorbeiziehende Historie. Im City of New Orleans fahren Touristenführer aus dem New Orleans Jazz National Historical Park mit.

Die Organisation hat ihren Hauptsitz in der alten Münzanstalt am Rand des French Quarter. Sie betreut noch weitere Orte, etwa den Louis Armstrong Park mit dem Congo Square – im 19. Jahrhundert kamen hier afrikanische Sklaven zum Singen und Tanzen zusammen.

Jazz ist nicht das einzige Thema des City of New Orleans. Auf der Route nach Norden, durch die von Lousianamoos überwucherten und vom Froschquaken erfüllten Sümpfe des Mississippidelta, liegt auch die Heimat des Blues. Die eher melancholische afroamerikanische Musikform, die von den Worksongs und Spirituals herkommt, entstand noch vor dem Jazz. Auch sie wanderte mit den Musikern vom Süden der USA in die Musikstadt Chicago.

Der Zug hält in Hazlehurst, wo 1911 die Blueslegende Robert Johnson geboren wurde, und in Greenwood, wo er 1938 starb, nachdem er – so wird erzählt – einen Pakt mit dem Teufel geschlossen hatte. Eine weitere Station ist

**NOCH MEHR US-BAHNEN**

**481. Dayton–Perrysburg**
*Ohio, USA*

Am 12. Oktober 1984 fuhr Ronald Reagan 197 Kilometer in dem früheren Präsidenten-Wagen Ferdinand Magellan und hielt unterwegs Wahlkampfreden. Besichtigen kann man den Wagen im Gold Coast Railroad Museum in Miami.

**482. Coast Starlight**
*Westliche USA*

Die 2.216 Kilometer lange Route Los Angeles–Seattle führt vorbei an Hearst Castle (erbaut 1919–1947), wo der Medienmagnat William Randolph Hearst Hollywood-Stars zu Gast hatte.

**483. Harlem Line**
*New York, USA*

Mit dem Zug von New York City in die Natur: Von der Station Appalachian Trail, einem einfachen Haltepunkt mitten in der Landschaft, gelangt man auf den 1937 eröffneten gleichnamigen Fernwanderweg.

Memphis, Tennessee, die vielleicht bedeutendste Musikmetropole der USA. Viele Stars des Delta Blues, Jazz, Rock 'n' Roll, R & B und Gospel fingen hier an und nahmen im Sun Studio auf (das es noch immer gibt) oder spielten in den Bars der Beale Street.

Ein Walk of Fame à la Hollywood ehrt die vielen Stars der Stadt. Graceland, Elvis Presleys Anwesen und letzte Ruhestätte, befindet sich ebenfalls in Memphis.

Von hier fährt der Zug entlang des Mississippi und vorüber an den Maisfeldern von Illinois nach Chicago. Ab den 1920er-Jahren schallte Musik aus beinahe jedem Winkel der »Windy City«. Im Zuge der *Great Migration* wanderten Millionen von Afroamerikanern vom ländlichen Süden in den industriellen Norden. In Chicago entwickelten sich dadurch neue Spielarten des Jazz, Blues und andere Musikrichtungen. Die Stadt am See ist nach wie vor ein Livemusik-Hotspot mit beliebten Clubs wie etwa die Green Mill Cocktail Lounge.

**RECHTS:** Viele große Namen der Musik haben im Sun Studio in Memphis aufgenommen.

484

# HIGH LINE NEW YORK

*New York, USA*

Ein Bummel über die stillgelegte Hochbahnstrecke ist heute im Big Apple ein Must-do.

**Wissenswerte Details**
- *Zeit: 1934 / 2009 (Eröffnung der Bahnlinie / des Parks)*
- *Streckenlänge: 2,5 Kilometer*
- *Mindestfahrtdauer: 1 Stunde*
- *Wichtige Haltepunkte: Gansevoort Street, 14th Street Passage, Chelsea Thicket, Falcone Flyover, 34th Street West Side Yard*
- *Durchfahrene Länder: USA*

Die High Line in New York City ist ein Musterbeispiel für die Umnutzung der Eisenbahn im 21. Jahrhundert. Aus einer stillgelegten, überwucherten Bahntrasse wurde ein blühender Park und eine der größten Attraktionen der Metropole.

Die Güterhochbahnstrecke wurde in der Absicht gebaut, die Züge von der Straße zu holen. Ab den 1840er-Jahren verliefen auf den Straßen von Manhattans West Side Bahngleise, aber zahlreiche Unfälle machten eine Alternative notwendig. Auf dem 1934 eröffneten High-Line-Viadukt beförderten Züge Güter von der 34th Street zur Spring Street und fuhren dabei mitten durch die Stadt. Als immer weniger Bedarf für die Linie bestand, wurde sie 1980 geschlossen.

Dem Viadukt drohte der Abriss, aber ein Teil wurde von einem engagierten Eisenbahnfan gerettet. Man plante die Umwandlung in einen Erholungspark, mit dessen Bau 2006 begonnen wurde. Der erste Abschnitt wurde 2009 eröffnet; 2014 war dann die gesamte, 2,5 Kilometer lange Strecke fertig.

**UNTEN:** Von der High Line blickt man auf lebendige Stadtviertel.

Heute ist die High Line ein Streifen aus urbanem Grün, Design und Kunstobjekten hoch über Manhattans Straßen mit Taxigehupe. Nicht lang, aber abwechslungsreich. Manche Abschnitte weisen noch alte Gleise und frei liegende Träger auf. Andere sind mit Hartriegelsträuchern und vielerlei Pflanzen – Sauergräsern, Astern, Holzapfelbäumen – bewachsen, die nach der Stilllegung der Bahn von selbst wuchsen. Es gibt Kunst im öffentlichen Raum, Passagen durch Gebäudetürme und Ausblicke auf den Hudson und die Freiheitsstatue.

Die High Line hat auch die umliegenden Stadtteile belebt, die Immobilienpreise ansteigen lassen und Bauprojekte angestoßen. So wurde 2015 das neue Whitney Museum of American Art am südlichen Endpunkt des Parks eröffnet.

## UMGENUTZTE BAHNSTRECKEN

**485. Confederation Trail**
*Prince Edward Island, Kanada*

Als 1989 die Eisenbahn auf Prince Edward Island eingestellt wurde, wandelte man die Strecken in ein 470 Kilometer langes Wander- und Radwegenetz um.

**486. Bermuda Railway Trail**
*Bermuda*

Der größte Teil der Eisenbahn, die von 1931 bis 1948 die Atlantikinsel bediente, ist heute eine malerische, 29 Kilometer lange Wander- und Fahrradroute.

**487. Bristol and Bath Railway Path**
*Großbritannien*

Die Bahnstrecke wurde in den 1960er-Jahren dichtgemacht, ist aber mittlerweile ein viel genutzter, 21 Kilometer langer Radweg. Daneben verkehren hier Dampfzüge der Avon Valley Railway.

**RECHTS:** Die New York High Line ist heute ein grüner Park im Big Apple.

488

## RIMUTAKA RAIL TRAIL

*Nordinsel, Neuseeland*

Die neuseeländische Wairarapa Line verläuft 172 Kilometer zwischen der Hauptstadt Wellington und Palmerston North und quert die Rimutaka Ranges durch einen Tunnel. Bei der ursprünglichen Trasse (von 1874 bis 1896 gebaut) gab es hier noch eine Steilstrecke mit einer durchschnittlichen Steigung von 2 Prozent, sodass man spezielle Lokomotiven mit zusätzlichen Reibrädern brauchte. Die Tunnelumgehung wurde in den 1950er-Jahren geschaffen. Ein 22 Kilometer langer Abschnitt der aufgegebenen Strecke über die Rimutaka Incline wurde umgewidmet: Hier können nun Wanderer und Radfahrer alte Bahnhöfe, Brücken, Kurven, Tunnel und den neuseeländischen Busch erkunden.

### UND WIE WÄR'S DAMIT?

**489. Dequindre Cut Greenway**
*Detroit, USA*

Der 2,2 Kilometer lange Grünzug wurde im Mai 2009 eröffnet. Der Fußweg in der Innenstadt von Detroit folgt einer ehemaligen Strecke der Grand Trunk Western Railroad.

**490. Bloomingdale Trail**
*Chicago, USA*

Die stillgelegte Bloomingdale Elevated Railroad im Nordwesten Chicagos wurde in einen fünf Kilometer langen Parkstreifen mit Urban Art umgewandelt, der 2015 eröffnet wurde.

491

# TOKAIDO-SHINKANSEN

*Honshu, Japan*

Raketenschnell von Tokio nach Osaka mit dem Shinkansen – die erste Hochgeschwindigkeitslinie der Welt.

**Wissenswerte Details**

- *Zeit: 1964 (Einweihung der weltweit ersten Hochgeschwindigkeitsstrecke)*
- *Streckenlänge: 515 Kilometer*
- *Mindestfahrtdauer: 2 Stunden, 22 Minuten*
- *Wichtige Haltepunkte: Tokio, Shinagawa, Yokohama, Nagoya, Kyoto, Osaka*
- *Durchfahrene Länder: Japan*

Der Tokaido-Shinkansen ist nach einer jahrhundertealten Route benannt. Als eine von fünf gepflasterten Fernstraßen verband der Tokaido ab dem 17. Jahrhundert die ehemalige Hauptstadt Kyoto mit Edo, dem heutigen Tokio). Auf der Strecke gab es 53 Stationen, wo Reisende, die meist zu Fuß die lange, beschwerliche Wege auf sich nahmen, Verpflegung und Unterkunft erhielten. Auf dem heutigen Tokaido besteht nicht mehr viel Bedarf an Erfrischungen unterwegs: Der Hochgeschwindigkeitszug schafft die 515 Kilometer von Tokio in die Hafenstadt Osaka (kurz hinter Kyoto) in knapp 2,5 Stunden.

Mit Japans Shinkansen (»neue Stammstrecke«) begann der Ausbau des ersten Hochgeschwindigkeitsnetzes der Welt. Der Tokaido wurde am 1. Oktober 1964 eröffnet, neun Tage vor den Olympischen Spielen in Tokio. Die futuristischen blau-weißen Zuggarnituren der Baureihe 0 – auch scherzhaft *Dangoppana* (»Knödelnase«) genannt – erreichten bald Spitzengeschwindigkeiten von 210 Stundenkilometern und verkürzten die Fahrzeit zwischen den Endhalten von rund sieben auf knapp über drei Stunden. Heute hat Japan sechs Shinkansen-Linien, und die Züge fahren mit bis zu 320 Stundenkilometern. Vor 1964 war die japanische Bahn vergleichs-

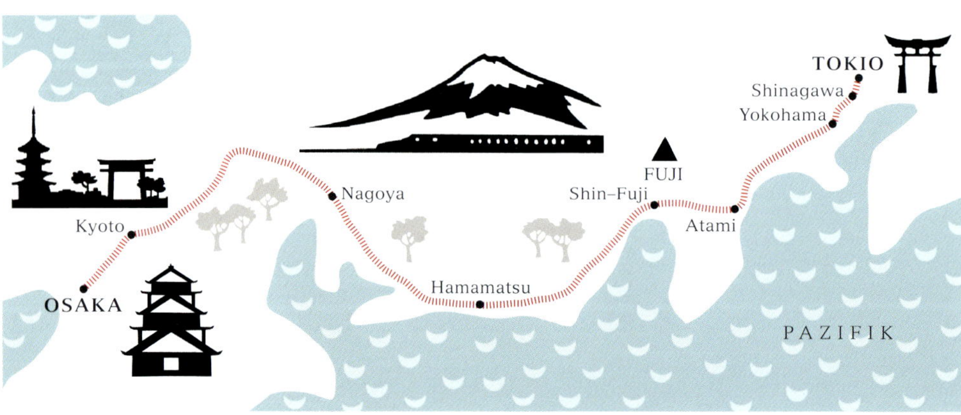

weise rückständig. Aufgrund des bergigen Geländes wurden die ersten Bahnstrecken Japans, die Ende des 19. Jahrhunderts entstanden, als 1.067-mm-Schmalspur ausgeführt, was höhere Geschwindigkeiten nicht zuließ. Auf der 1889 fertiggestellten Zugverbindung zwischen Tokio und Osaka dauerte die Fahrt noch fast 19 Stunden.

In den 1930er-Jahren fasste man Pläne für einen Normalspur-*dangan ressha* (Raketenzug) auf der Tokaido-Route, aber der Zweite Weltkrieg stoppte weitere Bemühungen. Nach dem Krieg herrschte zunehmend die Meinung, die Eisenbahn sei Schnee von gestern und in der Zukunft würde sich alles ums Auto und Flugzeug drehen. Dennoch hielt sich die Idee eines Schnellzugnetzes.

1957 stellte die Tokioter Odakyu Electric Railway Company mit ihrem Odakyu 3000 SE Romancecar einen Schmalspur-Geschwindigkeitsweltrekord von 145 Stundenkilome-

**UNTEN:** Der Fuji ist die herrlichste Aussicht, die der supermoderne Shinkansen bietet.

tern auf. Der Erfolg stärkte das Vertrauen in das Konzept einer Hochgeschwindigkeitsbahn. Zwei Jahre später begann der Bau des ersten Normalspur-Shinkansen.

Am 20. April 1959 nahm der Präsident der japanischen Staatsbahn, Shinji Sogo, an der Öffnung des Shin-Tanna-Tunnels bei Atami feierlich den ersten Spatenstich vor. Dabei erklärte er: »Wir möchten die effizienteste Eisenbahn bauen, die es je gab, weit über das hinaus, was andere Länder erreicht haben.«

Der Tokaido-Shinkansen verursachte 380 Milliarden Yen (2,5 Milliarden Euro) Baukosten – fast doppelt so viel wie veranschlagt –, aber die Erwartungen hat er erfüllt. Er ist die mit Abstand meistgenutzte Hochgeschwindigkeitsstrecke der Welt. Jeden Tag befördern rund 340 Züge 424.000 Fahrgäste. Zudem ist er konkurrenzlos pünktlich – die durchschnittliche Verspätung pro Zug beträgt weniger als eine Minute. Dabei wird er bald mit noch beeindruckenderen Zahlen aufwarten können. Japan hat den Chuo-Shinkansen entwickelt, eine Magnetschwebebahn, die bis zu 500 Stundenkilometer erreichen kann. Sie soll bis 2045 fertiggestellt sein und wird die Fahrzeit von Tokio nach Osaka auf 67 Minuten verkürzen.

Vorerst fahren auf der Tokaido-Shinkansen-Linie von Tokio nach Osaka nur die langsameren Kodama- und Hikari-Züge sowie der Nozomi (2 Stunden 22 Minuten), der weniger oft hält, nämlich in Shinagawa, einst die erste Station auf der Tokaido-Straße; Yokohama, Japans zweitgrößter Stadt, in Nagoya, wo es ein Eisenbahnmuseum gibt, und in der Tempelstadt Kyoto; dabei bieten alle drei Züge die gleiche Aussicht. An klaren Tagen zeigt sich der majestätische Fuji in der Ferne.

**OBEN:** Ein Zwischenstopp in Kyoto mit seinen vielen Tempeln sorgt für Entschleunigung.

**LINKS:** Tausende Menschen reisen jeden Tag mit Japans Hightech-Hochgeschwindigkeitszügen.

492

## TRANSRAPID SHANGHAI

*Shanghai, China*

Noch schneller oder futuristischer als beim Transrapid Shanghai geht es derzeit nicht. Der 2004 eingeführte superrasante Pendelzug bringt es auf eine Höchstgeschwindigkeit von 431 Stundenkilometern und ist damit der weltweit schnellste Zug im Linienverkehr. Die 30 Kilometer zwischen dem Flughafen Pudong und der Longyang Road Station in Shanghai schafft er in acht Minuten. Der Transrapid Shanghai ist eine der wenigen Magnetschwebebahnen der Welt, die auch tatsächlich Fahrgäste befördert. Magnetfelder sorgen für Auf- und Antrieb, sodass die Züge reibungslos auf der Führungsbahn schweben und so extrem hohe Geschwindigkeiten erzielen.

493
# SCHNELLFAHRSTRECKE PEKING–SHANGHAI

*Ostchina*

Unterwegs im Sausetempo mit der Hochgeschwindigkeitsbahn zwischen den beiden größten Städten Chinas.

**Wissenswerte Details**
- *Zeit: 2011 (Eröffnung der Schnellfahrstrecke Peking–Shanghai)*
- *Streckenlänge: 1.318 Kilometer*
- *Mindestfahrtdauer: 4 Stunden, 48 Minuten*
- *Wichtige Haltepunkte: Peking Süd, Nanjing Süd, Shanghai-Hongqiao*
- *Durchfahrene Länder: China*

2017 umfasste das chinesische Hochgeschwindigkeitsbahnnetz über 20.000 Kilometer. Läuft alles nach Plan, werden die Schnellfahrstrecken des Landes 2030 eine Gesamtlänge von 45.000 Kilometern haben.

Chinas erste Hochgeschwindigkeitslinie eröffnete 2003, aber erst fünf Jahre später begann die eigentliche Highspeed-Revolution. Als im August 2008 – rechtzeitig zu den Olympischen Spielen – die Strecke Peking–Tianjin eingeweiht wurde, war sie die schnellste konventionelle Bahnverbindung der Welt. Sie markierte einen bedeutenden Schritt beim Verkehrsausbau im bevölkerungsreichsten Land der Erde.

2011 machte dann die Schnellfahrstrecke Peking–Shanghai auf. Innerhalb von nur 38 Monaten hatten 130.000 Arbeiter und Ingenieure die mit 1.318 Kilometern längste in einem Bauabschnitt erstellte Hochgeschwindigkeitsstrecke der Welt gebaut. 244 Brücken wurden dabei errichtet, darunter die Große Brücke Danyang–Kunshan im Jangtse-Delta.

**UNTEN:** Züge auf dieser Hochgeschwindigkeitsstrecke fahren mit bis zu 300 Stundenkilometern.

Das Viadukt überspannt ausgedehnte Reisfelder und ist mit 165 Kilometern die längste Brücke der Welt. Nummer zwei der Rangliste, die 114 Kilometer lange Große Brücke von Tianjin, liegt auf derselben Strecke.

Die in China bzw. Deutschland entwickelten Züge CRH380A und CRH380B fahren bis zu 300 Stundenkilometer und verkürzen die Reisezeit zwischen Chinas größten beiden Städten von rund zehn auf fünf Stunden. Bei der offiziellen Einweihung der Schnellfahrstrecke sprach der damalige Premier Wen Jiabao von einem »neuen Kapitel« der chinesischen Bahngeschichte, das immense Auswirkungen auf die soziale und wirtschaftliche Entwicklung des Landes haben würde. Seither wurden noch längere und schnellere Bahnen eröffnet, aber die Linie Peking–Shanghai bleibt ein Vorzeigeprojekt.

**OBEN:** Chinas größte Metropole Shanghai wird rasend schnell immer moderner.

## 494
# OWRUTSCH–TCHERNIHIW

*Ukraine und Weißrussland*

Auf Schienen zum schlimmsten Atomsupergau der Welt mit all seinen unheimlichen Folgen.

**Wissenswerte Details**

- *Zeit: 1986 (Tschernobyl-Katastrophe)*
- *Streckenlänge: 175 Kilometer*
- *Mindestfahrtdauer: 55 Minuten (Tschernihiw–Slawutytsch)*
- *Wichtige Haltepunkte: Tschernihiw, Slawutytsch, Iolcha, Yaniv, Vilcha, Owrutsch*
- *Durchfahrene Länder: Ukraine, Weißrussland*

Am 26. April 1986 explodierte einer der vier Reaktoren im ukrainischen Kernkraftwerk Tschernobyl; dabei gelangte mindestens 100-mal so viel radioaktive Strahlung in die Atmosphäre wie bei den Atombombenabwürfen auf Nagasaki und Hiroshima. Bis heute ist dies der schwerste Atomunfall der Weltgeschichte.

Erstaunlicherweise blieb die Strecke Owrutsch–Tschernihiw, die an Tschernobyl vorbeiführt, damals noch mehrere Tage in Betrieb. Unzählige Zugpassagiere – denen das Ausmaß der Katastrophe nicht bekannt war – wurden dem gefährlichen Fallout ausgesetzt. Derzeit befährt die Bahn nicht mehr die gesamte Linie, da diese an der Tschernobyl-Sperrzone (dem am stärksten kontaminierten Gebiet) abreißt.

Heute fahren Züge von Tschernihiw in westlicher Richtung bis Slawutytsch (35 Kilometer), das für die 1986 evakuierten Menschen gebaut wurde und rund 25.000 Einwohner hat. Von hier führt ein Abschnitt zur neuen Endstation Semikhody in der 10-km-Sperrzone von Tschernobyl. Die meisten Zivilisten fahren allerdings höchstens bis zum weißrussischen Städtchen Ilocha. Nach Semikhody dürfen nur Kraftwerksmitarbeiter und Reisende mit Sondergenehmigungen.

Wer eine solche Berechtigung hat, kann das alte Bahnbetriebswerk von Yaniv besichtigen, früher der wichtigste Haltepunkt der verlassenen Stadt Prypjat. Die Loks und andere Gegenstände hielt man für zu stark kontaminiert, als dass man sie abtransportiert hätte; zähe Sträucher wachsen nun durch rostende Waggons. Bei einer Führung kann man auch die Eisenbahnbrücke bei Prypjat besuchen, die bisweilen Todesbrücke genannt wird. Von hier betrachteten am Abend des 26. April 1986 viele Einheimische das Feuer über der eingestürzten Hülle des Reaktors, nicht ahnend, dass währenddessen die tödliche Strahlung auf sie niederging.

### SCHICKSALHAFTE ORTE

**495. Belfast–Bangor**
*Nordirland, Großbritannien*

Die Bahnlinie an der Küste führt vorbei am Titanic Quarter in Belfast, wo 1909–1912 die RMS *Titanic* gebaut wurde. Am alten Trockendock steht heute ein Museum.

**496. Bridego-Eisenbahnbrücke**
*Buckinghamshire, Großbritannien*

Diese Brücke in Ledburn war der Schauplatz des großen Postzugraubs von 1963. Eine 15-köpfige Bande überfiel damals den Postzug Glasgow–London und erbeutete 2,6 Millionen Pfund.

**RECHTS:** Die Stadt Prypjat wurde nach der Katastrophe von Tschernobyl aufgegeben.

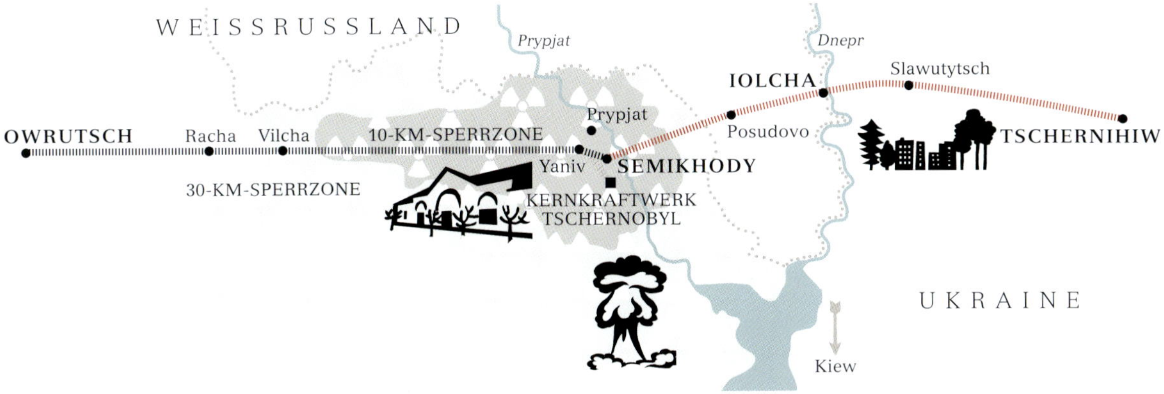
WEISSRUSSLAND
Prypjat
Dnepr
IOLCHA
Slawutytsch
Prypjat
OWRUTSCH
Racha
Vilcha
10-KM-SPERRZONE
Posudovo
TSCHERNIHIW
Yaniv
SEMIKHODY
30-KM-SPERRZONE
KERNKRAFTWERK
TSCHERNOBYL
UKRAINE
Kiew

## 497
## MAE-KLONG-BAHN

*Thailand*

Wenn am Mae-Klong-Zugmarkt die Glocke ertönt, ist es Zeit, den Einkauf zu unterbrechen und zur Seite zu treten. Der Platz ist in Samut Songkhram so knapp, dass sich der Markt auf einem schmalen Gleisbett im Stadtzentrum ausgebreitet hat. Die Händler nutzen die Lücke zwischen den Schienen und den Ladenfronten. Ihre Stände reichen bis zu den Gleisen. Mehrmals am Tag wird auf das Glockensignal hin alles beiseitegeschoben, während die Züge der Mae-Klong-Bahn (eröffnet 1904) vorbeikriechen. Sobald der Zug durch ist, werden die Markisen wieder ausgefahren, die Waren wieder ausgelegt, und der Verkauf geht weiter.

## 498
## MANDALAY–LASHIO

*Myanmar*

Die klapprigen Züge der 280 Kilometer langen Bahnlinie Mandalay–Lashio fahren vor Tagesanbruch von Mandalay ab. Bei Sonnenaufgang haben sie die Ebenen hinter sich gelassen und setzen zum Anstieg in die Berge an, hinauf zur früheren Bergstation Pyin U Lwin, die unter der britischen Kolonialzeit gegründet wurde. Nach ausgedehnten Landschaften mit vereinzelten Dörfern kommt das Goteik-Viadukt in Sicht. Die 689 Meter lange, von 15 Stütztürmen getragene Trestlebrücke wurde 1901 von den Amerikanern gebaut. Während der Zug langsam darüber hinwegschleicht, hat man schwindelerregende Ausblicke auf das dschungelbewachsene Tal darunter. Nach der Überquerung geht es weiter nach Hsipaw (mit einem lebhaften Regionalmarkt), bevor man den Endpunkt Lashio erreicht.

## 499
## SPIRIT OF QUEENSLAND

*Ostaustralien*

Extrem viel Zeit und Verhandlungen kostete es, die North Coast Railway Line entlang der Ostküste von Queensland fertigzustellen. Der erste Teil wurde 1881 eröffnet, aber es sollten noch 60 weitere Einzelabschnitte – und zahlreiche Rückschläge – folgen, bevor 1924 die 1.680 Kilometer lange Gesamtstrecke in Betrieb ging. Heute befährt der Spirit of Queensland die Strecke Brisbane–Cairns; seit 2013 mit Spezialsitzen, die in Liegen umgewandelt werden können. Fünfmal die Woche verkehrt der Zug. Mit ihm kann man auf wundervolle Weise an der Ostküste dahingleiten und hat dabei an mehreren Stationen Zugang zum Great Barrier Reef.

## 500
## BOSTON EXPRESS

*New York, USA*

Am 2. Februar 1913 um 0:01 Uhr verließ der Boston Express als erster Zug das nagelneue Grand Central Terminal in New York City. 1871 war am selben Ort in Lower Manhattan die erste Station eröffnet worden, aber mit dem Anstieg der Passagierzahlen wurde ein größerer Bahnhof benötigt, der der immer bedeutenderen Stadt angemessen sein würde. Dieser Anspruch wurde zweifellos erfüllt. Grand Central ist gemessen an der Zahl der Gleise und Bahnsteige der größte Bahnhof der Welt. Und prachtvoll ist er, ein Beaux-Arts-Schmuckstück mit eleganten Treppenaufgängen, goldenen Kronleuchtern und – als Höhepunkt – einer beeindruckenden Deckenausmalung. Am Dachgewölbe der Haupthalle prangen 2.500 Sterne.

# INDEX

# DANK

Sarah bedankt sich bei ihrem Partner Paul Bloomfield, der mit seinem großartigen Wesen viel dazu beigetragen hat, dass dieses Buch zustande gekommen ist (und so viel Spaß gemacht hat). Außerdem möchte sie ihrer Mutter und ihrem Vater danken, die immer und jederzeit für sie da waren. Auf Verlagsseite gilt ihr besonderer Dank: Sonya Patel Ellis, für ihre unglaubliche Ruhe, fortwährende Unterstützung und ihren großen Einsatz; Caroline Elliker, für ihre Hilfe und positive Art; Lynn Hatzius, für ihre tollen Karten; Tony Seddon, dem es gelungen ist, all die wundervollen Eisenbahnen in *ein* Buch zu packen; und Emma Brown, für die Beschaffung der Bilder.